中研院学人文库

近代变局中的历史人物

（修订版）

张玉法 著

九州出版社 JIUZHOUPRESS｜全国百佳图书出版单位

图书在版编目（CIP）数据

近代变局中的历史人物 / 张玉法著. -- 北京 ： 九
州出版社，2019.5（2024.12重印）
ISBN 978-7-5108-8030-8

Ⅰ．①近… Ⅱ．①张… Ⅲ．①历史人物－人物研究－
中国－近代－文集 Ⅳ．①K820.5-53

中国版本图书馆CIP数据核字（2019）第076627号

近代变局中的历史人物（修订版）

作　　者	张玉法　著
责任编辑	王　佶
装帧设计	刘　丽
封面题字	张兆林
出版发行	九州出版社
地　　址	北京市西城区阜外大街甲 35 号（100037）
发行电话	（010）68992190/3/5/6
网　　址	www.jiuzhoupress.com
印　　刷	北京捷迅佳彩印刷有限公司
开　　本	787 毫米×1092 毫米　16 开
印　　张	18.75
字　　数	310 千字
版　　次	2019 年 7 月第 1 版
印　　次	2024 年 12 月第 4 次印刷
书　　号	ISBN 978-7-5108-8030-8
定　　价	68.00 元

出版说明

　　近年来，随着海峡两岸文化交流的拓展，两岸学界来往频繁，交流活动日益增多。为更好地促进两岸学术交流，九州出版社推出《中研院学人文库》系列丛书，收入台湾中研院著名学者的代表著作，作为学术研究的参考，以简体字形式在大陆出版。本书自 2013 年 3 月首版以来，受到读者的欢迎，故此次重新修订后推出精装本。作者的某些观点和结论，或有与我们不同之处，为便于参考，保留原貌。

九州出版社

2019 年 7 月

目　录

曾国藩的历史地位

一、前言

　　一个历史人物的历史地位并不是固定的。有的由于新史料的发现，改变后人对他的看法。譬如唐太宗是一代名君，他以次子继承帝位，新旧《唐书》都说他英明能干，唐高祖乃传位给他。后经历史学家考证，是唐太宗在玄武门之变时杀了哥哥建成，高祖不得已才传位给他。这虽然无损于历史学家对贞观治绩的肯定，在人格上总是有亏。另外，由于后人的政治观点与前人不同，对前人也产生不同的评价。譬如王莽篡汉，一向被视为奸臣，但胡适却大为赞扬他的改革措施，目的在鼓励后人勇于改革，不要保守。又譬如宋朝岳飞攻打金兵，勇敢善战，一向被捧为"精忠报国"的偶像，但民国初年吕思勉写《中国通史》，感于当时军阀乱国，不听号令，乃径指岳飞为军阀，因为宰相秦桧主张与金兵谈和，岳飞不听命令，下了十九道金牌，才将岳飞调回。

　　对曾国藩的历史评价，也有类似的情形。曾国藩逝世于一八七二年（清同治十一年），到现在共一百二十年。[①] 在此一百二十年中，对曾国藩的历史评价大体是肯定的；但马克思主义史学派，对曾国藩则持否定的态度，说他帮助满人压制汉人，说他代表封建地主压迫农民。曾国藩逝世后，首先胪陈曾国藩的功业而加以肯定者为江苏巡抚何璟，他在奏疏中认为曾国藩"辅佐圣世中兴之业"，是在极为艰困的情形之下，"一钱一粟，非苦心经营，则不能得；一弁一勇，非苦心训诫，则不能战"。而且曾家兄弟及其所带的湘军，皆忠勇为国，"湘军阵亡文武官兵，可以

---

① 　本文作于一九九二年。——编者注

按册而稽者，多至万余人。咸丰八年三河（安徽）之战，其胞弟曾国华随李续宾以单骑冲贼死。同治元年，雨花台之战，其胞弟曾贞幹（国葆）于退数日，带疾而死，可谓一门忠义矣！"①曾之幕府容闳则赞曾为"完全之真君子，而为清代第一流人物"。一八九四年（光绪二十年）以后，孙中山倡导民族革命，革命党人如章炳麟对曾国藩镇压太平天国的反满运动颇有微词，但提倡改革的梁启超则对曾国藩大为赞扬，他说："曾文正公，近日排满家所最唾骂者也。而吾则愈更事而愈崇拜其人。吾以为使曾文正公今日而犹壮年，则中国必由其手而获救矣。……彼其能率厉群贤以共图事业之成，有所以孚于人且善导人者在也。"②民国建立之初，受民族革命史观的影响，对太平天国的革命给予较高的评价，对曾国藩的评价相对减低。一九二八年国民政府将《清史稿》查禁，部分原因即为《清史稿》表扬曾国藩的中兴之功，而称太平军为"匪"。到一九三〇年李一尘著《太平天国革命运动史》，一九三二年张宵鸣著《太平天国革命史》，复本马克思主义的立场，指曾为保护地主、商人及清朝政府，为反民族革命的大官僚。国民政府适正在江西从事"剿共"，对曾国藩剿太平军的处境深为同情，乃开始肯定曾国藩的道德、学术与事功。一九三二至一九三三年间，国民政府军事委员会委员长蒋中正在庐山训练团的讲演中，公开赞扬曾国藩的坚忍沉毅精神，且出版《增补曾胡治兵语录》。约在同时，蒋星德于一九三五年出版《曾国藩之生平及事业》，何贻焜于一九三七年出版《曾国藩评传》，均对曾国藩的立德、立功、立言，大为赞扬。③

对曾国藩持否定态度，除前述李一尘、张宵鸣的著作外，较为著名者是马克思主义史学派的范文澜于一九四四年在延安所写的《汉奸刽子手曾国藩的一生》，书中指曾国藩为对外投降、对内屠杀的刽子手，并指明他是"安内攘外"路线的第一个大师，但对其思想中的合理成分尚能包容。其后马克思主义史学派对曾国藩的评价大体与范文澜的观点相似。一九五七年以后，中国大陆由于极左思想抬头，大陆学者不敢轻易研究曾国藩。到一九七四年前后，由于要批判林彪，从批评孔子、批评曾国藩来影射，曾国藩才被批评得体无完肤。一九七八年十二月中共十一届三中全会之后，受政治上"实事求是"的影响，大陆学者对曾国藩的评价也开始"实事

---

① 引见何贻焜，《曾国藩评传》（台北，一九五三），页 546、549、590、599—600、603、610—611。
② 蒋星德，《曾国藩之生平及事业》（上海，一九三五），页 212。
③ 太谷孝太郎，《儒将曾国藩》（东京，一九七七），页 44—55。

求是"。从卞哲著《曾国藩》、朱东安著《曾国藩传》等书，以及许多有关曾国藩的论文看来，大概是采取不完全否定也不完全肯定的态度。至少对曾国藩组湘军打太平天国以前从事科考、究心学问、上书咸丰皇帝痛陈民间疾苦等事，是相当肯定的。① 至于近年台湾地区及美、日等国的学者，对曾国藩的评价，略如清末至抗战前，大体仍持肯定的态度。

曾国藩的一生，约可分为三个阶段：第一阶段自一八一一年（嘉庆十六年）至一八三八年（道光十八年），除幼稚时期外，大体为求学与应考时期；曾于一八三八年中进士。第二阶段自一八三八年至一八五二年（咸丰二年），大体居京为京官，先后任翰林院庶吉士、礼部右侍郎、兼署兵部右侍郎、兼署刑部左侍郎、兼署吏部左侍郎等职。第三阶段自一八五二年至一八七二年（同治十一年），以一八六四年（同治三年）为分界，前一段多在湘军营中调度军务，后一段任两江、直隶总督，参预国家大政。② 曾国藩除在讨平太平天国战争中，使清朝中兴、人民减少灾难、文化免于沦亡以外，在敦品治学上、在开创洋务运动上，也均有特殊的历史地位。

二、敦品：从修身到齐家

曾国藩是一个儒者，非常重视修身、齐家。他修身的标准，见于他在一八四四年（道光二十四年）所撰的《五箴》并序。五箴第一为立志，以先哲为典范，荷道以躬；第二为居敬，做到对人不怠慢、治事要勤快；第三为主静，能够专心一志、处变不惊；第四为有恒，在进德修业时，不为物牵，不喜新厌旧；第五为养身，要不蓄怒、不宿怨、泰而不骄、威而不猛、饮食有节、起居有常、容止有定、心安理顺。③

上述五箴为修身的一般原则，立于一八四四年，是年曾国藩充翰林院庶吉士，又转补翰林院侍讲学士。就写于一八四一年（道光二十一年）至一八六七年（同治六年）的部分家书及写于一八四〇年（道光二十年）到一八七二年（同治十一年）

① 饶怀民、王晓天，《曾国藩研究述评》，《湖南师大社会科学学报》，一九八六年第五期，页3—6。
② 蒋星德，《曾国藩之生平及事业》，页217—230，曾国藩年表。
③ 曾国藩，《曾文正公家书》（台南，一九六一），页72—73。

的部分日记分析，① 曾国藩的修身，可以分为养身、养心、养性三部分。关于养身，一八四二年（道光二十二年）的日记有云：

接家信，大人教以保身三要：曰节欲、节劳、节饮食。

一八六六年（同治五年）致四弟函有云：

养身之法，约有五事：一曰眠食有恒，二曰惩忿，三曰节欲，四曰每夜临睡洗脚，五曰每日两饭后，各行三千步。

其他养身之法尚多，如一八六〇年（咸丰十年）致四弟、九弟函中谓："家中后辈子弟，体弱学射，最足保养，起早尤千金妙方、长寿金丹。"又如一八六二年（同治元年）致九弟、季弟函，谓无病可偶服补药，有病则以不药为宜。

关于养心，从曾的日记看，多不成功，亦可见曾对自己督责很严：（1）一八四三年记："克去一念，旋生一念，饭后静坐，即已成寐。"又记："余今闷损至此，盖身被私欲缠扰矣！尚何以自拔哉！"（2）一八五三年记："今年忽忽已过两月，自新之志，日以不振。"（3）一八六〇年记："寸衷微有郁结，总由中无所得。"（4）一八六二年记："近来事有不如意者，方寸郁塞殊甚，亦足见气量之不闳、养气之不深也。"

关于养性，据前述家书中所言，约有数方面：（1）一八四四年家书：戒骄傲，不自满。（2）一八六一年家书：不发牢骚，不怨天尤人。（3）一八六四年家书：万事看空，毋恼毋怒。（4）一八六七年家书：不褊急，息心忍耐。

养身、养心、养性皆为修身。修身，在曾国藩看来，像齐家、治国一样，可从格物、诚意做起。格物即致知，诚意即力行。他说："吾心，物也，究其存心之理，又博究其省察涵养以存心之理，即格物也。吾身，物也，究其敬身之理，又博究其立齐坐尸以敬身之理，即格物也。"（一八四二年家书）其他修身的方法，最重要的是痛改从前过失，曾国藩在日记中，经常自我检讨，冀图改过。一八六四年记云："近日省察自己短处，每日怠玩时多，治事时少；看书作字、治私事时多，察人看稿、治公事时少。职分所在，虽日读古书，其旷官废弛，与废于酒色游戏者一也。"一八六九年记云："余日衰老，而学无一成，应作之文甚多，总未能发奋为之。忝窃虚名，毫无实际，愧悔之至。"一八七〇年记云："到江宁任又已两月余，应办之

---

① 前引《曾文正公家书》，页 23—41；曾国藩，《曾文正公日记》（台北，一九七九），页 28—48。二书皆为选本，所选内容，对修身、齐家特具意义。

事，全未料理，悠悠忽忽，忝居高位，每日饱食酣眠，惭愧至矣！"

　　曾国藩的修身，是一生的过程。在刻苦自励的过程中，曾国藩于一八三八年（道光十八年）二十七岁时中进士、点翰林，其后迄于一八五二年离京返湘前，先后任过四川乡试正考官、礼部右侍郎、兼署兵部右侍郎、兼署刑部左侍郎等职，使其默默无闻的家庭，声望陡升，特别在练湘军、平定太平天国、任两江总督之后。曾国藩既注重齐家，在曾家成为仕宦家族（国藩弟国荃，因从征太平军有功，一八六三年被任命为浙江巡抚）之后，曾国藩对齐家特别注意。

　　曾国藩中举人（一八三四）、进士（一八三八），使曾家由下层士绅的地位（一八三三年曾国藩与父曾毓济同中秀才）进入上层士绅。其后曾国藩、曾国荃兄弟戡平太平天国，造中兴之业，二人同获封爵（国藩封一等侯，国荃封一等伯），更使曾家成为仕宦之家。① 一个家族兴起，正如一个国家建立，主其事者必须兢兢业业，以保持家国于不坠。从各种文献看来，曾国藩对曾家的经营，确是非常用心的。

　　曾国藩是湖南湘乡人，世以耕读传家，父亲出身秀才。曾国藩兄弟五人，己居长，次为国潢、国华、国荃、国葆。国潢在乡主持家务，其余三个弟弟随他读书、作战在外，其间国华战死，国葆在战场病死，独国荃立有战功，官拜巡抚。国藩的子女，有曾纪泽、曾纪鸿、曾纪芬等。曾国藩对自己的家族，有三方面的期望：一是家中出现名学者，为世所仰望；二是家风廉谨敬慎，彬彬有礼；三是以稼穑为本，不废农圃。② 曾国藩治家的八字诀是：早、扫、考、宝、书、蔬、鱼、猪。早者起早，扫者扫屋，考者祭祖，宝者对亲族乡里贺喜吊丧、问病济急，书者读书，蔬者种菜，鱼者养鱼，猪者养猪。除八字诀外，另亦要求不信地师、不信医药、不信僧巫（一八六〇年致四弟、一八六一年致四弟）。③ 曾国藩教子弟又有八本、二诗、四课之说，八本是"读书以训诂为本，作诗文以声调为本，事亲以得欢心为本，养身以戒恼怒为本，立身以不妄语为本，居家以不晏起为本，作官以不要钱为本，行军以不扰民为本"（一八六一年致四弟）。④ 二诗指不忮、不求，所谓不忮是消除嫉妒，礼让外人，与人为善；所谓不求是能知足、戒贪得。四课指慎独（为善去恶）、主敬（内而专静纯一，外而整齐严肃）、求仁（仁民爱物）、习劳（不好逸

　　① 李荣泰，《湘乡曾氏研究》（台北，一九八九），页51、200。
　　② 成晓军，《曾国藩与中国近代文化》（长沙，一九九一），页194—195。
　　③ 《曾文正公全集》（台北，一九六三），页124—125；《曾文正公家书》，页18—19。
　　④ 《曾文正公家书》，页21。

恶劳）（一八六七年谕纪泽、纪鸿）。① 又为诸弟立课程表，列举十二项：(1) 主敬，(2) 静坐，(3) 早起，(4) 读书不二（一书未完，不看他书），(5) 读史，(6) 写日记，(7) 日知其所亡，月无忘其所能，(8) 谨言，(9) 养气，(10) 保身，(11) 作字，(12) 夜不出门（一八四二年致诸弟）。② 更以八德教诸子：勤、俭、刚、明、忠、恕、谦、浑，并以"浑""勤"二德分别教二子，谓"泽儿天质聪颖，但嫌过于玲珑剔透，直从'浑'字上用工夫；鸿儿则从'勤'字上用工夫"（一八六六年谕纪泽、纪鸿）。③

除前述较为有系统的齐家原则外，曾国藩在一八四一年至一八六七年的家书中，经常使家人引以为戒的，主要有以下两项：(1) 骄、傲（一八四四、一八五四、一八五八、一八六〇）；(2) 懒、惰、佚（一八五四、一八五五、一八六〇、一八六一、一八六二）。经常对家人要求的，约有以下九项：(1) 谦恭、谦敬、谦谨（一八四九、一八六一、一八六四）；(2) 勤、勤敬、勤苦（一八五四、一八五六、一八六〇、一八六二、一八六四）；(3) 俭（一八五六、一八六〇、一八六一、一八六三、一八六四、一八六五、一八六六）；(4) 劳苦（一八五六、一八六一、一八六七）；(5) 孝悌、孝友（一八四三、一八四九）；(6) 逆来顺受（一八六七）；(7) 持盈保泰（一八六三）；(8) 重农事（一八五八、一八六六）；(9) 救济亲戚、族人（一八四一、一八四四）。④

曾国藩的家风，可以曾死后何璟的奏中略见一二："安庆克复，则推功于胡林翼之筹谋、多隆阿之苦战；金陵克复，又推功诸将，无一语及其弟国荃。谈及僧亲王及李鸿章、左宗棠诸人，皆自谓十不及一。清俭如寒素，廉俸尽充官中用，未尝置屋一廛、田一区；食不过四簋，男女婚嫁，不过二百金，垂为家训。"⑤

曾国藩由于剿太平天国有功，一八六〇年七月授两江总督，一八六一年十一月更受命节度江、皖、赣、浙四省军务。曾国藩在给李鸿章的信中，自认"兵权过重，利权过大"，⑥ 因此个人小心翼翼。到一八六四年曾国荃克南京后，由于军纪不

① 《曾文正公全集》，页 190—192。
② 同上，页 46。
③ 同上，页 184。
④ 同上，页 9—192。
⑤ 同上，页 8。
⑥ 汪林茂，《曾国藩与沈葆桢的恩怨》，《历史月刊》，第六七期，页 96—101。

良，大肆抢掠，颇为舆情所不容，曾国藩乃将曾国荃所部的湘军五万余人裁撤万余人，另并陈请曾国荃因病开缺，回籍调养。一八六五年八月，清廷授国荃为山西巡抚，曾国荃托病辞谢。直到一八六六年三月调其任湖北巡抚，始赴任。① 曾国藩深悟"持盈保泰"的道理，故为曾家建立了谦逊自处的家风。

三、治学：游刃于义理与经世之间

曾国藩一生治学，可以分为两个时期。大概说来，在北京任官时期，是以理学为宗；到办团练、剿太平军时期，则兼之以经世。他在一八五一年（咸丰元年）八月的日记中说：

有义理之学，有词章之学，有经济之学，有考据之学。义理之学，即宋史所谓道学也，在孔门为德行之科；词章之学，在孔门为言语之科；经济之学，在孔门为政事之科；考据之学，即今世所谓汉学也，在孔门为文学之科。此四者阙一不可。予于四者略涉津涯，……义理之学，吾之从事者二书焉，曰四子书，曰《近思录》；词章之学，吾之从事者二书焉，曰曾氏读古文钞，曰曾氏读诗钞，二书皆尚未纂集成帙，然胸中亦有成竹矣；经济之学，吾之从事者二书焉，曰《会典》，曰《皇朝经世文编》；考据之学，吾之从事者四书焉，曰《易经》，曰《诗经》，曰《史记》，曰《汉书》。此十种者，要须烂熟于心中。②

曾国藩广泛涉猎四学，其中义理和经济二学，与儒家的修齐治平之学直接相关。"经济"意为经世济民，故又名"经世"，以与今之"经济"相别。

从一八三八（道光十八年）到一八五二年（咸丰二年），曾国藩在十几年的京官生活中，结交了好几位影响其终身思想与治学的师友，其中最重要的是太常寺卿唐鉴，和大学士倭仁。唐鉴服膺程朱之学，是当时义理学派的重要学者之一；曾国藩经常向他请教。在一八四一年八月三十日（道光二十一年七月十四日）的一次谈话中，唐鉴教国藩敦品治学，当以《朱子全书》为依据。唐鉴认为学问之道有三途：义理、考据、词章，其中义理最重要，而义理工夫最切要之处，乃在于"不自欺"。为此，唐鉴特别推崇倭仁；倭仁对自己每天的饮食言行都有劄记；凡自己思想行为

---

① 朱东安，《曾国藩》（成都，一九八五），页 221—227。
② 《曾文正公日记》，页 11。

有不合于义理的，全都记载下来，以期自我纠正。曾国藩又向唐鉴问"经济之学"，唐鉴说："经济之学，即在义理之内，不必他求。至于用功着力，应该从读史下手，因为历代治迹、典章，昭然具在，取法前贤以治当世，已经足够。"经唐鉴的推介，曾国藩对倭仁非常崇拜，并向他学习。为了学习倭仁"诚意"和"慎独"的功夫，他从一八四二年十一月三日（道光二十二年十月一日）起，便立志自新，和倭仁一样，他将自己的意念和行事，逐日以楷书写在日记上，以便随时检点克治，并将自己所写的日记，定期送给倭仁审阅，并请他在上面作眉批。虽然到次年八月，因出任四川乡试正考官，日后无暇再请倭仁批阅日记，但曾在日记中时时严刻地自讼自责的精神，却一直维持，终身不变。①

清王朝钦定程朱理学为正统思想，曾国藩的义理之学，亦宗程朱，排陆王。宋朝的程颢、程颐和朱熹认为，"理"是世界的本源，它超越于物之上而永远存在，并支配着物。他们认为，天之生物，有贵贱等级之分，此为"天理"，不可逆转，逆转即为人欲。主张"存天理，灭人欲"，富有保守主义的倾向。宋人陆九渊和明人王阳明，认为"心"是世界的本源，一切事物都是主观的"心"所衍生；认为"人皆有是心，心皆有是理"，各种秩序皆由主观的"心"所建立，不是"理"所当然，可以改变，富有改革主义的倾向。②曾国藩宗程朱，走上卫道、保清的经世之途；而陆王认为"知即行"，只求心明，无需实行，似乎流于空疏，但其自由思维，却可能动摇纲常名教和社会秩序。

在一八四二至一八四三（道光二十二至二十三年）年间，曾国藩在家书中，对义理、经世二义有所发挥。一八四二年十月二十一日（道光二十二年九月十八日）致诸弟函中有云：

予尝谓天下万事万理，皆出于乾坤二卦。即以作字论之，纯以神行，大气鼓荡，脉络周通，潜心内转，此乾道也；结构精巧，向背有法，修短合度，此坤道也。凡乾以神气言，凡坤以形质言。……乐本于乾，礼本于坤。③

一八四二年十一月二十八日（道光二十二年十月二十六日）致诸弟函中有云：

格物，致知之事也；诚意，力行之事也。物者何？即所谓本末之物也，身、

---

① 何烈，《曾国藩》（台北，一九七八），页15—17。

② 黄澄河、柯金泰《曾国藩与中国封建主义思想正统地位的终结》，《华东师范大学学报（哲学社会科学版）》，一九八五年第五期。

③ 《曾文正公家书》，页43。

心、意、知、家、国、天下，皆物也；天地万物，皆物也；日用常行之事皆物也。格者，即格物而穷其理也。……所谓诚意者，即其所知而力行之，是不自欺也；知一句便行一句，此力行之事也。①

一八四三年二月五日（道光二十三年一月七日）致诸弟书有云：

经以穷理，史以考事，舍此二者，更别无学矣；盖自西汉以至于今，识字之儒，约有三途：曰义理之学，曰考据之学，曰词章之学，各执一途，互相诋毁。兄之私意，以为义理之学最大，义理明则躬行有要，而经济有本。词章之学，亦所以发挥义理者也；考据之学，吾无取焉矣！此三途者，皆从事经史，各有门径，吾以为欲读经史，但当研究义理，则心一而不分。②

上引三信中所举乾、经、乐、神气、致知，皆为义理的范围；坤、史、礼、形质、力行，皆为经世的范围。曾国藩原名子城，字伯涵。其后号涤生，又改名国藩，皆有心路历程。曾国藩于一八三一年改号"涤生"，一八四三年二月五日致诸弟书谓："慨然思尽涤前日之污，以为更生之人。"③以"涤生"为号，属义理的范围。一八三八年中进士后，又改名国藩；"国藩"即为经世的范围。

曾国藩游刃于义理与经世之间，在义理方面，从"复性说"出发，认为《大学》所列条目，重点是"格物"和"诚意"。诚意是力行，格物是致知。致知的方法是"即物穷理"，他说："吾心之知有限，万物之分无穷，不研乎至殊之分，无以洞乎至一之理。"在"洞乎至一之理"以后，即加以实行，所谓"知一句便行一句"，这便是经世。④所以在曾国藩看来，义理和经世是贯通的。曾国藩将义理与经世贯通，实欲调和宋学、汉学之争，而采二家之长。在曾国藩的时代，程朱理学和乾嘉汉学已经论争了一百年。汉学大师指责程朱理学空疏，理学大师指责汉学的训诂、考据是破碎害道。汉学原欲从"经世致用"做起，清初大儒王船山、顾亭林等感于宋学坐而论道、空谈心性，不能实事求是，从而提倡经世致用之学。但以康熙、雍正年间，屡兴文字狱，禁锢思想，迫使有心经世的儒士不敢触及时政，只能在考据训诂等方面下工夫，形成了乾隆、嘉庆年间以考据、训诂为主要内容的汉学。道光、咸丰年间，清朝国势衰落，曾国藩既曾在京师从唐鉴、倭仁等习理学，修养心

① 《曾文正公家书》，页32。
② 同上，页63。
③ 同上，页63。
④ 饶怀民、王晓天，《曾国藩研究述评》。

性，即物穷理，复关切国家、社会事务，当时文网稍纾，曾国藩于一八五〇至一八五一年间，连续写了《应诏陈言疏》《备陈民间疾苦疏》《平银价议》《议汰兵疏》等奏折，以激切的语言，揭露政治和社会的弊病，并提出综核名实、整饬吏治等改革方案，① 开始走上了经世致用之路。

曾国藩是一个"穷则独善其身，达则兼善天下"的儒者，他的一生，是依照"诚意、正心、修身、齐家、治国、平天下"的道路奋斗不息。理学是他"修己"的工夫，经世是他"治人"的工夫。曾国藩的经世纲领，重要的有五项：(1) 崇尚礼治：曾国藩以礼为经世之具，他说："古之学者，无所谓经世之术也，学礼焉而已。"又说："自其内焉者言之，舍礼无所谓道德；自其外焉者言之，舍礼无所谓政事。"其崇尚礼治之目的，在扶持名教，维持社会秩序。故在《讨粤匪檄》中说："举中国数千年礼义人伦、诗书典则，一旦扫地荡尽，此其独我大清之变，乃开辟以来名教之奇变。"② (2) 兼用法治：曾国藩奉命办团练，目睹当时因循苟且之风气，用法颇尚严厉，不拘泥于儒家德治之说，深知"欲免败群，须去害马"。③ 曾国藩在长沙设审案局，拿到匪徒，立加严讯，按情治罪。因杀人甚多，时人有"曾剃头"之号。④ (3) 讲求吏治：曾国藩认为"洪杨之乱"及捻乱相继发生，系由于吏治败坏。谈到"洪杨之乱"，谓系"有司虐用其民，鱼肉日久，激而不复反顾"；论及捻乱，谓系"不讲吏治，从乱之民日多"。⑤ 曾国藩整饬吏治的方法是，先从本身做出一个榜样，然后再选吏、察吏、训吏、恤吏。⑥ (4) 端正风俗：曾国藩非常注重端正风俗，并希望在上者以身作则，他说："风俗之厚薄奚自乎？自乎一二人之心之所向而已。"⑦ 曾国藩修身、齐家、治学的风范，实足为天下倡。(5) 办理军务：曾国藩由儒生变儒将，对带兵之法、战阵之术，非常讲究。曾国藩识拔贤将，以仁礼带兵；并要求带兵之人不怕苦、不怕死、不急名利、勤于劳动、待人公明，要求带兵之人于战阵之时彼此相顾相救，不妒功嫉能。⑧

---

① 黄澄河、柯金泰，《曾国藩与中国封建主义思想正统地位的终结》。
② 何贻焜，《曾国藩评传》，页 320—322。
③ 同上，页 310、313。
④ 蒋星德，《曾国藩之生平及事业》，页 34—35。
⑤ 前引何贻焜书，页 318。
⑥ 前引蒋星德书，页 144。
⑦ 同上，页 139。
⑧ 前引何贻焜书，页 371—372，380，387，411。

尽管在经世方面，曾国藩表现卓越，他仍然认为"人"为"事"的本源，他说"用兵之道，在人而不在器"，"攻守之要，在人而不在兵"。他甚至认为，创办湘军，镇压太平军成功，都是因为罗泽南、李续宾诸将领"以忠诚为天下倡"。[①] 因此，曾国藩的经世，是以义理为出发点。

四、定乱：从忠君到保教爱民

曾国藩组织湘军，平定太平天国之乱，史家对其有不同的评价，萧一山著《清代通史》，指太平天国为民族革命的先驱。[②] 曾国藩之灭太平军，有违民族大义。但萧对曾国藩剿太平军之动机尚有分析，认为目的不是在保一姓一朝之清王室，而另有更大目的：（1）保天下：指维护仁义道德及民族文化。（2）保中国：怕清朝灭亡，会引起中国长期内乱。（3）保人民：谓平乱系以救民为急务。[③] 到一九四四年范文澜写《汉奸刽子手曾国藩的一生》，便直接攻击"曾国藩及其领导的一群人，丝毫没有民族思想"。[④] 实在，曾国藩之组湘军、平太平天国，可以从三方面理解：

其一，忠君：无论曾国藩是否有意维护一姓一朝，其忠君立场是不可置疑的。忠君为传统中国最大的道德，不能以"汉奸"视曾国藩。且"汉奸"一词，应用在汉人的王室未亡以前而效忠或私通外敌者。曾国藩平定太平天国的时代，清王朝已建立二百年，若谓曾国藩为汉奸，则全国汉人，凡当兵、纳赋、服官者，无不可视为汉奸。清朝为中国历史的正统王朝之一，明朝灭亡后效忠清朝，不能以汉奸视之。

曾国藩的忠君，至易理解：第一，他出身儒家，尤究心于宋代理学，对三纲五常之教，笃信不疑。他在《家训》中说："君至尊也，父至尊也，夫至尊也。君虽不仁，臣不可以不忠；父虽不慈，子不可以不孝；夫虽不贤，妻不可以不顺。"[⑤] 他在《湘乡昭忠祠记》中说："君子之道，莫大乎以忠诚为天下倡。"[⑥] 第二，他科考、

---

① 朱东安，《曾国藩传》，页302—303。

② 萧一山，《清代通史》（三）（台湾商务印书馆本），页1。

③ 同上，页775—777。

④ 原书，页30。

⑤ 引见饶怀民，《浅析曾国藩的忠君思想》，《湖南师院学报（哲学社会科学版）》，一九八四年第二期。

⑥ 引见何贻焜，《曾国藩评传》，页192。

服官一帆风顺，皇帝对他信任有加，时有感恩图报之想。曾国藩二十三岁中秀才（一八三三）、二十四岁中举人（一八三四）、二十八岁成进士（一八三八），此后十年担任翰林院庶吉士、侍讲学士、会试同考官、殿试读卷大臣、四川乡试正考官、武会试正总裁等职务，三十七岁升授内阁学士（一八四七）、三十九岁升授礼部右侍郎（一八四九）兼署兵部右侍郎、四十一岁兼刑部左侍郎（一八五一）、四十二岁兼署吏部左侍郎（一八五二）、四十三岁丁母忧在籍时奉命帮办本省团练。其后即组湘军，剿太平军。五十岁时加兵部尚书衔，署理两江总督（一八六〇），次年赏太子少保，节制苏、皖、赣、浙四省军务。[①] 曾国藩在家书中，不断表达其感恩图报之心。一八四七年七月二十九日（道光二十七年六月十八日）致诸弟函云："予得超升内阁学士，顾影扪心，实深惭悚！湖南三十七岁至二品者，本朝尚无一人，予之德薄才劣，何以堪此？"[②] 一八五一年六月十三日（咸丰元年五月十四日）致诸弟函云："余又进一谏疏，敬陈圣德三端，预防流弊，其言颇过激切，而圣量如海，尚能容纳，岂汉唐以下之英主所可及哉？余之意，盖以受恩深重，官至二品不为不尊，堂上则诰封三代，儿子则荫任六品，不为不荣，若于此时，再不尽忠直言，更待何时乃可建言？"[③] 一八五五年七月二十九日（咸丰五年六月十六日）致诸弟函云："余食禄已久，不能不以国家之忧为忧，诸弟则尽可理乱不闻也。"[④] 一八六〇年八月致九弟函云："吾惟以勤字报吾君，以爱民二字报吾亲。"[⑤] 一八六一年十二月十五日（咸丰十一年十一月十四日）致四弟、九弟函云："吾家一门受国厚恩，不能不力保上海重地。"[⑥] 一八六一年十二月二十五日（咸丰十一年十一月二十四日）致四弟、九弟函云："京师十月以来，新政大有更张，皇太后垂帘听政，中外悚肃。余连接廷寄谕旨十四件，倚畀太重，权位太尊，虚望太隆，可悚可畏。"[⑦] 第三，父亲时以尽忠督训曾国藩兄弟，使彼等不得不移孝作忠。一八五一年六月十三日（咸丰元年五月十四日）曾国藩致诸弟函云："父亲每次家书，皆教我尽忠图报，不必

---

① 饶怀民，《浅析曾国藩的忠君思想》；何烈，《曾国藩》，页 10，19—20。
② 《曾文正公家书》，页 128。
③ 同上，页 111。
④ 同上，页 163。
⑤ 同上，页 113。
⑥ 同上，页 188。
⑦ 同上，页 189。

系念家中。余敬体吾父之教训，是以公尔忘私、国尔忘家。"① 皇帝对曾家的忠义，亦甚为知悉。一八五七年上谕云："伊父曾麟书，因闻水师偶挫，又令伊子曾国华带勇远来援应，尤属一门忠义。"② 一八六一年上谕云："曾国藩晓畅戎机，公忠体国，中外咸知。"③ 第四，曾国藩系极守本分之人，既受朝命，只得尽心尽分。尽心尽分即是忠，他的"笔记"十二则"忠勤"一则中说："忠不必有过人之才智，尽吾心而已矣！勤不必有过人之精神，竭吾力而已矣！"④ 关于此点，他在家书中亦有所表白。一八五四年五月十日（咸丰四年四月十四日）致诸弟函云："兄不善用兵，屡失事机，实无以对圣主，……吾惟尽一分心，作一日事，至于成败，则不能复计较矣！"一八五五年七月二十九日（咸丰五年六月十六日）致诸弟函云："大乱之弭，岂尽由人力，亦苍苍者有以主之耳。……然办一日事，尽一日心，不敢片刻稍懈也。"⑤ 曾国藩的忠心，不只表露给家人，亦表露给朋友，如一八五四年一月致李元度函云："当此艰难呼吸之际，下走食禄有年，心肝奉于至尊，膏血润于野草，尚复何辞！"⑥

曾国藩不仅个人忠君忠国，其部将亦忠君忠国，且均以忠义为天下倡。一八五六年湖北巡抚胡林翼在武昌成立节义采访局，采访湖北省死亡的忠义之士，并先后上书十七次请求清廷褒扬。迄于一八六一年胡林翼逝世为止，采访而得者超过一万五千人。一八六〇年五月，曾国藩受命署理两江总督后，在祁门成立忠义采访局，随着军事进展，此局于一八六一年移安庆，一八六四年移南京。忠义采访局采访到的总人数不详，据曾国藩在奏折中报告，仅一八六〇年九至十一月，即有官绅十七人、平民一百八十三人、妇女五十九人。⑦ 曾国藩文集中，有《湖口县楚军水师昭忠祠记》《金陵军营官军昭忠祠记》《金陵湘军陆师昭忠祠记》《金陵楚军水师昭忠祠记》《湘乡昭忠祠记》等文，均表示湘军在各处表彰忠烈的情形，其中金陵湘军

---

① 《曾文正公家书》，页111。

② 《曾文正公全集》，页3。

③ 同上，页4。

④ 同上，页484。

⑤ 一八五四年、一八五五年家书，见《曾文正公家书》，页151、163。

⑥ 引见王尔敏，《曾国藩与李元度》，《故宫文献》三卷三期，页2。

⑦ Andrew Cheng-Kuang Hsieh, "Tseng Kuo-fan, & Nineteenth-century Confucian General", Ph.D. Dissertation, Yale University, 1975, pp.100-111.

陆师昭忠祠,列神主一万一千六百三十余。①

其二,保教:所谓保教,即前述萧一山所谓保天下,即保仁义道德、保民族文化之谓。曾国藩在《讨粤匪檄》中有云:

自唐虞三代以来,历史圣人,扶持名教,敦叙人伦,君臣父子,上下尊卑,秩然如冠履之不可倒置。粤匪窃外夷之绪,崇天主之教,自其伪君伪相,下逮兵卒贱役,皆以兄弟呼之。谓惟天可称父,此外凡民之父皆兄弟也,凡民之母皆姊妹也。农不能自耕以纳赋,而谓田皆天王之田;商不能自贾以取息,而谓货皆天王之货;士不能诵孔子之经,而别有所谓耶稣之说、新约之书,举中国数千年礼义人伦、诗书典则,一旦扫地荡尽,此岂独我大清之变,乃开辟以来名教之奇变,我孔子、孟子所痛哭于九泉;凡读书识字者,又乌可袖手安坐、不思一为之所也。②

太平天国在《奉天讨胡檄》中强调"天下者中国之天下,非满洲之天下也;宝位者中国之宝位,非满洲之宝位也;子女玉帛者中国之子女玉帛,非满洲之子女玉帛也"。③曾国藩不能从民族大义上与太平天国抗,只有以文化的民族主义来对抗种族的民族主义。一八六一年七月在致九弟函中云:"然使尧舜周孔生于今世,亦不能谓此贼不能痛剿。"④

经过讨太平天国之役,湖南人任督抚提镇等重要职务的名臣有江忠源、胡林翼、曾国荃、罗泽南、李续宾、刘长佑、彭玉麟、刘蓉、郭嵩焘等二十余人。这些人都是曾国藩网罗而来,有的起自书生,有的起自行伍,有的起自农家;他们都以忠义相切磨,以至诚相结托,各尽所长。⑤譬如罗泽南,原来是研究朱子的理学家,湘军建军之初,把他的弟子都找来相助。从军四年后,于一八五六年在武昌战死。国藩的成功,得力于罗泽南者不少;湘军名将王鑫、李续宾、蒋益澧、杨昌浚等,皆罗泽南的弟子。这些学生,随罗泽南征讨,白天打仗,晚上讲学,⑥以维护名教相砥砺。

取《讨粤匪檄》与《奉天讨胡檄》相比较,《奉天讨胡檄》指胡虏蹂躏中国,

① 《曾文正公全集》,页351—352,354—358。
② 引见何贻焜,《曾国藩评传》,页322。
③ 引见萧一山,《清代通史》(三),页75。
④ 《曾文正公家书》,页187。
⑤ 樱井信义,《曾国藩》(东京,一九四三),页306—307。
⑥ 同上,页32。

风俗、人伦、制度等受破坏，并攻击清朝的虐政，指满洲为妖孽。《讨粤匪檄》指斥太平天国者有三方面：其一，迷惑人民、虐杀人民。其二，破坏中国良风美俗。其三，暴虐无道。① 《讨粤匪檄》强调保卫乡土、维护儒学名教，不提保卫清朝政权；也许因为《奉天讨胡檄》只攻击清朝，并未直接言明要打倒清朝之故。②

其三，爱民：曾国藩起自民间，在早期所写的诗歌中即反映民生疾苦。一八五二年他在《备陈民间疾苦疏》中举出民间疾苦有三大类：一为银价太贵，钱粮难纳；二为盗贼太众，良民难安；三为冤狱太多，民气难伸。③ 一八五二年丁母忧，在籍守制，清廷令他帮同湖南巡抚张亮基办理本省团练事务，他原不打算应命，因好友郭嵩焘劝他以保卫乡梓为重，他才毅然出山。④

曾国藩统兵在外之后，"立志以爱民为主"。⑤ 一八五八年致九弟函云："兵勇扰民，严行禁之，则吾夙昔爱民之诚心，弟可为我宣达一二。"⑥ 一八五八年他在《禁扰民之规》中说："用兵之道，以保民为第一要义。"⑦ 为此他作了一首《爱民歌》，歌中有云："三军个个仔细听，行军先要爱百姓，贼匪害了百姓们，全靠官兵来救人。"⑧ 又在《劝诫营官》四条中有"禁骚扰以安民"一条，文云："所恶乎贼匪者，以其淫掳焚杀、扰民害民也；所贵乎官兵者，以其救民安民也。官兵扰害百姓，则与匪贼无殊矣！故带兵之道，以禁止骚扰为第一义。百姓最怕者，惟强掳民夫、强占民房二事，……为营官者，先禁此二事，更于淫抢压买等事，一一禁止，则造福无穷矣！"⑨ 一八五九年三月曾国藩在日记中说："近年从事戎行，每驻扎之处，周历城乡，所见无不毁之屋、无不伐之树、无不破之家、无不叹之贫民。大抵受害于贼者十七八，受害于兵者亦有二三。目击心伤，喟然私叹，行军之害，一致此乎？故每于将官委员告诫，总以禁止骚扰为第一义。"⑩ 湘军军纪不良，曾国藩极力整顿，然效果不佳。

---

① 樱井信义，《曾国藩》，页221—222。
② 近藤秀树，《曾国藩》（东京，一九六六），页160—161。
③ 引见彭靖，《曾国藩评价中的几个问题》，《中华文史论丛》，一九八六年第三期，页4。
④ 成晓军，《曾国藩与中国近代文化》，页60。
⑤ 前引彭靖文，页6。
⑥ 《曾文正公家书》，页141。
⑦ 前引彭靖文，页5。
⑧ 《曾文正公全集》，页486。
⑨ 同上，页488—489。
⑩ 《曾文正公日记》，页57。

曾国藩的爱民之方，除要求军纪外，在制度上值得称述者有四项：（1）营中有夫役编制，可禁止拉夫：每营五百人，另设长夫一百八十人，专供夫役之用。（2）提高营官待遇，可避免需索：湘军的营官待遇达二百两（为绿营兵营官的二倍），已经足用，① 可避免需索。（3）使用雇佣兵，可减少拉兵：太平军利用会党，湘军亦利用会党与之相战；利用会党，为一种雇佣兵，可减少拉兵。（4）向商筹饷，不在乡村劝捐：曾国藩在湘南练勇时，在商贾辐辏之区向巨室殷户劝捐，不在乡村劝捐。出省作战之后，更贩浙盐获利，② 并创厘金之制。湘军最大的饷源是厘金，湘军从一八五三年至一八六五年共报销军费二千九百万两，大部来自厘金。③

五、洋务：开中体西用的宏规

清季洋务运动，于一八五〇年代中期由曾国藩创始，到一八九〇年代中期，因中日战争失败而结束，先后四十年。在洋务运动结束之后，两湖总督张之洞著《劝学篇》，总结洋务运动的内涵为"中学为体，西学为用"。此一运动方向，实倡自曾国藩。曾国藩的体用之学，源于他的义理和经世之学，义理为体，经世为用；体不能变，用可以变。因此，曾国藩能够为洋务运动建立宏规，使此后李鸿章、左宗棠等人能在洋务上有所建树。

如前所述，曾国藩一生治学，游刃于义理与经世之间。自一八五二年以后，由于剿太平军、剿捻，并任两江、直隶总督办理政治、财政、外交诸事，经世之学实在对他极为切要。一八六一年曾国藩在致九弟函中谓："国藩于本朝大儒，学问则宗顾亭林、王怀祖两先生，经济则宗陈恭公。"④ 顾亭林即顾炎武，江苏昆山人，明季为经世学家，清初曾从事垦牧之业，为学敛华就实，凡国家典制、郡邑掌故、天文仪象、河漕兵农，无不穷源究委。王怀祖即王念孙，江苏高邮州人，乾隆四十年进士，精研水利，曾办河工，川楚事起，陈定乱之策。陈恭公即陈宏谋，广西临桂人，雍正时进士，乾隆年间，历任江西、陕西、江苏等省巡抚，所在多究人心风俗得失

---

① 成晓军，《曾国藩与中国近代文化》，页103—104。
② 景珩，《湘军——太平天国革命时期的反动地主武装》，《历史教学》，一九五七年九月号，页44。
③ 卞哲，《曾国藩传》（上海，一九八四），页93。
④ 《曾文正公家书》，页85。

及民间利病，加以兴革。① 三人为其经世之学的本源。曾国藩对经世之学的态度，可于《金陵楚军水师昭忠祠记》一文中见之。文云：

> 礼俗政教，邦有常典，前贤犹因时适变，不相沿袭，况乎用兵之道，随地形贼势而变焉者也。岂有可泥之法、不敝之制？……忠臣谋国，百折不回，勇士赴敌，视死如归，斯则常胜之理，万古不变耳。其他器械财用、选卒校技，凡可得而变革者，正赖后贤，相时制宜，因应无方，弥缝前世之失，俾日新而月盛，又乌取夫颟己守常，姝姝焉自悦其故迹，终古而不化哉！②

曾国藩虽系就军事立论，亦可见体用的要义。

曾国藩对一般事务的看法，有体有用；对洋务的看法，也是有体有用，他虽不用"中体西用"一词，他在处理洋务时，确是有体用观念的。他在一八六六年六月的日记中说：

> 欲求自强之道，总以修政事、求贤才为急务，以学作炸炮、学造轮舟等具，为下手工夫。③

文中"修政事、求贤才"为体，"学作炸炮、学造轮舟"为用。所谓"修政事"，他在一八五一年八月的日记中有所说明，他说：

> 天下之大事，宜考究者凡十四宗：曰官制，曰财用，曰盐政，曰漕务，曰钱法，曰冠礼，曰婚礼，曰丧礼，曰祭礼，曰兵制，曰兵法，曰刑律，曰地舆，曰河渠。④

"贤才"尤为体中之体，他的意见如前所引："用兵之道，在人而不在器"，"攻守之要，在人而不在兵"。这使人想起倭仁反对向西人学习技艺的一句话："立国之道尚礼义不尚权谋，根本之图在人心不在技艺。"⑤ 但下面即将论述，曾国藩认为技艺亦很重要。

与学做炸炮、学做轮舟相比，中国的政事、人才为体。以中外相涉而论，权操自我、维持和平为体，购制船炮、诉于战争为用。吴汝纶在曾国藩神道碑文中说：

> 初咸丰三年，金陵始陷，美利坚人尝谒江南帅，愿以夷兵助战。十一年和议既

① 顾、王、陈三人事迹，见《清史稿·儒林传二》及《列传第九十四》。
② 《曾文正公全集》，页 357。
③ 《曾文正公日记》，页 25。
④ 同上，页 23。
⑤ 陆宝千，《清代思想史》（台北，一九七八），页 324。

成，俄罗斯、美利坚皆请以兵来助。公议以为宜嘉其效顺，而缓其师期。及同治元年，英吉利、法兰西又以为请，公又议以为宜申大义以谢之，陈利害以劝之，皆报可。廷议购夷船，公力赞之。比船至，欲用夷将，则议寝其事。其后自募工，写夷船之制，近似之，遂开局制造。自是外洋机器轮船夷炮，中国颇得其要领矣！六年，诏中外大臣，筹和议利害，可许不可许？公议以为其争彼我之虚仪者许之，其夺吾民之生计者勿许也。移直隶总督，天津民有击法兰西领事官者，法人讼之朝，天子慰解之。法人固争，有诏备兵以待。公曰："百姓小忿，不足肇边衅。"从之。而密议储将备兵，设方略甚备。①

可以看出曾国藩处理涉外事件的基本原则是：（1）避免主权移于外人，（2）避免利权归于外人，（3）避免战争以保护人民生命财产。至于对付外人的政策，约有四种：（1）安内之际，不要攘外；（2）守住条约，以和为尚；（3）大事苦争，小事放松；（4）勤于练兵，不先开衅（外修和好，内需自强）。②

"西用"可以分五方面论述：其一，"借夷助剿"：英法联军结束后，俄、美、英、法等国愿助清军剿太平天国，在一八六〇至一八六二年间，清廷三次征求曾国藩的意见，如前所述，曾国藩初不赞同，最后同意"借夷助剿"，但应限于上海一地，因上海为通商口岸，外人与清政府有共同的利害。③这是清政府用美国人华尔（Ward）练洋枪队的由来。

其二，购买洋枪洋炮：虽然直到一八六四年一月曾国藩仍认为"我国仍当以抬枪、鸟枪、刀、矛及劈山炮为根本武器"，早自一八五四年起，曾国藩即为湘军购买洋枪、洋炮。曾国藩透过两广总督叶名琛的协助，购买洋炮六百尊，湘军在湘潭、岳州两次大捷，即赖洋炮之力。到一八六〇年代初，他大倡购买船炮。④他于一八六一年八月在《覆陈购买外洋船炮折》中说："购买外洋船炮，为今日救时之第一要务。"不过，在同折中，他也主张"购成之后，访募覃思之士，智巧之匠，始而演习，继而制造"。⑤

---

① 引见何贻焜，《曾国藩评传》，页561—562。

② 陈贵宗等，《洋务运动的首创者——曾国藩》，《吉林大学社会科学论丛：洋务运动专辑》，页175—177。

③ 朱东安，《曾国藩传》，页174—175，316。

④ 何烈，《曾国藩》，页80—81；殷绍基，《曾国藩与洋务运动》，《中华文史论丛》，一九八六年第三期，页58；前引陈贵宗等文，页166—167；成晓军，《曾国藩与近代中国文化》，页232。

⑤ 引见萧一山，《曾国藩传》（台北，一九五五），页181。

其三，制造船炮：早在一八五三年，曾国藩即于衡阳、湘潭两地设厂，仿照广东快蟹、长龙各船，依式制造。又在长沙设炮局。但均生产旧式船炮。到一八六〇年十二月，曾国藩决定造西洋船炮，他于一八五八年在江西所建立的内军械所，到一八六一年移到安庆，雇用中国工匠，除制造大炮、炮弹外，并仿造小火轮船。一八六二年小火轮船完成，但"行驶迟钝"。一八六三年他派容闳赴美采购机器，准备扩充内军械所。一八六四年克南京，将内军械所迁南京，改为机器制造局。一八六五年容闳自美国购买的机器运到，曾国藩将机器制造局迁往上海，与李鸿章设在上海的炮局和自上海美商手中购得的旗记铁工厂合并，改为江南制造总局。到一八六八年完成第一艘轮船。① 曾国藩对各种制造，甚有兴趣，常亲自前往察看。一八五九年九月日记有云："余至武昌火药局，看造火药之法。"一八六二年八月日记有云："华衡芳、徐寿所作火轮船之机，来此试演。……窃喜洋人之智巧，我中国人亦能为之。"一八六八年六月日记有云："至机器局，观一切制造。"一八七一年十一月日记有云："至炮厂，……阅新作之炮。"②

其四，建水师、修炮台：曾国藩建湘军时，为"剿发逆"，即建水师，惟兵船及编制皆为旧式。与太平军作战后期，战场"在陆而不在水"，并未积极购买洋船，但却支持江南制造局及马尾造船厂制造洋船，目的在"勤远略"，即防备外来侵略。不过，曾国藩认为，在新式水师建立前，若同西方国家进行海战，中国绝非其敌，备敌之法，以扼守炮台为最重要。因此，曾国藩以"炮台为第一要义"，各海口之炮台，须仿照外国炮台之式，重行修造。③

其五，翻译科技书籍：曾国藩既提倡制船造炮，又深知"洋人制器出于算学"，而"彼此文义扞格不通"，遂认"翻译之事，系制造之根本"。一八六七年，接纳徐寿的意见，于江南制造局附设翻译馆及印书处，汇集中国科学家，辅以外国专家，从事科技书籍之翻译。至光绪末年，译书达一百七十余种。④

其六，派留学生学习西洋科技：研究西方科技，除翻译西书外，派遣幼童赴美留学。一八七〇年容闳向曾国藩建议派幼童留学美国，先选定一百二十人，分四批

---

① 朱东安，《曾国藩传》，页 322—324。李鸿章于一八六五年将苏州洋炮局迁南京，另建机器局，见王尔敏，《清季兵工业的兴起》(台北，一九六三) ，页 106。

② 《曾文正公日记》，页 25、28。

③ 陈贵宗等，《洋务运动的首创者》，页 169—172。

④ 成晓军，《曾国藩与中国近代文化》，页 239—241。

派遣，曾国藩乃于次年会同丁日昌等奏请办理。折中云："国藩上年在天津办理洋务，经前江苏巡抚丁日昌奉旨来津会办，屡与臣榷拟选聪颖幼童赴泰西各国书院学习军政、船政、步算、制造诸科，约计十余年学成而归，使西洋人擅长之技，中国皆能谙悉，然后可以渐图自强。"一八七二年八月十一日第一批幼童由上海启程赴美，时曾国藩已逝世。①

曾国藩是洋务运动最早的倡导者和实践者，许多经办局厂、制炮造船的洋务人员，曾国藩都精心挑选、破格重用，或言传身教，或保荐于朝，在短时间内，就出现一大批办理洋务的人物。从左宗棠、李鸿章到丁日昌、沈葆桢、郭嵩焘等人，再到容闳、沈保靖、李善兰、华衡芳等人，无不出自曾国藩的门下。②

六、结论

一九二七年长沙雅礼书院历史教授赫尔（William James Hail）在《曾国藩与太平之乱》（*Tseng Kuo-fan and the Taiping Rebellion*）一书中给予曾国藩的评价是：(1)战士，(2)政治家，(3)满清的忠仆，(4)儒家的伟人，(5)远东的华盛顿。③ 此后六十余年间，学者对曾国藩的评价不一，除民族主义派的史学家指其平定太平天国有违民族大义，左派史学家指其为汉奸、镇压农民的刽子手以外，一般的评价正面较多，负面甚少。

本文的研究分为四方面：从敦品方面来说，曾国藩是一个标准的儒者，本着修身、齐家、治国、平天下的道路，安排自己的一生。修身、齐家及义理之学为其"独善其身"的自我要求，定乱、洋务及经世之学为其"兼善天下"之本，其个人风范及家训影响后世甚大。从治学方面来说，修身得力于义理，事功得力于经世；他对义理、经世之学不偏废，而且互相发明。从定乱方面来说，无论系基于忠君，还是基于保教、爱民，都有其正当性，重要的影响有三：(1)使中国免于分裂或毁灭，保住大清王朝；(2)振奋湖南的民心士气，④ 使湖南在近代历史上常有突出表现；

---

① 成晓军，《曾国藩与中国近代文化》，页192—193；殷绍基，《曾国藩与洋务运动》，页60。

② 陈贵宗等，《洋务运动的首创者》，页174。

③ William James Hail, *Tseng Kuo-fan and the Taiping Rebellion* (London, 1927), pp. xi, 371.

④ 咸丰十年六月二十七日曾国藩致季弟函："吾湖南近日风气蒸蒸日上，凡在行间，人人讲求将略、讲求品行，并讲求学术。"见《曾文正公家书》，页137。

（3）湘军兵员自募，权归主将，军饷自筹，官职私相授受，注重私谊，各树一帜，各尊其长，人自为政，[①] 开后世兵为将有之风。从洋务方面而论，曾国藩与西人接触无多，但其幕府中有容闳、李善兰等西学之士，均能在购造船炮、翻译西书、派遣留学、讲求外交等方面，开洋务运动之宏规。当时讲求西学者多被指为名教罪人，曾国藩以经世故，大讲洋务，对中国科技的现代化甚有贡献。

曾国藩以儒者治军从政办外交，在这方面为近代中国历史留下三种重要的遗产：其一，由游刃于义理与经世之间而产生的体用观念，使政治上产生可变、不可变二元论，主政者希望将可变者减至最少，而形成保守主义，故激起一连串的革命。其二，由于内部的动乱或革命比外患更妨害政权的存续，产生了安内时不攘外、安内后亦不攘外的外交政策。政府的对外民族主义过于理性，益发使民间的民族主义走向激情。反帝口号比实质改革更富有动员的力量，使中国的立国态势流于虚矫。其三，近代以来中国内乱外患严重，国家仰赖军队较任何其他为重要，曾国藩树立了保政权、得政权从建军始的范例，使清末民初的政权大都以军权为基础，庞大的军费颇影响国家建设，而以军立国忽视了非军事因素，更影响国家的民主化。

---

① 朱东安，《曾国藩传》，页 326—347。

袁世凯的仕宦阶梯

（1881—1911）

一、前言

　　古往今来，在众多任公职的人当中，有些可以从低层爬到高层，有些可以从低层爬到中层，有些则一直留在低层。许多留在低层的人，在职位上有水平的流动，而无垂直的流动；许多人无论一开始就在中层，或是爬到中层，不再有向上流动，有时又向下流动；许多人无论一开始就在高层，或是爬到高层，在职位上常有水平流动，有时又向下流动。在公职中的上下流动，本文称之为"仕宦阶梯"。

　　仕宦阶梯可粗分为低层、中层、高层，每一层又可细分。在本文所讨论的时代，为清朝的最后三十年，文武官分为九品十八等级（品有正从）。本文将正九品至从七品五等级列为低层，正七品至从三品八等级列为中层，正三品至正一品五等级列为高层。大体说来，袁世凯于一八七九年时（光绪五年，二十一岁）报捐中书科中书，位阶为从七品，但未实授。一八八一年十月投奔淮军统领吴长庆，在军中帮办文案。一八八二年八月吴军赴朝鲜平乱，袁被委为前敌营务处。这些在仕宦阶梯上均在下层。嗣后，袁因平定大院君之乱有功，到一八八二年（光绪八年，二十四岁）十月，经直督李鸿章奏保，以同知补用，占到正五品的缺，即进入仕宦阶梯的中层。其后，袁世凯压制朝鲜的亲日派，调解闵妃与国王之间的矛盾，表现良好。到一八八五年（光绪十一年，二十七岁）十月，经李鸿章奏请，被委为驻扎朝鲜总理交涉通商事宜，以知府分发，占到从四品的缺。一八九〇年（光绪十六年，三十二岁）二月，又奉旨免补知府，以道员分省归候补班尽先补用，占到正四品的缺。至一八九三年五月补授浙江温处道道员，仍留朝鲜。甲午战后，袁于一八九五年十二月奉旨在天津小站练新建陆军。一八九七年（光绪二十三年，三十九岁）七月，因练兵有功，晋升直隶按察使，官品为正三品，即进入仕宦阶梯的上层。戊戌政变前，光绪帝谋借袁之新军为助，令开去直隶按察使缺，以侍郎候补，占到正二品的缺。其后又以投入慈禧的守旧派、压制光绪的维新派有功，到一八九九年六月升任工部右侍郎。一九〇〇年（光绪二十六年，四十二岁）实授山东巡抚为从二品；到一九〇二年（光绪二十八年，四十四岁）六月实授直隶总督，为正二品；再到一九〇七年（光绪三十三年，四十九岁）九月，调任外务部尚书兼军机大臣，品级进至从一品。可谓"位极人臣"。然事隔年余，到一九〇九年（宣统元年，五十一岁）一月，奉旨开缺回籍，① 仕宦阶梯似乎从顶层又回到起爬的原点，但三十年间的仕宦经历，再起的基础，与原点自不可以道里计。

袁世凯在仕宦阶梯上爬升相当顺利，其起步是靠个人志气和家世关系，不是靠科第。袁起自淮军，受到直隶总督李鸿章的提拔。甲午战后，得在天津小站练新军，为此后任兵部尚书和直隶总督的荣禄所依恃。在戊戌政变中投在荣禄和慈禧的一边，日后得到荣禄和慈禧的信任。他居官表现优异，在任山东巡抚期间，镇压义和团，争取到外人的信任。由于荣禄的武卫军多在八国联军中被歼，袁之武卫右军独存，因此为清廷所依恃，故能升为直隶总督。但自一九〇〇年以后，民族主义大兴，革命运动发展迅速，袁虽附从清廷的政策，以改革制革命，终为满洲亲贵所嫉视，被迫辞官归里。此一过程，甚为曲折，以下依时间先后论述之。

二、家世与气志

袁世凯（一八五九至一九一六），字慰庭（又作慰廷、慰亭），河南项城人，是淮军名将袁甲三（官至漕运总督）的从侄孙。生父名保中，嗣父名保庆（世凯六岁时过继给其叔保庆），均为袁甲三的堂侄。生父保中，出身副贡，捐同知，在本县办团练；嗣父保庆，出身举人，官至江南盐法道。此外有二从叔（与其父同祖父），一名保恒，对其幼年教养有助，官至吏部右侍郎及刑部左侍郎；一名保龄，出身举

---

① 袁世凯在仕宦阶梯上的升降简况，见霍必烈，《袁世凯传》（台北，一九八八），页234—242；官品对照，见织田万，《清国行政法泛论》（明治三十九年撰，一九七一年台北华世出版社再版），页595—600。

人，以直隶候补道负责旅顺海防，很受直隶总督兼北洋大臣李鸿章的器重。①

袁世凯生在官宦世家，上三代获有功名或更居官者，可如下表。

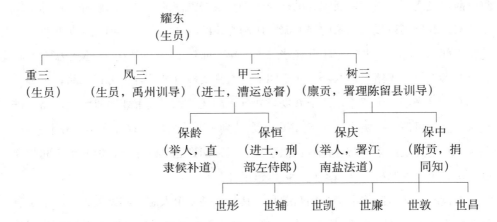

袁世凯生时，四世同堂，一家三十多口人，有地四五十顷，并开典当铺，为汝南巨族。其父保中为袁家的管家人。②

一八六六年（同治五年，八岁）嗣父保庆以知府分发山东补用，袁世凯随往济南，保庆始聘师为之启蒙。一八六九年保庆任两江总督马新贻的营务处，世凯（时十一岁）又随保庆往扬州、南京。保庆与前云贵总督张亮吉有旧，亮吉在扬州设家塾课子弟，保庆曾把世凯送往张亮吉的家塾中课读；到南京后，保庆复延师课世凯。一八七三年七月（时世凯十五岁）嗣父保庆病逝，次年十一月生父保中亦病逝。生父保中去世那年春天，世凯（时年十六）随从叔保恒（刑部左侍郎）去北京，得补博士弟子，入国子监读书。一八七六年世凯（时年十八岁）回河南应乡试失败，返里结婚。次年保恒回河南办赈务，世凯随往开封。一八七八年春，保恒死，袁家析产分居，世凯独立门户。曾组织文社，结交文士，得识徐世昌（一八八二年举人，一八八六年进士）。一八七九年乡试又不中，捐得中书科中书，③缺为从七品，但未实授。是年世凯二十一岁。

---

① 林明德，《袁世凯与朝鲜》（台北，一九七〇），页2—7。

② 李宗一，《袁世凯传》（北京，一九八〇），页1—3；侯宜杰，《袁世凯一生》（郑州：河南人民出版社，一九八二），页1—3；侯宜杰，《袁世凯评传》（郑州：河南教育出版社，一九八六），页1—2。

③ 李宗一，《袁世凯传》，页7—11；侯宜杰，《袁世凯一生》，页3—7；佚名，《袁世凯轶事》（台北，一九五九），页6—7。

袁世凯身躯短小，天资很高，是拿破仑一型的人物。幼时顽劣放荡，桀骜不驯，好骑马，喜拳术，勇猛有力。① 《袁世凯传》的作者李宗一对他五岁时的描述是："骄矜、胆大。……捻军进攻到袁塞附近，家里有人带他到塞垣上眺望，他竟然'略无惧色'。"② 《袁世凯一生》的作者侯宜杰对他十三四岁时的描写是："追求吃喝玩乐，爱游山水，贪图舒适，害怕艰苦，顽劣异常，性情放荡，不受约束，对读书非常缺乏兴趣。"③ 经一八七六、一八七九年两次乡试失败，他感叹地说："大丈夫当效命疆场，安内攘外，乌能龌龊久困笔砚间、自误光明耶！"遂投入吴长庆军。④

袁世凯的祖父甲三为淮军名将，生父在里办团练，嗣父曾为两江总督的营务处，从叔保恒曾在陕西帮助左宗棠督转粮饷，另一从叔保龄在旅顺办海防。在此家庭背景下，袁世凯自幼喜欢军旅之事，是可以理解的。《容庵弟子记》的编者沈祖宪、吴闿生记载袁少年的情形是："公不善章句之学，潜求经史大义，尤好读兵书，师禁之。"⑤ 从袁早年所作的八股文及诗中，亦可见其青年时期的豪气。所作八股文中的两小股云：

> 东西两洋，欧亚两洲，只手擎之不为重；吾将举天下之士，席卷囊括于座下，而不毛者犹将深入。

> 尧舜假仁，汤武假义，此心薄之而不为；吾将强天下之人，拜手稽首于阙下，有不从者杀之无赦。⑥

所作之诗有云：

> 眼前龙虎斗不了，杀气直上干云霄，我欲向天张巨口，一口吞尽胡天骄。⑦

在文学修养上，袁世凯似乎喜欢作诗。早年所作诗文已因一八七九年乡试失败而"付之一炬"。⑧ 自一八八一年投吴长庆军，一九〇九年辞官归里，似少见其作诗。据其长子袁克文记载，一九〇九至一九一一年间闲居安阳北郭洹上村时，宾友

---

① 佚名，《袁世凯轶事》，页 2，4，9—12。
② 原书，页 5。
③ 原书，页 4。
④ 引见侯宜杰，《袁世凯评传》，页 4。
⑤ 引见刘凤翰，《新建陆军》（台北，一九六七），页 3。
⑥ 佚名，《袁世凯轶事》，页 13。
⑦ 同上，页 14。
⑧ 引见侯宜杰，《袁世凯评传》，页 4。

酬酢，常作诗自娱。不过，当时所作的诗，已与早年不同，因为是辞官索居，所写的诗，读来有"归去来兮"之感。但亦偶有警句，如《登楼》诗："楼小能容膝，檐高老树齐，开轩平北斗，翻觉太行低。"①

三、从庆军前敌营务处到驻扎朝鲜总理交涉通商事宜

袁世凯于一八七九年（光绪五年）二十一岁时捐得中书科中书，那是一个空头衔。袁的真正仕宦阶梯，应该从一八八一年（光绪七年）十月（二十三岁）到山东登州投奔淮军统领吴长庆开始。② 当时的仕宦阶梯约有几个起点：一、获有进士、举人等科第的功名，二、捐得官位，三、有家世、亲朋、师友、同乡等私人关系，四、投入军旅。就第一点来说，袁于一八七六、一八七九年两次参加乡试失败，发愤不再考试，此途已不通。就第二点而论，袁捐得中书科中书，对吴长庆提拔他也有一些帮助。袁仕宦阶梯的起点是投入军旅，而袁之所以投依吴长庆，系因为吴是其嗣父保庆的旧友；吴又是淮军统领，而世凯是淮军名将袁甲三之孙。淮军的创始人是李鸿章，李于道光末年与袁甲三同在北京任官，"相励以道"。一八五三年甲三与鸿章同往安徽督办团练，其后又各率兵剿捻。一八六三年甲三死后，其部大都为鸿章所并，成为淮军的一部分。李当时正任直隶总督兼北洋大臣。袁的嗣父保庆曾在山东为淮军购粮食，后官至江南盐法道，受李鸿章的赏识。袁的从叔保龄奉李鸿章之派在旅顺办理海防，甚得李鸿章的信任；而另一从叔保恒曾在李手下带兵，后官至刑部左侍郎。淮军将领刘铭传、周馥、丁汝昌、吴长庆、宋庆等，都是袁世凯的父执。吴长庆与袁保庆，订兄弟之好，在袁世凯青少年时就见过面。袁初在吴幕读书，得被委为帮办营务处，是得到吴长庆的提拔，而由庆军前敌营务处转任驻扎朝鲜总理交涉通商事宜，则是李鸿章的推荐。值得一提的是，袁于一八八一年入吴幕读书时，掌理文案的有张謇（一八七六年入吴幕）、朱铭盘等人，袁得与结识，并从张謇习八股文。张、朱深知袁至吴幕，志不在习八股文、参加科考，适庆军营务处出缺，朱向吴推荐袁，长庆问袁："你有何官阶？"袁答称："曾捐了一个中书

---

① 诗见袁克文，《洹上私乘》（上海，一九二六），页39—52。

② 吴的官衔是广东水师提督，时驻登州帮办山东防务。

科中书。"于是吴委为帮办营务处，办理军需、军法、参谋等事。① 这是袁仕宦阶梯的起点。

一个人进入仕宦阶梯之后，能否顺利向上爬，决定于几种因素：（1）学历或科第资格：袁甚弱。（2）在官僚系统中的私人关系：袁甚强，并不断扩展此关系。（3）时机：分为两方面，一为竞争者的强弱，袁看来较强；二为表现的机会，袁适有机赴朝鲜应付变局。（4）居官表现：袁企图心强，能完成上级所交付的任务。下面就二、三、四点加以论述。

一八八二年七月朝鲜发生兵变，王父李昰应（封号兴宣大院君）逐亲日的国王李熙及闵妃，重掌政权。署北洋大臣张树声（李鸿章丁忧）闻日本将派兵到朝鲜问罪，乃命统领北洋水师记名提督丁汝昌、道员马建忠前往处理，并命吴长庆自登州率其六营三千兵力分乘兵轮及招商局轮前往。吴仓猝奉命，委张謇筹划，张謇荐袁世凯为前敌营务处，料理赴韩军的军需供应等问题。袁在赴韩前曾致书其兄世敦、世廉，谓"弟限于资格，中原难期大用。抵高丽，能握兵权。既建功业，不愁韩王李熙之不我用"。可以看出他的志气。袁至朝鲜后，协助丁汝昌、吴长庆等诱捕李昰应，吴派人将李送往天津，乱事平定。吴认袁在此役中"治军严肃，调度有方，争先攻剿，尤为奋勇"，为袁上报请奖。是年十月，李鸿章上奏，谓"该员治军严肃，剿抚应机，拟请求以同知补用"，获得清廷的允准。② 袁便自从七品的中书科中书，占到正五品的缺（以同知补用），在仕宦阶梯上由下层升到中层。

李昰应之乱平定后，韩王李熙及闵妃对清廷非常感激，当时日本谋朝鲜日亟，韩王派人赴华，要求清廷代为整军。翰林院侍读张佩纶奏陈对韩六策，在整军方面，主张由中国选派教习，代购洋枪，为韩练兵，以防日本。北洋大臣李鸿章决定助朝鲜整军，嘱吴长庆筹划。一八八二年十一月三日，吴派袁世凯等办理为韩练兵事宜。袁得韩人金允植的协助，选丁壮一千人，仿湘淮军制，为韩王练新建亲军左右两营；又练兵五百名，名镇抚营。③ 此一练兵经验，对袁日后在小站练兵自有帮助。

---

① 李宗一，《袁世凯传》，页14—16；林明德，《袁世凯与朝鲜》，页9—11；刘凤翰，《新建陆军》，页7—8；佚名，《袁世凯轶事》，页20。

② 林明德，《袁世凯与朝鲜》，页11—23；刘凤翰，《新建陆军》，页7—9；霍必烈，《袁世凯传》，页10—14；韩作，《袁世凯》（台北，一九八七），页23—24。

③ 林明德，《袁世凯与朝鲜》，页28—33；刘凤翰，《新建陆军》，页10—14。

前述张佩纶的对韩六策，尚有一策主张简派大员为朝鲜通商大臣，管理朝鲜外交。此点李鸿章甚表赞同，到一八八二年七月，即奏派陈树棠为总办朝鲜商务委员，驻扎汉城。当中国对朝鲜的控制日增时，日本亦在朝鲜扶植亲日派，从事排斥中国势力，并为韩训练新军前后两营。面对日本势力的扩张，吴长庆态度消极，袁世凯则因与韩练兵关系，在韩声名大振。到一八八三年七月，继张佩纶提出"别选能将"以代吴长庆之后，袁的从叔保龄亦暗中策划削吴兵权。张佩纶为李鸿章之婿，与袁保龄过从甚密，二人难免为提拔袁世凯铺路。适中法越南冲突日甚，到一八八四年四月，李鸿章奏请使吴长庆率庆军三营移驻辽东的金州，所留三营由记名提督吴兆有统带，并以袁世凯总理营务处。一八八四年十二月四日，朝鲜亲日派发动政变，挟持国王，大诛亲华派，改组政府，日军亦参战。陈树棠、吴兆有、袁世凯立刻谋镇压。中韩军并肩作战，日军不支，至十一日亲日派政变完全失败。十二月十五日，袁有长函致李鸿章，主张"即派大员，设立监国，统率重兵，内治外交，均代为理"。[①] 李虽未采纳，亦可看出袁的豪气与斗志。值得一提的是，当政变发生时，闵妃受德人穆麟德（P. G. Von Mollendorff）保护，为穆做守卫的为穆的助理唐绍仪。穆原为驻天津副领事，一八八二年十一月由李鸿章代韩王聘请，襄理朝鲜海关事务。唐持手枪卫护闵妃时，状至英勇，袁识唐始于此。[②]

袁世凯虽然于一八八四年十二月在平定朝鲜亲日派的政变中表现英勇果敢，但在事平前后也受到内外的非难。一方面，淮军统带吴兆有指控袁世凯蓄养官妓、贩卖烟土、贪污军饷等等；另一方面，日本指控袁世凯等首先发难，袭击日军，应负战事责任，并指责袁干预驻韩外国使领的调停、操纵朝鲜政府的内政与外交。当时会办北洋事宜吴大澂在韩调查政变原因，并与日人谋和，袁不愿卷入漩涡，乃向吴大澂称病返回故里，时在一八八五年一月三十一日。吴大澂深知袁在朝鲜所执行的是李鸿章的强化对朝鲜宗主权的政策，对袁百般袒护；日本派伊藤博文赴华交涉，谈到处分首先发难官员，李鸿章也只答应以私人名义戒饬营官，不对袁有任何惩处。是年四月，中日订《天津条约》，朝鲜成为中日共管之局。朝鲜当权的闵妃集团为谋求自立，有结俄的倾向，李鸿章乃决定放回李昰应以为牵制，并取消陈树棠

---

① 林明德，《袁世凯与朝鲜》，页38—42，54—63。

② Jerome Ch'en，*Yuan Shih-K'ai* (Stanford University Press，1961)，p. 13；穆麟德事，见上注引书，页39。

驻韩商务委员的职位，另以袁世凯为"驻扎朝鲜总理交涉通商事宜"，提高其职位，借以控制朝鲜的内政与外交。李昰应回韩是袁世凯护送的，时间是一八八五年九、十月间。袁赴韩期间，李鸿章适接韩王信函，要求派袁赴韩协助筹议时务，李乃于十月二十八日奏请委派袁为驻扎朝鲜总理交涉通商事宜。袁世凯之获选得力于他的从叔保龄的暗中运动，保龄与李鸿章的左右如张佩纶、周馥、章晴笙、吴大澂、续昌等都有很好的关系，他们在李面前不断夸袁世凯。保龄原希望世凯多在海军中历练，不愿世凯去朝鲜，但左右的意见使袁世凯受到李鸿章的信任。李在奏保中赞袁"胆略兼优，能知大体"，"足智多谋，与朝鲜外署廷臣，素能联络"，除保他做"驻扎朝鲜总理交涉通商事宜"外，并拟请准袁以知府分发，俟补缺后以道员任用。清廷于十月三十日批准了李的奏保。① 袁又自从四品占到正四品的缺。

从李鸿章的奏保中，可以看出李对袁的信任。袁对自己亦信心十足，他在给二姊的信中说："本拟在内地谋事，而无如诸王大臣及中堂均坚使弟赴朝鲜充四等公使，亦小钦差局面。……弟年未三十，名扬中外，大臣推重九重。"另一方面，袁对自己的职务，亦有深刻的认识，他于当年十一月八日在上李鸿章的书中说："伏查朝鲜为东方屏蔽，世守藩封。数年以来，再经变乱，凡此以明尊亲之义，定摇惑之志，内修政治，外联邦交，因势利导，刻不容缓。加以各国通商，友邻环伺，交际之间，卑亢均难。"②

袁世凯于一八八五年十一月十三日自天津赴韩履新。为了强化中国宗主权政策，袁逐渐把公署组织扩大，汉城公署在一八八五年有二十二人，到一八九四年增至七十四人，增加者主要为听差（十二人）和缉勇（三十八人）。使署人员中，以西文翻译唐绍仪最受倚重。袁世凯强化宗主权的措施，包括很多方面：（1）凡中国皇室有庆吊事，朝鲜都得遵行贡献礼。（2）中国钦使到韩，韩王需郊迎。（3）朝鲜派使出国，需向中国请准；到各国后，需先向中国使馆具报。（4）由中国海关派任朝鲜海关人员，对韩海关加以控制。（5）力谋使朝鲜向中国借债，限制朝鲜向外国借债。（6）朝鲜铸币不得用"大朝鲜"国号，仅可用"朝鲜"。（7）由中国电报局员管理朝鲜电报。（8）阻止朝鲜与俄相结（对阻止俄韩陆路通商则无成效），延缓

---

① 林明德，《袁世凯与朝鲜》，页67—78，85，111—112，119—120，125—127；霍必烈，《袁世凯传》，页20—23。

② 上注林书，页127；上注霍书，页23。

朝鲜与法、奥两国议约。（9）朝鲜因禁止谷类输日，引起纠纷，中国从中排解，使韩赔款了事。①

　　袁世凯在韩强化中国宗主权是非常主观的做法，他在一八八八年八月二十八日在致赠韩廷的《朝鲜大局论》中说："朝鲜本属中国，今欲去而之他，是惟孺子自离其父母而求他人顾复也。依中国有六大好处，背中国有四大害处。"② 在此一主观认定下，袁对朝鲜的政策相当专断，而且处事盛气凌人。一八八六年谋废韩王另立大院君之孙，不成之后使韩廷反华意识日增。在日、美两国怂恿下，朝鲜亟谋自立，公开表明"与天下各国一律平等，永不受各国辖制"的意愿。对前述九项强化宗主权的措施，朝鲜多持抗拒态度，铸钱始终拒用中国年号，韩王甚至曾在一八八八年十月二日正式请总署将袁调回。袁的措施也引起在韩各国势力的不满。除英国支持中国在朝鲜的宗主权，并与中国相结在韩对抗俄国南下之外，美国和日本都对袁在朝鲜的作为深恶痛绝。美国是为了扶助韩国独立的理由，日本则欲在韩国取中国而代之。袁为在韩与日本竞争，在政治上尽量打击亲日派势力、扶助亲华派势力。在经济上以促进中国对韩国输出最有效，使日本对韩国的输入在比例上日渐减少；也开辟了上海至仁川的航线，以与日本在韩国的对外航运权竞争；在限制日人在韩开矿、限制日人在韩捕鱼等方面，则无成就。袁在朝鲜的作为，曾引起朝臣的疑虑，奕劻虑袁"轻躁易动"，张佩纶虑袁"虚骄尚气""侈然自大"。李鸿章则不以为然，他给袁的评语是："血性忠诚，才识英敏，力持大局，独为其难。"在李的奏保下，袁于一八九〇年二月奉旨免补知府，以道员尽速补用。一八九二年八月以海关道记名简放，一八九三年五月补授浙江温处道员，仍留朝鲜。③ 官位升到了正四品。

　　一八九二年，朝鲜一个运动政治改革的宗教团体东学党因受到镇压发起请愿运动，袁世凯认为"不至为变"。次年事态扩大，袁电请北洋大臣派舰两艘至仁川，以示实力保护。一八九四年五月三十一日东学党众陷全州，在袁的怂恿下，韩廷于

---

　　① 林明德，《袁世凯与朝鲜》，页 128，131，132，140—143，159—167，175—184，200，201，206—216，223—224，228—234，238—240，246—249，251—254，256—265，277—281，302—306，308—316。

　　② 引见霍必烈，《袁世凯传》，页 25。

　　③ 上注霍书，页 25、27、235；前引林书，页 141，153—157，223—224，282—289，291—297；Jerome Ch'en, *Yuan Shih-K'ai*, pp.19-24.

六月三日正式向中国乞兵平乱。六月四日，李鸿章命直隶提督叶志超率同太原镇总兵聂士成率淮军一千五百名、水师提督丁汝昌率舰二艘赴韩。另一方面，日本已于六月二日决定对韩用兵，六月四日由日驻韩公使大鸟圭介带陆军数千名、军舰八艘前往韩国。不久，东学党众被平，袁要求中日双方撤兵，日本不肯。朝鲜亲日派乘机大肆活动。袁见事不可为，于六月二十九日连发三电，请求调回，谓"韩喜倭，殊不可解。华人在此甚辱，凯在此难见人，应下旗回，拟留唐（绍仪）守看馆探事"。七月一日，李鸿章覆电不允。七月四、五日，袁再电请调回，七月四日，清廷电李鸿章，严禁袁返国。七月十四日，袁又以生急病电请调回，受到李鸿章、张佩纶等的同情，袁始于七月十八日奉旨返国。七月二十一日袁返抵天津，而中日海、陆战即先后于七月二十五、二十八日爆发。战事爆发后，袁虽于八月四日奉李鸿章命赴前线，筹运粮械，安置败退兵勇，且于一八九五年二月辞总理朝鲜交涉通商事宜职，接办总理前敌营务处，亦难有所表现。一八九五年四月十七日，中日《马关条约》成，五月袁以母病辞职返里。[1] 值得一提的是，袁在朝鲜期间，与在英国驻朝鲜领事馆任职的朱尔典（J. N. Jordan）结识，[2] 朱于民国建立前后任英国驻华公使，对袁的帮助很大。

四、从督练新军到出任山东巡抚

袁世凯在朝鲜时，曾为韩王练兵。甲午战争之际，袁见旧军不堪一战，油然而兴练兵之志。一八九四年十二月二十日他在前线任后勤工作时，曾上书太常寺少卿、铁路总公司督办盛宣怀，希盛筹款，愿代其用西法练兵。事无结果，他再找其他管道。一八九五年三月十九日他又上书李鸿藻（礼部尚书、军机大臣、督办军务处会办），报告中日战况，表明他对军事的认识。五月七日，时中日和局已定，袁复在天津上书李鸿藻，分析旧军失败之因，并说明西法练兵之要。另一方面，早在一八九四年十月二十八日，德人汉纳根（von Hanneken）曾向总署建议募练洋枪队，光绪皇帝闻知甚有兴趣，于十一月二日成立督办军务处，负责整顿旧军，改练新

---

① 林明德，《袁世凯与朝鲜》，页 336—379；霍必烈，《袁世凯传》，页 28—34，236；韩作，《袁世凯》，页 29—31。

② 李宗一，《袁世凯传》，页 33。

军，以恭亲王奕䜣为督办，庆亲王奕劻为帮办，李鸿藻、翁同龢、荣禄、长麟为会办。十一月二十五日，清廷命在天津办理粮台的胡燏棻召勇教练，请汉纳根为助。袁世凯既有志练兵，除向盛宣怀、李鸿藻自荐外，亦设法争取兵部尚书荣禄、户部尚书翁同龢、庆亲王奕劻、宦官李莲英以及两江总督刘坤一、湖广总督张之洞等的支持。一八九五年八月二日，光绪皇帝召见袁世凯，并将袁交督办军务处王大臣差委。时胡燏棻在天津所练的定武军没有成绩，而袁的军事才华又受到李鸿藻、荣禄等的赏识。尽管李鸿藻的学生、早年支持袁世凯的张佩纶，此时已认袁"大言不惭，全无实际"。李鸿藻仍认为他"家世将才，娴熟兵略"；另一方面，荣禄即让他"拟练洋操各种办法上之"。袁奉命后，拟定新建陆军《练兵要则》《营制》《饷章》与《聘请洋员合同》，呈报督办军务处。奕䜣、奕劻、李鸿藻、翁同龢、荣禄、长麟等认为其法可行，乃于十二月入奏，当日袁即奉准督练陆军，接管定武军。[1]

袁世凯得到督办军务处及清廷的信任，据有关资料显示，似以三个人的关系最重要：一是他与军机大臣李鸿藻联络，受到李的赏识；二是得关外旧友王英楷的资助，到北京结纳太监李莲英，而李最得慈禧之宠；三是因道员张景崇之助，与荣禄拉上关系，荣禄乃将袁荐之慈禧。[2] 从日后的史实看来，李鸿藻确是最早保荐袁世凯练兵的人，但不久袁又失去他的信任。荣禄则一直是袁世凯的保护人。荣禄为满洲正白旗人，早年曾任神机营翼长（一八六四）、工部右侍郎（一八七一），并与李鸿藻等拜为结盟兄弟。一八七四年授总管内务府大臣后，与慈禧太后建立了直接关系。一八七五年任步军统领，一八七九年罢职，一八九四年复为步军统领，次年八月十一日授兵部尚书，并命为督办军务处大臣。[3] 袁世凯在天津小站练新建陆军，在一八九五年冬始成立，但到一八九六年四月，御史胡景桂即参奏他"克扣军饷，诛戮无辜"。此次参奏是由李鸿藻的授意，因奏派袁练兵时，翁同龢不赞同，李鸿藻力主之，但成立数月，津门官绅即啧有烦言，谓袁办事操切，嗜杀擅权，不受北洋大臣节制。李鸿藻因系原保，乃讽胡景桂参奏。清廷于五月二十八日将此事交给荣禄查办。荣禄见袁所练新军"七千人，……整肃精壮，……壁垒一新"，决心对袁加以保全，覆奏从宽议处，仍饬认真操练，以励将来，六月二十四日的上谕，对

① 刘凤翰，《新建陆军》，页38—47；侯宜杰，《袁世凯评传》，页26—27；李宗一，《袁世凯传》，页43—44。
② 袁克文，《洹上私乘》，页2—3；佚名，《袁世凯轶事》，页27—28。
③ 刘凤翰，《武卫军》（台北，一九七八），页21—30。

袁奖勉多于申诫，但谕直督王文韶就近考察。①

　　袁世凯在天津小站练新建陆军，所订营制，于一八九五年十二月八日获得光绪皇帝的批准。新建陆军的编制是设督练处，由袁世凯任督练官兼分军总统，下属稽查全军参谋军务营务处、执法营务处、督操营务处。袁决定练步兵五营、炮兵一营、骑兵一营、工兵四队，共七千人。其兵源除接收定武军四千七百五十人外，余在苏北、山东、河南、奉天各地招募。一八九七至一八九八年间的干部：参谋军务营务处：张勋；执法营务处：徐世昌；督操营务处：冯国璋。步兵五营分左右两翼，左翼统领姜桂题辖两营，右翼统领龚元友辖三营。炮兵统带（营）段祺瑞、骑兵统带任永清、工兵管带张勋。张勋，江西人，出身淮军，起自行伍。徐世昌，直隶人，出身进士，与袁旧识。冯国璋，直隶人，天津北洋武备学堂步科毕业。姜桂题，安徽人，出身淮军，袁甲三旧部。龚元友，出身不详，后官至总兵，一九〇〇年九月在山东病逝。段祺瑞，安徽人，天津北洋武备学堂炮科毕业，德国柏林军校见习。任永清，天津北洋武备学堂毕业。天津北洋武备学堂的主持人是荫昌，冯国璋、段祺瑞等皆由荫昌推荐给袁。②新建陆军的重要干部，几乎全部出身淮军行伍或天津武备学堂，论者谓新建陆军为淮军的余绪，洵为的论。③袁世凯以练兵著有成绩，到一八九七年七月二十四日由浙江温处道员晋升为直隶按察使，仍专管练兵事宜。④官品亦由正四品升至正三品。

　　当袁世凯因练兵有成升任直隶按察使时，康有为、梁启超的变法运动正在热烈展开。袁当时正在练新军，接触到的外人不少，也倾向于变法维新。实际上，早在一八九五年春甲午战争失败，康有为在北京联合公车上书请变法之际，袁时在督办军务处任职，即对康梁的变法运动表示兴趣。当年七月中，康有为上书光绪帝，工部（康为工部主事）及都察院都不肯代递，曾交袁世凯递督办军务处，但荣禄不收。八月十九日，他参加康有为、梁启超等在北京所成立的强学会，即席约定，各出义捐，袁世凯捐五百两。九月中，他又与梁启超等集会。⑤到十二月八日他奉命

　　①　刘凤翰，《新建陆军》，页292—295。
　　②　同上，页50、97—98、103—109、112—117；龚元友之死，见刘凤翰，《武卫军》，页647；Jerome Ch'en, *Yuan Shih-K'ai*, p. 34.
　　③　李宗一，《袁世凯传》，页57。
　　④　霍必烈，《袁世凯传》，页235、237。
　　⑤　刘凤翰，《新建陆军》，页301—302；张玉法，《清季的立宪团体》（台北，一九八五），页173—174，179。

督练新军，亦可能与他所表露的维新思想有关。

强学会于一八九六年一月二十二日被禁，康有为的变法运动，又转采上书皇帝的路。此时袁世凯在小站督练新军，四月受到御史胡景桂的参奏，到六月二十四日才因荣禄的翼护而结案。此后直到一八九八年四月十七日康有为等在北京开"保国会"，再度以引动社会视听的方式推动变法。自五月以后，虽屡受守旧派的官吏上书纠劾，皆为光绪皇帝压止。① 当时朝臣中，军机大臣刚毅、礼部尚书怀塔步、兵部尚书荣禄等反对变法，户部尚书帝师翁同龢、翰林院侍读学士徐致靖等倾心变法。袁世凯见光绪皇帝倾心变法，而个人亦自始同情变法，乃于一八九八年三月进京拜见翁同龢，表明支持变法的立场，"切言必亡必分之道，必须大变法以图多保全数省"。但到是年六月十五日，慈禧迫使光绪罢黜支持变法的翁同龢，并于同日任命荣禄署直隶总督（六月二十二日真除），谣传慈禧于十月偕光绪去天津阅兵时，将废去光绪。在这种情形下，袁支持变法的立场可能有所改变，但维新派并不知情。维新派见时机危迫，拟结军人为靠山。康有为认为袁世凯"知外国事，讲变法，昔与同办强学会"，"可救上者，只此一人"。适袁世凯派徐世昌到北京与徐致靖有所联络，徐致靖乃借机拉拢袁。到九月十六日，光绪皇帝召见袁世凯，垂询练兵情况，命以侍郎衔候补，自有笼络之意。九月十八日林旭将光绪催康有为离京密召带出，康以事态严重，找英国公使窦纳乐（C. M. MacDonald）、美国公使康格（E. H. Conger）、日本公使矢野文雄不得，只好找袁。是晚，谭嗣同访袁于北京法华寺袁寓，初以光绪密谕，要袁带兵赴天津见荣禄，立即将荣禄正法，然后入京诛旧党、助新政。袁表示不便贸然从事。谭继请袁于天津阅兵时，"保护圣主，复大权，清君侧，肃宫廷"，袁谓"若皇上于阅兵时疾驰入仆营，传号令以诛奸贼"，则诛荣禄。九月二十日光绪皇帝召袁给予密诏，袁当场表示新进（变法）诸臣办事不缜密，倘有疏误，会累及皇上。当时袁的新建陆军不过七千多人，而京畿附近的军队近十四万人；袁不敢投入维新派一方，是可以理解的。当日下午三时，袁到天津向直督荣禄告密，荣于五时乘火车入京，当晚向慈禧告变。慈禧即将光绪幽禁，次日训政，并于二十八日将辅佐新政的六君子处斩。②

---

① 张玉法，《清季的立宪团体》，页208—214。

② 刘凤翰，《新建陆军》，页303—308；李宗一，《袁世凯传》，页70—78；侯宜杰，《袁世凯评传》，页31—37。袁世凯由支持变法到拒绝保救维新派的心路历程，依上述资料推测。

袁世凯最初投入维新派，最后不以兵力保救维新派，原是一种政治投机，史家对他有不同的批判。有的史家以责骂的口吻批评袁世凯说："他是一个反对历史前进、反对改革政治的封建顽固分子，是个插足维新派，又出卖维新志士的卑鄙无耻的两面派，是个见风转舵的投机者，也是导致'戊戌六君子'喋血的历史罪人。"[①]这一段评语，只有说袁"是个见风转舵的政治投机者"，是问题的核心。

无论如何，袁世凯是戊戌政变的受益者。尽管慈禧训政后，曾欲以作乱犯上之罪，置袁于死地，但因荣禄以身家性命担保，免予追究，得安于任。[②] 不仅如此，政变后的一个月，荣禄又为他添兵三千。一八九八年十二月七日，荣禄奏准成立武卫军，除自募万人成立武卫中军在南苑训练外，以直隶提督聂士成的武毅军一万五千人为前军，驻芦台一带；以甘肃提督董福祥的甘军一万二千人为武卫后军，驻蓟州一带；以四川提督宋庆的毅军一万二千人为武卫左军，驻山海关内外；以袁世凯的新建陆军约一万人为武卫右军，驻小站。袁世凯其时的文官职位是候补侍郎，正二品。到一八九九年五月一日，时德军在山东沂州、日照、兰山一带滋扰，清廷从荣禄奏，命袁之武卫右军以操演行军阵法为名，开往山东德州等地防范。六月十六日，授袁世凯以工部右侍郎兼管钱法堂事务。时义和拳已在山东各地闹事，巡抚毓贤为仇外心理所驱使，纵容庇护，助其声势。十一月二日因意大利兵船多艘在烟台海面游弋，武卫右军奉命派兵向沂州一带转移，以便就近防范。十二月六日，清廷发表袁世凯署理山东巡抚。十二月二十六日，袁率武卫右军抵济南接任。到一九〇〇年三月十四日实授山东巡抚。袁世凯的军队调往山东，主要的任务有二：一是防止青岛的德军，借保护筑胶路和防止拳民滋扰为名进入内陆，因此武卫右军的主力驻青州，并分驻潍县、高密、莒州一带。二是剿办拳民，维护山东治安，并杜外兵进入山东之借口。[③]

袁世凯得为山东巡抚，在人事关系上可谓内外交推。在戊戌政变时，袁投在守旧派的一方，自是得慈禧太后及荣禄的信任。[④] 一八九九年夏天以后，山东义和拳大起，巡抚毓贤改为官办的团练，称之为义和团。美国驻华公使康格（Edwin H. Conger）要求清廷撤换毓贤，并建议将袁世凯的武卫右军调去山东镇压。北洋大

---

① 侯宜杰，《袁世凯评传》，页 37—38。
② 刘凤翰，《武卫军》，页 485。
③ 刘凤翰，《新建陆军》，页 311—315。
④ 佚名，《袁世凯轶事》，页 33。

臣荣禄认袁有魄力，也竭力保荐袁去山东。袁遂得率兵赴山东，并被任为山东巡抚。①

袁任山东巡抚，系以其由新建陆军改编而成的武卫右军为主要凭借。武卫右军的编制，除袁世凯任武卫右军总统外，其下幕僚及行政单位负责人，有全军营务处徐世昌、稽查全军参谋军务营务处张勋、执法营务处王英楷、督操营务处冯国璋等。军队的左翼翼长姜桂题，辖步队二营，各置分统；右翼翼长龚元友，辖步队三营，各置分统。另炮队一营，分统为段祺瑞；马队一营，分统为任永清；工程营管带为王士珍，辎重队由张勋兼理。总兵力一万零四百六十九人。② 除武卫右军外，袁世凯到山东后，复整理山东营勇，得步队十六营、马队二营、炮队二营，共二十营，名"武卫右军先锋队"。步队左翼八营，由夏辛酉统之；步队右翼八营，由孙金标统之；中路马队二营，由张勋统之；中路炮队二营，统者不详。总兵力一万三千八百零四人。③

袁世凯任山东巡抚期间，适逢清廷借拳民排外，引起八国联军入侵，皇室播迁西安。袁的态度是对拳民剿办、对外协和、对清室应付。关于剿办拳民，一八九九年十二月二十六日袁到济南接事之初，即下定决心。袁决心剿办义和拳的原因，是袁认为义和拳欲以中国功夫拒枪炮，指为迷信。有人告诉袁世凯谓神拳不畏枪炮，袁令试之。及拳师作法，袁令士兵发枪击之，皆死。袁之剿办义和拳，一说是出于幕友徐抚辰的建议。徐为湖北人，候补道，为袁主办洋务文案。④ 实则，其幕僚中不乏新学之士，如任参赞的唐绍仪，⑤ 即为留美学生，熟习洋务；袁的许多维新措施，可能出自唐意。

袁剿办拳民，省中两司道府咸目袁为汉奸。京内外支持义和拳的官员，亦反对袁的激烈做法。从接事之日起，至一九〇〇年一月九日止，在不到半个月的时间内，至少有七起参奏案，他们认为袁世凯一意剿击，易使拳民铤而走险，激成大祸。一月五日，袁电奏清廷，表示"断不敢操切激变"。一月十三日袁又上书清廷，为他的政策抗辩。在这次上书中，他完全不提义和拳，只谓有"不逞之徒，乘间滋

---

① 李宗一，《袁世凯传》，页 80—82。
② 刘凤翰，《武卫军》，页 81，490—494。
③ 同上，页 86；刘凤翰，《新建陆军》，页 317—320。
④ 沈云龙，《现代政治人物评述》（香港，一九五九），页 56—57。
⑤ 佚名，《袁世凯轶事》，页 37。

事"，"倘骚扰过久，洋人借口助剿，派兵深入，则山东全省必将震动"。为统筹全局，他提出治标和治本两办法，治本之法在调和民教，整顿吏治。教不得倚势凌民，凌民者许民指控；民不得借端闹教，闹教者按律究治。治标之法在绥靖地方，清除匪类，化导愚民。袁在山东，一面派兵保护教堂、教士，一面即对山东拳民，严加攻剿禁止，先后戡平七十余股。五月一日，清廷命袁世凯筹办义和团，袁于五月十九日上书表示反对，谓"自古断无左道邪教而可资以御侮者"。在袁之大军兜剿下，到六月十五日，山东境内拳民，除被捕杀者外，大都流入直隶境。时直隶已因拳民骚乱，引起八国联军进兵津京。六月十七日，袁接到十五日上谕，命酌带队伍迅速来京，如不克分身，即拣派得力将领统带来京。袁即命武卫右军右翼翼长龚元友率步兵两营、武卫右军先锋队右翼翼长孙金标率步兵四营，共约三千人，于六月十九日由济南疾驰北上。二十日，袁又接到十八日的上谕，谓"山东海防紧要，该抚毋庸派队来京"。盖此时主战派正利用拳民抗联军，怕袁世凯到京后剿拳，影响大计。但到六月二十日，大沽炮台为联军占有，二十一日清廷正式对外宣战，清廷一面于六月二十一、二十三日谕令袁世凯招集义和团成民团，借御外侮；一面于二十五日谕令袁世凯，饬孙金彪率兵三千人星夜赴津。六月二十八日袁奏报清廷，谓德兵进窥潍县，需严加防范，不能分兵援津。三十日则奏报清廷，举办团练；但此团练与义和团无涉。慈禧谕令招团御侮，袁不便再剿办义和团，乃驱令境内残余义和团"北上助战"。他指示各州官张贴布告，谓"真正义和团，正聚在京津，有志效用者，均宜往北行，功成邀重赏，切勿再停留"。同时，对不北上的团众，指为"假义和团""黑团""土匪"，加以诛戮。七月三日，清廷再谕令袁世凯派兵援津，袁不得已，派武卫右军先锋队左翼翼长夏辛酉率兵六营兼程前往。夏于七月十八日行抵直隶沧州，得知天津失守消息，袁要他改道北上，驰入京畿，听候武卫军总统荣禄的调遣。另一方面，荣禄于七月十六日左右，自武卫右军调枪炮队七百人，由张怀芝率领，于八月八日到京，参加北京使馆的围攻战争。[1]

袁世凯在派兵援助津京的同时，为了使山东免受战乱波及，也与谋"东南自保"的两江、湖广总督有所联络。"东南自保"是六月二十三日由大理寺少卿盛宣怀倡议，获得鄂督张之洞、江督刘坤一的赞同。至七月三日由上海道余联沅代表地

---

[1] 刘凤翰，《新建陆军》，页 330—344；刘凤翰，《武卫军》，页 486，587—590；李宗一，《袁世凯传》，页 86。

方与各国领事订立"保护南省商教章程"。七月七日，袁世凯及粤督李鸿章对此章程都表示支持。在参与"东南自保"的各省中，山东最近京畿，袁世凯的武卫右军又为荣禄的武卫军之一部，故清廷对袁世凯的倚重最深。七月二十六日、七月三十日、八月八日，清廷三次谕令袁世凯接济军械，八月八日之谕，且指明调拨武卫右军紧急应援。八月十一日袁奏明谓接济之军械将陆续起运；对调拨军队，袁则借口东省防务吃紧，表示无法应命。八月十四日，八国联军攻入北京，十五日慈禧携光绪帝于混乱中逃出北京，经怀来、大同，于九月十日进驻太原。袁世凯得知消息，先后于八月二十九日及九月十七日两次派人，解去山东、安徽、江苏、江西饷银四十七万两，其中山东有二十一万两。经过这次战争，武卫各军除马玉崑余部外，几乎全部崩溃，而袁世凯的武卫右军则属完整。①

　　袁世凯对义和拳问题的处理，虽得罪了拳民，却在"拳乱"与八国联军中保护了山东。由于袁"尽力剿除拳党"，八国联军统帅瓦德西（Count von Waldersee）满口答应，"德兵断不入济"。② 而山东的官绅见袁能使"四夷钦服"，联军不入山东，都对他"齐声感颂"，"顶礼日呼"其为山东的"福星"。③

　　袁世凯在山东巡抚任共一年零七个月，除训练军队、布置对德防务、制压拳民外，还做了几件值得记述的事：（1）起用新人，保荐人才：关于起用新人，譬如他曾奏调记名副都统荫昌与德人商订路矿交涉章程，并奏请将在津榆铁路供差之候选知县唐绍仪调往山东办理洋务。保荐人才系应清廷之谕令，保荐的人中有：徐世昌，在袁世凯军中办理营务，袁认其"公正笃诚，才识明练"；孙宝琦，直隶候补道，在北洋历办银钱所、育才馆、武备学堂等事，袁认其"才器开朗，奋发有为"。（2）以外交手段，应付外人：一九〇〇年三月二十一日，袁会同荫昌在省城与德员商订山东省煤矿章程，使中德间在山东的矿务交涉有规则可循。"拳乱"期间，德国在山东之铁路、矿务及各国在山东之教堂损失颇重，因袁世凯曾竭力保护外人，使事后交涉之际，得以减少赔款。（3）组织商人，与外商竞争：袁为促进东省商务发展，奏请于省城设商务总局，于各地方成立商会，使官商联为一气，共策与外商竞争之方。④ 他如开办银元局、设立课吏馆和校士馆、成立大学堂等，亦皆为新政。

① 刘凤翰，《新建陆军》，页344—347；刘凤翰，《武卫军》，页486—487。
② 李宗一，《袁世凯传》，页90。
③ 侯宜杰，《袁世凯评传》，页62。
④ 张玉法，《中国现代化的区域研究——山东省》（台北，一九八二），页268—271。

其中大学堂成立于一九〇一年十一月十六日，聘美人赫士（W. M. Hayes）为总教习，为中国最早的省立大学堂。另外，在一九〇〇年四月二十五日，袁曾奏陈筹办新政十条，包括慎号令、教官吏、崇实学、增实科、开民智、重游历、定使例、辨名实、裕度支、修武备，[①] 成为庚子以后朝野推行新政的重要先导。

尽管袁世凯巡抚山东有出色表现，但视义和团为农民革命的史学家，对袁镇压义和团仍耿耿于怀。一位史家对他镇压义和团的描写是："袁世凯一上任，就对帝国主义事事迁就。……他制定了镇压义和团的八条章程，其中规定，抓到义和团成员，可以当场处决；他联合驻在青岛的德国军队和教堂武装，积极进攻义和团。在很短的时间内，被屠杀的爱国群众和无辜人士达数万人之多。……对于袁世凯的罪行，百姓无不切齿痛恨。"[②]

五、从直隶总督到外务部尚书兼军机大臣

袁世凯在山东巡抚任内，剿办义和团，保护洋人，使八国联军不入山东，但在北京陷落后，他对慈禧的接济却非常用心。八国联军结束后，他命姜桂题率武卫右军三千四百人进入直隶剿办"拳匪"，力谋恢复京畿一带的治安，准备迎接慈禧回銮。在这种情形下，慈禧逐渐消除了袁未能及时勤王的疑云。[③] 武卫右军的上司荣禄，此时也进入权力核心。一九〇一年四月二十一日，清廷为处理政务、评议一切因革事宜，成立督办政务处，派庆亲王奕劻、大学士李鸿章、军机大臣荣禄、大学士崑冈、军机大臣王文韶、户部尚书鹿传霖为督办政务大臣。荣禄为五大臣之一，且是实际执行政务的人。七月二十五日，命荣禄为户部尚书。八月十六日，礼亲王世铎退出军机，荣禄成为领班军机大臣（另有王文韶、鹿传霖、瞿鸿机）。

荣禄对袁世凯是一直支持的，在军机处则提拔瞿鸿机。一九〇三年四月一日荣禄因病请辞，到四月十一日病逝，年六十七岁。在"拳乱"结束后的朝臣中，除荣禄外，李鸿章也是一直支持袁世凯的。《辛丑和约》签字满两月，直督李鸿章于一九〇一年十一月七日病逝，李临终荐袁继任，谓"环顾宇内人才，无出袁世凯右

---

① 侯宜杰，《袁世凯评传》，页64—67；李宗一，《袁世凯传》，页125—126。
② 谢本书，《袁世凯与北洋军阀》（上海，一九八四），页13。
③ 侯宜杰，《袁世凯评传》，页62—63。

者"。当时袁剿办义和团，国际声誉良好；而慈禧正在回銮途中（一九〇一年十月离西安，一九〇二年一月至北京），正需要袁世凯的保驾。负责京畿防务的原为荣禄的武卫军，在八国联军作战的过程中，聂士成的武卫前军覆没，荣禄自统的武卫中军解体，董福祥的武卫后军护送慈禧到西安后解散，宋庆的武卫左军所存不到一半。袁世凯的武卫右军最完整，为慈禧所依恃；而袁对于迎驾亦作了周详的准备。在这种情形下，袁乃于李鸿章逝世当天奉命署理直督兼北洋大臣，到次年六月九日实授。此时，袁亦自武卫右军中拨出一千人，作为紫禁城的卫队。[1]

袁世凯任直督后，时李鸿章已死，荣禄意兴阑珊，不久亦死，朝政尽入贵胄之手，袁在心理上只依恃慈禧，乃不得不自树势力。他不仅承袭了李鸿章在北洋所办的各种企业，而且也收用了李的班底：杨士骧，安徽人，进士出身，李鸿章任直督时任直隶按察使，后由袁奏保，先后任直隶布政使、山东巡抚、署直隶总督；杨士琦，士骧弟，举人出身，李鸿章之幕僚，受李鸿章和奕劻赏识，李死后为袁所用，使袁与奕劻（一九〇三年四月入军机为领班大臣）的关系拉近；孙宝琦，浙江人，李鸿章的幕僚，受袁和奕劻的提拔，先后得任驻法公使、驻德公使、山东巡抚；赵秉钧，河南人，为李鸿章的前敌营务处，袁世凯请他创办巡警。其他为袁所吸收延揽的人才有胡惟德、朱家宝、齐耀琳、梁士诒、张镇芳、周学熙、孙多森等。[2]

一九〇一年十一月二十一日，袁世凯自济南北上接任直督。时武卫右军大部分已由姜桂题带领北上，武卫右军先锋队则留在山东，袁亦未带走，交由护抚胡廷干暂为接统，袁带领部分武卫右军及在山东接练的江南自强军（原张之洞所练）赴任，十一月二十七日在保定省城履新。袁世凯接任直督后的首要工作是自联军手中接收天津。一九〇一年九月七日《辛丑条约》签订，十天后联军撤出北京，北京防务由姜桂题所率之武卫右军接管，总理留京各营营务处由徐世昌任之，时袁尚未任直督。袁任直督后，以唐绍仪署津海关道，负责交涉接收天津事宜，至一九〇二年八月十五日正式接收，结束联军在天津两年又二十五天的占领。袁任直督之初的另一件要务为平定景廷宾之乱。景为直隶广宗县人，武举出身，因抗拒教案赔款附捐，于一九〇二年三月率众起事，在段祺瑞等率兵督剿下，至七月被捕处死。此后

---

[1] 李宗一，《袁世凯传》，页92—93；侯宜杰，《袁世凯一生》，页70—71；刘凤翰，《武卫军》，页332。

[2] 李宗一，《袁世凯传》，页95—97；霍必烈，《袁世凯传》，页103。

迄于一九〇七年袁结束直督任以前，直隶各地仇教、反洋、抗捐的起兵数起，均为袁扫平。①

除前述者外，袁世凯在直督任内所做的事，属于直隶者，重要的有六项：（1）兴学校，（2）建新军，（3）创警政，（4）劝工业，（5）开官智，（6）改良司法。属于全国性者，重要的有三项：（1）建设实业，（2）奏请废科举，（3）支持立宪。

关于兴学校，从一九〇二年到一九〇七年，直隶办有专门学堂十二所、实业学堂二十所、优级师范学堂三所、小学堂七千三百九十所、女子学堂一百二十一所、蒙养院二所，总计八千七百二十三所，学生十六万四千余人，占全国第二位。②

关于建新军，一九〇二年二月二十日袁世凯奏陈北洋募练新军章程，派人在直隶各地按属匀派，精选丁壮六千人，加以训练，名为"新练军"。同年六月二十一日袁复奏陈营制饷章，创练"常备军"，拟先练左右两镇。左镇于一九〇四年一月成军，次月改为北洋陆军第一镇，由王英楷任统制。右镇于是年三月成军，改为北洋陆军第二镇，由吴长纯任统制。是年三月，受日俄战争刺激，又急速编成北洋陆军第三镇，初由段祺瑞任统制，后移交给曹锟。是年又奉谕在保定练京旗常备军，以铁良为翼长。一九〇五年二月，将驻北京和南苑的武卫右军和自强军合编成北洋陆军第四镇，由段祺瑞任统制。是年五月，留在山东的武卫右军先锋队由署山东巡抚杨士骧（袁之中表）编为陆军第五镇。是年七月，清廷从练兵处奏，将京旗常备军改为陆军第一镇，北洋陆军第一镇改为陆军第二镇，北洋陆军第三镇改为陆军第三镇，北洋陆军第二镇改为陆军第四镇，陆军第五镇仍旧，北洋陆军第四镇改为陆军第六镇。北洋六镇总兵力八九万人。前述练兵处，系一九〇三年十二月由袁世凯奏请设立，奕劻为总理练兵大臣、袁世凯为会办大臣、铁良为襄办大臣。练兵处的实权，操在袁世凯手中。总提调徐世昌、军学司使王士珍、军令司使段祺瑞、军政司使刘永庆，皆为袁的小站嫡系。练兵处综理全国练兵事务，在直隶则完成六镇的编练。③

袁世凯除练兵外，对军事干部的培养也极注意。袁任直督时，天津武备学堂已为八国联军焚毁。为了训练下级军官，袁于一九〇二年在保定办"行营将弁学

---

① 刘凤翰，《武卫军》，页 790—792；李宗一，《袁世凯传》，页 120—122。

② 侯宜杰，《袁世凯评传》，页 93—94。

③ 刘凤翰，《武卫军》，页 794—799；侯宜杰，《袁世凯评传》，页 70—74；侯宜杰，《袁世凯一生》，页 75；李宗一，《袁世凯传》，页 99—105。

堂""北洋武备师范学堂""参谋学堂""测绘学堂"。这些学堂都是短期训练班，到一九〇三年秋都并入"北洋武备速成学堂"。一九〇六年，该堂由练兵处接办，改名"通国陆军速成学堂"，袁世凯则于是年另办"保定军官学堂"。到一九〇九年，"保定军官学堂"将"通国陆军速成学堂"合并。另一方面，袁于一九〇三年办陆军小学堂两所，一在保定，一在姚村。一九〇四年办军医（天津）、马医（天津）、军械（保定）、经理（保定）四所专门学堂。一九〇五年办"陆军师范学堂"（保定）、"宪兵学堂"（大沽）。一九〇六年又办"北洋讲武堂"。①

袁世凯在北洋练新军，基本上是以日本为师。他在任直督期间，雇用的日本教习，一直较他省为高。如一九〇一年全国二十六人，直隶占十三人；一九〇四年全国二一八人，直隶占八十五人；一九〇八年全国五五五人，直隶占一七四人。另外，他也大量派人去日本习陆军，并延揽留日归国的军事人材。②

关于创警政，一九〇二年五月，袁世凯查照西法，拟定章程，于保定创设警务总局一所、分局五所，挑选五百名巡警，分驻城厢内外。招募警兵三千人，加以训练，以维护天津周围二十里内的治安（依《辛丑条约》，此区中国不能驻兵）。警政制度，由袁世凯在直隶创行，后推行到全国。一九〇五年，袁建议清廷设巡警部，并推荐徐世昌为该部尚书、赵秉钧为该部侍郎。③ 徐、赵皆袁的部属。

关于劝工业，一九〇三年十月，袁世凯在天津设直隶工艺局，作为官办实业的总机关。工艺总局直接创办了高等工业学堂（原名工艺学堂）、劝工陈列所（原名考工厂）、教育品制造所、实习工厂、劝业铁工厂、官纸厂等。一九〇三年至一九〇七年间，直隶一百五十余府、厅、州、县中，开办工艺局、所、厂的达八十五处，较大的有机器造纸公司、电灯公司、济安自来水公司、北洋劝业铁工厂、北洋烟草公司、启新洋灰公司等。④ 另于一九〇七年五月以官督商办方式创办滦州煤矿公司，一九〇八年四月又与德人汉纳根（von Hanneken）订约合办井陉煤矿。⑤

关于开官智，袁任直督后，首先设立课吏馆，不久改为直隶法政学堂，专招候补人员学习。其附设之幕僚学堂，专教幕僚。直隶法政学堂每年招收一百二十人，

① 李宗一，《袁世凯传》，页 107—110。
② 同上，页 112—114。
③ 侯宜杰，《袁世凯评传》，页 77—78；侯宜杰，《袁世凯一生》，页 78。
④ 侯宜杰，《袁世凯评传》，页 86—88。
⑤ 李宗一，《袁世凯传》，页 145。

后增收山东等五省举贡一百人，分预科（半年）、正科（一年半），共两年毕业。正科课程有大清律例、大清会典、交涉约章、政治学、宪法、行政法、刑法、民法、商法、国际公法、国际私法、刑事诉讼法、民事诉讼法、裁判所构成法、应用经济学、财政学、警察学、监狱学、统计学、中外通商史、东文东语、演习裁判等，绝大部分由日本教员讲授。毕业后分优劣委派差缺。①

关于改良司法，此为预备立宪的一环，当时谋求司法独立，在直隶由天津府先行试办。一九〇七年三月成立天津府高等审判厅、天津县地方审判厅，并在城乡分设乡谳局四处。②

袁世凯在任直督期间，兼差甚多，重要的有：（1）一九〇二年一月十日督办关内外铁路事宜，（2）一九〇二年一月十九日兼政务大臣，（3）一九〇二年八月二十九日督办津镇铁路，（4）一九〇二年十月二十六日督办商务大臣，（5）一九〇三年一月十五日督办电政大臣，（6）一九〇三年六月四日办理京旗练兵事宜，（7）一九〇三年十二月四日会办练兵大臣，（8）一九〇六年九月二日编拟官制及宪法大臣。③与练兵有关的（6）、（7）两项前已论及，（1）、（3）、（4）、（5）四项与实业有关，以辟交通最有成就。（2）、（8）两项有关政务，以奏请废科举、支持立宪，最有表现。

关于建设实业，一九〇二年一月袁被任命为关内外铁路督办，八月又担任督办津镇铁路大臣。经袁推荐，一九〇五年唐绍仪兼办京汉、沪宁铁路大臣。经袁奏准，一九〇六年十一月设邮传部，袁之旧属唐绍仪、胡燏棻得任该部左右侍郎，铁路则由袁提拔梁士诒经管，是后梁曾任京汉、沪宁、正太、汴洛、道清五路提调、铁路局长。另一方面，又于一九〇三年一月派亲信杨士琦任帮办电政大臣兼轮船招商局总办，控制轮、电两局。④在开辟交通上，最大的成就是一九〇五年至一九〇九年间督修完成京张铁路，此路系袁委杨士琦督修，工程师为留美工程师詹天佑。⑤

---

① 侯宜杰，《袁世凯评传》，页81—82。

② 同上，页84。

③ 刘凤翰，《武卫军》，页487—488。见于佚名《袁世凯轶事》页47—48的尚有长芦盐政大臣、会议各国商约大臣、督办芦汉铁路公司事宜、督修正阳门工程、会订商律大臣等。

④ 李宗一，《袁世凯传》，页143—144。

⑤ 侯宜杰，《袁世凯评传》，页90；Jerome Ch'en, *Yuan Shih-K'ai*, p. 70.

关于奏请废科举，袁于一九〇三年三月十三日与湖广总督张之洞联衔奏请递减科举名额，专注学校一途。又于一九〇六年九月二日与盛京将军赵尔巽、湖广总督张之洞、署两江总督周馥、署两广总督岑春煊、湖南巡抚端方奏请立停科举，推广学校，获清廷允准。①

至于支持立宪，初系受张謇的怂恿，于一九〇五年七月与周馥、张之洞联名奏请立宪。是年九月清廷派五大臣出洋考察宪政，被革命党人吴樾所炸，到十二月清廷再派五大臣出洋考察宪政，袁对宪政更为积极，曾谓"有敢阻立宪者，即是吴樾"，并接连奏请赶紧实行预备立宪。及一九〇六年七月考察宪政五大臣陆续回国，奏请实行君主立宪，袁复奏请改革官制，实行责任内阁。一九〇六年十一月清廷公布中央官制，一九〇七年七月公布地方官制，袁接着奏陈政见十条，其中重要的一条即为组织责任内阁；②到一九一一年终有责任内阁的成立。

清廷预备立宪期间，袁于直隶亦积极推动有关政务。为了推行地方自治，曾派官员赴日考察，并于天津成立自治研究所。到一九〇八年八月，天津选举成立议事会。③

从政治上的表现来说，袁在清末实为一开明的官僚，做了许多改革的事业。但在做官的道途中，表现愈多，愈易遭忌。有人为保持仕宦阶梯畅通，随时打击对己不利的同辈、上司或下属，此即权力斗争。袁真正从事权力斗争，是在一九〇一年任直督以后，在以前，只是凭其才勇，利用家世背景、人事关系、金钱贿赂等门径，在仕宦阶梯上爬升。

袁任直督及入军机后，从事权力斗争的靠山初为军机领袖荣禄，一九〇三年四月荣禄死后，其靠山除慈禧外，即为奕劻。袁世凯受荣禄信任始于戊戌告密，与奕劻的关系则来自屈意结纳。辛丑议和时，奕劻总理外务部事，使慈禧免去祸首之名，很受慈禧信任。一九〇三年荣禄死后，奕劻得入军机，成为领衔军机大臣，奕劻之子载振为商部尚书，父子俱贵。④袁世凯得知奕劻将入军机时，遣杨士琦携银

————
　　① 侯宜杰，《袁世凯评传》，页91—92，惟所记两次上奏日期有误，第一次上奏在三月十三日，第二次上奏在九月二日，见郭廷以，《近代中国史事日志》（台北，一九六三），第二册，页1175、1237。
　　② 侯宜杰，《袁世凯评传》，页99—105。
　　③ 李宗一，《袁世凯传》，页132。
　　④ 侯宜杰，《袁世凯一生》，页84。

票十万两为贺，^① 此后奕劻即成为袁世凯的护主。

一九〇六年九月，清廷议改革官制，袁提议设立责任内阁，铁良反对，主设陆军部，统筹军权，并主限制官吏兼差。主因袁兼差多、权势大，而所练之兵，遍布京师附近，满人忧惧；铁良之议，实欲剥夺袁的兵权及其他兼职所获之权。到十一月六日，慈禧拒绝了袁设立责任内阁的意见，而接纳了铁良设陆军部的意见，并以铁良为陆军部尚书。袁在这场权力斗争中失败，为保留部分军权，袁于十一月八日请开去各项兼差，并交出一、三、五、六等四个镇，仍统辖督练二、四镇。袁欲保留的两镇，清廷虽允他"调遣训练"，但仍归陆军部统辖。此后满洲少壮亲贵对袁续加压力，并暗中煽动御史劾袁，在一九〇七年一年中即有五起。^② 袁世凯的权势陷入风雨飘摇中。

一九〇七年东三省改制，袁结农工商部尚书（一九〇六年商部改农工商部）载振谋控东三省，初拟督抚名单：东三省总督徐世昌，奉、吉、黑三省巡抚唐绍仪、朱家宝、段芝贵，全为袁的旧属。段芝贵之缺，系段购名妓杨翠喜给载振、致十万两寿礼给奕劻而得，军机大臣瞿鸿禨唆使御史赵启霖劾之，载振去职，段芝贵易为程德全；袁乃设法排瞿，以及邮传部尚书岑春煊，因岑打击袁在邮传部位置之人。袁贿使御史恽毓鼎劾瞿"交通官报"，泄露军机，而瞿此时运动赦免戊戌党人，有让慈禧归政之意，瞿以此于六月十七日被逐回籍。又以两广多故，奕劻使岑出任两广总督，然后唆使恽毓鼎劾岑暗通康梁，终使岑于八月十二日开缺。^③ 另一方面，袁于是年七月二十五日乘奏请立宪之便，对铁良主持的陆军部大加攻击，"陆军部设立以来已十阅月，观听所系，尚无振作之气象、兴革之举动，餍众望而惬群情"，但慈禧不为所动。^④

在此一连串的权力斗争中，奕劻是一直支持袁世凯的，但慈禧则不希望袁的权势太大，这可能是袁斗不过铁良的原因之一。在瞿鸿禨回籍后，奕劻保袁世凯入军机，到一九〇七年九月，慈禧授袁世凯外务部尚书兼军机大臣，同时调湖广总督张之洞入军机，以为牵制。袁离开直督任，保其中表杨士骧继其职，杨又将其文案梁

---

① 李宗一，《袁世凯传》，页 184。
② 同上，页 152—154。
③ 同上，页 149—150；霍必烈，《袁世凯传》，页 106—107。
④ 侯宜杰，《袁世凯评传》，页 104—105。

士诒推介给袁，成为袁的得力助手。① 另外，外务部尚书的官品已到从一品，可谓"位极人臣"。

袁与张之洞相争已久。张之洞督鄂有年，创办新政，颇为时人推许。及袁任直督，所行政策，较张尤著成效，尝诋张为"皮相之维新派"（张为南皮人，总督兼太师、太傅、太保，位同宰相）。张闻而隐憾之，屡与其属梁鼎芬言袁之轻己。梁仰体张意，遂以湖北提法使名义，弹劾奕劻及袁世凯，拟于操、莽、刘裕之徒，袁侦知为张主动，衔张刺骨。袁、张为军机时，立宪运动方兴，袁对改革官制及设立宪政编查馆等，皆力为赞助，而张之洞则主慎重。因此，袁、张常处对立状态。当时袁位高权轻，可引以为援者无多。据云，在督直兼管长芦盐政时，贪污二百余万两，即以此贿买各方，月支十余万金。②

袁世凯任外务部尚书年余，基本的政策是协和外交。一八九八年中英曾订草约向英借款筑苏杭甬铁路，迁延未办，到一九〇五至一九〇六年间，浙江、江苏先后成立公司，修筑该段铁路，英国以前此草约为凭，要求改订正约，不准江浙人民修筑此段铁路。到一九〇七年十月，清廷谕令向英借款修筑此路，引起民间抗争，袁世凯以"外交首重大信，议约权在朝廷"为由，不准人民反对。张之洞等见民情激昂，要求废约，袁则声言：外务部的事情一向完全独立，军机大臣不得干预。③

六、从仕宦高梯上跌落：归隐林园，伺机再起

一九〇六年十一月十四、十五日，光绪帝与慈禧相继死亡。光绪帝、慈禧垂危之际，传闻袁世凯拟废掉光绪，拥立奕劻之子载振为帝，但慈禧安排三岁的溥仪继承皇位，其父载沣为摄政王。载沣为光绪之弟，既为摄政王，袁极力表示拥戴。但载沣属于少壮亲贵（时年二十七岁），对袁嫉视已久；亲贵嫉袁者尚有善耆、载泽等。载沣原欲杀袁，但为奕劻反对，张之洞"为朝局计"，亦不赞同。乃于一九〇九年一月二日以袁"患足疾"为由，开缺回籍。袁之开缺，种因于权力斗争，包括满汉之间的权力斗争在内。④ 袁开缺的原因有三种说法：（1）载沣为光绪之弟，与

---

① 李宗一，《袁世凯评传》，页154；佚名，《袁世凯轶事》，页55—57。
② 沈云龙，《现代政治人物评述》，页61—66；佚名，《袁世凯轶事》，页54—55。
③ 侯宜杰，《袁世凯评传》，页115—116。
④ 李宗一，《袁世凯传》，页155—156；侯宜杰，《袁世凯评传》，页120；韩作，《袁世凯》，页84。

光绪之后隆裕同怀袁于戊戌出卖光绪之恨，均主杀袁，得张之洞力请，始以足疾罢官。① （2）光绪死后，袁主立庆亲王奕劻之子（载振）为帝，及醇亲王载沣之子溥仪即位，乃罢袁之官。② （3）光绪病危时，慈禧问诸大臣以何人继之，张之洞主立恭王溥伟，慈禧不应；袁世凯、奕劻主立醇亲王载沣长子溥仪。事定，张之洞谗袁与奕劻于载沣前，③ 载沣重张之洞，张与袁既有恶，乃罢袁。④ 分析此三说，以（1）、（2）两说较为合理，第（3）说出自袁子克文，可能系对袁之其他行为有所掩饰。

袁开缺前，其子克文曾以此劝袁起兵清君侧，必要时拒胡房而北之，以成千秋大业。袁克文在《洹上私乘》中记载此事，但谓袁世凯未接纳其意见。⑤ 一说曾派人与同盟会领导人黄兴会晤，拟联合革命党，推翻清室；于黄兴阐明革命党要建立民主共和的主张后，袁未再有所行动。⑥

袁开缺回籍后，初住辉县，后于河南彰德北门外洹上村购得一别墅，到一九〇九年五月整修完竣，题名"养寿园"，即迁居于其中。⑦ 当时袁世凯五十一岁，已服官二十八年，大部时间都是中上层的大官。对传统社会的官宦之家，一般人的印象是妻妾满堂、家累万贯，袁世凯此时的家庭，便是这一印象的典型。先说家产，据说他在河南占有土地四万亩，办有滦州煤矿公司，又与比利时合办临城煤矿。后来滦州煤矿与开平煤矿合并为开滦煤矿公司，由其子克定任董事长。⑧ 再说家庭，"养寿园"有两百多亩，内有九个四合院，供袁及其妻妾子女居住。另有花园及养寿堂、洗心亭、红叶馆、五柳草堂、乐静楼、枕泉亭等建筑。袁住入养寿园时，先后已娶一妻九姨太，她们生有十七子、十四女，兹罗列于下：⑨

① 沈云龙，《现代政治人物评述》，页66。
② 张玉法，《中国现代史》（台北，一九七七），页68，但引证资料误为奕劻之孙。
③ 袁克文，《洹上私乘》，页6—7。
④ 佚名，《袁世凯轶事》，页55—56。
⑤ 原书，页6。
⑥ 侯宜杰，《袁世凯评传》，页122。
⑦ 李宗一，《袁世凯传》，页157；韩作，《袁世凯》，页86。
⑧ 谢本书，《袁世凯与北洋军阀》，页17。
⑨ 袁克文，《洹上私乘》，页9—13；韩作，《袁世凯》，页13—21；侯宜杰，《袁世凯一生》，页105；霍必烈，《袁世凯传》，页115—116。据霍记载，袁于一九一一年再起后，续纳之妾有董氏、何氏（苏州商人女）、洪氏（洪述祖妹）、柳氏（天津妓女）、范氏（袁府奶娘）、贵儿、大小尹氏（洪氏使女、同胞姊妹）、汪氏、周氏（杭州名妓）、虞氏（袁府侍女）、洪氏（洪述祖侄女）。所生子女，有的已记于正文所引诸姨太之下，余尚有女二人。

妻：于氏（一八七六年娶），河南人，生长子克定（一八七八年）。

一姨太：沈氏（一八八一年在上海所识之妓，一八八二年前后接到朝鲜为大姨太），江苏人，无子女，为克文的养母。

二姨太：李氏，朝鲜人，在朝鲜时韩王所赐，生子四：五子克权、七子克齐、十子克坚、十二子克度；生女二：长女伯祯、六女籙祯。

三姨太：金氏，朝鲜人，在朝鲜时韩王所赐，生二子：次子克文、三子克良；生女三：三女叔祯、八女环祯、十女琮祯。

四姨太：吴氏，朝鲜人，在朝鲜韩王所赐，生子一：四子克瑞；生女三：次女仲祯、四女次祯、七女琪祯。袁世凯督直时，因月子病而死。

五姨太：杨氏，天津人，自朝鲜归国后所娶，生子四：六子克桓、八子克轸、九子克久、十一子克安；生女一：五女季祯。杨氏另生有一女名玲祯，早死，不计。杨氏最受宠爱，为袁管家。

六姨太：叶氏，江苏扬州人，袁任直督时所娶，生子二：十四子克捷、十七子克有；生女三：九女玖祯、十一女璇祯、十二女玑祯。叶氏之受宠，仅次杨氏。

七姨太：邵氏，山东人，任直督时所娶，无子女。袁回籍不久去世。

八姨太：郭氏，浙江人，苏州妓女，袁任军机大臣时所娶，生子二：十三子克相、十五子克和；生女一：十四女珣祯。

九姨太：刘氏，天津人，在彰德隐居时新娶，生子一：十六子克藩；生女一：十三女珲祯。

由上表可知，在养寿园与袁同住的尚有一妻七姨太。袁住在中间的一个四合院，八个房分住周围。

袁世凯在养寿园居住，表面上是寄情山水，实际上仍伺机而动。关于伺机而动，袁的部署如下：（1）让在农工商部充当参丞的长子袁克定和徐世昌（先后任邮传部尚书、协办大学士、军机大臣、军咨大臣）、冯国璋（禁卫军总统）、段祺瑞（先后任第三镇统制、江北提督）等联络。（2）继续与军机大臣奕劻保持联络。（3）在家设电报，与各地联络。（4）订阅各地报纸，了解时局动向。（5）豢养少数幕僚，研究各种策略。（6）和英国驻华公使朱尔典通消息。（7）其党徒宣传"排袁即是排汉，袁去拳匪将起"。（8）一九一一年六月张謇访袁，袁请求其协助出山。随着内外情势的危迫，袁之同党及其他方面都希望早日再用袁。一九一〇年十一月，唐绍仪以应付外交困难为由，极力运动军机大臣起用袁。一九一一年四月，由于帝国主义国家窥伺东三省，以奕劻为首的满汉大员十余人，力保袁任东三省总督。另一方面，由于皇族内阁遭受抨击，协理大臣徐世昌、那桐请辞职，徐请求清廷破除常格，擢用扶危济变之人才，那桐则直接推荐袁世凯。海军大臣载洵也认为有起用袁世凯的必要，在中国的帝国主义国家更为袁制造有利的舆论。[①] 这是武昌革命爆发后袁能再起的原因。

另一方面，载沣于袁开缺后，迅速集权亲贵，并消除袁的余党。在集权亲贵方面：派良弼为禁卫军第一协协统，载涛（载沣之弟）为军咨府大臣，掌握陆军；载洵为海军大臣，管理海军。在消除袁的余党方面：一九〇九年二月将邮传部尚书陈璧革职，永不录用；学部侍郎严修因为袁开缺事抗疏不成，不久乞休；徐世昌内调邮传部尚书，由锡良继任东三省总督，锡良立将黑龙江布政使倪嗣冲革职；三月二十三日民政部侍郎赵秉钧辞职；六月二十八日直督杨士骧病死，由端方继任。一九一〇年一月津海关道唐绍仪被迫辞职；二月铁路局长梁士诒撤职，江北提督王士珍因病开缺。[②] 但到武昌革命爆发，袁早年所练的北洋军，又使他跻上清内阁总理大臣和民国临时大总统的位置。

七、结论

袁世凯在仕宦阶梯上爬升相当顺利，其起点是由于他的家世和淮军背景，所以受到北洋大臣李鸿章的提拔。在朝鲜的十多年，可以说是以李鸿章为后台，而袁确也努力执行李鸿章的强化宗藩政策。惟此政策已不合潮流，引起韩国以及在韩有特殊利益的国家如日、俄、美等国的反弹，虽有英国支持，不能挽回颓势，最后爆发甲午战争。如果从历史获得教训，袁也许应该洞察时势，劝李改变封贡政策，扶助朝鲜独立，进一步联合英、美，使朝鲜成为中、日、俄之间的缓冲国，朝鲜或不至为日所据，而日本势力亦未必能大量进入东北。

袁世凯仕宦阶梯的第二阶段，是以在小站练兵为起点。虽然有人认为新建陆军为淮军的余绪，但此军采用德、日之长练成，较淮军为强，成为袁世凯此后能爬上

① 侯宜杰，《袁世凯评传》，页 127—129。
② 李宗一，《袁世凯传》，页 157—158。

更高梯的起点。袁的新建陆军及日后的武卫右军，为先后任兵部尚书、直隶总督和军机大臣的荣禄所依恃。袁首先在戊戌政变中对荣禄效忠，也以此获得慈禧太后的重视。其后袁得任山东巡抚、直隶总督，皆以此为基础。可以说袁任山东巡抚和直隶总督期间，他的后台是荣禄和慈禧。在任直督期间以及转任外务部尚书兼军机大臣期间，他又与领班军机大臣庆亲王奕劻建立良好关系。袁和奕劻的结合似乎是势利的，可以互为援引。

在权力斗争方面，袁世凯有时占上风，有时占下风。最后的失败，则起于满洲少壮亲贵，有意要把袁世凯的兵权以及在政治上的影响力，加以消除。盖在光宣年间，革命风潮日盛，改革的措施也不断使满人的政治权力削弱，在这种情形下，汉人的民族主义引发了满人的民族主义。少数满洲亲贵孤注一掷，从剪除当时最有权势的汉人着手。袁以此落职回籍，但两年多后袁东山再起，走上了逼清退位的路。

袁世凯由于他的家世、传统教育、军人背景，其基本性格是保守的。但他在韩国与日、俄、美、英等国折冲的经验，以及在小站练兵用德、日顾问和教习的经验，对时代的潮流他大体应有所知。从他在各个官位上的表现看来，他好大喜功，亦喜欢做兴革之事。与绝大部分官僚比较起来，袁还是开明的。他在练新军、办教育、兴实业、推动废除科举、推动立宪政治等方面的表现，在当时的官僚中是无出其右的。不过，他的改革思想及纲领，不是全部来自外国。譬如在小站练兵时期，在技术的层面，包括武器、战术等，虽借自外国；但在精神的层面，则本于《孙子兵法》所要求的智、信、仁、勇、严，并要求各级干部"正而能变，刚而能恤，仁而能断，勇而能详"。[①] 在他的幕僚中，唐绍仪曾留美；在他的朋友中，张謇在上海接触较多的新思想。此二人对袁世凯的思想和做事方向，有一定的影响力。

对历史人物的评价，一般人每持"盖棺论定"之说，殊为非是。为求历史真相，必须以事论事，不能以人论人。本文检讨清末袁世凯二十八年的仕宦生涯，即本此信念。

---

① 刘凤翰，《新建陆军》，页 181—182。

晚清的民族主义（1895—1911）：

以章炳麟为中心的观察

一、前言

晚清的民族主义，以汉人而论，有排满和反帝两方面。这种主义如何产生？孰轻孰重？如果以 1894—1895 年的中日甲午战争作为晚清民族主义的重要起点，当时满清统治中国已 250 年，活在中国的人，无论汉、满，多为明亡时的八世孙（以三十年为一世计算）。尽管革命派的人对满清入侵的历史及其对汉人的屠杀和对汉人的各种不平等待遇一再宣扬，由于满清自始在文化上采取汉化政策，满清对汉人的经济活动也很少干涉，汉人士子像明朝士子一样，可以透过科举进入政府，而中央及地方各级政府官员亦以汉人为多，满汉界限并不十分严峻。改革派及一般救时之士，除康有为曾于戊戌变法时期提出解除满汉通婚限制以平满汉之界外，一般舆论以"平满汉之界"为议题者极少。当时受满人严峻压迫的时代（入关之始的屠城、迁海，以及康、雍、乾三朝的文字之狱）早已过去，外患的急迫则从鸦片战争、英法联军到中法战争、中日战争、八国联军，一波又一波，而战争失败和外交失败所带来的割地赔款、利权丧失，更日重一日。在这种情形下，晚清的民族主义就从外患日亟中点燃、爆发出来。

无论采取什么样的救国手段，改革派和革命派都注意到外患的严重性。康有为在戊戌变法时期七次上书给光绪皇帝，并号召强学保国，是以中日战争以及紧接而来的瓜分之祸警醒朝野。孙中山自承其革命之志决于 1884—1885 年的中法战争，而 1894—1895 年的檀香山兴中会宣言和香港兴中会宣言，是以中日战争的爆发及结局来警醒国人。对外的民族主义如何转为对内？即反帝的民族主义如何转成排满？而且排满的声势为何愈来愈壮大？主要的原因是戊戌变法的失败、清政府以义和团排外所表现的颟顸无能，以及1901—1911年间诸多改革措施的迁缓和不满人望。

晚清的民族主义是复杂的，且不论边疆少数民族的分离运动、满族的自保心结，仅就以汉人为主的改革派和革命派而论，改革派着重于如何有效对抗帝国主义，但未必忽视满汉问题的解决；革命派着重于满汉问题的解决，亦未必忽视如何对付帝国主义；两派主要的不同是排满和反帝的先后缓急问题。改革派谋求有效对抗帝国主义，并不是立刻动员朝野对付帝国主义国家，而是要求清朝政府先从事军事、教育、实业、政治等方面的改革，并开放政权，使国家变成富强的、全国人民的；如是中国始有能力对付帝国主义国家。改革派冀望在改革的过程中，国势日盛，满人的政权逐渐转入汉人之手。康有为以据乱世、升平世、太平世三阶段提出此远景，梁启超以开明专制、立宪、共和三阶段提出此远景。果能按照康、梁的改革程序进行，假以时日，则反帝和排满问题皆可解决。因此，改革派名为反帝，实亦排满；但所排者为满人的政权，而非满人。革命派对外主张协和，以争取援助，并非不知帝国主义为害中国，只是不相信满清能解决帝国主义问题，认为必须先推倒满清，建立以汉族为主体的国家，并使此国家成为富强的、全国人民的，然后始能集中全力对外。革命派是以排满为手段、为过渡，满倒之后，还是要转到对付帝国主义的问题上来。

本文无法一一探索晚清各种民族主义的内涵及推动方式，只能以汉族为中心，将民族主义的重要流派稍作介绍，然后再以章炳麟为例，说明晚清民族主义的一个面向。

二、晚清民族主义的流派

晚清以汉人为中心的民族主义，约可分为四派，即民族国家主义派、多民族国家主义派、文化民族主义派和经济民族主义派。多民族国家主义派和经济民族主义派是以对抗帝国主义为首要目标的，民族国家主义派是以对抗满清为首要目标的，文化民族主义派则同时具有反帝与排满的双重目标。

所谓经济的民族主义，即是在经济方面与侵占中国利权的帝国主义国家竞争，包括商战和收回利权、自办路矿。此类议题，学者论述已多，① 此处不拟多引。举例言之，德国于 1898 年以后划山东省为势力范围，夺取山东省的修铁路、开矿产之权。在路权方面主要修建了青岛至济南的铁路，并开辟了青岛港，使山东的对外贸易都由德人所控制的胶济铁路和青岛港垄断。在青岛港开辟之前，山东的对外贸易原由济南北面的小清河经渤海水道至烟台出口；1904 年胶济铁路通车后，山东的对外贸易改走青岛，利权皆为德人所夺。山东地方官绅人民为谋与德人竞争，乃于 1906—1909 年间于济南和小清河之间建一轻便铁路，并疏浚小清河、成立轮船公司，使山东部分货物改由国人经营的小清河航运出口，以维护利权。② 山东的矿权方面，德人除获得沿胶济铁路三十华里以内的开矿权外，并于 1899—1907 年间获得诸城、烟台、沂州、沂水、潍县五处矿权。1907 年的改订章程，规定两年内未办，开矿执照作废。1908 年山东保矿运动起，地方绅民陈干、周树标等成立保矿会，要求将五处矿权收回，并集会演说，发布传单，声言如不能废约，将以抵制德货为后盾。到两年期满，德人见中国民气激昂，而在烟台矿区内所开采的茅山金矿亦未获利，遂由山东地方当局备价三十四万两，将茅山金矿赎回，而五处矿权合同亦作废。③

所谓文化的民族主义，就是从中西文化上寻找反帝和排满的动力，并加以运用。就反帝而言，一方面发扬中国固有文化以抵抗西化，一方面吸收西洋文化之长，以对抗外来侵略。就排满言，一方面以中国固有文化启发人民的民族思想、民权思想，一方面介绍西方的政治制度与思想，以彰显以少数民族统治多数民族的不合理以及世界强国多行共和而中国仍行专制的不合理。在发扬中国文化方面，影响最大者为国粹学派。办《国粹学报》的一批人，受日本国粹学派的启发，深惧西方文化的侵略，在国人热衷欧化的风潮下，中华文化将荡然无存。于是他们本着"爱国、保种、存学"之志，展开国粹保存运动。黄节、邓实两人于 1902 年在上海创办《政艺通报》，宣传国粹，以激发民族主义和爱国思想。1905 年邓实等人复纠合

① 如：王尔敏，《商战观念与重商思想》，收入所著《中国近代思想史论》（台北：作者自印，1977年），页 233—379；李国祁，《中国早期的铁路经营》（台北：中研院近代史研究所，1961 年）；李恩涵，《晚清的收回矿权运动》（台北：中研院近代史研究所，1963 年）。
② 张玉法，《中国现代化的区域研究：山东省，1860—1916》（台北：中研院近代史研究所，1987年再版），页 481。
③ 同上，页 523—526。

同志，于上海成立"国学保存会"，并发行《国粹学报》。《国粹学报》的作者群有章炳麟、刘师培、黄节等。他们透过民族史志的论述，建构汉族民族的认同意识，并借以宣传兴汉排满的革命思想。黄节所撰《黄史》，刘师培所撰《攘书》和《中华民族志》，都是这方面的代表作。除阐扬排满的民族主义外，也以西方的民权观念论述西周的政教制度，以阐发民权思想。① 至于吸收西洋文化之长，早在鸦片战争前后，魏源即主张"师夷长技以制夷"，当时所谓长技主指坚船利炮；到1860—1880年代才采用西法开矿产、修铁路、改良工业，先见之士并已注意到西方的政教制度；再到1895年以后，更以西方的政教制度为学习的中心。晚清介绍西方政教制度的书刊，主为改革派和一般文教界人士所印行，革命派亦做这方面的工作。在西学方面，1903年9、10月间出版的《汉声》第七、八期合册发表有《普通经济学》《物理学》等文；1905年6月出版的《民报》第一期发表有《动物学》《西洋伦理学》等文。在法政思想方面，1903年11月出版的《浙江潮》发表有《法律上人民之自由权》等文；1910年2月出版的《民报》第二十六号发表有《民约论详解》等文。② 兹不多论。

所谓多民族国家主义，是一种想法和做法，致力于由国境内的民族共同组织一个国家，彼此互不排斥。改革派的人认为，应破除满汉界限，由满、汉和国境内的其他民族共同组织一个心志合一的国家。康有为属于今文派，论政以春秋三世说为中心，主张破除种界，而以世界大同为最后目标。康有为早年投身科举、仕于清廷、推动变法不说，戊戌政变后且以保皇为职志，冀望光绪皇帝能重掌政权、推行宪政。康有为为了破除满汉界限，于戊戌变法时期建议满汉通婚、断发易服。1902年刊布《覆美洲华侨论中国只可行君主立宪不可行革命书》。书中申明满人为大禹苗裔，入关以后早已同化于中国。梁启超为康有为的学生，受明清史事和革命宣传的影响，虽偶有排满之想，就其晚清时期的整体思想来观察，仍是多民族国家主义者。戊戌变法时期在《时务报》发表《变法通义》，主张打破满汉之界，甚至打破黄种人之界，共同与白种人竞争。戊戌政变后，梁启超逋逃日本，既追随其师康有为从事保皇运动，在《清议报》《新民丛报》发表文章，深怕排满复仇主义会

---

① 黄绣媛，《晚清国粹学报派的历史教育工作》，《走向近代》编辑小组编《走向近代：国史发展与区域动向》（台北：东华书局，2004年），页163—187。

② 余柄权、李又宁、张玉法合辑，《清季革命运动期刊叙目选辑》（Washington, D.C.:*Center for Chinese Research Materials*, 1970），页35、46、70、82。

造成国家分裂。他在《中国史叙论》中认为"种界难定"，指中华民族实由苗种、汉种、图伯特种（藏种）、蒙古种、匈奴种、通古斯种（满洲种）等六族组成。他又在《政治学大家伯伦知理之学说》中主张中国境内各民族必须统合起来，合汉、满、蒙、回、苗、藏，组成一大民族。他说："吾中国言民族者，当于小民族主义之外，更倡大民族主义。小民族主义为何？汉族对于国内他族是也；大民族主义者何？合本部属之诸族以对于国外之诸族是也。"在梁启超看来，中国当时最紧急的问题，是在帝国主义的侵略下，整个国家的存亡问题。①

　　所谓民族国家主义，是一种想法与做法，谋使一个民族组成一个国家。民族国家主义是革命派的共同主张，但革命派对民族国家的看法并不一致。有时或有人将国境内的汉、满、回、蒙、藏等族视为不同的民族，认为应各有疆土、各有主权，但大多时间和大多数人，基于民族融合的历史，认为中国是以华夏民族（汉族）为中心，合诸少数民族而组织的国家。这个国家内部的民族，统称为中华民族。孙中山初时是主张将满族逐往中国东北的。孙中山在兴中会成立之初，曾以《扬州十日记》《嘉定屠城记》等满清入关后屠杀汉人的历史作为宣传品，似孙中山当时有鼓励复仇之意，但他的做法，实际上只是"驱除鞑虏，恢复中华"。此一宗旨，到同盟会时期仍未改变。1907 年 4 月，他在中华民国军政府檄文中说："尔满洲胡人，涵濡卵育于我中华之区宇三百年，……建州一卫，本尔旧区，其自返于吉林、黑龙江之域，若愿留中国者，悉归农牧，一切与齐民等视。"② 是年他在槟榔屿平章会馆的演说中说："我们现在要脱离奴隶的地位就应该起来赶掉从外国来的满洲人，推翻满清二百多年来的统治，恢复汉室的山河，再把国家变强盛。"③1908 年他在槟榔屿小兰亭俱乐部的演说中说："我全体汉人，惟有报着革命的决心，发奋为雄，驱逐鞑虏，光复旧物，挽回已失的主权，建设独立的基础，才可救中国。否则，二百六十年来亡于满清，势必由满清之手，转而亡于外人。"④ 陈天华只主推翻满人政权，不主驱逐或屠杀满人。1905 年他在《绝命书》中说："欲使中国不亡，惟有一刀两断，代满洲执政柄而卵育之，……满洲民族许为同等之国民，以现世之文明，

---

　　① 杨肃献，《梁启超与近代中国民族主义，1896—1907》，周阳山、杨肃献编《近代中国思想人物论：民族主义》（台北：时报文化出版公司，1981 年二版），页 109—129。
　　② 《国父全集》（台北：近代中国出版社，1989 年），第二册，页 12。
　　③ 《国父全集》，第三册，页 16。
　　④ 同上，页 17。

断无仇杀之事。故鄙人之排满也，非如复仇论者所云，仍为政治问题也。"① 邹容和陶成章的态度比较激烈，邹容在 1903 年所写的《革命军》中，一方面标举先打倒满洲人所立之北京野蛮政府，驱逐居住中国之满洲人；另一方面也激情地说："诛绝五百万有奇披毛戴角之满洲族，洗尽二百六十年残惨虐酷之大耻辱。"② 陶成章是光复会后期的重要领导人，在他所留下的文献中，有"赶去了满洲鞑子皇家，收回了大明江山"的话，但也有"为我仇者不仅清帝一人，凡满洲人皆我仇也，势不两立，必尽杀之"的话。③ 革命派与改革派在民族问题看法上有一致的地方，最大的区别是：革命派认为应由汉人建立政权，而改革派则将就满人已建立的政权。改革派主张搁置中国境内的民族争议，容许满族作为中国统治者，集全力对外；革命派主张先推倒满洲人所建立的政权，由汉人建立政权（梁启超称为"小民族主义"），然后再联合境内各民族，共同对抗帝国主义（梁启超称为"大民族主义"）。关于革命派所主张的民族国家主义，除前述者外，下面将以章炳麟的主张为例，进一步说明。

三、章炳麟的种族之辨及光复理念

章炳麟（1868—1936），浙江余杭人，1876—1880 年间（九至十三岁）由外祖父海监朱有虔课以经书，兼及明清史事和王夫之、顾亭林等人著作，暇中读家藏《东华录》，见清初文字狱诸案，由是而生贱夷狄之念。1890—1896 年间（二十三至二十九岁）在杭州从德清俞樾治小学及古文经学，其间结识钱塘夏曾佑，并捐款赞助康有为在上海办强学会。1896 年夏曾佑、梁启超等在上海办《时务报》，邀章炳麟任撰述；炳麟在上海结识不少热心时务之士，如宋恕等。当时康、梁等今文派学者标举黄宗羲的《明夷待访录》，希望用世；炳麟则标举王夫之的《黄书》，以为不去满洲，则改制变法为虚语。1898 年《时务报》改《昌言报》，炳麟任主编；因长于古文，一度去武昌为湖广总督张之洞主持《正义日报》。是年之洞出版《劝学篇》，内多效忠清室语，炳麟不以为然；之洞幕中有梁鼎芬，炳麟与语满汉事，谓

---

① 引见小野川秀美著，林明德、黄福庆译，《晚清政治思想史研究》（台北：时报文化出版公司，1982 年），页 32。

② 同上，页 329、337。

③ 引见张玉法，《清季的革命团体》（台北：中研院近代史研究所，1982 年），页 472。

春秋三家皆主"内中国，外夷狄"，并谓中国宜致力于光复，鼎䒰不以为然。炳麟在武昌不得志，乃返上海。戊戌政变后，康、梁逃海外，炳麟以新党嫌，避至台北，并于《台北新报》为文，劝告康、梁别种族，勿再效忠清室。嗣受梁启超之邀往日本，并在梁启超座中遇孙中山。炳麟此时于《清议报》第十五册（1899 年 5 月）发表《客帝论》。可能于此时，章炳麟将与学术和政论有关的文章整理成《訄书》，以示梁启超，启超为之题名。1899 年 8 月，章炳麟返上海。1900 年北方义和团之乱引起八国联军，唐才常在康、梁的运动下，在上海召开国会，炳麟参加。炳麟提议拒绝满、蒙人与会被拒，乃断发以明不臣满之志；或谓唐以勤王为号召，无"光复汉迹"之志，炳麟乃断发与之决绝。宋恕笑炳麟谓："君以一儒生，欲覆满洲三百年帝业，云何不量力至此！" 1901 年，炳麟任教苏州东吴大学，其间曾往访俞樾，俞樾不赞同他走排满光复之路，炳麟对曰："弟子以治经侍先生，今之经学，渊源于顾宁人，顾公为此，正欲使人推寻国性、识汉虏之别耳，岂以刘殷、崔浩期后生也。"自是遂与俞樾分。虽然如此，由梁启超题名的《訄书》，于 1901 年在苏州出版时，书中的政论，尚徘徊在改革与革命之间。其《客帝》篇云："自古以用异国之材为客卿，而今始有客帝。客帝者何也？曰蒙古之主支那是也。"此文虽公言满汉有主客之分，犹承认清主为帝。[1]

炳麟于戊戌政变后被列为康党，于唐才常勤王之役后被列为唐党；自己则志于排满光复。惟当时不过宣扬个人理念，并无党众。1901 年 5 月，参与唐才常勤王之役、事败逃日的秦鼎彝在东京创刊《国民报》，标榜革命仇满；是年 8 月，时章炳麟任教于苏州东吴大学，于《国民报》发表《正仇满论》，阐述满汉二族不能两立之义。[2] 嗣以官方搜捕，炳麟于冬间自苏州归乡里，旋于 1902 年初避居日本，并与秦鼎彝游。炳麟与鼎彝发起"中夏亡国二百四十二年纪念会"，订于阴历三月

---

① 《民国章太炎先生自订年谱》（台北：台湾商务印书馆，1980 年），页 1—8；王寿南主编，《中国历代思想家》（台北：台湾商务印书馆，1978 年），第五十一册《章炳麟》（张玉法撰），页 10—13。有关《訄书》第一次出版，见小野川秀美《晚清政治思想研究》，页 317、320；陆宝千，《章太炎在晚清之经世思想》，《近代中国经世思想研讨会论文集》（台北：中研院近代史研究所，1984 年），页 648。章炳麟于 1897 年闻孙中山革命事迹，益坚革命之心，见章炳麟 1906 年 8 月 25 日与陶亚魂等函，马勇编《章太炎书信集》（石家庄：河北人民出版社，2003 年），页 69；章炳麟与唐才常决绝，系请禁满、蒙人入会被拒，见章炳麟 1900 年 7 月 29 日请严禁满、蒙人入国会状及 1900 年 8 月 9 日章炳麟致《中国旬报》，均见马勇编，《章太炎书信集》，页 56—57。

② 小野川秀美，《晚清政治思想研究》，页 324、330、348。

十九日纪念明崇祯帝殉国，以激发汉人的民族思想。会虽为日警所阻，炳麟却在会启中宣扬了他的光复理念。会启中有云："昔希腊陨宗，卒用光复；波兰分裂，民会未弛。……愿吾滇人无忘李定国，愿吾闽人无忘郑成功，……庶几陆沉之痛，不远而复。"[①] 1902—1903 年，章炳麟对他的排满光复主张有较多的发挥。除前述者外，1902 年他在《驳康有为书》中强调满族不与汉人同，声言满人入主中国后大杀汉人；康、雍、乾三朝的文字狱挫辱汉人，才使五百万满人得以临制四万万汉人。[②] 1903 年他在为邹容所撰《革命军》的序中说："抑吾闻之，同族相伐谓之革命，异族攘窃谓之灭亡；改制同族谓之革命，驱逐异族谓之光复。今中国既亡于异胡，所当谋者光复也，非革命云尔。容之署斯名何哉？读其所规画，不仅驱除异族而已；虽政教学术、礼俗材性，犹有当革者焉；故大言之曰革命也。"[③] 当时章炳麟既大肆宣扬排满，乃对 1901 年出版的《訄书》中的观点大加修正，并请邹容题名，于 1904 年在东京再版。时章炳麟和邹容并在上海狱中。新版《訄书》中的政论是采取排满光复立场的，《客帝匡谬》一篇，主张客帝应"引咎降名，以方伯自处"，并谓："满洲弗逐，欲士之爱国、民之敌忾，不可得也。"[④]

1903 年 6 月，章炳麟因苏报案被判入狱三年，至 1906 年 6 月出狱。在狱中的三年，革命派在上海有两个重要活动，章炳麟是与闻其事的。一为 1904 年蔡元培、龚宝铨等在上海组织光复会，章炳麟是参加的。当 1909 年陶成章欲脱离同盟会另有组织时，语章炳麟曰："吾辈主张光复，本在江上，事亦在同盟会先，曷分设光复会。"炳麟应之。[⑤] 二为 1905 年 2 月邓实、黄节等在上海办《国粹学报》，章炳麟也是参加的。此后章在狱中的一年半期间，《国粹学报》选录了章炳麟四封书信、两篇短文。章在出狱后，始以章绛为名，正式在《国粹学报》发表《诸子学说略》《文学略论》《论语言文字之学》《春秋左传叙录》《新方言》《刘子政左氏说》等长短篇论著。[⑥] 虽然如此，1904—1909 年间，章炳麟与光复会的关系资料极少，其

---

① 冯自由，《革命逸史》初集（台北：台湾商务印书馆，1965 年），页 86。
② 张玉法，《晚清革命文学》（台北：新知杂志社，1971 年），页 50—63。
③ 同上，页 107—108。
④ 陆宝千，《章太炎在晚清之经世思想》，页 648，谓《客帝匡谬》作于 1900 年；小野川秀美，《晚清政治思想研究》，页 317、320，谓《客帝论》作于 1899 年。如将《訄书》的出版时间不论，以文章写作的时间为准，则章炳麟决志革命似在 1899—1900 年间。
⑤ 《民国章太炎先生自订年谱》，页 13。
⑥ 余秉权、李又宁、张玉法合辑，《清季革命运动期刊叙目选辑》，页 95—146。

主导光复会是 1909 年以后的事。另一方面，1905—1910 年炳麟在《国粹学报》所发表的国学论著，并没有明显的革命思想。此期间章炳麟的革命主张，主要是透过他所主编的《民报》表达，时间是 1906 年 7 月至 1908 年 10 月。

章炳麟的革命思想为排满光复，第一次作多角度的表达在 1902—1903 年，前已引述，兹不多论；第二次在 1906—1908 年间，有关文献见于《民报》第六至二十四号。兹将章炳麟在《民报》所发表的文章表列如下：[1]

题目	发表期别	出版时间
演说（即七月十五日留东学生欢迎会演说辞）	第六号	1906.7.25
俱分进化论	第七号	1906.9.5
无神论	第八号	1906.10.8
革命之道德	第八号	1906.10.8
建立宗教论	第九号	1906.11.5
说林	第九、十号	1906.11.5; 1906.12.10
箴新党论	第十号	1906.12.10
与人书	第十号	1906.12.10
人无我论	第十一号	1906.11.25
军人贵贱论	第十一号	1906.11.25
社会通诠商兑	第十二号	1907.3.6
记印度西婆耆王纪念会事	第十三号	1907.5.5
官制索隐	第十四号	1907.6.8
中华民国解	第十五号	1907.7.5
五无论	第十六号	1907.9.5
定复仇之是非	第十六号	1907.9.5
国家论	第十七号	1907.10.25
印度中兴之望	第十七号	1907.10.25
汉字统一会之荒陋	第十七号	1907.10.25
政闻社员大会破坏状	第十七号	1907.10.25
祭徐锡麟陈伯平秋瑾文	第十七号	1907.10.25
大乘佛教缘起说	第十九号	1908.2.25
与马良书	第十九号	1908.2.25
与刘揆一书	第十九号	1908.2.25
覆吴敬恒书	第十九号	1908.2.25

---

[1]　余秉权、李又宁、张玉法合辑，《清季革命运动期刊叙目选辑》，页 72—80。

续表

印度独立之方法	第二十号	1908.4.25
无政府主义序	第二十号	1908.4.25
鸡鹊案户鸣为刘道一作也	第二十号	1908.4.25
排满平议	第二十一号	1908.6.10
驳神我宪政说	第二十一号	1908.6.10
驳中国用万国新语说	第二十一号	1908.6.10
答梦庵	第二十一号	1908.6.10
四惑论	第二十二号	1908.7.10
哀陆军学生	第二十二号	1908.7.10
台湾人与新世纪记者	第二十二号	1908.7.10
满洲总督侵吞赈款状	第二十二号	1908.7.10
越南设法伥议员	第二十二号	1908.7.10
王夫之从祀与杨度参机要	第二十二号	1908.7.10
革命军约法问答	第二十二号	1908.7.10
瑞安孙先生哀词	第二十二号	1908.7.10
答佑民	第二十二号	1908.7.10
再覆吴敬恒书	第二十二号	1908.7.10
五朝法律索隐	第二十三号	1908.8.10
马良请速开国会	第二十三号	1980.8.10
再答梦庵	第二十三号	1908.8.10
代议然否论	第二十四号	1908.10.10
规新世纪	第二十四号	1908.10.10
清美同盟之利病	第二十四号	1908.10.10
告回人（德皇保护回教事）	第二十四号	1908.10.10
政闻社解散之实情	第二十四号	1908.10.10
中国之川喜多夫大尉袁树勋	第二十四号	1908.10.10

上表列章炳麟在《民报》发表的论著及书信五十二篇，宣扬一般革命思想者有《演说》《军人贵贱论》等文，《演说》是以国粹激发国人的爱国心；[①]《军人贵贱论》谓军人捍卫国民则贵，效忠满清、拒倡义之师则贱。[②] 其本种界立场申述光复之义者有《革命之道德》《箴新党论》《社会通诠商兑》《中华民国解》《排满平议》等文。《革命之道德》中有云："吾所谓革命者非革命也，曰光复也；光复中国之种

———————

① 见《民报》第六号。
② 见《民报》第十一号。

族也，光复中国之州郡也，光复中国之政权也。"① 《箴新党论》中有云："满洲之亡，不亡于汉人，亦或亡于他族，则汉人亦与之同尽。……若吾党之狂狷者不疾趣以光复，日月逝矣，高材健足者将先之。"② 《社会通诠商兑》中有云："所谓排满者，岂徒曰子为爱新觉罗氏，吾为姬氏、姜氏而惧子之毅乱我血胤耶？亦曰覆我国家、攘我主权而已。"又有云："吾党所志，乃在复我民族之国家与主权者。若其克敌致果，而满洲之汗大去宛平以适黄龙之府，则当与日本、暹逻同视。"③ 《中华民国解》一文区别夏族与蛮夷，谓中国自汉以上，视蛮闽貉狄诸族不比于人，并谓华夏为一个种族建立的国家，夷狄入据中国是破坏中国政治自立，不能允许其存在。④ 《排满平议》中有云："排满洲者，排其皇室也，排其官吏也，排其士卒也。"又云："举一纲而众目张，惟排满为先务。"又云："复仇者，以正义反抗之名，非辗转相杀谓之复仇。"⑤ 前述种种，似炳麟只知排满，不知反帝，实则不然。炳麟认为，从政治、社会来看，西人之祸汉族，其程度超过满洲千万倍；⑥ 但从种族革命来看，则满人为巨敌，而欧美少轻。⑦

　　章炳麟的复仇、光复主义，重点是光复，复仇只是光复的一种动力，并不要真正去屠杀满人。事实上，章炳麟的主张，并没有超出孙中山的"驱除鞑虏，恢复中华"的范围。这也可从章炳麟致满人的信中得之。1907 年 7、8 月间章炳麟在给肃亲王的信中云："……只欲复我主权，过此则无所问。……渝关以东，王家故国，积方圆五百万里，视英、德、日本诸国且二三倍，雄略之主，足以自旋。"又云："故仆敢以二策为贤王陈之，一为清室计者，当旋轸东归，自立帝国，而以中国归我汉人。……若能大去燕京，复辽东之故国，外兼蒙古，得千四百万方里，其幅员等于中国本部，然后分置郡县，务农开矿，使朔漠不毛之地，化为上腴。……二为贤王计者，……吾党所持革命成功以后，惟建共和政府，二王三恪之号，虑不足以辱贤王，……"⑧ 1911 年 10 月 10 日武昌革命爆发后，满洲留日学生有主张借

---

① 见《民报》第八号。
② 见《民报》第十号。
③ 见《民报》第十二号。
④ 见《民报》第十五号。
⑤ 见《民报》第二十一号。
⑥ 见《民报》第二十二号《革命军约法问答》。
⑦ 见《民报》第十六号《定复仇之是非》。
⑧ 马勇编，《章太炎书信集》，页 184—185。

日兵压革命者，日人亦有作此主张者，章炳麟致书满洲留日学生，揭发日人诡计，谓"东方一二妄人，志在兼并他人土地，妄作诱言，以动贵政府之视听。……今观彼国之待高丽，他日之于满洲可知也。"章炳麟在此信中重申光复之本义，其言云："所谓民族革命者，本欲复我主权，勿令他人攘夺耳，非屠夷满族，使无孑遗，效昔日扬州十日之围也，亦非欲奴视满人不与齐民齿叙也。"值得注意的，章炳麟于此信中已放弃种界之想，主张将国境内之满、蒙、回、藏诸族，尽纳于中国。信中有云："君等满族，亦是中国人民，农商之业，任所欲为，选举之权，一切平等，优游共和政体之中，其乐何似！……域中尚有蒙古、回部、西藏诸人，既皆等视，何独薄遇满人哉！"①

章炳麟的民族主义，在排满方面，受幼教和明清史事的影响，最初有浓厚的种界观念，认为满人野蛮，不能等同人类；满人与汉人没有共同的历史文化，与汉人不是一个族类。此一观念散见于 1902—1903 年所发表的著作中。到 1906—1908 年主编《民报》时，在发表的著作中，继续鼓吹排满、光复，虽云复仇，并无屠杀满人之意；1907 年致书肃亲王，希望满人退回东北，合蒙古另建帝国。武昌革命爆发后致书满洲留日学生，希望满人于中国革命成功后做共和国民。看来章炳麟的排满思想有些转折。从事政治运动的人，通常只有一个大目标，具体的做法会随时因内外情势的变化而有所调整，章炳麟也是一样。

四、章炳麟的反帝国主义思想

晚清的民族主义，最初是由外患引起的。1908 年 7 月章炳麟在《革命军约法问答》中说："西人之祸汉族，其烈千百倍于满洲。"② 揆诸实事，远者不论，1894—1895 年的中日甲午战争之后，中国面临瓜分之祸；1900 年的八国联军之后，中国之财政、国防尽付外人。在这种情形下，康有为始终主张"满汉不分，君民同体"，一致对外。康有为说："唯有所谓中国，无所谓满汉。"他认为夷夏之别出于《春秋》，然孔子《春秋》之义，中国而夷狄则夷狄之，夷狄而有礼则中国之。舜是东夷之人，文王是西夷之人，由于合乎道而入主中国。中国夷夏之别是以进化为

---

① 马勇编，《章太炎书信集》，页 292。
② 《民报》第二十二号。

准，而不是以人种为准。① 康有为可以代表当时一般改革派对民族主义的看法，即着重于对外，而非对内。然而革命派何以把民族主义的重点放在对内？依照章炳麟在《客帝匡谬》一文中的意见，原因有二：一、满人在位不能齐一国人心志，即章炳麟所谓的"满洲弗逐，欲士之爱国，民之敌忾，不可得也"。二、满人无力对外，汉人如不自立，将随满人一起沦为西人奴隶，即章炳麟所谓的"浸微浸削，亦终为欧美之陪隶而已矣！"② 当时一般革命派的看法与章炳麟的看法有共通处，即满人无力对外，不逐满则无力对抗帝国主义。

革命派虽不强调反帝，未尝不注意帝国主义问题，章炳麟也是一样。早在1897—1898 年间，当时章炳麟尚侧身于改革派之列，为文立论，在民族主义上，是以反帝为中心。譬如 1897 年 2、3 月间，先后于《时务报》第十八、十九册发表《论亚洲宜自为唇齿》及《论学会大有益于黄人亟宜保护》二文，前文主张亲日御俄；后文主张盛吾学、强吾类，以教卫民，以民卫国。③ 又譬如 1898 年 2 月致书大学士李鸿章，冀联合日本共同对抗西方帝国主义国家。章炳麟所以有此意见，一因日本与中国邻近，同文同种；二因日本与中国无深仇大恨，未若英、法之犯京师；三因日本方兴大亚洲主义，有联合中国以安定亚洲之舆论。当时西方各国方谋瓜分中国，德据胶州湾、俄据旅大，章炳麟质疑："吾中国今日不求亲于彼（日），则坐为欧西各国所鱼肉，谁与拯之？"至于如何联日，章炳麟认为："欲与日本合纵，则莫如与之地而用其材，使彼有藉手而乐于亲我，则事何为而不成？"与之地奈何？炳麟曰："威海固日本戍邑也（按：甲午战后，日仍据威海，以为立约之担保），使德据胶州湾、俄据旅顺，则威海之在其间，亦腐肉朽骨而已。与其使俄、德得之，何如使日本得之；与其使日本攘而取之，何如以我迎而与之？"用其材奈何？炳麟曰："今我于税务则专用英人，于制造局、船厂、水师、武备诸学堂，则杂用英、德、法人，……而西人至者，其材能率不过中庸，则何如取材于日本，而授之官秩，以为我用乎？"④

其后到1907—1908 年间，章炳麟在《民报》所发表的几篇文章中，表明他对

① 小野川秀美，《晚清政治思想研究》，页 305，307，343—345，356。
② 引见李泽厚，《中国近代思想史论》（台北：谷风出版社，1987 年三版），页 405。
③ 引见小野川秀美书，页 315。《论亚洲宜自为唇齿》，《时务报》第十八册，光绪二十三年正月二十一日；《论学会大有益于黄人亟宜保护》，《时务报》第十九册，光绪二十三年二月一日。
④ 马勇编，《章太炎书信集》，页 20—21。

反帝国主义的看法。他在 1907 年 9 月所发表的《五无论》中说："吾曹所执，非对于汉族而已，其他之弱小民族有被征服于他之强民族，而盗窃其政柄、奴虏其人民者，苟有余力，必当一匡而恢复之。呜呼！印度、缅甸灭于英，越南灭于法，辩慧慈良之种扫地尽矣！……欲圆满民族主义者，则当推我赤心，救彼同病，令得处于完全独立之地。"① 是月他在《定复仇之是非》中说："民族主义非专对汉族而已，越南、缅甸、马来之属，亦当推己及之。"② 1908 年 7 月，他在《越南设法伏议员》中，除批评法国在越南设议员的目的在使议员为法作伥外，并指斥英、法等帝国主义国家，其言云："综观亚洲诸国为他人有者，中国、印度、越南、朝鲜，其最著矣！法于越南，最狠戾无人道；英于印度，重税以浚其生，而纵民外出，不为禁遮，则少宽于法；日本于朝鲜又次之；满洲于中国又次之。"③ 此期间，章炳麟得知印度有反抗英人之举，对印度独立寄以厚望，于 1907 年 10 月发表《印度中兴之望》，④ 于 1908 年 10 月发表《印度独立之方法》。⑤ 其间，章炳麟于 1908 年 7 月在致佑民的信中提出联印的意见，认为"支那人与白人，种类若风马牛不相及，感情素异，纵媚之亦未必能得其助"。又认为"印度民心齐一，体魄坚强，而理化、工艺诸术，又远在吾民上，……如印度先独立耶？必当扶助中国；如中国先独立耶？亦当扶持印度"。章炳麟此时所倡的是中国、印度互相扶持之论。⑥ 另一方面，到这年 10 月，因日本政府封禁《民报》，章炳麟与日本闹翻，有信致日本内务大臣平田东助云："圜舆广大，何所无托身之地；黄鹄一举，识天地之圆方。本报刊行，岂必局在东海！……吾党人在美者，已明言中美国民连合，……自兹以后，更不烦以同文同种酬酢之言，辱我炎黄遗胄矣！"⑦

　　章炳麟的反帝国主义，约有三方面，其一，本中国济弱扶倾之传统，中国革命成功后，必济助亚洲弱小民族。其二，对帝国主义侵略暂时容忍，于满倒之后再谋对策。其三，受西方帝国主义侵略之民族应互相扶持，争取民族独立。

① 《民报》第十六号。
② 同上。
③ 《民报》第二十二号。
④ 《民报》第十七号。
⑤ 《民报》第二十号。
⑥ 马勇，《章太炎书信集》，页 241。
⑦ 同上，页 248。是年 10 月，章炳麟在《民报》发表《中美同盟之利病》一文。

五、结论

晚清以汉人为中心的民族主义，可大别为民族国家主义、多民族国家主义、文化民族主义、经济民族主义四派，除经济民族主义外，章炳麟的思想与每一种民族主义都有关连。在文化民族主义方面，他以国粹抗西化、以传统中国的华夷之辨反满清。在民族国家主义方面，他初时标榜光复，主张将满人逐往东北，光复汉人的政权、土地、人民。不过，章炳麟的最后目标是光复汉人的政权；只要政权在汉人之手，满人可以为共和国民。故在武昌革命爆发后，章炳麟就主张合境内诸族以共同建国。在这一方面，章炳麟可以说是由民族国家主义者转为多民族国家主义者。章炳麟的多民族国家主义是以汉人执政为前提，而改革派的多民族国家主义则暂时不管哪一个民族执政；最后，章炳麟是胜利的。在对外的民族方面，章炳麟把反帝国主义放在排满光复之后，不过他也不排除联合亚洲被压迫的民族，共同对抗西方帝国主义，初时主张联日，后又主张联印，均未发生实际效果。

民国初年章炳麟的人际关系

（1912—1916）

一、前言

　　章炳麟，浙江余杭人，是国学家。1895 年（光绪二十一年）参加康有为在上海所倡组的强学会，次年入梁启超在上海所主编的《时务报》任撰述，1900 年一度参加唐才常在康、梁号召下为解救光绪皇帝在上海所召开的国会，似章炳麟初时为改革派的人物。但章炳麟早年受研读明清史事的影响，在民族思想上是反满清的。所以 1901 年（光绪二十七年）到日本后即公开从事反满活动，次年他发表《辨立宪与革命书》，正式与改革派分道扬镳。章炳麟在晚清属革命派，但与孙中山及其所领导的同盟会关系不好。1903 年章炳麟在上海《苏报》发表文章，丑诋光绪皇帝，清廷向上海租界法院提出告诉。章被判刑三年。1906 年出狱后，同盟会派人将他接到东京，让他主编同盟会的机关报《民报》，章于编辑《民报》之暇，并组国学讲习会，以国学唤起民族精神。1907 年因孙中山私下收受日本政府的贿款（受清廷压力，贿使他离日他去），而贿款拨给《民报》的很少，章炳麟与孙中山闹翻。在反孙的风潮中，章甚至要拥护黄兴为总理，罢黜孙中山。1908 年《民报》被日本政府停刊，章炳麟正式开始在国学讲习会讲学。1909 年光复会（1904年成立于上海，1905 年并入同盟会）会员陶成章在东京重建光复会，推章炳麟为会长。自是光复会与同盟会即立于竞争的地位。

　　武昌革命爆发后，陶成章等在江浙一带发展势力，与同盟会的陈其美的势力发生冲突。章炳麟自日本回到上海后，调度光复会在江苏一带的武力，并拟与在湖北被推为军政府领袖的黎元洪联合。陶成章不去湖北，不久为同盟会人暗杀。孙中山做临时大总统后，聘章为枢密顾问，但章已联合旧立宪派人张謇、旧官僚江苏都督程德全等组中华民国联合会，与同盟会对抗。1912 年 3 月，袁世凯继孙中山为临时大总统后，聘章炳麟为高等顾问。章把中华民国联合会改为统一党，统一党一度与黎元洪所组的共和党合并，旋又独立而出；统一、共和二党皆拥护袁世凯。1913 年 5 月统一党、共和党和民主党合并为进步党，部分共和党员及统一党员独立而出，挂名共和党。章炳麟为统一党理事，又为共和党理事，二党虽皆拥袁，但章炳麟以高等顾问的名义，常批评袁世凯，袁不悦。1912 年冬，袁派章为东三省筹边使，但至 1913 年 6 月，国民党因宋教仁被暗杀、政府大借款不经国会同意等事件正酝酿二次革命，章炳麟回到上海，从事朝野之间的协调工作，甚至谋改选总统，以消除朝野间的军事对立。袁世凯怕章炳麟与国民党连为一气，让共和党人以主持共和党党务的名义，将章诱到北京。章一到北京，即受到军警的监视。到 1914 年 1 月由于章去总统府力争，旋即被幽禁，直到 1916 年 6 月袁世凯死、黎元洪继为总统后，才被释回上海。

前述清末民初章炳麟的经历大要，是了解章炳麟在民国初年人事关系的基础。了解一个人的人事关系，最重要的资料有两种，一为书信，一为日记。章炳麟未留下日记，却留下大量的书信；依据这些书信，再参照有关材料，不难了解章炳麟的人际关系。

章炳麟的一生，转折颇多，不同的时段，有不同的人际关系，本文仅研究民国初年这个阶段，即 1912 年到 1916 年，分官界、政界、学界、益友四方面论述。所谓官界，指国家元首及官僚中人；所谓政界，指官界以外从事政治活动的人，包括居官时间较短或不以官的身份与章炳麟建立关系的人；所谓学界，指从事教育和学术研究工作的人；所谓益友，不论何界，对章在急难时予以协助的人。

二、官界

章炳麟以学人活跃于官界和政界。与官界的主要关系为公务关系，但也有私人恩怨在其中。在南京临时政府中，元首级的人物，章炳麟与临时大总统孙中山的关系不好，与副总统黎元洪的关系较好。在北京临时政府和正式政府中，元首级的人物，章炳麟与大总统袁世凯的关系由友好到猜疑到痛恨，与副总统黎元洪的关系一直很好。

章炳麟与孙中山在晚清革命时期关系不睦，但章为革命元勋，孙中山任临时大总统后，聘章为枢密顾问，但章住上海，并不常至南京。① 章炳麟对临时大总统孙中山及其所领导的同盟会和南京临时政府最不满的地方凡三：（1）广东潮州的同盟会人欺压光复会人，② 上海的同盟会人暗杀光复会人陶成章。（2）南京临时政府所用非人，便佞在位③（章指孙中山用人忽视武昌首义之人，而章自己欲得教育总长亦不可得，因此说话有些愤激）。（3）孙中山以汉冶萍公司抵押向日本借款。在公务上，最不能使章接受的是第三点，即孙中山、黄兴、盛宣怀（代表汉冶萍公司）与日人松方正义四人密订合同，以汉冶萍公司抵押借款千万，半作政费，半入公司。章认为临时政府之费用，各方筹款已足，不可私卖国产。经章等力争，借款案终至取消。④ 到 1912 年 3 月袁世凯继为总统后，第一任内阁总理唐绍仪为使其所提阁员获得南京临时参议院同意，纳入一些同盟会员，而被纳入的人物中，有章不满意者（特别指出"弄兵潢池之陈其美"），章建议袁世凯"饬唐总理访求物望，询于老成，无故无新，惟善是与；杜奔竞者夤缘之路，削参议院干预之权"；并谓："不然，徒使灶下烂羊，乘时奸位，则公亦第二孙逸仙耳！"⑤ 可以看出章对孙不满之程度。

袁世凯出身清朝官僚，章炳麟对他原无好感。辛亥南北议和，章炳麟与岑春煊（曾任清两广总督，为袁世凯的政敌）皆反对，认为应该北伐。此议或为反对南京临时政府的议和政策，对袁亦不利。章炳麟虽为南京临时政府的枢密顾问，持论常与孙中山、黄兴相反。袁世凯继孙中山为临时大总统后，孙、黄等皆主张建都南京，使袁至南京就职，章炳麟则主都北京，使袁在北京就职。袁就职后，章被任命为高等顾问，章欣然入都就任。⑥ 章炳麟任北京临时政府高等顾问之初，常对袁世凯和黎元洪提出较温和的，甚至有利于袁、黎的建议，如 1912 年 6 月有函致袁世凯，请拔擢新材，函云："（前曾进言，拔擢新材，……）……公处今

① 章炳麟，《太炎先生自订年谱》（台北：台湾商务印书馆，1980 年），页 17。

② 1912 年 1 月 28 日《大共和日报》载章炳麟致孙逸仙总统函，马勇编，《章太炎书信集》（石家庄：河北人民出版社，2003 年），页 148。

③ 1912 年 3 月章炳麟与张溥泉、于伯循函，前引马勇书，页 461。

④ 1912 年 2 月 9 日、2 月 13 日、3 月 3 日章炳麟致孙逸仙函，前引马勇书，页 419—423。

⑤ 1912 年 3 月章炳麟与大总统袁世凯函，前引马勇书，页 442。

⑥ 章炳麟，《太炎先生自订年谱》，页 18。

日，羽毛未满，不可高飞，乘此六、七月中，招集耆英，旁求颖秀，固非力所不
逮。"① 又如 1912 年 7 月致函副总统黎元洪，请他转请总统便宜行事，不必尊重约
法，函云："政府之无能力，在参议院筑室道旁，……用一人必求同意，提一案必
起纠纷，始以党见忌人，终以攻人利己。……名曰议员，实为奸府。……宜请大
总统暂以便宜行事，勿容拘牵约法，以待危亡。"② 但到 1913 年夏国民党发动二次
革命前后，章炳麟对袁世凯改持攻讦和否定的态度。1913 年 5 月 10 日章炳麟致
函袁世凯，要求其清除其左右的"四凶"，函云："欲推诚人才而梁士诒（总统府
秘书长）壅之，欲保全元勋而陈宦（参谋次长，总长为黎元洪）贼之，欲倚任夹
辅而段芝贵（1912 年先后任驻京总司令官及察哈尔都统）乱之，把持重地，荧惑
主心，投诸四裔，犹惧为祸，况日与聚谋耶！至如赵秉钧（国务总理）之妄用金
任，变生不意，犹不过奉命承教者耳！昔曾上言，四凶不去，虽以唐尧之能，天
禄于是永终。"③ 是年 6 月 18 日章炳麟致函袁世凯及国务院，以"除奸无效"，力
辞东三省筹边使，函云："炳麟从政以来，除奸无效，从昏不能。宋教仁无故被戕，
大借款损失过巨，……即日辞差，冀遂初志，垦乞将东三省筹边使开去。"④ 是年
7 月 3 日在章炳麟与共和党人函中不仅对袁世凯痛加指斥，并主张改选总统。函
云："……项城溺职违法之事，已为全国所周知，……项城不去，中国必亡。"至
于改选总统，章炳麟认为黎元洪和岑春煊是最佳人选，并谓："若中山、雪楼（江
苏都督程德全），则与项城一丘之貉！"⑤ 是年 8 月章炳麟至北京主持共和党务，即
被袁监禁。及袁谋称帝，炳麟有函斥之云："某忆元年四月八日（时间或有误，应
为就任临时大总统或正式大总统之日）之誓词，言犹在耳，公今忽萌野心，妄僭
天位，匪为民国之叛逆，亦且清室之罪人！某困处京师，生不如死，但冀公见此
书，予以极刑，较当日死于满清官僚之手，犹有荣耀。"⑥ 章炳麟对袁世凯态度的
转变，于此可见。

　　黎元洪出身清军协统，为武昌革命爆发时被革命军推举出来的领袖，孙中山和

① 马勇，《章太炎书信集》，页 443。
② 同上，页 383—384。
③ 同上，页 451。
④ 同上，页 452。
⑤ 同上，页 482。
⑥ 同上，页 454。

袁世凯均拉拢他，政坛上对孙、袁不满的人也拉拢他。当武昌事起、各省响应之后，章炳麟以光复会会长的身份，调度军事，[①] 希望陶成章能带领他在江浙地区所招募的军队，去武昌地区援助黎元洪，成章不听，旋为同盟会人暗杀。此外，在1911 年 11、12 月间，革命党人有临时政府地点设于武昌抑设于金陵之争时，章炳麟持支持黎元洪的立场，主都武昌。[②] 此后黎元洪在武昌组织民社，章炳麟在上海将中华民国联合会改为统一党，皆与同盟会对抗。1912 年 5 月，民社改组为共和党。章炳麟的统一党与黎元洪的共和党合并不成，章仍被选为共和党的理事。章曾于 1912 年 7 月去武昌拜访黎元洪，[③] 对黎元洪的印象极佳，在写给《新纪元报》的报导中有云："仆于七月二十四日抵汉，次日谒黎，黎公年四十九，体干肥硕，言词简明。秘书、参议，衣服不华，每日至黎公座次，关白文件。一席之间八九人，皆执连柄葵扇，黎公亦时握焉！其所着西装制服，以粗布为之。自大都督以至州县科员，皆月支薪二十元。"[④] 嗣章在统一党内为亲袁派所排，于是年 8 月邀黎元洪退出政党。[⑤] 致黎元洪书云："……中国有政党，害有百端，利无毫末。……与其随逐乱流，终为罪首，岂若超然象外，振起群伦。"[⑥] 黎元洪未应。1913 年 5 月，共和、统一、民主三党合并为进步党，次月部分共和党及统一党人又以共和党的名义独立而出，选黎元洪为理事长、章炳麟为副理事长。[⑦] 1913 年 7 月 12 日，国民党二次革命起，章炳麟致函黎元洪，劝其"厉兵北上，请诛罪人，以为南方指导"；[⑧] 黎元洪未应。1913 年 8 月章炳麟于赴北京主持共和党务后被监禁，是年 10 月黎元洪于被选为正式副总统后移至北京；黎元洪对章时加照顾，但亦无力救章。1914 年2 月章在致汤夫人函中有云："……收拾房舍，乃黎公之意。……黎公本煦煦为仁，性如老妪。……但今之黎公，亦笼中物耳。"[⑨] 是年 7 月 15 日章在致汤夫人函中亦有云："半年以来，……副总统亦为陈情，而终未有其效。……在京用款，黎、李

① 马勇，《章太炎书信集》，页 380。
② 同上，页 381。
③ 章炳麟，《太炎先生自订年谱》，页 20。
④ 前引马勇书，页 475。
⑤ 张玉法，《民国初年的政党》（台北：中研院近代史研究所，2002 年再版），页 105—106。
⑥ 前引马勇书，页 384。
⑦ 张玉法，《民国初年的政党》，页 148—151。
⑧ 前引马勇书，页 385。
⑨ 同上，页 542。

（柱中）皆允为筹划。"^①1916 年 6 月袁世凯死，黎元洪继为总统，下令将章释放。

官界人物，中央以总统、副总统为示例。地方可以江苏都督程德全（1912.1—1913.7）、浙江都督朱瑞（1912.7—1916.4）为示例。程德全在武昌革命爆发时原任江苏巡抚，驻苏州，1911 年 11 月 5 日响应革命，被推为苏州都督。是月章炳麟自日回国后，与程德全发起成立中华民国联合会，章被推为会长，程德全被推为副会长，^② 会所设在苏州都督府内。次月 2 日南京光复，章炳麟联合黄兴、宋教仁及苏浙各地革命军领袖，推荐程德全为江苏都督（苏州光复，江苏各地革命军起，11 月 7 日又有镇江都督、扬州都督、沪军都督等目^③），使移镇南京。^④ 1912 年 3 月中华民国联合会改为统一党，四名理事依次为章炳麟、程德全、张謇、熊希龄。^⑤ 可以看出章炳麟对程德全的礼重。但至 1913 年初章炳麟至长春就任东三省筹边使后，发觉程德全于 1907—1908 年任黑龙江巡抚、于 1909—1910 年任奉天巡抚期间贪污严重，^⑥ 即对程大加贬抑。1913 年 7 月章炳麟与共和党人通信讨论改选新总统之人选，推崇黎元洪和岑春煊时，特别指明："若中山、雪楼（程德全），则与项城一丘之貉！"^⑦朱瑞于武昌革命爆发时原隶浙军，为光复会会员，因响应革命、对克复金陵有功，继汤寿潜、蒋尊簋之后被推为浙江都督。1913 年 7 月国民党发动二次革命后，朱瑞首鼠两端，不响应，章炳麟致电各方，指其"自受任都督，贿赂公行，滥糜官款，任用宵人，为邦人所指目"；又谓："贪人墨吏，决所必诛，无论党附政府，抑或宣告独立，其当予以惩治，初无殊职，非谓独立即可逃罪也。"^⑧ 当时程德全已宣告独立，朱瑞尚未响应革命，皆因任官贪渎，受到章炳麟的挞伐。

① 马勇，《章太炎书信集》，页 549。
② 张玉法，《民国初年的政党》，页 95—96。
③ 郭廷以，《近代中国史事日志》（台北：作者自印，1963 年），第二册，页 1420—1423。
④ 前引马勇书，页 378、379。
⑤ 张玉法，《民国初年的政党》，页 99。
⑥ 前引马勇书，页 445；郭廷以，《近代中国史事日志》，第二册，附录《主要督抚表》。
⑦ 前引马勇书，页 482。
⑧ 同上，页 511、516。

三、政界

本文虽将政界界定为国家元首、副元首及其以下官僚以外之从事政治活动者，但许多政坛人士，忽而在朝为官，忽而失职在野，并不易截然将之归为政界或官界。本节所论，为 1912—1916 年间，大部时间不居官位，或虽居官位，与章炳麟的关系是非官方关系者。与章炳麟有关系的这方面人士，以清末民初革命派人士为多，其次为立宪派人士，再次为失去职位的旧官僚。

清末民初革命派人士，为革命建有功勋，并活跃于政坛者，表列十数人作为示例如下：①

姓名	事迹	与章炳麟的关系	备注
黄兴	湖南善化人，两湖书院毕业，华兴会创始人，同盟会庶务，国民党理事，民初曾任陆军总长	同盟会同事，章于晚清曾拥黄倒孙，民初因对南京临时政府不满，对黄时加批评	字克强
宋教仁	湖南桃源人，武昌文普通学堂肄业，华兴会员，同盟会司法部检事，国民党理事	同盟会同事，1913 年 3 月被袁世凯遣人暗杀，使章改采反袁态度	字遁初
孙武	湖北夏口人，共进会员，往来于东京及长江各埠联络革命	章认孙对革命有功，而南京临时政府不能用，颇同情之	字尧卿
谭人凤	湖南新化人，华兴会员，同盟会员，历从孙中山、黄兴征战，后在武昌运动新军	章认谭对革命有功，1913 年 4 月被章荐于稽勋局	
胡瑛	湖南桃源人，曾谋刺清陆军大臣铁良，后以规取长沙失败下狱，在狱与孙武谋发动武昌革命	章认胡对革命有功，1913 年 4 月被章荐于稽勋局	字经武
张继	直隶沧州人，华兴会员，同盟会员，早稻田大学肄业，民初任参议院议长	晚清曾倡无政府主义，与章同道，民初被章视为旧友	字溥泉
尹昌衡	四川华阳人，辛亥之役清赵尔丰率军入川，尹杀之，川局始定，曾任四川都督、川边经略使	1913 年 4 月被章荐于稽勋局	
陈其美	浙江吴兴人，留日，同盟会员，曾发动攻上海制造局之役，被推为沪军都督	虽然因与光复会人李柱中争上海地盘使章不满，1913 年 4 月仍被章荐于稽勋局	字英士

---

① 本表所列，凡于 1913 年 4 月被章炳麟推荐于稽勋局者，见马勇，《章太炎书信集》，页 507—508。

续表

李柱中	湖南新化人，光复会员，曾发动攻上海制造局之役，后参加筹安会	光复会旧友，1913 年 4 月被章荐于稽勋局，章在北京被监禁期间，对章照料甚多	字燮和
孙毓筠	安徽寿县人，留日，同盟会庶务，1907 年在金陵被捕下狱，民初曾任安徽都督，后参加筹安会	1913 年 4 月被章炳麟荐于稽勋局	
蔡元培	浙江山阴人，进士，晚清在上海办教育会及爱国学社，为革命中心，创光复会，同盟会上海主盟人，民初曾任教育总长	与章炳麟同为光复会领袖之一，1913 年 4 月被章荐于稽勋局	字子民
刘成禺	湖北武昌人，两湖书院肄业，日本成城学校肄业，兴中会员，同盟会员，旧金山《大同日报》总编辑，民初任参议员	章在北京被监禁期间，被章引为旧友	字禺生
于右任	陕西三原人，上海《民立报》主人，武昌革命爆发前后，鼓吹革命有功	对革命宣传有功，1913 年 4 月被章荐于稽勋局	字伯循

在政界的革命派人士中，章炳麟对黄兴的论列甚多。基本上，章炳麟对黄兴对革命的贡献是肯定的。1912 年 12 月 23 日章炳麟向王揖唐（大总统的秘书，中将衔）推荐应受大勋者凡六人（孙中山、黎元洪已受大勋），即章炳麟、黄兴、孙武、段祺瑞、汪精卫、蔡元培。黄兴的功勋是"百战疮痍，艰难缔造"。[1] 不过，章炳麟在其他场合，常批评黄兴，譬如 1912 年 9 月 29 日在给友人书中有云："广州之役，黄兴驱少年才俊以殉之，死者六七十人，而黄兴仅伤两指，得脱者奔出广州，……汉阳之败，……乃复规弃武昌，退守岳州，将士愤激，横刀欲斩之，……遂以求援下江，可得精兵十万为辞，诳言脱失。"[2] 又如是年 9 月在致共和党人书中有云："中山行迹，不无瑕疵，然而金陵秕政，皆黄兴迫胁之，非出自中山腹中。解职以还，……招募无赖，逼处金陵，……非所谓民贼者乎？"[3] 章炳麟所以批黄，初意或起于南京临时政府未能网罗人才之宿怨，对孙武尤为同情。孙武也是章炳麟向王揖唐保荐授大勋的人之一，他的功勋是"威振江汉，天下向风"。[4] 但南京

---

① 马勇，《章太炎书信集》，页 494。

② 同上，页 490。

③ 同上，页 488。

④ 同上，页 494。

临时政府不用孙武而用黄兴，使孙、黄两派形成争持之势。直到 1913 年 6 月国民党发动二次革命前夕，情况仍如此，章炳麟于是月给共和党人的信中云："孙尧卿（武）意态近能明了否？倡议元勋，最遭忌嫉，其危亦与克强无异。然天下汹汹，党争如水火者，徒以尧卿、克强二公故耳！"① 又同月在致上海国民党人的信中有云："天下汹汹，徒以黄克强、孙尧卿二公之反目耳。衅隙已成，弥缝无术。"② 章炳麟于革命人物中，除对孙武、黄兴的褒贬有所不同外，较推崇尹昌衡、孙毓筠，较贱视陈其美。尹昌衡出身晚清官僚，响应革命，杀四川总督赵尔丰，曾任四川都督、川边经略使，后被人诬告入狱。章炳麟于 1914 年 2 月 2 日在给汤夫人的信中有云："友人有川边经略尹昌衡者，转战塞外二十余里（"二十"或有误），辛苦备尝，蛮夷慑服，政府忌其多功，阴令四川都督（继尹昌衡为川督的为胡景伊）及赵尔丰余党上书告之，遂囚之陆军部以待审判，并有人请为赵尔丰立专祠矣，荒谬至此，夫复何言！"③ 孙毓筠对革命有功，1913 年 4 月章炳麟将之推荐给稽勋局，虽被章视为"国民党之下乘"，④ 对其于国民党发动二次革命前夕力任调解，受党人攻击，颇为同情。1913 年 6 月章炳麟在致上海国民党人书中有云："孙少侯统管苏、皖，艰苦备尝，功在举义以前，为国民党人所共晓，近见人情惶乱，力任维持，语虽偏护政府，而未尝陵藉同类，乃复恣意攻击，宣告死刑，忘大德而思小怨，何其至于此极！"⑤ 孙毓筠于 1915 年列名筹安会，为袁世凯鼓吹帝制，当与受党人排挤有关。至于章炳麟攻讦陈其美，乃因上海光复后，陈与光复会人李柱中争功。1912 年 9 月章在致上海共和党人书中有云："若陈其美者，闽茸小人，抑无足道。上海光复，攘李燮和之功以为己有，偷儿成群，拥为都督。"因此当共和党邀章炳麟与黄兴、陈其美餐叙时，章率然拒绝。⑥

晚清立宪派人士，活跃于政坛者，以梁启超、张謇、汤化龙最有名。章炳麟对梁、张、汤皆有政治恩怨。章炳麟于 1896 年入《时务报》任撰述时与梁启超结识，1899 年、1901 年两度去日本，皆与梁有往还。其后因与梁属于不同的政治阵

① 马勇，《章太炎书信集》，页 481。
② 同上，页 512。
③ 同上，页 541。
④ 同上，页 482。
⑤ 同上，页 512。
⑥ 同上，页 488—489。

营，彼此在心理上难免隔阂。当 1912 年 6 月上海各报传言章炳麟欲请梁启超归国（自日）时，章即于其所主编的《大共和日报》（6 月 26 日）发表谈话，其言云："仆虽与卓如无怨，亦不以秉钧当国相推。且为卓如计，固当养晦东瀛，待时而反，不当造次归国，为反对者所集矢。"① 其后到是年 10 月，梁启超受袁世凯之约回国，即被袁视为对抗国民党的梁柱。梁先后组织民主党和进步党，与国民党对抗，到 1913 年夏，章则欲以自进步党脱出的共和党，联国民党与袁世凯对抗，终被袁监禁。张謇为袁世凯的旧属，是国内立宪派的领袖，章炳麟自日本回国后颇拉拢之，曾与张共同组织中华民国联合会。联合会改为统一党后，章与张均被选为理事。1912—1913 年间，章退出统一党，任东三省筹边使。其间，共和、统一、民主三党合并为进步党，张被选为理事，章则不与闻进步党事。国民党发动二次革命前后，章炳麟与袁世凯闹翻，张謇继续支持袁世凯。在此前后章炳麟拟推动改选总统，属意于黎元洪或岑春煊，而进步党人则属意于熊希龄、张謇。章炳麟对熊、张的批评是："其人虽贤愚不一同，蠹政病民，其事则一。"② 汤化龙，湖北蕲水人，清法部主事，湖北谘议局议长，武昌革命起事后任鄂军政府民政总长，后被选为临时参议院副议长、众议院议长。③ 国民党发动二次革命前后，章炳麟认为"改选总统为今日根本解决之方，舍是更无长策"，汤化龙致电黄兴，谓不能因"内阁无状"而牵连总统，章炳麟发电驳之，除指明汤选议长，系由总统府派人贿选，并不经内阁外，且谓晚清弊政出于内阁总理大臣奕劻等人，终仍罪及皇帝，将之推翻。④

晚清官僚，活跃于政坛，与章炳麟有关系者，可以岑春煊、熊希龄、汤寿潜为代表。章炳麟对岑最推崇，对熊批评多，引汤为挚友。岑春煊，广西西林人，早年曾任太仆寺少卿，署大理寺正卿。戊戌时期参与康有为在上海所办的强学会及在桂林所办的圣学会，其后官至署两广总督及留补邮传部尚书。于留补邮传部尚书时受军机大臣奕劻和直隶总督袁世凯排挤下台。1912 年 3 月与伍廷芳在上海组国民公党，是年 12 月被推为统一党上海机关部名誉部长。⑤ 国民党发动二次革命前后，

---

① 马勇，《章太炎书信集》，页 486。

② 同上，页 482。

③ 张玉法，《民国初年的政党》，页 636。

④ 前引马勇书，页 517。

⑤ 张玉法，《清季的立宪团体》，页 188，200，357—359；张玉法，《民国初年的政党》，页 65—66，107。

章炳麟倡议另选总统，即以黎元洪和岑春煊为最佳人选，在致共和党人的信中云："政府之恶，亦公布于天下，欲谋改选，正在斯时。大抵仍宜推举黄陂，必不肯任，然后求之西林。"[①] 熊希龄，湖南凤凰人，1894 年进士，1898 年在湘办南学会，1910 年任奉天盐运使，1911 年 11 月，与张謇、汤寿潜、赵凤昌连名通电，赞同共和。[②] 民初政党林立，熊希龄曾列名统一、共和、进步等党，并曾任财政总长、国务总理。章炳麟对熊希龄的评价并不好，谓得为唐绍仪的财政总长，系得好友黄兴的援助，[③] 并曾将熊希龄与张謇同列为"蠹政病民"之流。[④] 汤寿潜，浙江山阴人，1892 年进士，官至两淮盐运使、沪杭甬铁路局总理，辛亥浙江独立，被推为浙江都督。民国初年列名统一党、共和党，曾任南京临时政府及唐绍仪内阁的交通总长。[⑤] 章炳麟与汤寿潜私交极笃，在被袁世凯监禁期间，嘱其夫人，处事有疑，即请教汤寿潜，如 1914 年 1 月 12 日致夫人信云："处事有疑，只当请教蛰仙先生，今日公正人，唯有此公，细密人，亦唯有此公，其余皆不足道也。"[⑥] 又如是年 2 月 2 日致夫人信云："君之举止，仍望请教蛰公，蛰公之言，宜刚则不宜柔。"[⑦] 再如是年 5 月 22 日致夫人信云："长老如蛰仙先生，至诚如龚未生（宝铨，炳麟之婿），皆宜引为自辅。此二君者，死生之际，必不负人，其余可信者鲜矣！"[⑧]

四、学界

章炳麟为国学家，在 1906—1911 年间，曾参与上海国学保存会，并曾在东京办国学讲习会，在学界颇负盛望。章炳麟不在大学教书，在民国初年除因参加学术活动与学界人士接触外，平日往来较多者，多为其弟子。

上海国学保存会成立于 1905 年，办有《国粹学报》，《国粹学报》的作者，以章炳麟、刘师培学养最深，二人且一度在东京共同为革命献身。东京国学讲习会，

---

① 马勇，《章太炎书信集》，页 482。
② 周秋光，《熊希龄传》（长沙：湖南师范大学出版社，1996 年），页 1、120、316、346。
③ 前引马勇书，页 491。
④ 同上，页 482。
⑤ 张玉法，《清季的立宪团体》，页 71；张玉法，《民国初年的政党》，页 100、102、117、267、422。
⑥ 前引马勇书，页 539。
⑦ 同上，页 542。
⑧ 同上，页 546。

成立于 1906 年 8 月，章炳麟至 1908 年结束《民报》的编辑业务后，正式在该会讲学，直到 1911 年 10 月章氏回国为止。先后在国学讲习会听讲者数百人，著名者有鲁迅、许寿裳、朱希祖、钱玄同、黄侃、周作人等。章氏所讲之学，有《说文解字》《庄子》《楚辞》《汉书》等。① 章在北京被监禁期间，亦曾于 1913 年 12 月以讲学自娱，在与汤夫人函中屡道及之，如 12 月 7 日函云："同人劝以讲学自娱，聊复听之。" 12 月 10 日函云："近以讲学自娱，昨已开学，到者约百人。" 12 月 15 日函云："吾今且以讲学自娱，每晚必开会两点。" 12 月 22 日函云："讲学之事，聊以解忧。"② 讲学时间不及一月，自 1914 年 1 月出走不成、大闹总统府后，即正式被幽因，不复有公开讲学之自由，然有私自受业者，如东京国学讲习会时期的学生吴承仕，后来成为著名学者。

除了讲学所建立的师生关系外，章炳麟在 1912—1913 年所从事的学术活动，也加强了与学术界的关系。1912 年，章炳麟为学术界所做的一件大事是营救刘师培。刘为国学家，与章在东京同倡革命，后被诱入两江总督端方幕，武昌革命爆发后，在四川资州被捕，或谓在四川讲学，与外隔绝。章与蔡元培于 1 月 11 日在《大共和日报》联名刊出《求刘申叔通信》文，经章等努力，刘始公开活动。1 月底，章因被选为浙江教育会会长，去杭州指导会务。会中发表演说，主张统一语言及以语言代文字，对日后国语注音及白话文运动影响颇大。2 月，章门子弟马裕藻、钱玄同、沈兼士、龚宝铨、朱希祖、许寿裳等在杭州发起国学会，请章担任会长，定期讲授小学、经史及诸子。4 月，教育总长蔡元培发起夏期讲演会，请章炳麟讲东洋哲学，严复（北大校长）讲进化天演，许寿裳（章弟子，任职教育部）讲教育学，鲁迅（章弟子，任职教育部）讲美术略论。至 7 月，因蔡辞教育总长职，会中辍。其间章炳麟于 5 月与于右任、王正廷、田桐、张謇、张继等人在上海发起通俗教育研究会。到 10 月，章炳麟与马良、梁启超等在上海发起"函夏考文苑"（函夏即华夏，考文苑即研究院），由马良、章炳麟、严复、梁启超负责全局，参与的学者有沈家本（法）、王闿运（文辞）、钱玄同（小学）、陈汉章（经史）、孙毓筠（佛）、陈三立（文辞）、沈曾植（目录）、黄侃（小学、文辞）、刘师培（群经）

---

① 张苓华，《章太炎东京讲学与鲁迅》，章太炎纪念馆编《先驱的踪迹》（杭州：浙江古籍出版社，1988 年），页 46—49。

② 马勇，《章太炎书信集》，页 536—538。

等。① 前述的国学会以讲学为主要活动，如前所述，章于 1913 年 12 月在北京共和党本部受监视期间始讲学，但开讲未满一月，章即被幽禁。② 值得特别一提的，章于 1913 年 8 月至 12 月被监视期间，曾抱着要求政府赔偿精神损失的心情，于 11 月 22 日致书袁世凯，要求数十万元经费，设"考文苑"（仍袭用前名），编印方言国音、字典文例、文学史、哲学史等书，袁未应。之后，章又提出设立"弘文馆"，预备请钱玄同、马裕藻、沈兼士、朱希祖等人编字典。当时钱玄同的兄长钱恂（念劬，清末曾任参赞、公使等职）任总统府顾问，钱玄同引章炳麟与钱恂面谈，钱恂颇欲为助，但因 1914 年初章炳麟被幽囚，事情遂不了了之。③

依据前述及其他有关资料，章炳麟在 1912—1916 年所接近的学界人物，可列简表如下：

姓名	简历	与章炳麟的关系	备注
刘师培（1884—1919）	江苏仪征人，国学家，曾参加革命，又投效端方，民初参加筹安会，袁死，滞留天津，后被蔡元培聘为北大教授	晚清曾与章同倡革命，同为《国粹学报》作者，后投靠两江总督端方，辛亥之际，随端方入川，端方被杀，师培在四川国学院讲学，或谓在资州被捕，章营救之，与章同为"函夏考文苑"学者	字申叔，号左盦④
严复（1854—1921）	福建侯官人，福州船政学堂毕业，英国皇家海军学校毕业，天津水师学堂总教习，北大校长，参政员，列名筹安会	与章同为"函夏考文苑"学者	字几道⑤
马良（1840—1939）	江苏丹阳人，天主教司铎，长崎领事，上海复旦公学校长，总统府顾问	与章同为"函夏考文苑"学者	字相伯⑥
沈家本（1840—1913）	浙江湖州人，晚清曾任修订法律大臣，起草新刑律	与章同为"函夏考文苑"学者	字子惇，号寄簃⑦

① 姚奠中、董国炎，《章太炎学术年谱》，页 194—198。

② 同上，页 204。

③ 同上，页 217—218，223。

④ 司马朝军、王文晖，《黄侃年谱》（武汉：湖北人民出版社，2005 年），页 25；刘绍唐主编，《民国人物小传》（台北：传记文学出版社，1975 年），第一册，页 262。

⑤ 前引司马朝军、王文晖书，页 64；前引刘绍唐书，第一册，页 284—285。

⑥ 前引司马朝军、王文晖书，页 64；前引刘绍唐书，第一册，页 119—120。

⑦ 前引司马朝军、王文晖书，页 65；张晋藩主编，《清朝法制史》（北京：中华书局，1998 年），页 697—701。

续表

王闿运 （1832—1916）	湖南湘潭人，举人，晚清曾主四川尊经书院、湖南衡州船山书院，民初任国史馆长	与章同为"函夏考文苑"学者	字壬秋，号湘绮①
陈汉章 （1863—1938）	浙江象山人，早年师事俞樾，后曾任北大教授	与章同为"函夏考文苑"学者	字倬云，号伯弢②
陈三立 （1853—1937）	江西义宁人，湖南巡抚陈宝箴子，进士，民初或居上海，或居杭州	与章同为"函夏考文苑"学者	字伯严③
沈曾植 （1850—1922）	浙江嘉兴人，进士，刑部主事（研究历代律令），安徽提学使及布政使，民初居上海	与章同为"函夏考文苑"学者	字子培，号乙盦④
鲁迅⑤	浙江绍兴人，南京矿路学堂毕业，日本仙台医学专门学校肄业，光复会员，民国初年任教育部金事	在日曾至章之国学讲习会听讲	
许寿裳 （1882—1948）	浙江绍兴人，毕业于东京高等学校，任译学馆教习，民国初年任职教育部	在日曾至章之国学讲习会听讲	字季黻⑥
朱希祖 （1879—1944）	浙江海盐人，日本早稻田大学毕业，1913年以后任北大教授	在日师事章，习音韵学。1913年8月章在北京被监禁后，备极关怀，常往探视	字逖先⑦
钱玄同 （1887—1939）	浙江吴兴人，早年留学日本，1910年秋自日本回国后，曾在浙江任中学教员，民国初建任浙江教育司科员，1913年以后任北京高师及北大教授	在日师事章，习文字、音韵之学，为章氏四大弟子之一	原名师黄，辛亥后改名夏，号中，五四前后改名玄同、疑古⑧

① 司马朝军、王文晖，《黄侃年谱》，页65；刘绍唐，《民国人物小传》，第一册，页18—19。

② 上注司马朝军、王文晖书，页20。

③ 同上，页65；前引刘绍唐书，第一册，页182—183。

④ 前引司马朝军、王文晖书，页66；前引刘绍唐书，第一册，页69—70。

⑤ 鲁迅及以下11人为章炳麟的弟子。鲁迅生平，见郑学稼《鲁迅正传》（香港：亚洲出版社，1974年）一书及姚奠中、董国炎，《章太炎学术年谱》，页194。

⑥ 前引姚奠中、董国炎，页194；前引刘绍唐书，第一册，页152—153。

⑦ 前引司马朝军、王文晖书，页36、80；前引刘绍唐书，第一册，页48—49。

⑧ 前引司马朝军、王文晖书，页27、36；前引姚奠中、董国炎书，页195；前引刘绍唐书，第一册，页266—267。

续表

黄侃（1886—1935）	湖北蕲春人，两湖书院肄业，曾留学日本，1912年任统一党参事，1913年12月至1914年2任直隶都督赵秉钧的幕僚长，之后任北大教授	在日师事章，1913年8月章在北京被监禁后，曾往陪住，并设法营救	字季刚①
周作人（1884—1966）	浙江绍兴人，南京水师学堂毕业，日本立教大学肄业，民初任浙江省立五中教员	在东京听章讲《说文解字》一年	字启明，号知堂②
吴承仕（1884—1939）	安徽歙县人，举人，北京译学馆毕业，留学日本习法政，大理院主事，民初任司法部佥事	1908年留日时，曾随章习文字、音韵之学。1915年至章监禁处受业，并调护章，为章氏四大弟子之一	字检斋③
马裕藻（1878—1945）	浙江鄞县人，早年留学日本，民初任北大教授	在日师事章，与黄侃同时	字幼渔④
沈兼士（1885—1947）	浙江吴兴人，同盟会员，日本东京物理学校毕业，1912年任钱恂家馆席	在东京随章习文字、音韵之学，1912年与马裕藻、朱希祖等组国学会，请章讲学	沈尹默之弟，尹默或作君默⑤
龚宝铨	浙江秀水人，参加光复会创始，留学日本，为同盟会浙江主盟人，日本早稻田大学肄业	在日参加国学讲习会，后为章炳麟之婿	字未生
汪东（1890—1963）	江苏吴县人，日本早稻田大学肄业，同盟会员，《民报》撰述，1912年任《大共和日报》撰述，之后曾任内政部佥事	在日与黄侃同师事章，为章炳麟四大弟子之一	字旭初，号寄庵⑥

上表所列，一般学术界人，与章炳麟偶有共事之缘，往来较多者为与章炳麟有特别关系者，特别是学生。与章炳麟往来较多的学界人士以及亲密友人，将于下节叙述，兹不多论。

五、益友

此处所论章炳麟的益友，是指在章于1913年8月至1916年6月在北京被监禁期间，对章或其家属特别关怀和提供协助的人。在一般人当中，值得特别记述

---

① 司马朝军、王文晖，《黄侃年谱》一书。
② 刘绍唐，《民国人物小传》，第一册，页80—81。
③ 前引司马朝军、王文晖书，页36；前引刘绍唐书，第十册，页151—152。
④ 前引司马朝军、王文晖书，页90。
⑤ 同上，页91；前引刘绍唐书，第七册，页69。
⑥ 前引司马朝军、王文晖书，页21、36、59；前引刘绍唐书，第三册，页68—69。

者为钱恂、李柱中、叶德辉、刘成禺和张继。钱恂，字念劬，浙江吴兴人，钱玄同之兄。1898 年任湖北留学生监督，1905 年任出使荷兰大臣，民国成立，在袁世凯政府任顾问，1914 年任参政员。[①] 李柱中，字燮和，湖南安化人，长沙师范肄业，光复会员、同盟会员，曾在南洋运动革命，武昌革命爆发后，致力于上海之光复。[②] 民国初年于政场不得志，1915 年参加筹安会。1914 年章炳麟在给夫人的信中，屡次提到念劬、柱中二人。如 6 月 26 日函云："友人相助，以李柱中、钱念劬为最力，二君皆劝接眷以坚当事之心。"[③]7 月 15 日函云："半年以来，钱念劬、李柱中数为辗转关说，副总统亦为陈情，而终未有其效。自出龙泉以来，此数公者从旁维持调护尤力，而彼中终未涣然冰释，则知数人齐力奔走，不如君之一来也。"[④] 约在此时又有函云："此次出龙泉时，李柱中助资，钱念劬助力，……中间三四十日由钱、李往见黎公，黎公素亦有感情，援助之心甚切，……吾与念劬交游十余年，知之甚深（颇带老气，而朋友交情甚挚），柱中则同时倡议之人，最为朴诚恺悌，黎公虽新交，而性情亦与柱中相似，其敬贤慕善，亦当世所稀有。"[⑤] 值得特别一提者，自李柱中参加筹安会后，即不再来看炳麟，炳麟认系柱中"自愧"所至。[⑥] 章炳麟在北京监禁期间，常去看他的还有叶德辉。叶德辉，湖南人，学术上宗古文，反对康、梁，更反对革命。武昌革命爆发后，章炳麟认为他是学术上难得的人才，特别设法保护他，叶德辉心存感激，章被监禁后，常去看他。1914 年 7 月 24 日章在致龚宝铨的信中有云："近日除念劬、柱中及诸学生外，得叶德辉一人，可与道古。"叶德辉返湖南后，与章炳麟书信往还，讨论修清史事。[⑦] 至于在上海对其夫人关怀或提供助力者，除前述汤寿潜外，有刘成禺、张继。1913 年 12 月 30 日章炳麟致夫人函云："湖北刘禺生为旧友，近亦携眷归南，暇日想当来望，一切细情，刘君皆能言之也。"[⑧]1916 年 5、6 月间，有函致夫人云："家用穷

① Google 网络资料。
② 张玉法，《清季的立宪团体》，页 137、326、455。
③ 马勇，《章太炎书信集》，页 546。
④ 同上，页 549。
⑤ 同上，页 551。
⑥ 章炳麟，《太炎先生自订年谱》，页 25。
⑦ 姚奠中、董国炎，《章太炎学术年谱》，页 226。
⑧ 前引马勇书，页 538。

乏，宜提存款。如又不能，向溥泉设法借贷为宜。"①

除一般人士外，章炳麟在北京及上海等地的学生不少，如钱玄同、黄侃、朱希祖、马裕藻、鲁迅、许寿裳、沈兼士等人。他们常去看炳麟，黄侃保护和营救炳麟不遗余力。炳麟被幽囚以后不久，原国务总理赵秉钧出任直隶总督，黄侃有机入赵秉钧幕，对炳麟阴加护持。1914 年 2 月赵秉钧死，是年夏黄侃应聘为北京大学教授，黄侃至京后即往钱粮胡同探视炳麟，并与同住，数日后，黄侃为警察所逐，炳麟曾以此绝食，黄侃乃联络同门，致函教育总长汤化龙谋营救，函云："迩来警厅加以拘束，阻间往还，先生以非罪见辱，遂愤而绝粒，已及二旬，奄然殆尽。……侃等哀师资之困辱，冀政府之明察，用敢竭情上闻，伏愿执事垂意。俾区区微忱，得达于大总统之前。"②事无结果。除黄侃于 1914 年伙同同学谋营救炳麟外，到 1916 年 3 月炳麟亦曾致函许寿裳，嘱转为活动当局，使同意他西游印度，研究佛学，函中有云："梵土旧多同志，自在江户，已有西游之约，于时从事光复，未及践言。纪元以来，尚以中夏可得振起，未欲远离也。迩者时会倾移，势在不救。旧时讲学，亦为当事所嫉。至于老庄玄理，……必索解人，非远在大秦，则当近在印度，兼寻释迦、六师遗绪，则于印度尤宜。"③事亦无结果。

章炳麟在东京国学讲习会时期的学生，在章被监禁期间，最为他所信用者，除黄侃、许寿裳外，尚有朱希祖、龚宝铨和吴承仕。朱希祖时在北京大学任教，常到监禁之地看他。1914 年间，炳麟接受友人劝告，劝其夫人自上海移居北京，以释袁世凯之疑。章除多次催行外，并于是年 6 月 26 日致函，告以派朱希祖亲赴上海迎接。函云："今嘱朱逖先前来迎致，愿弗淹滞。逖先乃学生中最老成者，前在日本招两女东来，亦由逖先携致，途中照料可以无忧尔！"④其夫人终未北上，怕为袁所胁制。龚宝铨是章炳麟的女婿，时居上海，往来于上海、北京间为章炳麟料理私事。譬如 1914 年夏秋之际，炳麟多次致书宝铨，要他把《訄书》的改削稿本，尽快送到北京，以便"重加磨琢"。到 1915 年初，炳麟把《訄书》磨琢完成，

---

① 马勇，《章太炎书信集》，页 575。
② 司马朝军、王文晖，《黄侃年谱》，页 98—105，惟页 100 将上书营救之事记在 1915 年春，而页 99 引徐一士《一士类稿》谓黄侃被驱后章绝食在 1915 年夏，暂将黄侃等上书的时间改为 1915 年夏。
③ 上注司马朝军、王文晖书，页 266。
④ 前引马勇书，页 547。

更名《检论》。① 1916 年 2 月间，炳麟连续致书宝铨，促木刻《检论》《国故论衡》二书。② 特别值得一提的，其间在 1914 年 5 月 23 日，章炳麟已被监禁、幽囚十阅月，心情烦躁，曾致书龚宝铨，谓将于来月初旬自杀，嘱宝铨代为物色墓地。同时对个人一生治学的成就和未完之事，有所交代，其言云："所著数种，独《齐物论释》《文始》千六百年未有等匹；《国故论衡》《新方言》《小学答问》三种，先正复生，非不能为也。虽从政蒙难之时，略有燕闲，未尝不多所会悟，所欲著之竹帛者，盖尚有三四种，是不可得，则遗恨于千年矣！……季子、逖先四生，亦未知可以光大吾学否也？"③ 吴承仕，安徽歙县人，早年研究经学、子学及佛学，1908 年在日本留学时，师事炳麟。他与炳麟的通信，1911 年至 1912 年现存者 14 封。④ 吴承仕于民初任司法部佥事，在 1914 年章绝食以后，曾亲自至章监禁处受学。据朱希祖回忆，吴承仕既对国学有修养，又好佛典，此时从章受业，令章为之欣喜。章既为吴说经学、诸子及小学等，吴承仕记录以后，到 1916 年以《菿汉微言》为名出版。⑤ 其后吴承仕为学益进，1927 年辞去司法部佥事，接任北京师范大学国文系主任。⑥

六、结论

章炳麟为国学家，甲午战后曾投身康、梁改革阵营，旋即因深怀满汉种族界限，转入革命。在革命阵营中，孙中山标举民族、民权、民生主义，章则仅致力于光复汉人的政权和土地。1907 年以后，章以私人意气，与孙中山决裂；1909 年以后，他所领导的光复会，更与同盟会处于竞争的地位。武昌革命爆发后，光复会的势力受到同盟会的压制，因此光复会的领袖人物章炳麟、李柱中等一直和孙中山领导的同盟会和国民党有裂痕。章炳麟一方面引黎元洪及湖北革命党人（如孙武）为助，另一方面则伺机进入袁世凯政府。袁世凯初时欲利用章，但章自有主张，最后

---

① 姚奠中、董国炎，《章太炎学术年谱》，页 227。
② 同上，页 266。
③ 马勇，《章太炎书信集》，页 586—587。
④ 同上，页 294—302。
⑤ 前引姚奠中、董国炎书，页 249—250。
⑥ 同上，页 389。

并不能为袁世凯所容。

　　章炳麟在民国初年的人际关系是复杂的。就政界来说，章炳麟不管对孙中山所主持下的南京政府，还是对袁世凯所主持下的北京政府，基本上是采取对立的立场，这也许是知识分子的本色，也许是因为在这两个政府中，都没有令章满意的官位让他有所发挥。他对官界的主要要求有二：一是择才适用，二是清廉自守。就第一点来说，他对孙中山不能用有功武昌革命诸人，耿耿于怀；他也劝袁世凯用人无故无新、唯贤是举。就第二点来说，他对贪污的官吏深恶痛绝。在国民党发动二次革命之际，章炳麟对既贪污又不响应革命的浙江都督朱瑞力加指斥，对响应革命却有贪污劣迹的江苏都督程德全亦力加指斥。他比较欣赏副总统黎元洪，认为他清廉自守，对黎不满意的地方是他不敢起而与袁世凯对抗。

　　就政界来说，章炳麟于1912年组织统一党，于1913年主持共和党，又先后任南京临时政府和北京临时政府顾问，可谓置身政界之中。他对政界人物，基本上都没有好感。他所创立的统一党，因被袁世凯派人渗透，不服章的领导；后期的共和党乏人领导，章炳麟冒险赴北京主持，被袁世凯监禁，共和党人却无人出面营救（黎元洪的协助是基于私谊）。对革命派人士，他对黄兴和陈其美都不满意；对立宪派人士，他对熊希龄和张謇也都不满意。革命派人士中，他引以为友的是李柱中、张继和刘成禺；立宪派人士中，他引以为友的是汤寿潜。他们在章炳麟被监禁期间，都能对章和其家属给予关怀与照顾。

　　就学界来说，章炳麟是自视甚高的国学家，但因为热心政治，并未至大学教书，因此同辈的学界朋友并不多。虽然如此，他基本上对学有所成的人很爱重，譬如他在革命爆发、民国成立之际，曾营救在晚清时期反改革、反革命的国学家叶德辉，也曾营救在晚清一度参加革命、又投效两江总督端方的刘师培，认为他们都是中国历史文化的传承者。学界中与他往来较多的是他的学生，主要是他在东京办国学讲习会时期的学生。这些学生中，在学界有成的人，除于民国初建之际发起组织国学会、谋请章继续讲学外，当章在北京被监禁以后，也常去探视。黄侃曾陪宿多日，后为警察所逐，吴承仕更长时在章被监禁之地受业。黄侃为了能保护章，不惜屈任声名狼藉的直隶都督赵秉钧的幕僚长，后更与其他同学联名致函教育总长汤化龙，谋营救章炳麟。

　　前面的论述可以看出，章在官界、政界、学界的关系都是暂时的，比较永久的是私谊。官界中的黎元洪，政界中的张继、李柱中，学界中的黄侃、钱玄同、朱希祖，可谓都与章有私谊，能在章处困厄之际给予关怀与协助。至于身处官界的钱恂（钱玄同之兄）于章在受监禁之际照顾章，一方面是钱玄同的关系，另一方面则可能出于官方授意（钱恂为司法部金事）；吴承仕早年为章的弟子，于章绝食寻死之际，至章监禁处受业，除基于旧日的师生关系外，也可能是出于官方授意（吴为司法部金事）。

章炳麟与中国东北边疆

（1903—1913）

一、引言

　　1894 年孙中山于倡导革命之际，提出"驱除鞑虏，恢复中华"的口号，当时的鞑虏就是统治中国的满洲人。孙中山所谓的"驱除鞑虏"并不是要杀尽满洲人，而是要将满洲人赶回东北地区，以恢复汉人的政权。1903 年章炳麟于倡导革命之际，提出"光复"的口号，"光复"就是"光复中华"，而光复中华的手段，是先"驱除鞑虏"。在章炳麟所组织的光复会中，虽然有人曾主张杀尽满洲人（如陶成章），但章炳麟只主张将满洲人赶回东北。奇怪的是，革命派人虽主张将满洲人赶回东北，并不把东北保留给满洲人，自 1907 年以后即不断派人到东北发展革命势力。1911 年武昌革命爆发后，不仅运动东北的奉天、吉林、黑龙江三省脱离清廷而独立，而且防止满清政府退回东北。当时革命派人已改采"五族共和"政策，即由汉人联合满、蒙、回、藏等少数民族建立中华民国，让满洲人成为中华民国国民之一员，章炳麟也有公开的文件，宣扬此一主张。中华民国成立，承袭了清朝的疆土，继续于东北设奉天、吉林、黑龙江三省。吊诡的是，1912 年 12 月大总统袁世凯为防阻章炳麟与政坛上的反对势力结合，派章炳麟为东三省筹边使，把他"驱逐"到东北去。章炳麟在长春设立筹边使公署，非常尽忠职守，做了许多开发东三省的计划，但袁世凯政府不给他钱，章炳麟想号召企业界和南洋华侨去东北投资也没有结果。到 1913 年 5、6 月间，在野的国民党因为其重要领袖宋教仁被政府派人暗杀，且政府向外国借款不送交国会议决，酝酿发动二次革命。章炳麟自长春回到上海调解政争，认为袁世凯应该下台，重选总统。袁世凯把章诱到北京监禁起来，直到 1916 年 6 月袁世凯死、黎元洪继为总统，才被释放。

二、晚清视东北为满洲人唯一之领土

章炳麟于戊戌时期，侧身维新派，终因心怀光复汉迹之志，走上革命之途。1899 年以新党嫌避难日本，途经台北，在《台北新报》著文，劝告康有为、梁启超别种族，勿再效忠清室。1901 年 8 月章于东京《国民报》发表《正仇满论》，阐述满、汉二族不能两立之义。[①] 1902 年初章炳麟在东京与秦鼎彝发起"中夏亡国二百四十二年纪念会"，强调中国已为满清灭亡 242 年，应谋光复。[②] 1903 年章在为邹容所撰的《革命军》写序时，正式阐明了他的光复主义。序文中说："抑吾闻之，同族相伐谓之革命，异族攘窃谓之灭亡；改制同族谓之革命，驱逐异族谓之光复。今中国既亡于异胡，所当谋者光复也，非革命云尔。容之署斯名何哉？读其所规画，不仅驱逐异族而已；虽政教学术、礼俗材性，犹有当革者焉；故大言之曰革命也。"[③]

章炳麟所提出的光复主义，其推动的程序，实不出孙中山于1894年在兴中会誓词中所提出的"驱除鞑虏，恢复中华"。1904 年章在东京出版的新版《訄书》的《客帝匡谬》篇（旧版《訄书》出版于 1901 年，中有《客帝》篇，暗指满清皇帝在中国为客帝）中，主张客帝应"引咎降名，以方伯自处"，并谓："满洲弗逐，欲士之爱国、民之敌忾，不可得也。"[④] 时章炳麟因写《革命军》序及《客帝》篇等文，被系于上海狱。狱中，章炳麟参与了蔡元培、龚宝铨所发起的光复会。1906 年6 月章服刑期满，被同盟会人接至东京，主编同盟会的机关报《民报》。在主编《民报》的两年间，章在《民报》发表文章五十余篇，其中有几篇继续宣扬他的光复主义，但并没有更深入的发挥。如《革命之道德》中有云："吾所谓革命者非革命也，

---

① 章炳麟，《章太炎先生自订年谱》（台北：台湾商务印书馆，1980 年），页 1—8；王寿南主编，《中国历代思想家》（台北：台湾商务印书馆，1978 年），第五十一册《章炳麟》（张玉法撰），页 10—13；小野川秀美著，林明德、黄福庆译，《晚清政治思想研究》（台北：时报文化出版公司，1982 年），页 329、330、348。

② 冯自由，《革命逸史》初集（台北：台湾商务印书馆，1965 年），页 86。

③ 张玉法编，《晚清革命文学》（台北：新知杂志社，1971 年），页 107—108。

④ 陆宝千，《章太炎在晚清之经世思想》，《近代中国经世思想研讨会论文集》（台北：中研院近代史研究所，1984 年），页 648；小野川秀美，《晚清政治思想研究》，页 317、320。

曰光复也；光复中国之种族也，光复中国之州郡也，光复中国之政权也。"① 《社会
通诠商兑》中有云："所谓排满者，岂徒曰子为爱新觉罗氏，吾为姬氏、姜氏而惧
子之戕我血胤耶？亦曰覆我国家、攘我主权而已。"值得注意的是，该文对"逐满"
二字有较具体的说明，其言云："吾党所志，乃在复我民族之国家与主权者。若其
克敌致果，而满洲之汗大去宛平以适黄龙之府，则当与日本、暹逻同视。"②

由此观之，章炳麟所谓逐满、光复，就是要满人及其所建的政权，回到满洲
去，用武力驱逐也好，满人自动退出关内也好，只要满洲人及其所建的政权，退回
东北，章炳麟甚至允许他们联合蒙古，自建帝国。1907 年 7、8 月间，章炳麟在给
肃亲王的信中有云："……只欲复我主权，过此则无所问。……渝关以东，王家故
园，积方圆五百万里，视英、德、日本诸国且二三倍，雄略之主，足以自旋。"又
云："故仆敢以二策为贤王陈之，一为清室计者，当旋轸东归，自立帝国，而以中
国归我汉人。……若能大去燕京，复辽东之故国，外兼蒙古，得千四百万里，其幅
员等于中国本部，然后分置郡县，务农开矿，使朔漠不毛之地，化为上腴。"③

章炳麟因怀种族之见，在革命党人未采"五族共和"政策前，一直把满人视为
异族，而满清的疆土在东北。满人在东北如何建国，甚至并蒙古而有之，章炳麟并
不关心。当时他所关心的，只是汉人如何恢复领土、如何恢复主权，并以汉人及其
所建的政权和所管辖的领土为中国。

三、推翻清朝使满人和满人的东北故土属于中国

孙中山的"驱除鞑虏"和章炳麟的"光复汉迹"，在 1911 年以前的革命宣传
中，都谋求使满人及其所建的政权，回到东北，但实际的做法并不如此。首先说明
的是，章炳麟所领导的光复会人虽然没有在东北从事革命活动，孙中山所领导的同
盟会人，至迟从 1907 年开始就在东北发展革命势力。

同盟会人得以在东北发展革命势力，归因于日人萱野长知、末永节、古川清
（古河）等人的协助。1906 年萱野向宋教仁介绍东北马贼的情形，1907 年末永节将

---

① 见《民报》第八号。

② 见《民报》第十二号。

③ 马勇编，《章太炎书信集》（石家庄：河北人民出版社，2003 年），页 184—185。

马贼头目古川清介绍给宋教仁，黄兴即遣宋教仁、白逾桓随古川清去东北联络马贼，约其共同献身革命事业，并于大连设同盟会辽东支部，重要成员有宋教仁、白逾桓、吴禄贞、蓝天蔚、张绍曾等。① 宋教仁，湖南桃源人，出身华兴会，同盟会司法部金事。白逾桓，湖北天门人，留学日本，同盟会员。吴禄贞，湖北云梦人，留日习军事，兴中会员，1907 年任东三省总督徐世昌的军事参议，1910 年任第六镇统制。蓝天蔚，湖北黄陂人，日本士官学校毕业，同盟会员，1910 年任奉天第二混成协协统。张绍曾，直隶大城人，日本士官学校毕业，1911 年任第二十镇统制。辽东支部于宋教仁回日后，由吴禄贞等人主持，联络军、警、学各界及联庄会，后又有张榕、徐镜心等参与联络事宜。张榕，辽宁抚顺人，日本士官学校肄业，同盟会员，1910 年回至奉天运动革命。徐镜心，山东黄县人，早稻田大学肄业，同盟会员，1906 年回国，初在济南、烟台等地从事革命活动，武昌革命爆发后，赴大连活动。张榕、徐镜心等希望由蓝天蔚的新军将东三省总督赵尔巽逼走（1910 年以后，奉天未设巡抚），宣布独立；赵尔巽则引巡防营统领张作霖为助，与之对抗。赵尔巽将蓝天蔚撤职，在此前后，清廷将第二十镇统制张绍曾撤职，把第六镇统制吴禄贞调到石家庄（旋遇刺）。张榕等联络奉天各革命团体，成立奉天联合激进会，目的在响应南方，牵制北方军力，使清帝不敢东归。满人亦有参加者。张榕等仍希望以和平的方式使赵尔巽宣布独立，复州、海城、铁岭等地的革命党人则发动武装起事。1912 年 1 月 22 日张作霖于邀宴中刺杀张榕，并大捕革命党人。临时大总统孙中山派被赵尔巽撤职，居于上海的蓝天蔚为关外都督，率舰北伐，由烟台进攻辽东。不久清帝退位，蓝天蔚撤回烟台，赵尔巽成为民国政府的第一任奉天都督。②

　　武昌和奉天等地区的革命风潮，对吉林和黑龙江发生影响。吉林早在 1911 年10 月中旬即有人倡言独立，但因吉林巡抚陈昭常控制严密，革命势力难以发展。有长春中学堂学生 80 余人与民军联合，谋策动新军第二十三镇起事，无结果。奉天联合激进会成立后，派人到吉林设立分会，以满人松毓为会长，谋驱逐陈昭常，宣布独立，亦无结果。吉林革命党人继续努力，孙中山就任临时大总统后，他们曾

　　① 张玉法，《清季的革命团体》（台北：中研院近代史研究所，1982 年再版），页 58—60，336。
　　② 林家有，《辛亥革命运动史》（广州：中山大学出版社，1990 年），页 466—470；王魁喜等著，《近代东北史》（哈尔滨：黑龙江人民出版社，1984 年），页 374—377，378—379，381—392。

在吉林省城主要街道张贴传单，鼓动起兵。[1] 到袁世凯继为临时大总统后，吉林末任巡抚陈昭常被任命为民国第一任吉林都督。

黑龙江于 1911 年 8 月武昌革命前夕，由匡一等人设立同盟会支部，在各学堂发展革命势力。武昌革命爆发后，奉天联合激进会派人至黑龙江策动起兵。11 月 26 日同盟会人秦广礼和各界人士组成新民爱国委员会，派人联络省城各界及各府州县，策动独立。12 月 17 日革命党人又策动各校学生组织国民联合会，28 日即以联合会的名义发表通告书，书云："为今之计，急宜合满、汉、回、蒙及索伦、达呼哩各族，化除私见，共矢公忠，要请巡抚，驰电郡国，宣告独立。"清吏见大势已去，纷纷携眷潜逃。[2] 但黑龙江终未向清廷宣布独立。到袁世凯继为临时大总统后，继周树模为黑龙江巡抚（原为布政使）的宋小濂做了民国第一任黑龙江都督。

民国成立，在 1912 年 1 月孙中山任临时大总统以前即独立的省份，首先纳入中华民国版图。到 3 月 12 日尚未独立的省份，在袁世凯于该日就任临时大总统后，亦纳入中华民国版图。东北三省是在袁世凯就任临时大总统之职后纳入中华民国版图的。兹将 1912—1916 年东三省都督递嬗的情形（1914 年改将军，1916 年改督军）表列于下：[3]

奉天省	赵尔巽	1912. 3. 15 — 1912. 11. 3
	张锡銮	1912. 11. 3 — 1915. 8. 22
	段芝贵	1915. 8. 22 — 1916. 6. 20
	张作霖	1916. 4. 7 署，7. 6 任 —
吉林省	陈昭常	1912. 3. 15 — 1913. 6. 13
	张锡銮	1913. 6. 13 — 1914. 6. 3
	孟恩远	1914. 6. 30 —
黑龙江省	宋小濂	1912. 3. 15 — 1913. 7. 16
	毕桂芳	1913. 7. 16 — 1914. 6. 30
	朱庆澜	1914. 6. 30 — 1916. 6. 23
	毕桂芳	1916. 6. 23 —

---

[1] 林家有，《辛亥革命运动史》，页 469；王魁喜等，《近代东北史》，页 377—378，379—380。

[2] 张玉法，《清季的革命团体》，页 336；前引林家有书，页 368—369；前引王魁喜等书，页 380—381。

[3] 刘寿林，《辛亥以后十七年职方年表》（台北：文海出版社，1974 年），页 253—254，261—263，270—272。

在章炳麟任东三省筹边使时期，东三省的都督是：奉天张锡銮，吉林陈昭常，黑龙江宋小濂。除陈昭常、宋小濂为清朝末任巡抚外，张锡銮亦出身清朝旧官僚，民国初建时，任直隶都督，之后转为奉天都督。

值得特别一提的是，在武昌革命爆发前，章炳麟一直主张将满人及其所建的政权，逐往东北，或劝使其自动撤往东北。武昌革命爆发后，可能由于革命党人在东北的活动加强，也可能由于革命党人改采"五族共和"政策，章炳麟申明革命志在光复，不在杀满人，也不在逐满人，有函致满洲留日学生云："君等满族，亦是中国人民，农商之业，任所欲为，选举之权，一切平等，优游共和政体之中，其乐何似！域中尚有蒙古、回部、西藏诸人既皆等观，何独薄遇满人哉！"①

四、民初出任东三省筹边使谋为中国开发东北

1912年3月袁世凯就任临时大总统之后，聘章炳麟为高等顾问。章除常致书袁世凯对施政有所批评和建议外，并拟将自己所组的统一党与副总统黎元洪所组的共和党合并，且于1912年7月至武昌拜访黎元洪，对黎多所称赞。袁对章不放心，使长子克定以书诋章。章欲辞顾问职，袁以仓场总督位之，章不受。会章有事赴吉林省三姓（后改名依兰），归后即被任命为东三省筹边使。命令既下，适逢寒冬，炳麟毅然赴任，②自谓可借此逃避政治纠葛。

1913年1月炳麟设筹边使署于长春，僚属十人，每月经费三千元。③虽然如此，章炳麟非常忠于职守，上任以后首先派员赴各地调查，同时致函各省都督请予配合，并要求调阅案卷，以了解有关情形。如1913年1月9日致奉省都督函云："本使前派参赞张祖策先谒贵督，商办一切，业经函达在案。如有关于实业应行调卷查核事件，尚希饬知各该管局署，俟参赞到时，一体调齐，以便查阅。再，实业以调查为基，本使自应派员分途调查，并为通饬各属，如有本属派委调查员到境，应饬警卫，一体保护。"④章炳麟上任之始，除调查实业外，即是要求三省有关官员受其节制，此实为开发东北的张本。1913年1月25日章致函袁世凯云："现在三省

① 马勇，《章太炎书信集》，页184—185。
② 章炳麟，《章太炎先生自订年谱》，页20。
③ 同上，页20—21。
④ 前引马勇书，页497。

官吏，遇事掣肘，以致窒碍甚多，拟请将三省自度支司道以下，均归其（筹边使）节制遣调。"①

前述章炳麟对三省都督及袁世凯的要求是否有效，不得其详。从炳麟对东北地方官员贪腐的情状和发展实业的环境很快能有所了解来看，章还是获得一些节制官员和调查实业的权力。章炳麟在筹边使任内，做了两件令人注目的事，兹分述如下：

（一）要求袁世凯惩治贪渎，以靖地方治安：1913 年 1 月 13 日袁世凯有严惩贪墨训令，②章炳麟乘机将东北地方官吏的贪渎状况告知袁世凯，请加留意或惩治。1 月 28 日致电袁世凯云："三省都督所保荐人才，均系徇私，请毋庸任命。"③1 月 29 日致电袁世凯云："三省官吏习为贪秽，赵尔巽（清东三省总督，1911）、熊希龄（1909 年 7 月 13 日任东三省清理财政监理官，1910 年 9 月 26 日任奉天盐运使）、程德全（黑龙江巡抚，1907—1908；奉天巡抚，1909—1910）前在东省皆饱载而去，祈速由中央严惩勒追，以警来者。"④2 月 4 日致电袁世凯云："东三省官方不振，恶劣官吏充塞仕途，非痛加淘汰，必无澄清之日。自念朱紫异色，深不欲侧身其间，请大总统另简贤能。"⑤其间章炳麟有较为详细的呈文，说明东北官吏贪渎的实情，并认为官吏贪渎，民不堪命，为东北胡匪之所由生。呈文中有云："东省之有胡匪，犹俄罗斯之有虚无党也。俄以官吏贪残，民不堪命，铤而走险，习为攻剽，而东三省亦与之等。往者行省未设，三省将军岁终则捆载百万，辇致京邸，其后改建民政，旧染犹存，……赵尔巽之铸二角小银，程德全之放官荒坰地，皆侵蚀奇赢，置产二三十万，自余贪吏，更益加隆，招抚马贼者，则先纳贿而后受降，管理银号者，则发虚票而攘现币，金沙收卖，无报告之文，牛马栈行，多侵吞之税，驿传岁支，浮支于文报（吉林事），兵伍虚额，盛行于巡防（黑龙江事）。……今吉林官帖局之买空倒把，又见告矣！夫躬为寇盗者，皆曰长官，已为盗府，吾侪竖子，何惮不为？……严惩贪墨，薄海所同，至于诛锄赃吏，用弥盗源，则东三省为尤急。"⑥

① 马勇，《章太炎书信集》，页 444。
② 同上，页 443。
③ 同上，页 443。
④ 同上，页 444；赵、程在东北任官事，见郭廷以，《近代中国史事日志》（台北：作者自印，1963 年），第二册，附录页 27、44；熊在东北任官事，见周秋光，《熊希龄传》，页 303、316。
⑤ 前引马勇书，页 444。
⑥ 同上，页 445。

　　（二）筹办实业，因乏款而无成：章炳麟把筹边的施政方针放在发展实业上。章炳麟发展东北的实业计划曾呈国务院议决，约有三方面，兹分述如下：（1）设立银行，统一币制：东三省地方银行，发票浮滥，铜元、银元、纸币价格不一，如吉林省有官银钱号，黑龙江省有广信公司，所发楮票（纸币），以吊为本位，由吊合两，由两合圆。初办之时，每吊二三十铜圆，嗣以铜圆空匮，楮票仅有虚名，由三吊合一两涨为十一吊合一两，民间怀钞票者，皆失利三分之二。在这种情形下，炳麟主张设立三省银行，以元易吊，并铸金币，以为银币权衡。（2）开采金矿：货币既以金为本位，炳麟主张开采金矿。据调查，金矿以黑龙江所辖库玛尔河最旺，吉林东沟、北清次之。当时东北民间所采之金，多为俄人用羌帖（俄在东三省所用卢布，为金本位，系纸币）购去，若设三省银行，以二分之一之资本购金，银行有预备金，根基即稳固。（3）开辟水运：东三省铁路由日、俄控制，中国欲修锦瑷铁路，两国阻之，不如发展水运。东三省水运，黑龙江、松花江、辽河皆甚便利，辽河需整治，而伊通州、新民府间松辽二源相距不过一百四十余里，如开凿运河，使黑龙江至辽河相接，所费仅及锦瑷路八分之一。[①] 除前述者外，炳麟在其他文件中尚提到在东宁（吉林东宁县）地区开垦荒地。[②]

　　上述计划之实行，东宁垦荒约需一万元，开采兴隆沟（或即前述之东沟）金矿约需两万元，开辟松、辽间运河约需六七十万元，设立银行约需五百万元。[③] 炳麟于受任为筹边使之始，即电告东三省都督，拟筹备财源，择其易办者行之，电云："实业非资本无从措手，政府财源匮乏，未能筹发币金。以三省之合力，开三省之利源，拟择其确有把握之实业，先行办理，以作模范。"[④] 炳麟在赴长春就任前，曾与东三省工商界代表在京讨论设立筹边实业银行事，[⑤] 并曾去湖南招商办理东北实业，[⑥] 又以设银行、开金矿、辟交通等事邀请南洋华侨至东北投资，[⑦] 皆无结果。到1913年1月正式接任后，向北京政府转请东三省各督另行筹款，电云："东

----

① 马勇，《章太炎书信集》，页446—449；又页497提到连络松、辽二水，页444、498提到兴隆沟金矿（或即吉林之东沟金矿）。

② 同上，页444、498。

③ 同上，页444、498、450。

④ 同上，页493。

⑤ 同上，页450。

⑥ 同上，页492。

⑦ 同上，页496。

三省实业借款，已挪作兵饷之用，请电知东督另行筹款弥补，应于垦务、边务两有裨益。"①

章炳麟在长春约五个月，困于经费及人事，一事无成。1913 年 6 月间，袁世凯的秕政披露日多，国民党谋起二次革命，炳麟决心回到关内。有诗赠当时任临时大总统秘书的但焘云："剑骑临边塞，风尘起大荒，回头望北极，轩翩欲南翔，墨袂哀元后，黄金换议郎，殷顽诛未尽，何以慰三殇。"② 章于 5 月回到北京，6 月 18 日即正式向袁世凯及国务院辞东三省筹边使职。③

五、结论

章炳麟于清末民初的十年间，对东北边疆的态度有三个转折。在 1911 年以前革命时期，将东北视为满人唯一的土地，痛恨满人占据中国的土地、攫取中国政权、统治中国人民。1911—1912 年间，在满清政权被倾覆前后由于革命党人改采五族共和政策，将汉、满、蒙、回、藏等族同视为中华民国的国民，并沿袭清代疆域，将东北仍划为三省，列入中华民国版图。此期间，章炳麟改视满人为中华民族的一份子，不再将之逐往中国东北。1912—1913 年间，章炳麟做了东三省筹边使，尽力谋求改良东三省吏治、发展东三省实业，但因困于经费和人事，无法实现。另一方面，袁世凯日行专制，民怨四起，使章不得不再走上革命之途。

---

① 马勇，《章太炎书信集》，页 498。
② 章念驰编，《章太炎生平与学术》（北京：三联书店，1988 年），页 5。
③ 前引马勇书，页 452、479。

苏曼殊的生平及其译著

一、前言

苏曼殊是清末民初中国文学界的一颗彗星，他的一首诗可以用来描写他的英年早逝："人间花草太匆匆，春未残时花已空，自是神仙沦小谪，不须惆怅忆芳容。"（《偶成》）他的另一首诗可以用来描写他的人生坎坷："天生成佛我何能，幽梦无凭恨不胜，多谢刘三问消息，尚留微命作诗僧。"（《有怀》）章士钊与柳无忌函云："曼殊真近代之异人也，自幼识字以至卓然成家，不过二三年。始在沪与钊共笔墨时，学译嚣俄（雨果）小说，殊不成句，且作字点画，八九乖错。……后一年，走东京，复与同人文会，则出语隽妙，已非流辈所及矣！"① 曼殊之禀赋如此，可谓天才文学家。

二、生平

曼殊原名三郎，改名玄瑛，号子谷，法号曼殊。光绪十年（1884）八月十日生于横滨。性情淡泊，不嗜名利，诗画皆有自然之美，散文与小说亦清丽可诵。他在文学上的成就，以诗最高，为士林推重。于右任说："曼殊诗格高超，在灵明镜中。"柳亚子说："他的诗好在思想的轻灵，文辞的自然，音节的和谐。"高旭说："其哀在心，其艳在骨，而笔下犹有奇趣。"② 他死后，追思怀念他的人不知有多少，刘大白

---

① 柳亚子编，《苏曼殊年谱及其他》（上海：北新书局，民国十六年），附录页 17。
② 均见柳无忌编，《曼殊大师纪念集》（南京：正风出版社，民国三十二年），页 426—427。

《访曼殊塔》诗:"残阳影里吊诗魂,塔里摩挲有阙文,谁遣名僧伴名妓,西泠桥畔两苏坟。"[1] 于右任《夜读曼殊大师集》诗:"不见僧归见燕归,燕归应恫旧巢非,江南诗友俱零落,独见栖栖雨湿衣。"[2]

这位短命诗僧享年只有三十五岁。他的身世,自谓"有难言之恫"。[3] 他有不少描写自己身世的作品,因内容不尽属实,真假莫辨。此处略引《绛纱记》中的一段:

梦珠名瑛,姓薛氏,岭南人也。……诣慧龙寺披剃,……未几天下大乱,于是巡锡兰、印度、缅甸、暹罗、耶婆提、黑齿诸国,……寻内渡。……时杨文会、程散原创立祇垣精舍于建业,招瑛为英文教授。后杨公归道山,瑛沉迹无所,或云居苏州滚绣坊,或云教习安徽高等学堂,或云在湖南岳麓山,然有于邓尉圣寺见之者,乡人所传,此其大略。余束发受书,与瑛友善,在香港皇娘书院,同习欧文,瑛逃禅之后,于今屡易寒暑。……余流转乞食,两阅月,至州城,……闻酒贩言,有广东人流落可叹者,依郑氏处馆度日,其人类有疯病,能食酥糖三十包,……确是梦殊,惟瘦面披僧衣。……梦殊和尚,食糖度日,苏人无不知之。近来寄身城外小寺,寺名无量。

以上所引,大率为苏曼殊的写照,但《绛纱记》的全部记事,则不能尽信其为有。

柳亚子曾多方搜集资料,数与曼殊作传,而所撰各传对曼殊的记载颇有不同。《苏玄瑛传》云:

苏玄瑛,字子谷,号曼殊,广东香山人。父某,商于倭,因赘焉。生玄瑛,挈之返国。玄瑛自少即丧父,母又越在海外,伶仃靡可依者,则祝发广州之雷峰寺。

《苏玄瑛新传》云:

苏玄瑛,字子谷,小字三郎,始名宗之助,其先日本人也。王父忠郎,父宗郎,不详其姓。母河合氏,以中华民国纪元前二十八年甲申,生玄瑛于江户。玄瑛生数月而父殁,母子茕茕靡所依。会粤人香山苏某商于日本,因归焉。

民国二十一年,柳亚子写《苏玄瑛略传》,对两说有重大的修正,谓曼殊系

① 柳无忌编,《曼殊大师纪念集》,页 417。
② 刘延涛编,《右任诗文集》(台北:正中书局,1963 年),卷七,页 27。
③ 苏曼殊,《断鸿零雁记》(台北:广文书局,无出版年代),第一章。

苏杰生和日下女所生。此说本于曼殊总角同窗冯自由及曼殊表兄林紫垣，或较可信。同年罗芳洲为曼殊写传，对曼殊身世的记载，则与柳亚子的《苏玄瑛新传》无别。①

柳亚子《苏玄瑛略传》中的苏杰生，系横滨万隆茶行的买办，籍隶广东香山。该茶行为英人所办，营业颇盛。杰生原娶香山黄氏，在日时复纳二妾，一为日妇河合氏，一为陈氏。寓中雇有日籍女佣，名若子，时年十九。若子与杰生合，生曼殊，不久离去。曼殊即由河合氏抚育。大概不便将曼殊身世实告，曼殊乃以为河合氏为其生母。②

曼殊六岁那年（光绪十五年，1889），杰生使河合氏携曼殊回广东，入乡塾发蒙，取名玄瑛（乳名三郎）。嫡母黄氏对曼殊及河合氏不甚喜欢，族人也很排斥他们。曼殊九岁时，河合氏归日本。曼殊感于孤寒无依，入广州长寿寺为僧。③ 是年，杰生在日本营业失败归国，不见曼殊，写信告河合氏，谓曼殊入山为虎吞噬。曼殊入长寿寺不久，又转去博罗坐关，受戒于雷峰海云寺，④ 法名博经，号曼殊，这年他十二岁。

光绪二十二年（1896），曼殊十三岁，奉师命返广州，长寿寺适为暴徒所毁，曼殊不得已，赴日寻母（河合氏）。经香港，从西班牙籍牧师罗弼氏习欧语二年。罗弼氏有女名雪鸿，对曼殊情颇殷，曼殊赴日时，雪鸿曾以莎士比亚、拜伦（拜轮）、雪莱等人的诗集赠之。⑤ 曼殊至日，从河合氏居神奈川，生活颇惬意。《燕子龛随笔》云："乃忆十四岁时，奉母村居，隔壁有女郎手书丹霞诗笺，以红线系青蜓背上，使徐徐飞入余窗，意似怜其踽踽也。斯人和婉有仪，余曾于月下一握其手。"⑥ 越二年，曼殊随表兄林紫垣去横滨大同学校就读，与冯懋龙（自由）、郑贯一等同学。

---

① 柳无忌编，《曼殊大师纪念集》，页404。

② 丁巳闰二月苏曼殊自日本与柳亚子书："即侍家母往游香根。"见《苏曼殊书信集》（上海，民国三十六年），页69。

③ 苏曼殊《断鸿零雁记》第六章所言之常秀寺即长寿寺，寺为广州五大丛林之一，光绪三十一年粤督岑春煊将它拆除，遗址在广州长寿里。

④ 苏曼殊《断鸿零雁记》第一章提到的百粤金瓯山海云古刹，即指此。

⑤ 苏曼殊，《断鸿零雁记》第六章。早年有关资料，对Byron的翻译，或为拜轮，或为拜伦，本文不予统一。

⑥ 苏曼殊《燕子龛随笔》共六十二则，皆为简单记事。

大同学校成立于光绪二十三年冬，徐勤为校长（徐勤为维新党人），分为寻常、高等二级，各以三年卒业。高等级授中、英文，曼殊属寻常级，专攻中文。光绪二十八年（1902），曼殊复入早稻田大学高等预科习政治，并加入青年会，与陈独秀、秦毓鎏、叶澜等相交甚契。

青年会为留日学生所组的革命团体，曼殊的表兄林紫垣不愿他与革命党人往还，就不再在金钱上帮助他，曼殊以此辍学，南归岭海，居虎山法云寺。光绪二十九年得驻日清使馆经费之助，返日入成城学校习陆军，与革命党人刘三（季平）同学，并加入拒俄义勇队及军国民教育会，时以苏子谷为名。其后军国民教育会解散，曼殊返国，主讲长沙实业学堂，与张继交极洽。后赴苏州，任吴中公学教习，识包天笑、祝心渊等。旋赴上海，任《国民日日报》翻译，从陈独秀、章士钊、何梅士游。译法人嚣俄（Victor Hugo，或译为雨果）所著《哀史》（Les Miserables），名曰《惨社会》，并撰《呜呼广东人》《女杰郭耳缦》等文，均在《国民日日报》发表。《女杰郭耳缦》是介绍 1901 年美国无政府党人郭耳缦被捕前后的言行。《呜呼广东人》痛斥粤人入英、日籍者无国家观念。

未几，曼殊游香港，住中国日报社，得交陈少白、王秋湄等。时康有为新自海外归，筹有巨款，养尊处优，置其旧日党人于不顾，曼殊甚为气愤，谋向少白借手枪往击之，为少白所阻。[1] 曼殊一度居于惠州某破庙，以不堪其苦而返。时杰生至港，欲带曼殊返里，未果；次年杰生去世，曼殊亦未奔丧。[2]

曼殊在港遇其师罗弼氏，罗弼氏欲以其女雪鸿妻之，曼殊谓身已为僧，无法从命。旋得罗氏之助，赴暹罗曼谷，居龙莲寺，随鞠瘁磨长老究心梵章。光绪三十年，主讲于曼谷青年学会、锡兰菩提寺及印度各地。刘三赠以诗云："早岁耽禅见性真，江山故宅独怆神，担经忽作图南计，白马投荒第二人。"不久曼殊归国，再至长沙实业学堂任教。

光绪三十一年，曼殊北游西湖，旋至金陵陆军小学任教。在陆军小学，他结识了新军标统赵声（伯先）。《燕子龛随笔》："赵伯先少有澄清天下之志，余教习江南陆军小学时，伯先为新军第三标标统，始与相识。余叹为将才也。每次过从，必命兵士购板鸭、黄酒。伯先豪于饮，余亦长于食，既醉，则按剑高歌于微风细柳之

---

① 陆丹林，《苏曼殊》，《江苏革命博物馆月刊》，第十一期。
② 陆丹林，《苏曼殊出家前后》，《扫荡报》，民国三十三年四月三日。

下，或相与驰骋于龙蟠虎踞之间，至乐也。"可看出他与赵声的私谊，① 亦可看出他的豪迈之情。② 时刘三亦在金陵，与曼殊过从甚勤。曼殊与伯先别后，作画赠之，请刘三题定庵绝句云："绝域从军计惘然，东南幽恨满词笺，一箫一剑平生意，负尽狂名十五年。"

光绪三十二年，曼殊重至长沙，主讲于长沙明德学堂，学生有陈果夫等。夏，应刘师培之邀至芜湖，主讲于皖江中学，与刘师培夫妇同事，初识邓绳侯。是秋至沪，重晤刘三，初识柳亚子。一度偕陈独秀至日本小游，归后与陶成章游西湖，后返沪，先后居于爱国女学及同盟会机关部。他的遨游，使他的朋友很少能与他常聚。邓绳侯赠以诗云："寥落古禅一纸书，欹斜淡墨渺愁予，酒家三日秦淮景，何处沧波问曼殊。"这年苏曼殊译有拜伦（Lord Byron）诗《去国行》《大海》《哀希腊》三篇。

光绪三十三年，刘师培去日本办《天义》报，倡无政府主义，邀曼殊帮忙，刊其画于报端。师培妻何震，拜曼殊为师，从其学画。其间，曼殊并结识《民报》编辑章炳麟。曼殊得刘师培、章炳麟两位国学大师的文字切磋，受益匪浅，他的文章好用僻字，就是受章炳麟的影响。此时他除作画写文外，并研究梵文，《梵文典》首卷即于是时完成。

曼殊在日本，朋友交往虽繁，家庭生活似感孤寂。这年七月致刘三书云："吾大父大母弃余数年，今惟吾母吾姐与曼三人形影相依而已。"是年八月至沪，十一月返日。

光绪三十四年，《文学因缘》出版，并刊布《岭海幽光录》《婆罗海滨遁迹记》于《民报》。这年八月，曼殊回国，居西湖白云庵，复游金陵，主讲于祇垣精舍（该舍位于建业城中，为池州居士杨文会、诗人陈三立所创办）及梵文学堂，因罹病不支，十二月复东渡日本，随河合氏居于逗子樱山。有怀友诗一首："九年面壁成空相，万里归来一病身，泪眼更谁愁似我，眼前犹自忆词人。"曼殊在日本，忧愁无以自遣，寄情风月。《忆刘三天梅》诗序云："东来与慈亲相会，忽感刘三、（高）天梅去我万里，不知涕泗之横流也。"《潮音》跋云："循陔之余，惟好啸傲山

---

① 壬子三月上海答萧公书："今托穆弟送去《饮马荒城图》一幅，敬乞足下为焚于赵公伯先墓前，盖同客秣陵时许赵公者，亦昔人挂冠之意，此画而后，不忍下笔矣！"见《苏曼殊书信集》，页33。

② 癸丑十二月日本与何震书："病脱即归上海，放旷杯酒间，吾犹负豪气如昔也。"见《苏曼殊书信集》，页48。

林。一时夜月照积雪，泛舟中禅寺湖，歌拜伦《哀希腊》之篇，歌已哭，哭复歌，
亢音与湖水相应，舟子惶然，疑其为神经病作也。"

宣统元年，曼殊居日本江户，当时他的主要工作是"每日午前赴梵学会，为印
度婆罗门僧传译二时半"。《拜伦集》亦于是时全部脱稿。这年九月，《拜伦诗选》
出版。① 旋去新加坡游历，遇罗弼氏及其女雪鸿于舟次，如前所述，罗弼氏欲以
其女雪鸿妻曼殊，曼殊谓身已为僧，无法从命，然常以文字与雪鸿通情款。曼殊卧
病南洲，雪鸿过存病榻，亲持玉照一幅、《拜伦集》一卷、曼陀罗花共含羞草一束
相赠。宣统二年五月曼殊于爪哇与高天梅书："昨岁南渡，舟中遇西班牙才女罗弼
氏，即赠我西诗数册。"② 即指此事。

曼殊在新加坡稍留，即去爪哇，主讲惹班中华会馆。宣统二年五月复自爪哇赴
印度，居芒碣山寺。那年，黄晦闻寄给他一首七律："四载离惊感索居，似君南渡
又年余，未遗踪迹人间世，稍慰平安海外书。向晚梅花才数点，当头明月满前除，
绝胜风景怀人地，回首江楼却不如。"

宣统三年，曼殊自印度归广州，访黄晦闻于广雅书院，旋北经上海赴日，黄又
有一首诗寄给他："五年别去惊初见，一醉殊辜万里来，春事阴晴到寒食，故人风
雨满离杯。拈花众里吾多负，取钵人间子未回，自有深深无量意，岂堪清浅说蓬
莱。"黄晦闻有蒹葭楼，曼殊作《风絮美人图》寄之。曼殊在日，访金阁寺僧飞锡
于松岛，时飞锡方删定曼殊旧著《潮音》一卷，将撰跋印行，乃出示是篇与曼殊。

是年夏，曼殊重渡爪哇，仍主讲惹班中华会馆。七月，《燕子笺传奇》英译成，
罗弼氏为题词，③ 雪鸿乃携之赴马德里，设法在欧洲刊行。

辛亥革命爆发，曼殊欲立即回国，因病未能成行。十月二十八日与柳亚子、马
君武书云："迩者振大汉之天声，想两公都在剑光刀影中，抵掌而谈，不慧远适异
国，唯有神驰左右耳。"又十一月与柳亚子书云："壮士横刀看草檄，美人挟瑟请题
诗，遥知此时乐也。"④ 其向往国内革命情形如此。

其时，曼殊在爪哇，尚有一轶事，即辛亥首义，南京光复，风闻海外，爪哇泗

---

① 《苏曼殊书信集》，页 22—24。
② 同上，页 25。
③ 辛亥七月爪哇答玛德利庄湘（即罗弼氏）处士书："星洲一别，于今三岁。燕子笺译稿已毕，蒙惠
题词，雅健雄森。"见《苏曼殊书信集》，页 27。
④ 《苏曼殊书信集》，页 30—31。

水书报社革命同志开会庆祝，华侨到者数千人，曼殊亦率同志参加，为主席团。正在轰轰烈烈高唱入云之际，不意荷官署突派武装士兵前来禁止，互相冲突，首领同志被捕者十余人，浙江缙云人丁荣与焉。曼殊约同志与荷兰当局交涉，丁荣等得安然出狱。事后，曼殊偕丁荣、许绍南夫妇及魏石生夫人何莲卿等搭船返国。①

　　民国元年二月，曼殊经香港抵沪，曾偕张继赴西湖一游。三月，主《太平洋报》笔政，与柳亚子、叶楚伧、朱少屏等同事，撰《南洋话》一文，历述荷人压迫爪哇华侨情形，呼吁中华新政府采强硬态度，与荷交涉，尽废苛则，然后推行侨民教育。其爱国之忱，充于词间。这年四月，因河合氏电促速归，② 曾赴日小住，《断鸿零雁记》于是时始刊于报端。五月，曼殊返沪，六月复东渡，至十月始返。③ 十二月赴安庆高等学校任教，④ 学期结束，复返上海。

　　当时共和初建，革命党人多乘时在位，或欲有以位置曼殊，曼殊冥鸿物外，不屑一顾，章炳麟称之为"厉高节抗浮云"之士。后人有认曼殊为同盟会员者，⑤ 实属妄语！⑥ 民国二年的大部时间曼殊来往于上海、杭州、安庆、苏州等地，并一度东渡省母，刊布其《燕子龛随笔》于《生活日报》及《华侨杂志》。这年十二月，因身体不好，回日本休养。但至日本西京后，旧病复发，自叹为"有愁无命之人"。⑦ 当时正逢二次革命失败，孙中山在东京筹组中华革命党，曼殊曾往谒见，并与居正、邵元冲、戴传贤等相往还。

　　民国三年初，曼殊病稍痊，始得著书，⑧ 始得游历，始得学佛。⑨ 五月，刊布

---

　　① 何佐仁，《苏曼殊》，《江苏革命博物馆月刊》，第十六期。
　　② 壬子三月上海与叶楚伧书，见《苏曼殊书信集》，页33。
　　③ 与刘三书、与柳亚子书等，见《苏曼殊书信集》，页32—36。
　　④ 壬子十一月安庆与柳亚子书："英初五晨间始抵安庆，暂住高等学校。"又壬子十一月抵安庆与邓庆初书："现寓高等，此间大学名义已取消。英每周功课，托沈君代理八小时，自任六小时，尚觉清闲。"见《苏曼殊书信集》，页37、38。
　　⑤ 陈去病，《为苏曼殊呈请恤赠文》，《江苏革命博物馆月刊》，第七期；芝翁，《诗僧苏曼殊》，《艺文志》，第二期。
　　⑥ 壬子三月上海答萧公书："故乡人传不慧还俗，及属某党某会，皆妄语也。不慧性过疏懒，安敢侧身世间法耶？"见《苏曼殊书信集》，页32。
　　⑦ 癸丑十一月上海与陈陶遗书："连日部署东归事，困顿不堪。"又癸丑十一月二十四日日本与何震书："昨日至西京琵琶湖游次，病复大作。"又癸丑十一月与柳亚子书："至西京，病复发，自分有愁无命之人。"均见《苏曼殊书信集》，页45。
　　⑧ 甲寅正月日本与刘三书："贱恙渐瘥，日编英文书籍十数页。"见《苏曼殊书信集》，页56。
　　⑨ 甲寅二月日本与刘三书："连日自横滨而羽田而妙儿岛，而千叶海边，今日少憩梅屋，颇有江汀泽畔之意。"又云："顷至东京，专攻三论宗。"见《苏曼殊书信集》，页57。

其《天涯红泪记》于《民国杂志》，并致书沈燕谋，索《潮音》序文。① 八月，他的《汉英三昧集》出版。民国四年，曼殊仍在日本，曾为人译书二种。八月，他的《绛纱记》与《焚剑记》先后在《甲寅杂志》发表。

民国五年讨袁之役，曼殊曾去青岛晤居正（时居正在鲁率众讨袁，曾有一时的小成功），旋至上海寓环龙路孙中山寓所。这年九月，他去杭州西湖小住，②《碎簪记》即完成于此时。《碎簪记》开首有云："余至西湖之第五日，晨餐甫罢，徘徊于南楼之上，钟声悠悠而逝。遥望西湖风物如恒，但与我游者，乃不同耳。"这年十一月，他的《碎簪记》发表于《新青年》。此文发表后，刘半农曾有信推崇，并问是否属实。曼殊答云："来示过举，诚惶诚恐，所记固属子虚，望先生不必过问也。"③

民国六年闰二月，曼殊一度回日省亲，月余复返上海，与陈果夫、蒋中正同住。冬，因痢疾入海宁医院，④ 次年二月，复自海宁医院转至广慈医院，贫病潦倒，衣物典当一空。柳亚子曾对他有所周济，⑤ 蒋中正亦嘱陈果夫随时送钱给他，但他的病情却一直没有减轻，⑥ 到五月二日，就与世长辞了。

曼殊的死，种因于他放浪任性，贪食无度。⑦ 他嗜糖果及雪茄烟成癖，⑧ 大大影响了他的健康。郑桐荪与柳无忌论曼殊生活函云："他少年时本是极热心，中年后悲观极深。他的拼命吃巧克力、八宝饭、雪茄烟，实是一种自杀政策。金钱到手，拼命乱用，无钱则忍饥终日。好吃花酒，而却与他所叫的倌人极少交谈，盖彼

---

① 甲寅五月日本与沈燕谋书："今日重至杭州，住西湖新旅馆。"见《苏曼殊书信集》，页 59。

② 丙辰九月自杭州与沈燕谋书，见《苏曼殊书信集》，页 66。

③ 见《苏曼殊书信集》，页 67。

④ 丁巳十月在上海与蔡哲夫书："瑛自今夏患痢疾阅四月，仍未痊愈。"又与萧纳秋书："痢疾大作之日，卧海宁医院，而诸故人都成劳燕。"见《苏曼殊书信集》，页 69、70。

⑤ 戊午二月致柳亚子书："闻足下赐医药费三十金，寄交楚伧，但至今日仍未见交来，不知何故也。"又书云："尊款托友往催，前日始交友人带来矣，感激无量。"均见《苏曼殊书信集》，页 71。

⑥ 戊午十二月致柳亚子书："贱恙呻吟，不能起立，日泻五六次。"见《苏曼殊书信集》，页 71。

⑦ 甲寅七月日本与邵元冲书："并赴源顺，食生姜炒鸡三大碗，虾仁面一小碟，苹果五个。明日肚子痛否，一任天耳！"见《苏曼殊书信集》，页 60。

⑧ 壬子七月日本与某君书："日食摩尔登糖三袋，此茶花女嗜之物也。"又丙辰十一月自杭州与邵元冲书："摩尔登糖二百三十七粒，夹沙酥糖十盒、红豆酥糖十盒，敬领拜谢。"又丙辰十一月杭州与刘半农书："比来湖上欲雪，气候较沪上倍寒，舍闭门吸吕宋烟之外，无他情趣之事。"见《苏曼殊书信集》，页 35、67、68。又柳亚子《燕子龛遗诗》（民国八年出版）序云："君工愁善病，顾健饮啖，日食摩尔登糖三袋，谓是茶花女酷嗜之物，余尝以芋头饼二十枚飨之，一夕都尽，明日腹痛弗能起。"

之所好，不过一场热闹而已，不在花亦不在酒也。"①

曼殊的贪食无度，在病中亦不稍留意。民国二年他在日本养病，即背医大食，尚于致朋友书中屡言之。致柳亚子书云：

瑛前日略清爽，因背医大吃年糕，故连日病势又属不佳。每日服药三剂，牛乳少许，足下试思之，药岂得如八宝饭之容易入口耶？②

致何震书云：

瑛今晨尚觉清爽，能食面包、牛乳。医者禁余吸雪茄，日服药三次，其苦非常，但得往亲友家大吃年糕，医者不知也。③

致陈陶遗书云：

连日背医生往亲友家大吃年糕，病复大作。每日服药三次，足下试思之，药安得如八宝饭之容易入口耶？……医者甚严厉，不许吸雪茄、吃糖果，饮牛乳、可可，糖亦不准多放，余甚思一飞来沪大吃耳！④

观此亦可见曼殊放浪不羁的天性。

曼殊的放情任性，与他在感情上的冲突有关。曼殊早年遁迹空门，日后受女色之诱，使他的精神近于疯狂，除寄情于诗文外，便是放浪形骸。"天生成佛我何能"是他的激愤语，"与人无爱亦无嗔"是他的掩饰话，"无端狂笑无端哭，纵有欢肠已似冰"是他心理上的矛盾。诚如章炳麟所说："贫困为沙门，不能作佛事；复还俗，稍与士大夫游，犹时时着沙门衣。"⑤就其感情生活而论，曼殊在粤时，其父为聘一女，名雪梅，后女家绝婚，雪梅侘傺以死。既东归，河合氏有姊，欲以女静子嫔曼殊，《断鸿零雁记》第十一至二十章，即记其与静子的缱绻之情，日与静子论画，并从学梵文。虽为慰老母，权答应婚事，终则留书静子："吾实三戒俱足之僧，永不容与女子共住。"时香港罗弼氏女雪鸿亦常与彼通款曲，此情此景，曼殊何以自解？

曼殊早逝，对中国文学来说，是一大损失，对他自己而言，则是一种解脱。他

---

① 柳亚子，《苏曼殊年谱及其他》，附录页10。又壬子十一月安庆与柳亚子书："连日吃八宝饭最多。"见《苏曼殊书信集》，页39。

② 癸丑十二月日本与柳亚子书，见《苏曼殊书信集》，页51。

③ 癸丑十二月日本与何震书，见《苏曼殊书信集》，页50。

④ 癸丑十二月日本与陈陶遗书，见《苏曼殊书信集》，页50。

⑤ 柳无忌编，《曼殊大师纪念集》，页414。

的胃肠病时常使他痛苦不堪，这也许是他对人生消极的主要原因。因为消极悲观，他生活随便，不拘礼俗，使他在经济上不能自理，完全靠朋友接济。但以他坎坷的身世，和多愁善感的个性，留于人间的诗文，隽永可爱，能传诵于当时，亦能留传于后世。曼殊死后，故旧纷纷往吊，留传下来的吊祭文字，至今读之犹令人神伤。如王德钟《吊苏曼殊》诗：①

隔江烟雨晚萧萧，纵有骚魂不可招，此后樱花桥畔路，更谁月夜独吹箫。

如黄晦闻《戊午六月江干视曼殊殡》诗：②

一棺江舍未经时，冒暑来寻或有知，已负死生元伯语，所哀尘露步兵诗。尺书病革犹相问，晚岁楼居不可期，胜有茫茫忧患意，乱蝉斜照更衔悲。

如沈尹默《刘三来言子谷死矣》诗：③

君言子谷死，我闻情恻恻，满座谈笑人，一时皆太息。平生殊可怜，痴黠人莫识，既不游方外，亦不拘绳墨。任性以行游，关心惟食色，大嚼酒案旁，呆坐歌筵侧。绍常觉无用，当此见风力，十年春申楼，一饱犹能忆，于今八宝饭，和尚吃不得！

又如刘半农《悼曼殊》诗：④

一、这一个人死了，我与他只见过一次面、通过三次信，⑤不必说什么"神交十年"，"嗟惜弥日"，只觉他死信一到，我神经上大受打击；无事静坐时，一想到他，便不知不觉说"可怜"！

二、有人说他痴，我说"有些像"；有人说他绝顶聪明，我说"也有些像"；有人说他率真、说他做作，我说"都像"。

有人骂他，我说"和尚不禁人骂"，更有人说他是"奇人"却遭了"庸死"，我说"庸死未曾尝不好"。

三、只此一个和尚，千百人看了，化作千百个样子，我说他可怜，只是我的眼光，却不知道他可怜不可怜。

① 柳无忌编，《曼殊大师纪念集》，页403。
② 见柳无忌编，《苏曼殊年谱》，民国七年刊。
③ 见《新青年》，五卷六号。
④ 同上。
⑤ 按《苏曼殊书信集》载《与刘半农书》三封，均系民国五年十一月发自杭州。

四、记得两年前，我与他相见，① 同在上海一位朋友家里，那时候，室中点着盏暗暗的石油灯，我两人靠着窗口，各自坐了张低低的软椅，我与他谈论西洋的诗，谈了多时，他并不开口，只是慢慢的吸雪茄，到末了，忽然高声说："半农，这个时候，你还讲什么诗，求什么学问？"

五、"犹是阿房三月泥，烧作未央千片瓦"，② 这是杭州某人的诗句，我两人匆匆别了，他有信来，说"这两句诗，做得甚奇"，又约我去游西湖，说"雪茄尚可吸两月，湖上可以钓鱼，一时不到上海了"。

六、西湖是至今没游成。

曼殊的丧事是由汪精卫办理的，汪与他素昧平生，只是同为革命同志而已。汪曾向孙中山请示丧葬事宜，并在报纸上讣告各方，一时似无良策，汪将曼殊灵柩暂厝于广肇山庄（为上海营葬之地）。其后，或谓有徐自华者，义让"西湖之阳，孤山之阴"，以为曼殊圹地；或谓民国十年六月，陈去病谒孙中山于广州大总统府，呈请赠款营葬曼殊。陈去病呈文中有云：

窃见本党已故同志苏子谷，一名玄瑛，又号曼殊，广东香山人也。少长异域，常怀故国之思；壮而同仇，早入义勇之队。……盖自癸卯投袂以来，迄于圆寂之岁，其间追随鞭镫，拥护旌麾，亦几二十余年矣。

孙中山怅然有怀，以千金予去病，命购地杭州孤山之阴葬之。民国十三年，营葬之事毕，题其碑文曰"呜呼曼殊大师之墓"。1950年代，中共以整顿名胜古迹为名，迁墓于凤篁岭（在浙江杭州西南）下。③

自曼殊去世以来，研究其生平事迹者颇不乏人。早年的研究，前已述及，柳亚子先后为曼殊作传三次，并与其子无忌编成《苏曼殊年谱及其他》一书。曼殊的诗文，详载于文公直所编的《曼殊大师全集》，画则有何震所编的《曼殊大师画

---

① 时在民国五年。
② 丙辰十一月二十三日曼殊自杭州与刘半农书："近见杭州未央句云：'犹是阿房三月泥，烧作未央千片瓦。'奇矣，有新制望寄一二。"见《苏曼殊书信集》，页68。
③ 关于营葬曼殊之事，较早的资料有陈去病《为苏曼殊呈请恤赠文》，见《江苏革命博物馆月刊》第七期。Google网中，异说纷纭。就《凄绝南朝第一僧——孤山苏曼殊墓塔追记》等文，有南社社员（苏曼殊亦为南社社员）徐自华者，1920年随孙中山赴粤，旋奉命回杭，为苏曼殊营葬于西湖孤山，墓地由自华自购葬。或谓1924年南社同仁将寄存在广肇山庄的苏曼殊灵柩运至杭州，落葬于孤山北麓。所言与上述无大差异。但陈去病之文则谓系1921年陈向孙中山呈请，孙拨款于孤山买地葬之。至于1950年代迁墓地点，一谓迁葬于吉庆山。详情如何，有待进一步研究。

谱》。① 其他遗佚尚多，近年亦时有发现。此处将他的文学作品及其在翻译上的成就略加介绍，画则缺而不论。

三、译著

曼殊的著作，可分为翻译和创作两方面。在创作方面，柳亚子《燕子龛遗诗》序云："君好为小诗，多绮语，有如昔人所谓'却扇一顾，倾城无色'者。又善画，萧疏淡远，似不食人间烟火物。往还书问，好以粉红笺作蝇头细楷，造语亦绝俊，恒多悲伤及过情之谈。"曼殊在文学方面，成就最大的是诗。他的诗，风韵极佳，有神无物，完全是自然的流露，而味极隽永清新，愈读愈见其佳。《曼殊诗集》② 载诗四十四题，录数首于下。其《本事》诗云：③

春雨楼头尺八箫，何时归看浙江潮？芒鞋破钵无人识，踏过樱花第几桥。

其《住西湖白云禅院作此》诗云：

白云深处拥雷峰，几树寒梅带雪红，斋罢垂垂浑入定，庵前潭影落疏钟。

其《吴门依易生韵》诗云：

白水青山未尽思，天上人间两霏微，轻风细雨红尼寺，不见僧归见燕归。

其《过若松町有感示仲兄》诗云：

契阔死生君莫问，行云流水一孤僧；无端狂笑无端哭，纵有欢肠已似冰。

其《偶成》诗云：

人间花草太匆匆，春未残时花已空，自是神仙沦小谪，不须愁怅忆芳容。

其《东居杂诗》：

谁怜一阕断肠词，摇落秋怀只自知，况是异乡兼日暮，疏钟红叶坠相思。

其《芳草》诗云：

芳草天涯人是梦，碧桃花下月如烟，可怜罗带秋光薄，珍重萧郎解玉钿。

曼殊的诗，文辞自然，音节和谐，读来令人有"临风独立，超旷绝俗"之感。曼殊是多情的诗僧，在他的诗里，可以找到许多写男女之情的句子，如"我再来时

---

① 《曼殊画谱》自序云："衲三至扶桑，一省慈母。山河秀丽，寂相盈盼。尔时何震收衲画，将付梨枣，顾衲经钵飘零，尘劳行脚，所画十不存一，但此残留山水若干帧，属衲序之。"

② 有民国十六年柳无忌排印本。

③ 《燕子龛随笔》中题名《春雨》。

人已去，涉江为谁采芙蓉"（《过若松町有感》）、"华严瀑布高千尺，未及卿卿爱我情"（《本事》诗）、"还卿一钵无情泪，恨不相逢未剃时"（《本事》诗）、"知否去年人去后，枕函红泪至今留"（《东居杂事诗》）等，都是非常哀艳的诗句。诚如周瘦鹃所谓："嚼蕊吹香，幽艳独绝。"

曼殊的小说，语意缠绵，情致悱恻，受人爱好。见于《曼殊小说集》①的，有以下几种：

1.《断鸿零雁记》：原载于民国元年上海《太平洋报》，是就自传穿插而成。民国八年上海广益书局出单行本，民国十四年发行三版。是年该书由商务印书馆翻译成英文出版。次年，福建协和大学黄嘉谟将该书编为剧曲，出单行本。2.《天涯红泪记》：刊于民国二年五月在日本东京出版的《国民杂志》第一年第一号，登至第二年未完，中止，未出单行本。3.《绛纱记》与《焚剑记》：原载于民国四年的《甲寅杂志》，民国五年出单行本，由上海亚东图书馆发行。民国十一年再版。后亚东图书馆复将之收入《名家小说》中。4.《碎簪记》：原载于民国五年上海群益书社发行的《新青年》杂志，未出单行本。5.《非梦记》：原载于民国六年上海文明书局出版的《小说大观》第十二集，未出单行本。《绛纱记》《焚剑记》《碎簪记》《非梦记》四篇，后由卢冀野编印为《曼殊说集》。②

在前述的小说中，以《断鸿零雁记》篇幅最长，凡二十七章。写一孤儿出家为僧，异国寻母，以及恋爱飘泊种种惨痛的遭遇。文情悱恻，令人不忍卒读。今引其第一章于下：

百粤有金瓯山者，滨海之南，巍然矗立。每值天朗无云，山麓葱翠间，红瓦鳞鳞，隐约可辨，盖海云古刹在焉。相传宋亡之际，陆秀夫既抱幼帝殉国崖山，有遗老遁迹于斯，祝发为僧，昼夜向天呼号，冀报大行皇帝之灵。故至今日，遥望山岭，云气葱郁；或闻潮水悲嘶，尤使人歔欷凭吊，不堪回首。今吾述刹中宝盖金幢，俱为古物。池流清净，松柏蔚然。住僧数十，威仪齐肃，器钵无声。岁岁经冬传戒，顾入山求戒者寥寥，以是山峻险，登之殊艰故也。一日凌晨，钟声徐发，余倚刹角危楼，看天际沙鸥明灭。是时已入冬令，海风逼人于千里之外。读吾书者识之，此日为余三戒俱足之日。计余居此，忽忽三旬，今日可下山面吾师。后此扫叶

---

① 民国二十三年启智书局出版。
② 民国十四年出版。

焚香，送我流年，亦复何憾！如是思维，不觉堕泪。叹曰："人皆谓我无母，我岂真无母耶？否，否。余自养父见背，虽茕茕一身，然常于风动树梢，霖雨连绵，百静之中，隐约微闻慈母唤我之声。顾声从何来，余心且不自明，恒结凝想耳。"继又叹曰："吾母生我，胡弗使我一见？亦知儿身世飘零，至于斯极耶？"此时晴波旷邈，光景奇丽。余遂披袈裟，随同戒者三十六人，双手捧香鱼贯而行。升大殿已，鹄立左右，四山长老云集。香赞既阕，万籁无声。少选，有尊证阇黎，以悲紧之音唱曰："求戒行人，向天三拜，以报父母养育之恩。"余斯时泪如缏縻，莫能仰视，同戒者亦哽咽不能止。既而礼毕，诸长老一一来相劝勉曰："善哉大德，慧根深厚，愿力壮严。此去谨侍亲师，异日灵山会上，拈花相笑。"余聆其音，慈悲哀悯，遂顶礼受牒，收泪拜辞诸长老，徐徐下山。夹道枯柯，已无宿叶，悲凉境地，惟见樵夫出没，然彼焉知方外之人，亦有难言之恫？此章为吾书发凡，均纪实也。

本书所写，大体和曼殊的遭遇相同，可以视为他的自叙传，但亦不无穿插之处。

曼殊的散文，传世者多篇，篇幅较长的为《燕子龛随笔》及《岭海幽光录》，皆随笔之类。《岭海幽光录》曾于光绪三十四年发表于《民报》，署名南国行人，记明末死节事。其内容可于小序中见之：

吾粤滨海之南，亡国之际，人心尚古，苦节艰贞，发扬馨烈，雄才瑰意，智勇过人。余每于残籍见之，随即钞录。古国幽光，宁容沈晦？奈何今也有志之士，门户龃龉，狺狺嗷嗷。长妇奼女，皆竞侈邪，思之能勿涔涔堕泪哉？船山有言：世俗相率而为伪者，盖有习气而无性气也。吾亦欲与古人可诵之诗，可读之书，相为浃洽而潜移其气，自有见其本心之日昧者，是以亦可以悔矣。

《燕子龛随笔》原载于民国二年《生活日报》，民国三年删订重刊，乃随意拈来之记事，共六十二则，极富神韵，兹录数则于下。其一：

余至中印度时，偕二三法侣居芒碣山寺，山中多果树，余每日摘鲜果五六十枚啖之，将及一月，私心窃喜，谓今后吾可不食人间烟火矣，惟是六日方一便，便时极苦，后得痢疾，乃知去道尚远，我缘未至耳。

其二：

废寺无僧，时听堕叶，参以寒虫继续之声。乃忆十四岁时，奉母村居，隔壁有女郎，手书丹霞诗笺，以红线系青蜓背上，使徐徐飞入余窗，意似怜其踽踽也。诗曰：青阳起佳时，白日丽旸谷，新碧映郊坰，芳蕤缀林木。轻露养篁荣，和风送芬馥，密叶终重荫，繁华绕四屋。万汇皆专与，嗟我守茕独，故居久不归，庭草为谁绿。览物难离群，何以慰心曲。斯人和婉有仪，余曾于月下一握其手。

其三：

余巡游南洲诸岛，忽忽二岁，所闻皆非所愿闻之事，所见皆非所愿见之人，茫茫天涯，渺渺余怀。太炎以素书兼其所作《秋夜》一章见寄，谓居士深于忧患；及余归至上海，居士方持临边，[①] 意殊自得矣。

其四：

余年十七，住虎山法云寺。小楼三楹，朝云推窗，暮雨卷帘，有泉，有茶，有笋，有竿。师傅居羊城，频遣师兄馈余糖果糕饼甚丰。嘱余端居静摄，毋事参方。复辞师东行，五载，师傅圆寂，师兄不审行脚何方，剩余东飘西荡，忽忽八年矣。偶与燕君言之，不觉泪下。

在翻译方面，曼殊通梵文及英文、法文，翻译的文字可以分为三类，即译自梵文的、中英文互译的和译自法文的，兹分述如下：

其一，译自梵文的，约有六种，其中有自英文重译者，兹分别介绍如下：1.《梵文典》八卷，成于光绪三十三年，[②] 有章炳麟、刘师培等序。是年九月，《天义》报第六卷载有出版告白，[③] 实则并未出版。[④] 该书价值，略见曼殊《梵文典》自序："夫欧洲通行文字，皆源于拉丁，拉丁源于希腊，由此上溯，实由梵文。他日考古文学，唯有梵文、汉文二种耳，余不足道也。"2.《初步梵文典》四卷，有章炳麟序，原书已佚。3.《梵书摩多体文》，原书已佚。[⑤] 4.《沙恭达罗》（或书《沙昆多

---

① 当系指太炎任东北筹边使一事。

② 或谓书成于光绪二十九年，疑误。按曼殊于光绪二十九年始去暹罗随鞠痒磨长老究心梵章，曼殊《梵文典》自序云："衲拜受长老之言，于今三年。"又丁未五月日本与邓绳侯书："今《梵文典》首卷已成，先将告白奉上。"见《苏曼殊书信集》，页10。

③ 丁未七月日本与刘三书："曼春间妄作《梵文典》一部，枚公命速将付梓，后以印人索价太奢，现尚束之箧底，过蒙诸大德赐序，为卷帙之光，今附寄告白，以尘清览。"见《苏曼殊书信集》，页12。

④ 柳亚子，《苏玄瑛新传》："丁未在日本从刘师培、章炳麟游，著《梵文典》八卷，自为序。……未及刊成，仅于《天义》报载其序跋诸作而已。"

⑤ 壬子七月日本与某君书云："拙著《梵书摩多体文》，已为桂伯华居士签署，明岁宜可出版。"见《苏曼殊全集》（台北：大中国图书公司，1955年），页35。另有柳无忌辑《苏曼殊全集》和文公直编《苏曼殊全集》，后书于一九八三年由台北民强书局出版。大中国图书公司所印为何一版本，因手边无书，未能查考。

罗》，Sakoontala），是戏曲，书成于宣统年间，出版与否未悉，原著者为印度诗圣迦黎陀娑（Kalidasa）。5.《法显佛国记惠生使西域记地名今释及旅程图》，原书已佚。6.《婆罗海滨遁迹记》，原为印度人笔记，自英文重译者，曼殊记云："此印度人笔记，自英人重译者，其人盖怀亡国之悲，托诸神话；所谓盗戴赤帽，怒发巨铳者，指白种人言之。"①

其二，中英文互译的，约有四种，其中有些是他人所译而由曼殊集编者，兹分别介绍如下：

1.《文学因缘》：光绪三十二年成书，光绪三十四年由日本东京齐民社出版，后来上海群益书社有重印本。该书原为二卷，仅出版了第一卷，其内容为：

曼殊上人译阿输迦王彰佛诞生处碑。

曼殊上人画九幅。

英译《诗经》八章、古诗二首、《木兰歌》一首、李白诗六首、《长恨歌》一首、采茶词三十首、《葬花》诗一首，均非曼殊自译，乃曼殊所集编，译者包括 James Legge, Francis Davis , Mercer , Candling 等。

曼殊上人译歌德（G. W. Von Goethe）题《沙恭达罗》（Sakoontala）诗，该诗系由 Eastwick 译为英文。

曼殊上人译拜轮（Byron）《星耶峰耶俱无生》诗一截。

盛唐山民译拜轮《留别雅典女郎》诗四首。

第二卷没有出版，目录见光绪三十四年正月《天义》报广告：

曼殊上人校录《南天竺娑逻门僧碑》。

曼殊上人画十幅。

英译《诗经》十章，古诗二首，伯夷叔齐《采薇歌》，《击壤歌》，《饭牛歌》，《懿民谣》，百里奚妻《琴歌》，箕子《麦秀歌》，屈平《渔父歌》，东坡《放鹤歌》，曹孟德诗一首，班固《怨歌行》，杜秋娘《金缕衣》，杜甫诗六首，王维、孟浩然、王昌龄、张籍、翁绶、王勃、岑参、崔颢诗各一首，孺子歌八首，亦为曼殊所集编，译者包括 Giles , Legge 等。

曼殊《文学因缘》自序云："比随慈母至逗子海滨，山容幽寂，时见残英辞树。

① 见《苏曼殊译作集》（上海：中央书店，民国二十四年），页 89—103。

偶录是编，闽江诸友，愿为之刊行，得毋灵府有难尘泊者哉？"

2.《拜轮诗选》：书成于光绪三十二年，宣统元年由东京三秀阁出版。① 兹介绍其内容如下：

曼殊肖像一帧。

法兰居士英文序一篇。

曼殊自序一篇。

H. R. Allen 所谱拜轮《留别雅典女郎》英文原诗乐谱；拜伦译诗五首：《去国行》《赞大海》《答美人赠束发带诗》《哀希腊》，系曼殊自译；《留别雅典女郎》，为盛唐山民所译。

这部《拜伦诗选》销路最好，很快就印了三版：光绪三十四年九月初版，民国元年五月再版，民国三年八月三版。这三版都是在日本印的，至民国十一年，上海泰东图书局印行第四版。兹节录曼殊译诗数阙。《去国行》有云：

行行去故国，濑远沧波来，鸣湍激夕风，沙鸥声凄其；落日照远海，游子行随之，须臾与尔别，故国从此辞。

《赞大海》有云：

皇涛澜汗，灵海黝冥，万艘鼓楫，泛若轻萍。芒芒九围，每有遗虚，旷哉天沼，匪人攸居。

《哀希腊》有云：

名王踞岩石，雄视逶逻滨，船师列千艘，率土皆其民；晨朝大点兵，至暮无复存，一为亡国哀，泪下何纷纷。

曼殊对拜轮至为崇拜，以"拜伦为中土之李白"。② 宣统二年五月，曼殊在爪哇与高天梅书云："衲尝谓拜轮足以贯灵运、太白，师梨足以合义山、长吉，而沙士比、弥尔顿、田尼孙以及美之郎弗劳诸子，只可与杜甫争高下。此其所以为国家诗人，非所语于灵界诗翁也。"③ 曼殊《本事》诗有"丹顿拜轮是我师"之句，另有一首书于《拜轮遗集》卷首的诗："秋风海上已黄昏，独向遗篇吊拜轮，词客飘蓬君与我，何能异域为招魂？"民国三年八月，曼殊在日本与邓孟硕书云："欧洲大乱

---

① 己酉四月日本与刘三书："《拜轮集》今已脱稿，待友人付印毕事，当速奉上。"见《苏曼殊书信集》，页22。

② 见《断鸿零雁记》第七章。

③ 《苏曼殊书信集》，页52。

平定之后，吾当振锡西巡，一吊拜轮之墓。"① 其向往拜轮之情如此。

曼殊一生，行迹多与拜轮相似，拜轮去英国而居希腊，曼殊去中国而居日本，同为飘流异域，可不必说。《拜轮集》中有《留别雅典女郎》四章，幽艳入骨；《曼殊诗集》中有《寄调筝人》诗，情深意浓，足与《留别雅典女郎》相媲美。《寄调筝人》其一云：

生性花发柳含烟，东海飘零二十年，忏尽情禅空色相，琵琶湖畔枕经眠。

其二云：

禅心一任娥眉妒，佛说原来怨是亲，雨笠烟蓑归去也，与人无爱亦无嗔。

其三云：

偷尝仙女唇中露，几度临风拭泪痕，日日思君令人老，孤窗无奈又黄昏。

曼殊的女弟子倾城女史称他"佛心本多情，辞俗情犹扰"，似为的语。

3.《潮音》：此书脱稿于光绪三十四年，宣统三年于日本东京出版。柳亚子《苏玄瑛新传》："辛亥夏归日本，诣王父墓所，会其远亲金阁寺僧飞锡为删订旧著《潮音集》，与莲华寺主刊印流通，嘱玄瑛重证数言。"飞锡《潮音跋》云："……弹指阇黎年二十有八（辛亥），而余综观世态，万绪悲凉，……手写阇黎旧著《潮音》一卷。……今与莲华寺主重印流通，……会阇黎新自梵土归来，……爰出是篇，乞阇黎重证数言。"或谓宣统三年所印为再版本，② 民国十四年上海湖畔书社又将之重印。其内容如下：

拜轮像一幅，曼殊像两幅，六朝石像摄影一幅，白零大学教授法兰居士英文序，曼殊中文序，曼殊英文序，拜轮《去国行》十章，《赞大海》六章，《答美人赠束发带》诗六章，《哀希腊》十六章，师梨（P. B. Shelly）《冬日》诗，豪易特（William Howitt）《去燕》诗，彭斯（Robert Burns）《颖颖赤墙靡》诗（或作《颖颖赤蔷薇》），梵土女诗人陀露多（Toru Dutt）《乐苑》诗，中诗英译《西厢警梦文》、《诗经·北风》二章、伍子胥《河上歌》，法兰居士题曼殊画册诗，素嘉女士《水龙吟》，《留别雅典女郎》诗四章，英文拜轮年表，英文英吉利闺秀诗选四十二篇。

4.《汉英三昧集》：光绪二十九年东京三秀社出版，民国三年八月在东京再版，民国十二年上海泰东书局翻印，改称《英汉三昧集》。内容有英译中国诗七十

---

① 《苏曼殊书信集》，页61。

② 方略，《关于曼殊大师》，柳亚子编《苏曼殊年谱及其他》，附录页176—177。

四篇（《诗经》十六首，古乐府二十首，律诗三十八首），从《诗经》到李白、杜甫、张九龄的诗都有。另有文二篇（《李陵答苏武书》《大乘起信论》），均是他人所译，由曼殊集编的。译者包括吉莱士（H. A. Giles）、李雅各（James Legge）、大卫士（Francis Davis）、博德（Charles Budd）、福来柴（W. J. Fletcher）等。

其三，译自法文的，节译有嚣俄（雨果）的《惨社会》，初载于光绪二十九年上海《国民日日报》，次年上海镜今书局出版，改名《惨世界》。民国九年上海泰东书局翻印，改称《悲惨世界》。该书采章回小说体，共十四回，用白话文，开首一段是：

话说西历一千八百十五年十月初旬，一日天色将晚，四望无涯。一人随那寒风落叶，一片凄惨的声音，走进法国泰尼城里。这时候将交冬令，天气寒冷。此人年纪约莫四十六七岁，身量不高不矮，脸上虽是瘦弱，却很有些凶气；头戴一顶瓜皮帽子，把脸遮了一半，这下半面受了些风吹日晒，好像黄铜一般。进得城来，神色疲倦，大汗满脸，一见就知道他一定是远游的客人了。但他究竟从甚么地方来呢？暂且不表。

四、余论

曼殊在文学上的译著，大体如以上所介绍。然若《梵文典》、《初步梵文典》、《梵书摩多体文》、《沙恭达罗》、《法显佛国记惠生使西域记地名今释及旅程图》以及《泰西群芳名义集》、《泰西群芳谱》、《粤英辞典》、《英汉词典》、《汉英辞典》、《埃及古教考》、《人鬼记》、《英译燕子笺》、《无体诗三百首》（书成于民国元年）、《曼殊画谱》（光绪三十一年曼殊弟子何震汇集而成）、《女子发髻百图》等，今均不传。传世的有《拜伦诗选》《文学因缘》《潮音集》《汉英三昧集》《惨世界》《断鸿零雁记》《天涯红泪记》《绛纱记》《焚剑记》《碎簪记》《非梦记》《燕子龛随笔》《岭海幽光录》《婆罗海滨遁迹记》，以及零星散文、书信等。其为他人所掇拾者，尚有：1.《曼殊说集》，卢冀野编，民国十四年出版。2.《曼殊小说集》一卷，光华书局辑。3.《苏曼殊全集》五册，柳无忌辑。4.《曼殊遗画》（曼殊上人妙墨册子）一卷，蔡哲夫辑，民国八年出版。5.《燕子龛遗诗》一卷，王德钟辑，有柳亚子民国七年十月八日序，民国九年出版。6.《曼殊上人诗稿》，沈尹默辑，民国十年出版。7.《燕子龛诗》一卷，冯秋雪辑，民国十年出版。 8.《曼殊代表作》二册，金织云女士辑。9.《苏曼殊诗集》一卷，柳无忌辑，民国十六年出版。10.《燕子龛残稿》五卷，周瘦鹃辑，民国十二年出版，民国十四年五版。11.《曼殊文钞》（七篇），胡韫玉辑。12.《燕子小僧集》，七卷，段庵旋辑，民国十五年出版。该书以《燕子龛残稿》为蓝本，再加入《拜伦诗选》《碎簪记》《断鸿零雁记》而成。前举诸书，不少以燕子龛为名；燕子龛乃曼殊自名其飘流无定之居处者。

知识青年对孙中山革命运动的反应

一、前言

　　孙中山领导中国国民革命四十年（1885—1925），在他的推动下，曾经促使清朝的瓦解、袁世凯帝制运动的失败，但在他生前，他的革命可以说并未成功。四十年的奔走呼号，他所提出的革命主义——民族主义、民主主义（孙中山称民权主义）、社会主义（孙中山称民生主义），是时代的新潮，为中国所需要；他的领导作风，大公无私、勇敢果决，为国人所佩服；但他却未能有效动员社会各阶层的力量。除了热心革命的知识青年，不断向他的周围集结之外，其他军人、政客大多利用他达到自身的目的；农民对他的革命号召被动而沉默；工人偶尔参与，力量很少有持续成长；商人除在辛亥革命时期以外，大多时间对他采取敌视立场。此种现象显示：社会大众对孙中山的革命运动没有广泛的认同，而孙中山因与知识分子的接触较多，从知识阶层获得的支持也较多。

二、革命的社会基础

　　孙中山的革命运动，以全民的利益相号召，其动员的对象也是全民的，不是阶级的。主动或被动投入其革命运动的人，较显著者有下列数种：(1) 知识界：教师、学生、编辑、记者和其他文化界人士。(2) 秘密社会和游民：多属乡村农民、手工业者和无业游民。(3) 军界：晚清以士兵为主，民初以军官为主。(4) 商界：公司、行号、店铺老板及其属员。(5) 工界：矿工、工厂工、铁路工、海员等。这五种社会成分，作为革命的潜力，在质与量上都有所不同。对孙中山来说，知识界对他的革命最为认同。

在孙中山领导革命的时代，知识分子作为社会的领导阶层，在 1885—1905 的二十年以获有功名的士绅影响力最大，在 1905—1925 的二十年（1905 年废科举）以留学生和在新式学堂受高等教育者影响力最大。他们是否倾心革命，与国家的处境、他们自身的出路和他们对革命的认识有关。大概说来，获有功名的士绅和内陆的知识分子，因为他们对革命缺乏认识，参与革命者少。另一方面，沿海各省或大城市的知识分子，则较容易投入革命。

中国知识分子的数目甚难估计，在孙中山倡导革命之初的二十年（1885—1905），下层士绅约一百四十万人，上层士绅约二十万人。在其后的二十年，仅以在校的师生为例，1909 年上层知识分子（大学生、中等学校及大专学校教员）约三万八千人，下层知识分子（中学生、小学教员）约十四万七千人；1923 年上层知识分子约五万八千人，下层知识分子约四十四万八千人。[1] 据另一统计，1922 年有大学生一万九千人，中学生十三万二千人，小学生五百零三万人。[2]

知识分子容易了解国家的处境及革命的主义，如果他们认同孙中山的革命理想，或因无出路而欲投入革命孤注一掷，即成为孙中山的潜在群众。晚清的知识分子喜走入官僚系统，但在约二万官僚中，除了满人、世袭、荫生、保举、捐纳以外，留给科举出身者也不过四分之一，受新式教育者，进入官僚系统的机会更少。[3]1905 年科举停办以后，考选新学之士人数亦有限。1912 年民国建立以后，考试用人的制度废弛，而由于教育发展，知识分子愈来愈多；对政府不满的情绪，也很容易透过知识分子传扬开来。在 1919 年五四运动期间，出现了"推翻卖国政府"的言论。1922 年 11 月北京高等师范举办一次民意测验，在收回的五百八十张问卷中，对"假使你有选举权，你将举谁作大总统"的答案，选孙中山者三百二十七票，占 56%。在 1923 年 12 月北京大学的一次民意测验中，对救国途径提出三个方案：国民革命得七百二十五票，外国共管得十九票，军阀统治十票；心目中的

---

① Chang Yu-fa,"Societal Change in Modern China, 1890s-1980s",《中研院近代史研究所集刊》，第十九期，页 189—191。

② 雷兴长，《1905 至 1927 年我国民族资产阶级及其政党活动试析》，《兰州大学学报（社科版）》，1989 年 1 月，页 97。

③ 张玉法，《清季的革命团体》（台北，1975），页 56—57。

国内最伟大人物：孙中山得四百七十三票，陈独秀得一百七十三票，蔡元培得一百五十三票；对各种主义的信仰：社会主义得二百九十一票，三民主义得二百三十三票，好政府主义得十四票，资本主义得四票，国家主义得二票。可以看出领导国民革命的孙中山及他所倡行的三民主义，当时在知识分子心目中享有甚高的地位。[1]

秘密社会和游民，普遍存在于孙中山推动革命的时代。孙中山推动革命之初，主要借助秘密社会的力量。所借助的秘密社会，主要为源自天地会的三合会和哥老会，哥老会又衍出青帮、红帮。檀香山兴中会的创立，得力于三合会首领邓松盛的帮助，香港、广州、惠州一带革命群众的联络，得力于三合会首领郑士良的帮助。1895年的广州之役和1900年的惠州之役，均以三合会人为主要革命武力。孙中山于1903年在檀香山加入三合会，次年并使美洲的三合会接受他的革命主义。同盟会成立后虽然侧重留学生和新军的联络，但孙中山所策动的起事，大部仍仰赖三合会的力量，如1907年的广东潮州黄冈之役和惠州七女湖之役，1908年的广东钦州之役和广西镇南关之役。1911年武昌革命爆发前，四川哥老会已在各地起事；武昌革命爆发后，陕西、浙江等地的哥老会和上海的青红帮，都乘时并起。[2]民国建立后，政府对秘密社会的活动加以禁止，孙中山亦不再与秘密社会发生直接关系。但他的手下，仍有一些人属于秘密社会，或联络秘密社会的力量支持革命。

军界作为一种革命的潜力，一因其拥有武力，二因其中有倾心革命者。至迟在同盟会成立之际，孙中山即注意吸收在日本受军事教育的中国留学生，以备他们返国后，让他们在军中建立革命势力。同盟会正式运动军队，是1909年在香港成立南方支部以后，南方支部订有"运动军事章程"，规定联络广东省城新军、水陆防营及各局所办法。1910年2月的广州新军之役，即为运动军队的一种结果。革命党人在湖北运动新军的成效尤佳，在武昌革命爆发前夕，湖北有新军一万五千人，加入革命党者已达五千余人，占三分之一以上。[3]这是武昌革命能够成功的重要原因。民国建立以后的几次革命行动，包括1913年的二次革命、1914—1916年的三次革命以及1917年以后的护法运动等，孙中山把主要精力都用在策动军队上。在1917年以后，到1924年黄埔军校建立以前，孙中山在政坛上角逐，其主要手段，

① 张静如、刘志强主编，《北洋军阀统治时期中国社会之变迁》（北京：中国人民大学出版社，1992），页330—333。
② 张玉法，《清季的革命团体》，页61—63，66—67。
③ 同上，页110—117，642—643。

是"以军阀制军阀"，利用甲军阀打击乙军阀、利用乙军阀打击丙军阀。[1]

商界指工矿、运输、银行、经销业者。在孙中山革命的时代，商界的势力很弱。以民族工业的家数而论，1913 年六百九十八家，1920 年一千七百五十九家，在资本结构中所占的比例很低。在近代中国工业中，1913 年外国资本占 83%，官僚资本占 6%，民族资本占 11%；1920 年，外国资本占 71%，官僚资本占 11%，民族资本占 18%。若每一民族工业有二人合资，1913 年有实业资本家三千四百九十人，1920 年有八千七百九十五人。[2] 商界曾经支持辛亥革命，上海商界组织商团，并提供经费，促使上海光复。在二次革命中，只有少数商人同情革命，但也希望避免战乱。在护国运动中，商界虽然普遍反对袁世凯称帝，并不支持中华革命党的激进活动。[3]

工界主指矿工、工厂工、铁路工、海员。由于有较多的工人经常在一起工作，容易集结为力量。手工业者和店员一般比较分散。中国在 1919 年时有产业工人二百万人，另有手工业工人和店员约一千一百万人。孙中山的革命运动最早见证到工人的力量是 1906 年萍浏醴之役时有数万矿工投入。其后要到 1919 年五四运动以后工人才显示力量。1922 年香港海员大罢工，广州、香港、汕头三地有一万三千名海员加入中国国民党。[4]

在所有的社会重要阶层或人群中，孙中山最不注重农民的联络，这使他的"平均地权"和"耕者有其田"的主张落空。直到 1924 年一全大会后，由于吸收了注重农工路线的共产党人，始逐渐在广东、湖南等地组织农民协会。到 1926 年国民党二大时，十四万党员中，农民最多，占 40%；其次为工人，占 25%；学生占 25%；其他各界占 10%。[5] 其时孙中山已逝世。

孙中山革命的群众基础，在辛亥革命时期，以知识界、秘密社会、军界为主，商界为附；在五四以后，特别是一全大会以后，注意向工农阶层发展。到 1926—1928 年国民党完成北伐、统一全国，则动员了上述各界的力量。

---

[1]　张玉法，《中国现代史》（台北，1978），页 211—217。
[2]　雷兴长，《1905 至 1927 年我国民族资产阶级及其政党活动试析》，页 96—97。
[3]　朱宗震，《孙中山在民国初年的决策研究》（成都：四川人民出版社，1991），页 281—282。
[4]　前引雷兴长文，页 99。
[5]　同上，页 100。

三、孙中山的领导风格

从 1885 年开始宣扬革命，孙中山周围的一些人，无论人数多少，都尊他为领袖。虽然有时受到属下的批评，有的属下甚至叛变他，他的周围一直集结一些志于革命的人；不在他周围的同志，对他的敬佩更深。孙中山在逝世前的四十年，声望愈来愈高；死后迄今将近七十年，[①] 仍广受国人尊敬。但他的革命，生前并未成功，似乎他并不是一个卓越的领导者。他的领导风格如何，他的领导，与革命成败的关系如何，值得探讨。孙中山领导风格，可从五方面说明：

其一，政治口号，偏重学理，诉于理性，缺乏激情：孙中山是一个说理家，不是一个煽动家。他在兴中会时期所提出的政治号召是汉人的民族主义，以反抗统治阶层的满人。此一民族主义，到同盟会时期仍没有改变。武昌革命成功，即认为民族革命完成；民选国会、民选总统实行，即认为民权革命成功；有一段时间，孙中山专注意宣扬民生主义。从当时中国的处境看，最严重的是帝国主义侵略。孙中山的革命，欲谋求外援，又欲在革命成功后，要求国际共同开发中国，所以不强调反帝国主义。在五四运动时期，眼见知识青年提出"内除国贼、外抗强权"的口号；其后实行联俄容共政策，对西方资本主义国家的援助已经绝望；乃高举打倒军阀、打倒帝国主义的口号，打倒帝国主义的口号尤为感动人心。1924 年冬，孙中山与奉系、皖系军人联合推倒直系，受邀北上共商国是。孙中山在北上时宣布："我这次到北京去，讲到对外问题，一定要主张废除一切不平等条约，收回海关、租界和领事裁判权。"此一号召，真正代表民族呼声，鼓舞了饱受帝国主义侵略的中国人民。次年 3 月孙在北京病逝，各地纷纷举行悼念活动，把反帝废约的宣传推向了高潮，五卅运动的壮大与此有关，[②] 而五卅运动又启开了国民革命军北伐之路。如果孙中山能早日从反帝的口号激动中国民心而少谈学理，可能带动更多的群众支持其革命，使革命事业不再是少数知识分子的理想。

其二，革命以全民为诉求，随时争取新的群众：孙中山为广东人，兴中会时期主要在海外华侨社会活动。在有姓名可查的三百二十五位兴中会会员中，广东人

---

① 本文作于一九九四年。——编者注
② 曹力铁，《国民党在五卅运动中的作用》，《近代史研究》，1989 年第三期。

占85%强，在侨居地入会者占70%，以小商人最多，占35%，知识分子次之，占20%，再次为工人，占15%强。① 同盟会时期的孙中山，因为接受留欧学生的建议，注重吸收留学各国的知识分子，在同盟会成立初期（1905—1906）的九百六十四个会员中，皆在海外入会，但籍贯已遍及关内十七省，广东、湖南、四川、湖北各省的人数都在一百六十一至一百二十四之间，安徽、山西、山东、广西各省的人数在五十九至四十三之间，江苏、直隶、云南、福建、浙江各省的人数在三十七至二十二之间，河南、贵州、江西、陕西各省的人数在九至四之间。② 民国建立后，同盟会扩大为国民党。国民党为民主政党，且为最大反对党。党员没有统计，就其重要干部一百人而论，省籍遍关内十六省、关外奉天和吉林二省以及蒙古地方；绝大部分为知识分子，职业以议员、官僚和新闻从业人员最多。③ 中华革命党，留下的党员资料较多，就其中七千一百六十七人分析，党员遍关内十八省及东北吉林、黑龙江二省，广东几占50%，福建约占11%；商人约占37%，知识分子占22%，军人占13.6%，工人占12%。④1919年五四学生运动发生，孙中山在上海召集干部分头指导，尽力维持。南京华侨学生代表大会要求争回青岛、维持国体，孙中山答谓"有一分之力，当尽一分之力"。北京政府滥捕学生，孙中山与广东军政府六位总裁联名致电北京当局，谓"青年学生，以单纯爱国之诚，逞一时血气之勇，虽举动略逾常轨，要亦情有可原，……倘不求正本之法，但藉淫威以杀一二文弱无助之学生，……以此防民，民不畏死也。"其后受岑春煊控制的广州军政府亦拘捕学生代表，孙中山闻而大愤，除立电话责外，并宣布辞去军政府总裁之职。⑤1919年10月10日，孙中山正式将中华革命党改名为中国国民党，显示其向全民号召的特性。1924年中国国民党改组，将原来以业务分工（党务、政务、军务、财政、交际）之党务，改为注重对人民工作之党务，分为青年、妇女、农人、工人、实业、海外等部门。⑥ 青年主指知识分子，实业指商人，海外指华侨。至是，革命的社会基础始渐厚实。但孙中山未及利用较厚实的社会基础推动革命，即病逝北京。

① 张玉法，《清季的革命团体》，页181—199。
② 同上，页349—351。
③ 张玉法，《民国初年的政党》（台北，1985），页197。
④ 王玮琦，《中华革命党之研究》（台北，1979），页75—77。
⑤ 吕芳上，《革命之再起》（台北，1989），页26。
⑥ 同上，页394。

其三，联络各方，不分敌友，但未能注意工农群众的直接领导：孙中山成立兴中会推动革命之初，曾对改革派的康有为、梁启超进行联络，为康所拒，梁则一度同情。在 1900 年推动惠州之役期间，当时北方发生拳乱，曾欲联络两广总督李鸿章，拥李鸿章据广东独立，事无所成。其后为联络海外华侨，不惜加入秘密社会，并将美洲华人的秘密社会改为革命组织。美洲华侨热心捐助革命经费，即与孙中山的联络有关。孙中山为广东人，方言腔调较浓，且在香港受大学教育，与国内教育界隔膜。但能在 1904—1905 年间，很快与欧洲和日本的留学生取得联络，并先后又受华兴会人和光复会人拥护，除了靠其倡导革命的声望外，也证明他为了革命，胸无城府。民国建立后，为建设国家，与袁世凯合作。袁世凯日行专制，孙兴兵讨袁，其后袁行帝制，梁启超一派亦起而护国。嗣以护国诸省，将孙的革命势力排除在外，孙乃自动取消旗号，与反帝制各省协同一致。袁倒后，有的军阀破坏国会，有的军阀拥清帝复辟，孙不惜联络其他军阀，以制破坏法统之军阀。因孙周旋于军阀与政客之间，一度不为年轻一代所喜。及 1924 年国民党改组，不仅容纳了激进派的共产党人，也提出反军阀、反帝国主义的口号。是年孙中山自广州北上，提出反帝的口号，并标举召开国民会议的群众路线，年轻一代知孙联络各方，目的在实行革命的主义，始对孙恢复了信心。

其四，但求尽力，不争权位：孙中山倡导革命，把心力放在对革命的奉献上，很少有争名位的行为。檀香山兴中会，为孙中山倡导，选商人刘禄为主席，孙不居任何名义。[1] 香港兴中会，系孙联合当地辅仁文社而成，却推辅仁文社社长杨衢云为会长，直到 1900 年 1 月，时惠州之役即将进行，杨见各地会党拥孙，始辞去会长，荐孙自代。[2] 同盟会成立，受推为总理，其后原华兴会人宋教仁，原光复会人章炳麟、陶成章等，皆对孙的领导作风有意见，宋嫌孙专断，章、陶则怀疑孙的公正性。章等一度欲拥黄兴为总理，孙则积极部署广西镇南关、云南河口等地的革命起兵，谓"党内纠纷，惟事实足以解决"。及镇南关、河口两役相继爆发，东京党员纷纷归国投效，反孙的声浪乃渐平息。[3] 武昌革命爆发后，孙自海外归国，独立各省推之为临时大总统，嗣以清内阁总理袁世凯赞同革命，即将临时大总统之位让

---

① 张玉法，《清季的革命团体》，页 159—160。
② 罗家伦主编，黄季陆、秦孝仪增订，《国父年谱》（台北，1985），上册，页 130—131。
③ 张玉法，《清季的革命团体》，页 360。

袁。1912 年 8 月同盟会改组为国民党，孙被选为理事长，孙将其职委宋教仁代理，已则欲尽心于实业建设。宋教仁被袁政府暗杀，孙促各省革命党人起兵，各省初不应，孙决定亲往南京发动，黄兴以孙不谙兵事，不得已代孙前往。此次讨袁失败，孙突有当仁不让并要求党员绝对服从之念，一度使黄兴等数十干部与孙分离。其后孙复走尽心革命、不争权位之路，使黄兴等再与合作。1917 年为护法国会选孙为大元帅，次年岑春煊与争权，孙即辞职赴沪，埋首著述。在孙中山大部分革命生涯中，都是温和说理、默默尽力，既未建立强有力的领导，党员亦无铁的纪律。这是他领导的成功处，也是失败处。

其五，意志坚强，信心充足：作为革命领袖，孙中山使命感很强，有时在表面上退缩，但内心从未退缩。他的革命主义，随历史潮流和他对历史潮流的认识，不断充实；他对革命群众的网罗，随所在环境、视机会状况，不断扩展。在 1914 年中华革命党成立前后，许多同志意见分歧，他以先知先觉的姿态，要求同志服从，他说：

> 我为贯彻革命目的，必须要求同志服从我。老实说一句，你们许多不懂得，见识亦有限，应该盲从我。我绝对对同志负责任，决不会领导同志向专制失败的路上走。我是要以一身结束数千年专制人治之陈迹，而开亿万年民主法治之宏基。[1]

这句话可以代表他的使命感、意志力和对革命的信心，话虽然说在 1914 年，可能是他前此多年的心声，也可能是他此后多年的心志。从革命的历史看来，"一批批的同盟者在困难面前消沉了，退却了，甚至变节了，然而，孙中山从来没有消极过，始终在摸索着前进的道路，勇敢地进击"。[2]

从领导的角度看来，孙中山掌握社会脉动，以理性争取对革命的支持。在兴中会时期他侧重联络华侨和国内的秘密社会，在同盟会时期他又重视海外留学生和国内的新军。辛亥革命成功，特别在同盟会改为国民党之后，大部同志淹没在官僚、政客群中，他自己虽也在官僚、政客群中，始终未忘革命目标，故于袁世凯日行专制，进而谋行帝制之际，有二次革命、三次革命之举。中华革命党是革命的再出发，但到袁世凯倒台、再有参政机会之时，不少同志再度淹没于官僚、政客之中，有些人且处处与孙中山为难，甚至叛变孙中山。适五四运动后有学生和工人的势力

---

① 居正，《中华革命党时代之回忆》，《革命文献》，第五辑，页 81—82。
② 朱宗震，《孙中山在民国初年的决策研究》，页 294。

兴起，一批共产党人对农工势力又特别注意网罗，孙乃毅然实行容共，以扩大革命的社会基础。孙中山的革命号召，从有限度的人群转向无限度的人群，是以五四为分界线。

四、争取知识青年之道

孙中山争取知识青年参加、支持或同情革命，采取两大途径：一为宣传，一为联络。孙中山在 1923 年的两次讲演中，都说明以宣传的方式争取党员的道理。他说：

党的进行，当以宣传为重。宣传的结果，便是要招致许多好人来和本党做事。……我们能够宣传，使中国四万万人的心都倾向我党，那便是大成功了。

又说：

宣传就是劝人，要劝世人都明白本党主义，都来倾向本党。

又说：

我从前提倡革命，常常遇到很多的反对人。过细考察那些反对人的心理，大概都是挟持成见，不肯改变；我总是用尽方法去开导，反复规劝，以至于了解而后已。并且把最反对的心理，变成最赞成的心理，热心为本党尽力、替本党的主义去奋斗。[1]

孙中山的宣传方式，约有五种：（1）办报刊及出版书册，（2）出席欢迎会讲演或应邀讲演，（3）举行记者会，（4）回答学界问题，（5）发表宣言。孙中山为宣扬革命所办的报刊，在同盟会时期，以东京的《民报》和南洋的《中兴日报》影响最大。《民报》影响中国留日学生，《中兴日报》影响南洋华侨。在五四时期，以《民国日报》《星期评论》《建设》杂志影响最大。《民国日报》于 1915 年 12 月创于上海，1919 年 6 月辟"觉悟"副刊，内容特别注重社会问题，并公开答复读者来信，很受青年欢迎。江浙青年读"觉悟"而入国民党的很多。《星期评论》于 1919 年 6 月创于上海，宣扬以"我"为中心，改造社会，对检讨社会问题、介绍新思潮和提倡革命，都多所着墨，受到知识青年的欢迎。《建设》杂志于 1919 年 8 月创于上

---

[1] 　上引三段孙中山讲词，见关绍箕，《孙中山先生的传播思想》，《中华民国建国八十年学术讨论集》，第三册，页 46—47。

海，鼓吹建设思想，宣扬三民主义，提倡社会革新。北大教授胡适、学生傅斯年都称赞《建设》能研究问题，另二北大学生陈顾远、易君左，在其所办《奋斗旬刊》中鼓吹大破坏、大建设，与《建设》桴鼓相应，二人后均加入国民党。[①] 至于出版书册，宣传革命，影响亦大，兹不多论。

出席欢迎会讲演或应邀讲演，仅就以知识分子为对象者，择要列举如下：（1）1905 年 8 月 13 日出席东京留学生欢迎会，讲演"中国应建设共和国"，并鼓吹民族主义，听众逾千人。（2）1912 年 8 月 30 日出席北京学界欢迎会，讲演"学问为立国根本"，并倡人权平等。（3）1912 年 10 月 12 日出席上海报界公会欢迎会，讲演交通建设、门户开放、收回领事裁判权等问题。（4）1912 年 12 月 27 日出席淞江清华女校欢迎会，号召发展女子教育，并赞扬该校对革命之贡献。（5）1913 年 2 月 23 日出席留东全体学生欢迎会，勉励学生谋求建设之学问，并期望中日联合，共谋中国之建设。（6）1919 年 8 月 5 日应邀出席上海学生联合会评议会发表演说，阐述革命之意义。（7）1922 年 1 月 22 日在桂林学界欢迎会上演说，阐释"知难行易"的道理。（8）1923 年 8 月 15 日在广州出席全国学生联合会评议会发表演说，鼓吹从全国学生做起，担当革命重任，并要求学生弃去北京政府的国旗五色旗和国歌（《卿云歌》）。（9）1924 年 4 月 4 日出席广东第一女子师范学校校庆发表演说，谓学生对国家应负的责任是明白三民主义和实行三民主义。[②]

举行记者会，如 1923 年 1 月 25 日，孙中山在上海住宅招待上海各报及通讯社记者，提出裁兵主张，以为和平统一之步骤，要求记者鼓吹裁兵，以笔墨与军阀相战。[③]

答复学界问题，如 1915 年 5 月北京学生致函孙中山询及二十一条问题，覆函谓二十一条由袁世凯主动提出（案：答复不实，系日本提出），为称帝向日本示好，指出"只有讨袁才是上策"。又如 1917 年 2 月覆保定军校学生函，勉以救国拯民。[④]

①　唐明辉，《五四时期知识青年对中国国民党认同之研究（1919—1924）》，1986 年 6 月政治作战学校政治研究所硕士论文，页 149—159。
②　(1)、(2) 见前引《国父年谱》，上册，页 225—226，下册，页 850；余见陈锡祺主编，《孙中山年谱长编》(北京，1991)，上册，页 721、736、757、775，下册，页 1423、166、1877。
③　上注陈锡祺书，下册，页 1562。
④　同上，上册，页 950、1027。

发表宣言，如 1924 年 1 月国民党正式容共以后，有怀疑中共党人对国民党是否忠贞者，国民党于是年 7 月 7 日发表宣言，谓规范党员以其言论行动能否依国民党之主义政纲与党章为断。又如 1924 年 9 月 7 日国民党为"九七国耻纪念日"（《辛丑条约》签订 23 周年）发表宣言，劝民众团结一致，与国民党合作，打倒帝国主义。又如是年 11 月 10 日，时直系军阀控制的北京政府被推倒，孙中山应邀北上商谈国事，乃发表北上宣言，主张速开国民会议及废除不平等条约。①

至于宣传的内容，有传布革命思想者，有发表对时局之主张者，前已略举，此处仅就对三民主义之宣扬作简要记述。孙中山于 1905 年 11 月 26 日在《民报》发刊词中，提出民族主义、民权主义、民生主义三名词，未深入发挥，亦未名三民主义。1906 年 12 月 2 日在东京出席《民报》周年纪念会，讲演"三民主义与中国民族之前途"，说明民族主义在恢复汉民族的政权，不是消灭满族；民权主义是推翻专制君主政体，建立民主立宪政体；民生主义是人民自订地价、政府照价收税和照价收买。并提出行政、立法、司法、考选、纠察五权分立的宪法理念。1912 年 4 月 9—12 日，孙中山在武汉，受到各界欢迎，多次讲演民生主义，提倡社会革命。是年 5 月 4 日在广州报界欢迎会演说平均地权之具体方法。1921 年 3 月 17 日日籍友人宫崎寅藏在广州访孙中山，时日本报纸方疑孙亲俄或亲美，孙答谓：随时代变化，中国国民思想略有进步，但中国还是中国，并决心实行三民主义。是年 6 月，孙在广州讲述三民主义，谓民族主义应以汉族为中心融合他族；民权主义应实行选举、罢官、创制、复决四种直接民权；民生主义的具体办法是平均地权、节制资本。是年 12 月 7 日，孙中山在桂林各界欢迎会讲演三民主义的内容和价值。1924 年 1 月 27 日开始在广东高等师范学校讲演三民主义，至 8 月 24 日为止，计讲民族主义六讲、民权主义六讲、民生主义四讲。②

孙中山的三民主义，其内容是不断扩大更新的。民族主义，在兴中会和同盟会时期，是以推翻满清为目的，并无反抗帝国主义的情绪；在国民党和中华革命党时期，注意国家的统一与整合，提倡五族共和、民族融合，反抗帝国主义的色彩仍不明显；到五四运动爆发，特别在 1924 年改组以后，才高举打倒军阀、打倒帝国主

①　前引《国父年谱》，下册，页 1203—1204，1230，1252。
②　同上，页 909、921、940、1160；陈锡祺，《孙中山年谱长编》，上册，页 362—363，384—387，688—689，697。

义，并要求废除不平等条约。大体说来，孙中山的民族主义已超越自我中心的民族主义，他希望促进民族平等与国际合作，并发扬"济弱扶倾"的传统。[①] 民权主义，在同盟会时期只提出推翻专制，建立民主立宪政体；1921 年以后公开讲演三民主义的内容时，则侧重选举、罢官、创制、复决四个直接民权的发挥。民权主义中的自由强调国家自由、民族自由及一般人民的自由，否定军人、官僚、学生等的自由；民权主义中的平等建筑在服务的人生观上，有能力者应为大多数人服务，能力较少者应为少数人服务，能力最差者也应为自己服务。至于民生主义，其平均地权、节制资本的观念，在同盟会时期即已形成，到 1924 年讲演三民主义时，又将人民的衣、食、住、行问题作通盘的思考。

就孙中山的主义而论，民族主义最易理解、最能扣住国人心弦；民权主义次之，但当时国人的要求不高；民生主义最不易理解，在党内外都有疑虑。辛亥革命的成功，主要还是以排满的民族主义为动力；五四以后，孙的声望升高，主要是孙纳入了反帝的民族主义。其后国民党北伐、抗战，所借助的主要仍是民族主义，而不是民权和民生主义。争取知识青年，除革命宣传外，即为直接联络有志之士或运动群众，主要途径有四：(1) 主动个别联络知识青年，(2) 被动接见知识青年，(3) 赞助青年运动，(4) 组织团体。

主动个别联络知识青年，起源甚早，随时进行。孙中山自称志于革命始于 1884 年。1886 年秋入广州博济医学校（Canton Hospital 附设），于同学中结识郑士良，与谈革命，一闻而悦服。是年，肄业广州算学馆之尤烈赴博济医院访友，得识孙。孙即常约九大谈国事。1887 年 9 月，孙中山转学香港西医书院（The College of Medicine for Chinese, Hong Kong），数年之间，每于学课余暇，皆致力于革命之鼓吹，香港西医书院同学陈少白、香港华民政务司署书记尤烈以及孙中山同村旧友、时居香港之杨鹤龄，皆附和之，人呼为"四大寇"。孙中山幼时在乡同学、时在上海习电报之陆皓东亦至香港与会。[②]1895 年檀香山兴中会成立，会员来自各行各业，具革命理想之知识分子无多。次年香港兴中会成立，吸收香港辅仁文社之

---

① 参考以下二书：(1)Cheng Chu-yuan and others, *Sun Yat-sen's Doctrine in the Modern World*, London, 1989. (2) Sidney H. Chang and Leonard H. D. Gordon, *All under Heaven: Sun Yat-sen and His Revolutionary Thought*, Hoover Institution Press, 1991。

② 许师慎编，《国父革命缘起详注》（台北，1965），页 4—5；陈锡祺，《孙中山年谱长编》，上册，页 42—53。

杨衢云等加入革命，欲吸收在广州开设万木草堂的康有为及其弟子等则不成功。戊戌政变后康有为逃日，孙于 1898 年 10 月 26 日赴东京访康，康托词拒绝。① 当时日本政界希望康梁维新派与孙中山合作，孙联络梁启超则颇有所成。1899 年梁启超创办东京高等大同学校，从学者有秦力山、冯自由等，孙透过梁启超，与留学生接触。② 孙的联梁计划，后为康所阻。当时国内外风气闭塞，谈改革已很困难，知识分子敢言革命者更少。直到 1900 年后，留学日本及欧洲的学生愈来愈多，孙中山居中联络，始有同盟会的成立。民国建立之初的几年，孙中山活跃于军政界，与知识青年距离稍远。五四时期，孙声望日隆，成为知识青年的结合中心，复有机对知识青年进行个别联络，如 1922 年 8 月底，孙中山在上海与李大钊会晤，讨论振兴国民党及振兴中国等问题，李大钊即加入国民党。③

被动接见知识青年，例证颇多。譬如 1901 年 6、7 月间，孙中山在横滨，接见来访的留日学生有钮永建、吴禄贞、程家柽、马君武等，④ 诸人后皆加入革命党。其他例证下文再举。

赞助青年运动，以赞助五四运动最具代表性。1919 年五四运动发生，三十多位学生被捕，孙中山在上海电北京政府，要求释放被捕学生。这年 5、6 月间，各地学生代表集上海组织全国学生联合会，孙中山多次邀集学生代表到住宅谈话，给予鼓励；学联会亦邀请孙中山演说。学生代表在上海所举行的群众大会，孙中山也参加。有学生代表指责孙的革命不够彻底，表示要作彻底的革命。孙给予鼓掌，谓"我所领导的革命，倘早有你们这样的同志参加，定能得到成功"。⑤ 孙中山对知识青年投入革命的评价，可于五四运动后孙中山致北京大学学生的信中见之："逊清末造，其能力肩革命之任，为其主动而卒建今日之民国者，亦端赖海外学生数十人、内地学生数百人而已。以今方昔，何能多让。……吾国一线生机系之君等，至望诸君好自为之也。"⑥

至于组织团体，吸收革命青年，孙中山除先后组织兴中会、同盟会、国民党、

---

① 陈锡祺，《孙中山年谱长编》，上册，页 74—75，80—81，165。
② 同上，上册，页 175—177，179，181—183，186—187。
③ 同上，下册，页 1499—1500。
④ 同上，上册，页 269—271。
⑤ 同上，下册，页 1181—1182。
⑥ 引见吕芳上，《革命之再起》，页 408。

中华革命党、中国国民党等正式党的组织外，复有学校、书报社等外围组织，兹不多论。

五、知识青年对革命的反应

孙中山受西方教育，在推动革命的时候，能将近代以来西方各种革命思想引介到中国，虽大部不为农工群众所了解，有些又为地主和资本家所疑虑，对知识阶层来说，还是比较有吸引力的。在孙中山的宣传与联络下，知识青年对孙中山的革命号召，除无动于衷或表示反对者外，约有七种程度不同的反应：（1）作仰慕性的拜访，（2）被记者作新闻人物采访，（3）表示欢迎、慰问或悼念，（4）表示支持或拥护，（5）请求采取革命行动，（6）捐款支持革命行动，（7）直接加入革命组织。

仰慕性的拜访甚为普遍，如1919年五四学生运动时期，孙中山在上海接见上海学联会代表、复旦大学学生程天放，对学生运动表同情，希望学生们坚持到底。张道藩在1919年11月以勤工俭学赴法前夕，与十八位青年拜访孙中山，孙要他们齐心参加革命。[1] 又如1922年8月21日上海各工会及其他团体四十名代表，包括中国工人联合会代表张公权、妇女联合会会长黄宗汉、旅日归国学生会会长俞育之等，去孙中山的寓所拜访，[2] 谈话内容不详。

被记者作新闻人物采访，亦甚普遍。如1910年4月8日檀香山《晚间公报》（Evening Bulletin）刊出该报记者访问孙中山的谈话记录，题名《中国将发生内部冲突》，内文强调满清政府腐败无能，人民正酝酿革命以推翻满清政府；并谓中国应该建立共和国，列强不应再帮助满清政府。又如是年4月21日檀香山《广告者》（Advertiser）刊出该报记者访问孙中山的谈话，谓满清王朝正在削弱，数年之内，汉人将奋起将满洲人赶出帝国，并建立共和政体，由人民选举总统。再如是年5月26日檀香山《广告者》又刊出该报记者访问孙中山的谈话，由于长沙发生暴动，孙中山预言全国性的义和团运动即将再起。[3]

对孙中山表示欢迎、慰问或悼念，可能有些是自动的，有些是被动的，应都是

---

① 吕方上，《革命之再起》，页27—28。
② 陈锡祺，《孙中山年谱长编》，下册，页1494—1495。
③ 同上，上册，页496—504。

对孙中山表示同情或支持的。兹举革命时期数例说明情形：（1）1922 年 8 月 16 日，中华民国各团体联合会的十四位成员，在上海集会，决议举行欢迎孙中山到上海的集会（广州陈炯明叛孙）。（2）1922 年 8 月 30 日上海各劳工团体和其他组织集会，决定举行欢迎孙中山的公众集会，约有八十个团体参加筹备工作，欢迎会预定在 9 月 9 日召开，因未找到适当集会地点，未能如期举行。（3）1924 年 11 月 10 日，上海市民协会、全国学生总会等二十二团体组成欢迎孙中山先生北上筹备委员会。[1]（4）1924 年 12 月 4 日，孙中山乘船抵天津，在码头欢迎者二万余人，孙中山立船头，脱帽与群众相见，群众欢呼。[2]（5）1924 年 12 月 31 日孙中山自天津至北京，车抵北京前门车站时，各界列队欢迎，约有十万之众，包括大学校长在内。[3]（6）1925 年 1 月下旬，北京中华妇女协会、中俄协会、学生联合会等团体致电孙中山或其夫人，慰问孙中山疾病。[4]（7）1925 年 4 月 2 日孙中山移灵北京西山碧云寺，军政人员、学校员生及市郊民众送殡至西直门者达三十万人，送至西山者二万余人，以青年学生、军人及工人为多。[5]

对孙中山表示支持或拥护，有见于党内，有见于党外，此处仅举党外的事例如下：（1）1903 年孙中山过日本时，留日学生廖仲恺、何香凝、马君武、胡毅生、黎仲实等多人来见孙中山，表示赞成革命。孙乃托彼等在东京物色有志学生，结为团体，此事对日后的同盟会成立，颇有帮助。[6]（2）1919 年五四运动时期，北京学联会代表、北大学生张国焘多次拜访孙中山，张承认孙是"一位值得敬佩的坦诚大政治家"，指出全国学生都倾向于孙中山。[7]（3）1922 年 1 月 26 日，上海全国国民外交大会致电孙中山，否认北京政府，并发表宣言，拥护广州政府。（4）1923 年孙中山主持之广州军政府欲提取粤海关关余，引起外舰示威，12 月 16 日，广州工会联合会、社会主义青年团、女界联合会等二十余社团代表集会，并游行，表示愿做政府后盾。（5）1924 年 11 月 16 日上海各界二十七公团成立国民会议促成会筹备委员会，全国学生联合会通电全国，号召学界赞成孙中山的国民会议主张。

① （1）、（2）、（3）见陈锡祺，《孙中山年谱长编》，下册，页 1493，1498，2056。
② 前引《国父年谱》，下册，页 1269—1270。
③ 同上，页 1276。
④ 前引陈锡祺书，下册，页 2115。
⑤ 前引《国父年谱》，下册，页 1303—1304。
⑥ 许师慎，《国父革命缘起详注》，页 81。
⑦ 吕芳上，《革命之再起》，页 27—28。

（6）1925 年 3 月 9 日，全国国民会议促成代表大会在北京举行大会，通过《国民会议促成会全国代表大会组织法》。① 上述（5）、（6）两条的背景是：1924 年 11 月，孙中山应北京政府之邀，北上与谈国事，一路高唱"废除不平等条约"和"召开国民会议"，以唤醒民众，引起了广大的共鸣，各地遂掀起召开国民会议和废除不平等条约运动。②

请求采取革命行动，系对孙的革命寄予希望。兹举重要例证如下：（1）1923 年 3 月 2 日，北京学界及市民为促进废督裁兵运动及抗议北京政府摧残教育，举行提灯游行，遭军警禁阻，学生受伤二百余人、被捕二十余人、失踪八人，北京学生联合会乃通电控诉北京政府之罪行，请孙中山北上讨伐。嗣北京学生联合会派学生二人至广州，携带函件，请求孙中山北伐，孙复函告以行将北伐，请做好宣传工作，使北方民众皆知吴佩孚之恶。（2）1923 年 6 月 27 日，时北京直系军人曹锟逐大总统黎元洪拟自选总统，上海各团体以全局无主，致电孙中山，要求组织政府，行使总统职权。其后曹锟贿选总统，于 10 月 10 日就职。广州各界亦集会声讨曹锟，请孙中山出师北伐。③

捐款支持革命行动，有纯粹捐助者，有购革命债券者，其有益革命运动之推展则一。从 1895 年的广州之役到 1911 年的黄花岗之役，海内外捐款共港币约六十二万元。其来源有五：一为革命党人自行出资，二为争取华侨富商支持，三为发行债券，四为外人贷款，五为零星捐助。零星捐助者多三十岁左右的华侨青年，④ 其中应不乏知识分子。另如 1905 年孙中山自伦敦赴欧陆，其旅行经费，即为留学比、法学生所捐。⑤

直接加入革命组织，对革命势力的壮大最有帮助。知识青年第一次集体大批加入孙中山的革命组织，在 1905 年春天。孙中山由伦敦赴比、德、法三国联络留学生，各地留学生加入革命组织者十四人。⑥ 是后孙东返抵日，联络留日学生，始有中国同盟会的成立。1914 年孙中山成立中华革命党，仅在 7、8 两月，在东京即有

① （3）、（4）、（5）、（6）见陈锡祺，《孙中山年谱长编》，下册，页 1428，1772—1773，2078，2129。

② 刘曼容，《1924 年孙中山北上的几个问题》，《近代史研究》，1993 年第三期，页 187。

③ （1）、（2）见前引陈锡祺书，下册，页 1591—1592，1612—1613，1649，1706。

④ 蒋永敬，《辛亥革命前十次起义经费之研究》，张玉法编《中国现代史论集》，第三辑，页 263—267。

⑤ 前引陈锡祺书，上册，页 328。

⑥ 同上，页 328—334。

谢持、吴铁城等二百余人参加，在上海亦有钱大钧等十余人参加，① 其中多知识青年。1919 年五四运动以后，学生倾向国民革命者渐多。1922 年，北方大学生大量加入国民党，并在北京组设民治主义同志会为党的秘密进行机关。1923 年革命军克复广州，孙中山由沪返粤。8 月 15 日，全国学生联合会第五次评议会特在广州开会，公开接受孙中山的领导。孙中山出席大会发表演说，肯定学生的革命力量，同时指出革命党需要青年人才，希望青年学生共同参与国事。孙并在演说中，要求学生弃去北京政府的国旗五色旗及国歌《卿云歌》。②

值得说明的是，五四运动原是一群知识青年觉醒以后的集体行动，几乎和任何团体没有直接关系；另一方面，新文化运动的指导势力，也有别于孙中山及其所领导的政治势力。因此，在五四运动中觉醒的青年，有些是与孙中山所领导的革命疏离的，特别是激进的共产党人。譬如 1922 年初李大钊写信给胡适说："现在我们大学一班人，好像一个处女的地位，交通、研究、政学各系都想勾引我们，勾引不动就给我们造谣，真正讨厌。"另据张国焘的回忆，当时一般青年愤恨日本的侵略，孙中山领导的国民党，反日的立场不够明显，因此许多青年不寄予厚望。尽管如此，由于孙中山对发动五四运动的青年给予同情、支持和指导，其手下干部廖仲恺、朱执信、邵力子等在这方面也多所尽力，在这种情形下，学生领袖或出于自己的主动或应孙中山邀请，纷纷拜会了孙中山及其干部，双方交换了对国事的意见，有些学生领袖即加入了国民党。大约在 1922 年到 1923 年间，孙中山在全国知识青年间，已确立了革命领袖的地位。③

六、余论

在孙中山四十年的革命生涯中，1885—1894 的十年，为口头宣传时期，仅获得数位同学、同乡的支持。1894—1905 的十二年为以"兴中会"为革命组织的时期，他的群众以会党为主，其中有些下层知识分子，有能力协助孙中山推动革命的中上层知识分子，亦不过数人。自 1905 年春，孙中山在欧洲吸收十多位留学

---

① 前引《国父年谱》，上册，页 625—626。
② 吕芳上，《革命之再起》，页 409；陈锡祺，《孙中山年谱长编》，下册，页 1667。
③ 陈万雄，《孙中山与五四知识分子》，中国孙中山研究会编《孙中山和他的时代》，页 195—217。

生，1905 年秋复在日本东京正式结合数百留学生组织同盟会，青年知识分子加入革命组织者渐多。同盟会成立一年，会员号称万人，属知识青年者也将近千人。1906 年的萍浏醴之役，不少知识青年自东京前往参加，且有数位被捕；1911 年的黄花岗之役死难的八十六人，属于知识分子者二十六人，且以四十岁以下的人居多。①1912 年同盟会公开为民主政党，改名国民党，但前后不过年余，又恢复革命党的性质，到 1914 年 7 月改组为中华革命党。中华革命党时期，主要的革命群众来自下层，绝大部分干部人物来自老同盟会员或老国民党员，且属知识阶层。1919 年五四学生运动发生，是年 10 月中华革命党改组为中国国民党，此期间在五四前后觉醒的一些知识青年，愈来愈多地投入中国国民党。作为在野的领袖人物，孙中山声望最高。到 1922—1923 年间，孙中山已成为全国知识青年的领袖人物。这是中国国民党此后实行联俄容共以及北伐的基础。

被学者视为孙中山的助手十四人，在与孙中山结识或投到孙的革命阵营时，可以说都是知识青年。陈少白与孙是香港西医书院同学，日夕与谈革命，1900 年受孙中山之嘱在香港创《中国日报》，鼓吹革命。陆皓东与孙中山同乡里，初读私塾，后入上海电报学堂，1895 年广州之役时设计青天白日旗，后被捕遇难。郑士良与孙是广州博济医学校的同学，早年入三合会，1900 年动员群众发动惠州之役，极具声势，次年为清吏设陷毒毙。黄兴曾肄业两湖书院及东京弘文学院，1903 年在湖南组华兴会，推动革命。自同盟会成立，黄兴即成为孙中山革命计划最重要的执行者，1916 年 10 月病逝。宋教仁曾肄业武昌文普通学校，华兴会的重要成员。同盟会时期，对孙中山的革命策略时持不同意见。民国成立后，同盟会改组为国民党，宋代孙中山为理事长，次年被袁政府暗杀。胡汉民，举人出身，日本东京法政大学速成科毕业，1905 年入同盟会后，主《民报》笔政，1908 年与孙同参与镇南关之役。辛亥革命成功，孙任临时大总统，胡任秘书长；中华革命党成立，任政治部长；护法政府成立，任交通部长。五四时期，受孙中山之嘱在上海办《建设》杂志，宣传革命主义。孙联俄容共期间被视为右派，实则仍支持孙的政策。汪精卫，秀才出身，东京法政大学速成科肄业，1905 年入同盟会，主《民报》笔政。1907 年被派赴南洋发展党务，1910 年任南方支部书记。民国成立后，汪大部时

---

① 张玉法，《清季的革命团体》，页 355。

间在欧，孙联俄容共期间被视为左派。朱执信，1904 年赴日习法政，次年入同盟会，时于《民报》阐扬革命理论。五四时期，主《建设》等杂志笔政。1920 年孙中山发动粤军回粤之役，朱任总指挥，在调解军事冲突中被杀。廖仲恺，1903 年赴日习政治经济，1905 年入同盟会。辛亥广州独立，任财政司长。其后为中华革命党、护法政府掌财政。孙实行联俄容共，廖为主要助手。戴季陶，日本师范学校肄业，1910 年任《天铎报》编辑，因批评时政，亡命南洋，入同盟会。民国成立，受孙中山之嘱，在上海主编《民权报》。1924 年国民党改组，任宣传部长。陈其美，东京警监学校法政科肄业，1906 年入同盟会。1911 年革命爆发，率众光复上海。中华革命党时期，为孙中山革命策略的重要执行人，被袁政府暗杀。居正，留学日本法政大学预科，1905 年入同盟会，后在南洋一带宣传联络革命。中华革命党时期，为孙中山革命政策的重要执行人。蒋介石，1908 年留日习军事，旋入同盟会，1911 年回国，在上海一带运动革命，为陈其美的重要助手。1922 年陈炯明叛孙中山，蒋自上海赶往广州助孙抗陈。黄埔军校成立，被任命为校长。宋庆龄，1913 年在美国威斯里安大学获文学士，即去日本见孙中山，旋结为夫妻，并成为孙革命事业的助手。①

综观孙中山的一生，尽管支持其革命的群众，来自不同阶层，为其联络群众、组织群众，并为其作革命宣传者，多来自知识阶层，特别是知识青年。不少知识青年也直接投入革命战争，并为革命牺牲。以上面所举的十四位孙中山的助手为例，出身留日学生者占十位，其他四位，一留美，另三位分别在香港、上海、广州读书。孙中山的革命，可以说是以知识分子为核心的革命。在革命的第一阶段，他们自 1906 年决定建立中华民国，终于在 1912 年以中华民国取代了清国。在革命的第二阶段，他们在中华民国内，继续为革命的主义而奋斗，在未获得政权前，不管在中华革命党时期或是在中国国民党成立初期，都努力于以青天白日旗取代北京政府的五色旗，并谋求废除国歌《卿云歌》。此事虽在孙中山生前未获实现，终于在 1925 年国民政府成立时部分实现、1928 年北伐后完全实现。从认同的观点来看，自 1885 年以后，孙中山的革命理想，先后取代了中国人对清朝政府和北洋政府的认同，使两个政权归于灭亡。

① 参考赵矢元《孙中山和他的助手》（哈尔滨，1987）一书。

黄兴与孙中山之关系

一、前言

在清末民初的历史中，改革派的康有为与梁启超并称"康梁"，革命派的孙中山与黄兴并称"孙黄"。康有为倡改革较梁启超为早，梁又为康的学生，无论康梁对改革的贡献孰大孰小，并称必称康梁。孙中山倡革命较黄兴为早，同盟会成立后，黄又为孙的部属，无论孙黄对革命的贡献孰大孰小，并称必称孙黄。

孙黄并称，不仅是史学家的论定，至迟在民国开国之初的报刊上，已作如是的喧腾。一九一二年九月十二日，北京满清皇族开会欢迎孙黄，即将革命成功，归功于孙黄二人。[1]

孙黄既为排名第一、第二的革命领袖，他们共同推动革命达十年之久，其关系如何，颇引起史家的兴趣。在俄共及中共革命史中，第一、二领袖之间常有路线之争（如史大林和托洛斯基、毛泽东和刘少奇）或权力之争（如贝利亚与马林可夫、毛泽东与林彪）。[2] 前述之康梁亦屡次有路线之争（一九〇二至一九〇三年间梁一度倾心共和，一九一二年以后梁醉心共和，康则仍主君宪）。在一九三〇年代的国民党历史中，亦有蒋中正与胡汉民、蒋中正与汪兆铭之争。则孙黄关系究如何？

---

① 罗家伦主编，《黄克强先生全集》（台北：中国国民党党史会，一九六八年），页 26。
② 参考张玉法，《中国现代政治史论》（台北：东华书局，一九八八年），页 277—299。

孙黄初无私人关系，二人的相交，主要只是革命的情谊。二人生性激进，[①] 均英雄之流。大部分时间，他们因共同革命而合作，但有时也因各自急其所急而冲突，特别是在革命的后期。合作与冲突相间，是人际关系的常态；孙黄是人，孙黄的合作与冲突关系，也是正常的人际关系。但因他们都是革命领袖，他们的合作与冲突，影响革命阵营的整合和革命的成败，故值得史家注意。

研究国民革命史的人，对孙黄的关系早有留意；专门为黄兴所写的传记或年谱，如薛君度的《黄兴与中国革命》（英文本出版于一九六一年，中文本出版于一九八〇年）、李云汉的《黄克强先生年谱》（一九七三年出版）等，都论及孙黄关系。有些单篇论文，如冯祖贻的《一九一三至一九一六年孙中山、黄兴与陈其美关系试析》、郭世佑的《孙中山、黄兴关系再评价》等，专门论述一段时期的孙黄关系（郭文主要论述一九〇七年以后）。而有些回忆录性的文章如周震鳞的《关于黄兴、华兴会和辛亥革命时期的孙黄关系》、半回忆录式的文章如黄季陆的《国父与黄克强先生之关系与情义》等，也都片面地谈到孙黄关系。本文拟对孙黄的关系作整体的观察，并从不同的革命背景加以阐释。

二、孙黄出身

孙中山于一八六六年（清同治五年）十一月十二日生于广东省香山县（今中山县）翠亨村，黄兴于一八七四年（清同治十三年）九月十六日生于湖南省善化县（今属长沙）粮塘。黄兴比孙中山晚生七年十个月，出生地属于不同的省区，说不同的方言。黄兴于一九一六年（民国五年）十月卅一日病逝上海，孙中山于一九二五年（民国十四年）三月十二日病逝北京，黄兴比孙中山早死八年半，死地也属于不同的省区，但都不在故里。孙中山二十岁（一八八五年）即志于革命，病逝时反直系的战争初成功，一生五十九岁，"致力于国民革命凡四十年"（一八八五至一

---

① 据 William Skinner 研究，在兄弟排行中，排行单数的老大、老三等较为保守，排行双数的老二、老四等较为激进。（G. William Skinner, "Seek a Loyal Subject in a Filial Son: Family Roots of Political Orientation in Chinese Society", Paper Presented at the Workshop on "Family Process and Political Process in China", Sponsored by the Department of History, University of California, Davis and the Institute of Modern History, Academia Sinica, Davis, California, 4-7 April 1991.）孙黄在兄弟排行中都是老二，他们献身革命，除了社会的原因外，也许还有性格上的原因。

九二五年）；黄兴志于革命在二十六七岁（一八九九至一九〇〇年）时，[1] 病逝时反袁革命初成功，一生四十三岁，贡献于革命者十六年（一九〇〇至一九一六年）。与孙中山共同致力于革命的时间不过十一年（一九〇五至一九一六年）。

就家庭背景而论，孙中山生在贫农之家，"自小就要去干除草、采野猪菜、排水、打柴等工作"，"到十五岁才有鞋子穿"。[2] 黄兴生在士绅之家，父为秀才，家有薄产，己亦考取秀才。[3] 孙黄在家庭方面的共同点，都是排行老二，具有革命的性格。[4] 其他的共同点：孙中山二十岁结婚（一八八五年），黄兴十九岁结婚（一八九二年）；孙中山二十三岁丧父（一八八八年），黄兴二十四岁丧父（一八九七年）。

在教育背景方面，孙中山十岁（一八七六年）以后，读过三四年私塾，习四书五经。因其兄于一八七一年去夏威夷后经营农牧有成，到一八七九年六月得去夏威夷读书，初在英国教会所办的意奥兰尼学校（Iolani School）习英文，兼习军事体操等课程，并接触基督教；继入美国教会学校阿湖书院（Oahu College）习高中课程。一八八三年七月因孙眉不欲其沾染基督教，使其回国。次年在香港入英国教会学校拔萃书室（Diocesan Home）。一八八五年三月转入香港公立的中央学校（Central School，后改为 Queen's College，即皇仁书院）就读，并受基督教洗礼。此期间，孙中山曾在家乡毁坏庙宇神像，为乡里所不容。孙眉更为此嘱其去夏威夷，将前此寄在其名下的财产收回。孙此行去夏威夷，受到两种具有决定性的影响：一是在杜南山牧师处看到医书，杜牧师钦佩范仲淹"不为良相便为良医"的抱负，使孙决定学医。二是此次自夏威夷回国时（一八八五年四月）适逢中法战争结束，孙中山受到刺激，决志革命。为了习医，他于一八八六年春进入美国教会所办的广州博济医院（Canton Hospital）附设医学校读书，并在同学中结识三合会人郑士良。到一八八七年二月转入香港西医书院（College of Medicine for Chinese）读书，至一八九二年七月毕业，其间曾从何启习"法医学"一年，并常与陈少白、尤烈、杨鹤龄三人谈革命。孙中山在西医书院毕业后，初在澳门行医，次年在广州行医，但终非志趣所在。到一八九三年底把业务结束，回香山故居草上李鸿章书，并

---

① 李云汉，《黄克强先生年谱》（台北：中国国民党党史会，一九七三年），页30—34。
② 李联海、马庆忠，《孙中山传记》（重庆，一九八六年），页8、10。
③ 左舜生，《黄兴评传》（台北：传纪文学社，一九六八年），页91。
④ 同页135注 ① William Skinner 研究结果。

于一八九四年六月北上天津托人递送。时中日战争方殷，李鸿章对孙中山所提出的
"人尽其才，地尽其利，物尽其用，货畅其流"救国大计，未予注意。孙乃赴檀香
山组织兴中会，推动革命。①

与孙中山相比，黄兴读书的经过，以及转入革命的过程，不像孙中山那样曲
折。黄兴六岁至九岁（一八七九至一八八二年）在故乡从父习《论语》，并习书法、
对句，此数年孙中山在檀香山意奥兰尼学校读书，并毕业。黄兴九岁至十一岁（一
八八二至一八八四年）在乡从萧举人读诗书，十二至十四岁（一八八五至一八八七
年）在乡从周翰林读《春秋》《楚辞》，兼习作制艺（八股文）及试帖（五言八韵的
科举诗）。此期间，孙中山先后在香港拔萃书室和中央学校，以及广州博济医院附
设医学校肄业，并正式入香港西医书院。值得注意的是，在中法战争结束之年（一
八八五年），孙中山自称其"倾覆满清，建立民国"之志始于斯；而是年从周翰林
读书的黄兴亦曾向其师询问清军失败经过，论者虽认为黄兴的革命思想亦萌芽于此
时，② 但从此后十年孙黄的言行看来，孙中山当时确已决革命之志，而黄兴尚没有。

黄兴于一八八八年进入王先谦所主持的长沙岳麓书院就读，到一八九三年考入
县学。此期间孙中山在香港西医书院肄业（一八八七至一八九二年），约与黄兴在
岳麓书院同时。但孙所学的是西医和其他西学，而黄在岳麓书院，初以研究词章
为主，诸经、训诂、音韵为辅；后改宗义理，而以舆地、算学为辅，对先秦诸子
儒、道、墨、名各家均有涉猎，对孙子的研究尤有心得。对清初大儒顾炎武、黄宗
羲、王船山等的著作亦有所沉浸，此当有助于其除满复汉思想之发展。虽然如此，
在孙中山于一八九四年在檀香山成立兴中会正式推动革命、一八九五年在广州策动
起兵、一八九六年在伦敦为清公使馆诱捕的这几年，黄兴仍属乡里中循规蹈矩的青
年，于一八九二年结婚，一八九三年考入县学读书，并生一子，一八九六年生一
女，一八九七年一度拟参加乡试，因父丧作罢。在戊戌变法期间，湖南办了许多新
政，包括设时务学堂，创南学会，办《湘学报》等，目前的资料，也看不出这些新

---

① 蒋永敬，《国父革命运动史要及其思想之演进》（台北，一九七五年），页 7—26；罗家伦主编，《国
父年谱初稿》（台北：中国国民党党史会，一九五八年），页 6—54。孙中山读私塾的年代，《国父年谱
初稿》谓始于七岁，《孙中山传记》，页 25 的考证，谓始于十岁。

② 黄兴的经历，见李云汉，《黄克强先生年谱》，页 7—15；彭国兴，《黄兴生平主要活动年表》，湖
南社会科学院编《黄兴集》（北京，一九八一年），页 477—478。李谓黄兴的革命思想萌芽于一八八五
年。

政对黄有什么影响。①

黄兴的思想真正发生重大转折，是在一八九八至一九〇二年在武昌两湖书院就读期间。两湖书院为两湖总督张之洞所创，院长梁鼎芬为科第中人，但课程中西学皆有。黄兴课余喜读卢梭《民约论》及有关西洋革命史的书籍。黄兴入两湖书院的第一年（一八九八年）发生戊戌政变，而当时列强纷在中国划分势力范围，使中国有瓜分之祸。据说，黄兴原在少时读太平天国杂史而启发的革命思想，至此形成"革命的决心"。一九〇〇年，唐才常等在武汉等地区组自立军，谋起兵，黄兴与闻其事，曾与周震鳞运动清军中的湘籍军人不加阻挠，事败后并饯送秦力山、杨守仁出亡日本。而唐才常谋起兵，事先亦曾至日本东京与孙中山有所联络。② 如果太平天国事迹和中法战争是孙黄所受到的共同刺激而启发了二人的革命之思，自立军可以说是孙黄共同关心、间接参与的第一次革命行动。薛君度认为黄兴此时"可能抱有什么革命思想，没有线索可寻"。③ 周震鳞则认为，黄兴"看到戊戌、庚子两次的失败，更加坚定了根本推翻清朝政府的意志，决心从事排满革命"。④ 从史料看来，黄兴从一九〇〇年以后，确已日益昭显地投向革命的洪流。

黄兴于一九〇二年六月考取官费留日，入东京宏文学院速成师范科习教育，课余兼习军略、骑射。是年十二月，与陈天华、杨守仁等创办《湖南游学译编》，传布革命思想。是年并在东京识日本志士宫崎寅藏。一九〇三年四月，留日学生闻俄国不依约自东三省撤兵（一九〇〇年八国联军之役时进占），组拒俄义勇队，有一百三十余人参加，旋改名学生军，由黄兴带领学生练习枪法，并实弹射击。嗣受日警取缔，学生军改名军国民教育会。是年六月，军国民教育会推干练同志回国运动革命，黄兴被推回湘。为了掩护革命，受聘为长沙明德学堂教员，⑤ 并在长沙联络同志组织华兴会，推动革命。此时孙中山的正式革命活动已进行了八年，正旅行安南、暹罗、日本、美国等地宣扬革命。

---

① 李云汉，《黄克强先生年谱》，页16—27；彭国兴，《黄兴生平主要活动年表》，页478—479谓黄兴于一八八八至一八九三年在家自修，一八九三至一八九八年在长沙城南书院读书，一八九六年考入县学，并谓于一八九一年结婚。

② 同上李书，页27—34；同上彭文，页479—480。

③ 薛君度，《黄兴与中国革命》（香港：三联书店，一九八〇年），页5。

④ 周震鳞，《关于黄兴、华兴会和辛亥革命前后的孙黄关系》，《辛亥革命回忆录》，第二辑，页331。

⑤ 李云汉，《黄克强先生年谱》，页37—56；彭国兴，《黄兴生平主要活动年表》，页480—481。

三、英雄并起（1895—1905）

孙中山所倡导的革命，从一八九四年兴中会成立，约有六年的时间，主要是以孙中山为中心而发展的。但在一九〇〇年以后，由于民族主义大兴，革命势力此伏彼起。在革命起兵方面，一九〇〇年有唐才常等在长江中游地区所策动的自立军之役和孙中山在广东所策动的惠州之役；一九〇三年有香港文化界人士谢缵泰所策动的谋取广州之役和矿商周云祥在云南所发动的临安之役；一九〇五年有三合会人许雪秋在广东所策动的潮州之役。在革命团体的组织方面，有一九〇三年留日学界所组的军国民教育会，以及由军国民教育会成员返国运动在长沙成立的华兴会和在上海成立的光复会。① 而一九〇二至一九〇五年间，湖北、江苏、浙江等省的留日学生，也各自办杂志宣传革命。革命的形势，可以说已到了群雄并起的状态。本文因系论述孙黄关系，对革命的群雄，无法缕述，此处仅说明同盟会成立前，孙黄两派革命势力的发展及其背景。

孙中山于一八九四年十一月二十四日在檀香山成立兴中会后，于一八九五年二月二十一日在香港设兴中会总机关，并合并杨衢云、谢缵泰等人的辅仁文社。香港兴中会成立后，即谋取广州，并于一八九五年十月六日在广州设农学会，以为掩护。但至十月二十六日，因事泄、同志被捕而失败。是后，孙中山亡命海外，由日而美而英。一八九六年十月十一日在伦敦为清公使馆诱捕，拘禁十二日，因英国政府干涉，始被释。孙中山以此成为世人所知的中国革命领袖。此后半年，孙在英国大英博物馆研究革命理论，三民主义思想初步形成。一八九七年七、八月间，离英经美至日，并在日结识了宫崎寅藏。此后六年，孙中山大部时间在日，最初两年多的兴趣，仍在联络国内秘密社会、发动群众起事上。但至一九〇〇年，与孙中山一度有联络的唐才常在长江中游部署的起兵事败，而孙中山亲自策划的惠州之役亦失败。② 对孙中山来说，再一次群众起兵，已不是短时间可以组合。此后四五年的

① 张玉法，《清季的革命团体》（台北：中研院近代史研究所，一九七五年），页237—299。
② 罗家伦主编，《国父年谱初稿》，页51—102；中国社会科学院近代史研究所、广东省哲学社会科学研究所编，《孙中山年谱》（北京：中华书局，一九七六年），页34—52，该书谓香港兴中会成立于一八九五年二月二十一日。一九八五年增订本《国父年谱》（罗家伦原编），页73，亦将原书之二月十八日改为二月二十一日。

努力方向，转向革命的组织与宣传方面。

在孙中山于一九〇〇年利用秘密社会起兵失败后，革命势力的发展有了新的契机，即留学日本的学生渐多，而日本留学界和上海学界倾心革命者渐多。一九〇一年春，留日粤籍学生发起组织广东独立协会，主张广东向清朝政府宣布独立；是年六月二十五日，留日学界创刊《国民报》，宣扬革命。一九〇二年四月二十六日，留日学界发起中夏亡国二百四十二年纪念会，警醒汉人不忘复国；是年十月十六日，蔡元培、章炳麟等在上海成立爱国学社，教育革命青年。一九〇三年春夏间，留日学界组拒俄义勇队（嗣改名学生军、军国民教育会），名为拒俄，实为排满；而上海学界除开拒俄大会外，因邹容所著《革命军》出版，章炳麟于《苏报》上为文介绍，引动了震惊学界的苏报案。① 孙中山与国内学界无渊源，对东京、上海学界的革命风潮当时似乎不能掌握，除于一九〇一年春赞助广东独立协会的成立外，对其他的学界活动似少参与。一九〇三年一月，孙曾自日本赴安南河内，成立兴中分会；是年九月，离日赴檀香山，与保皇会的刊物，作革命与保皇的论战。到一九〇四年十二月，旧金山《大同报》主笔鄂人刘成禺向留欧鄂籍留学生介绍孙中山，孙始赴欧联络留学生。另一方面，黄兴于一九〇二年六月至一九〇三年六月在日本留学期间，即与留日学界多所往来，拒俄运动兴起后，更成为留日学界的重要领袖之一。一九〇三年六月自日本回湘运动革命，亦是以学界为核心。一九〇四年冬华兴会事败，黄兴经沪再亡命日本，续在留日学界有所联络。一九〇五年七月孙中山自欧返抵日本，得日人宫崎寅藏的介绍，始得与宋教仁、黄兴等晤面，并通过宋教仁、黄兴等的联络，渐与留日学界广泛接触。②

黄兴在未与孙中山晤面前，其革命活动是自成局面的，为时约有一年的时间。一九〇三年六、七月间，黄兴受军国民教育会之推，经上海回湘，路过武昌，即公然宣传革命。他在两湖书院演说，主张推翻满清；且将所携邹容的《革命军》、陈天华的《猛回头》二书，分赠军学各界。是年十一月四日，黄兴在长沙以明德学堂为中心，筹组华兴会，策动革命，先后参加者有周震鳞、张继、谭人凤、吴禄贞、陈天华、宋教仁、刘揆一、章士钊等。到一九〇四年二月十五日正式召开成立大会。华兴会成立后，一面派人运动军界、学界及会党，会党首领马福益率万余众，

---

① 罗家伦主编，《国父年谱初稿》，页 107—132。

② 同上，页 107，113，125—127，137，138，140—149。

愿受节度；一面派人赴湖北、四川等省区设立机关，以相声援。①

黄兴所订的革命方法，是"雄据一省，与各省分起"之法。湘省或由会党发难，或由军学界发难，互为声援，不难取湘为根据地。然仅湘省起事，他省无起而响应者，亦难直捣北京，故需对外省分途运动，俟有成效，再议发难与应援之策。② 黄兴所建的革命模式，与前此孙中山所运用者有两大不同：其一，黄兴对学界、军界、会党并重，孙中山则侧重会党；其二，黄兴注重一地起兵，各地响应，故华兴会计划在湖南起兵，曾预先联络邻近各省，而孙中山则仅于一地发难，事先在他地甚少部署。黄兴领导华兴会时所构思的革命模式，到同盟会成立后，成为同盟会的革命模式的一部分。

黄兴在湖南的起事计划，于一九○四年十月事泄。黄间关亡命上海。十一月十九日，一度牵连万福华谋刺前广西巡抚王之春案被捕入狱，被捕的人当中有前往广东就任巡防营统领的湖南人郭人漳，是在上海刚认识黄兴的，他们旋被释，黄兴走日本，其他华兴会员宋教仁等亦已抵日。一九○五年三月，黄兴一度返湘，欲与马福益谋再举，途经沅陵，因运械被察觉，复逃日本。③ 此时黄兴在留日学界已成为重要领袖之一，四月三日因苏报案入狱的邹容死于狱，留东学界推黄兴等四人调查死因；另一方面，黄兴于五月七日一度被推为湖南同乡会总理，黄未接受。与黄极为接近的华兴会员宋教仁，此时在留日学界亦成为重要领袖之一，他曾于是年六月二十四日联络两湖留学界，创刊《二十世纪之支那》，宣扬革命。④ 这是一九○五年七月孙中山自欧抵日前，黄兴、宋教仁等在留日学界的情形。

四、革命伙伴（1905—1908）

一九○五年七月十九日，孙中山自巴黎抵东京。与宫崎寅藏见面，询及中国留日学生有无杰出人物，宫崎以黄兴对。孙得宫崎寅藏介绍，与黄兴见面，并谈与华兴会联合之事，黄兴应允。七月二十八日，复由宫崎介绍，与宋教仁、陈天华等见面。陈天华为谈华兴会在湖南之活动，孙中山认为革命以联络人才为第一要义，并

① 左舜生，《黄兴评传》，页160；刘揆一，《黄兴传记》（台北，一九五二年），页2—4。
② 同上刘书，页3。
③ 同上，页5—7；薛君度，《黄兴与中国革命》，页20。
④ 李云汉，《黄克强先生年谱》，页79—81。

谓："中国现在不必忧各国之瓜分，但忧自己之内讧。此一省欲起事，彼一省亦欲起事，不相联络，各自号召，终必成秦末二十余国之争，元末朱（元璋）、陈（友谅）、张（士诚）、明（玉珍）之乱。此时各国乘而干涉之，则中国必亡无疑矣！"至于革命的方法，孙中山主张利用两粤会党的势力，由革命党人前往主持，发难之后，立文明政府。时孙中山已决定于七月三十日开中国革命同盟会筹备会，乃约教仁等届时参加。七月二十九日，宋教仁、陈天华等会见黄兴，商讨华兴会与孙中山合作事，因意见分歧，最后决定悉依个人自由。七月三十日，中国革命同盟会筹备会召开，到者七十余人。会中对团体名称、誓词等都有讨论，意见不少。黄兴谓今日开会，原所以结会，即请各人签名宣誓，众皆从。会众的誓约由孙中山保管，孙中山的誓约则由黄兴保管。举会章起草员，黄兴、马君武、陈天华、宋教仁、汪兆铭等八人膺选。八月二十日，中国同盟会举行成立大会，出席会议者约一百余人，或谓加盟者三百余人，由黄兴宣读章程，并接受会员意见加以修订。之后公举总理，黄兴提议，公推孙中山为总理，不必经选举手续，众赞同。依据章程，同盟会的组织取三权分立制：执行部由总理统率，下设庶务、书记、内务、外务、会计、经理六部，各部干事由总理指定。评议部议员由选举产生，议长由议员选举。司法部总长及职员由推选产生。庶务部干事位次总理，孙中山指定黄兴担任。[①] 可以看出，自孙黄结识之始，黄即支持孙中山为领袖，而同盟会成立之始，孙即安排黄为仅次于孙中山的领袖。

同盟会在东京成立，主要的成员为一批献身革命的留学生，兴中会和华兴会的成员，在比例上并不多，当时光复会人尚在国内活动，没有加入同盟会。孙中山和黄兴所以能被安排为首次领袖，因为他们二人都是主要革命团体的领导人，而孙中山的声望超过黄兴。实际上，参加同盟会成立会的虽然包括了关内十八省中十七省人，但主要成员还是以孙中山为首的广东人，和以黄兴为首的两湖人。孙为结合两湖人，安排黄兴为次领袖有其必要。庶务干事一职，先后任者黄兴、宋教仁、刘揆一，皆湖南人，其他曾任者，蒋尊簋为浙江人，孙毓筠为安徽人，朱炳麟为河南人，张继为直隶人。由此一布局可知，孙中山选黄为次领袖，主要他代表湖南人、两湖人甚至华南地区以外的人。孙中山在同盟会成立之始，似乎已注意到权力分配

---

① 罗家伦主编，《国父年谱初稿》，页147—152；赵矢元，《孙中山和他的助手》（哈尔滨，一九八七年），页114—117。孙中山见黄兴，一说由杨度介绍，见左舜生，《黄兴评传》，页25。

的地域性。次年同盟会吸收了光复会，但没有在会中给光复会领袖安排重要位置，后来光复会分裂而去，原因固多，抑或与权力分配不均有关。

从同盟会成立，到民国建立，孙黄可以说是合作良好的革命伙伴。虽偶有意见不和，彼此在心理上没有长时间的隔阂。此段革命历史，一般记载已多，仅就二人关系，列其重要事迹于下：

1. 一九〇五年十月七日，孙中山赴西贡筹款，会务由黄兴代理。至十二月，黄兴离日去港，取道入桂林巡防营统领郭人漳（湘人）营，策划起事，庶务干事由内务干事朱炳麟代理。嗣以郭不同情革命，黄兴于一九〇六年夏赴港，复转往新加坡，协助孙中山组织吉隆坡、庇能、芙蓉、怡保、爪胜卑那、麻六甲、关丹、金实、林明、太平、式叻、麻埠、沙胜越等地同盟分会。黄兴自南洋经港、沪等地，于九月十一日返抵东京。另一方面，孙中山于一九〇六年二月自西贡赴新加坡设同盟分会。四月一度返日本，六月后自日本赴南洋，与黄兴相晤，在黄兴等协助下，如前所述，在吉隆坡等地设同盟分会。之后，于十月九日自南洋返抵日本。①

2. 一九〇六年十二月四日，马福益旧部姜守旦等在黄兴派人运动下，在萍浏醴地区起事。黄兴事先已派刘道一（刘揆一之弟）等前往，事起之后，黄在东京与孙中山会商，派谭人凤、周震鳞、宁调元、孙毓筠等回国，谋运动长江各省新军响应，但无结果。到一九〇七年一月十三日，萍浏醴革命军事亦败，刘道一亦被捕遇害。②

3. 一九〇六年冬，由孙中山、黄兴、章炳麟主持，编订革命方略，颁布各省会员遵行。到一九〇七年二月，对国旗图式，黄兴与孙中山曾有不同意见，孙主用兴中会之青天白日旗，以纪念设计此旗之陆皓东及用此旗起事之惠州革命将士，谓"仆在南洋，托命于是旗者数万人，欲毁之，先摈仆可也"；黄兴认为青天白日旗有效法日本之意，必须毁弃，而主用井字旗式，以表示井田制度之社会主义意义，其他党员有提议用五色旗以顺应中国历史之习惯，有提议用十八星旗以代表十八行省者，有提议用金瓜斧钺以发扬汉族精神者；孙中山坚持用青天白日旗，并于青白二色外增加红色，以符合自由、平等、博爱之真义。③ 对此次争执，宋教仁日记

---

① 李云汉，《黄克强先生年谱》，页 90，94，96—98；罗家伦，《国父年谱初稿》，页 161—164。

② 同上李书，页 104—106；同上罗书，页 166—172。

③ 同上李书，页 109—110；唐文权，《度尽劫波兄弟在——黄兴与章太炎》，《近代史研究》，一九九一年第五期，页 70。

谓孙"出不逊之言",黄"怒而退会";章炳麟在回忆录中亦谓黄"发誓脱同盟会籍"。但据胡汉民的说法,黄兴最后还是主动地表示:"余今为党与大局,已勉强从先生意耳!"①一九〇七年同盟会发动钦廉防城之役和镇南关之役,一九〇八年发动钦廉河口之役,均用此旗,黄兴迭任主帅,对此旗未再有异议。②

4. 一九〇七年一月五日,黄兴赴香港策划革命,庶务干事由宋教仁代理。至二月十五日,因广东戒备森严,香港无法居留,黄兴复自港返东京。宋教仁欲将庶务干事交黄,黄不应,经孙中山同意,庶务干事由刘揆一继任。黄兴则从事较机动之活动。曾安排宋教仁赴东北运动马侠,并曾为光复会人徐锡麟、秋瑾所部署的皖浙革命军事筹款购械,但至四月,宋教仁事败返日,至七月,皖浙之役亦败。另一方面,孙中山于三月四日,因受日本政府所迫,偕胡汉民等离日,经港至河内设机关部。五月二十九日命会党领袖王和顺于钦州起兵,并派黄兴入钦州郭人漳营运动革命。③

时同盟会东京本部发生风波,起因于是年三月孙中山离日时,私下接受日人赠款一万五千元,未经众议,且仅留给章炳麟所主持的民报社二千元,章炳麟、张继、宋教仁、谭人凤、田桐、白逾桓等大起非议,章炳麟且愤而将民报社所悬孙中山像除下。是年五、六月间,由孙中山所策动的潮州黄冈、惠州七女湖起事失败,反对孙中山者日众。反对者并指由萱野长知所代购的武器陈旧,使同志陷于危境。章炳麟等提议免去孙中山总理的职务,另选黄兴继任。以庶务代行总理职权的刘揆一力排众议,受到张继的揪打。刘揆一以党内纠纷日甚,曾致函冯自由等,请劝孙中山向东京本部引咎,为孙所拒。黄兴在港闻讯,致书东京同志云:"革命为党众生死问题,而非个人名位问题,孙总理德高望重,诸君如求革命得有成功,乞勿误会,而倾心拥护,且免陷兴于不义。"尽管如此,光复会人章炳麟、陶成章等仍绝裾而去。④ 这是同盟会中华中和华南人士的一次夺权斗争,如果不是黄兴力为维持,同盟会的分裂,将不只是光复会人的别树一帜。

---

① 引见冯祖贻,《一九一三至一九一六年孙中山、黄兴与陈其美关系试析》,《孙中山和他的时代》,页 1934—1935;赵矢元,《孙中山和他的助手》,页 126。

② 李云汉,《黄克强先生年谱》,页 110。

③ 同上,页 108、112—118;罗家伦,《国父年谱初稿》,页 175—177、182—186。

④ 同上李书,页 141;同上罗书,页 176—182;张玉法,《清季的革命团体》,页 360;刘揆一,《黄兴传记》,页 16;赵矢元,《孙中山和他的助手》,页 123—124。

一九〇七年九月，会党领袖王和顺起于钦州府属王光山，并攻陷防城，直逼钦州。黄兴在钦州谋策动巡防营统领郭人漳内应不成，返回河内。王和顺亦兵败，经廉州退入安南境。约在王和顺发动钦廉防城之役的同时，孙中山亦派人运动钦州会党领袖黄明堂起兵。王和顺失败后，是年十二月二日，孙中山命黄明堂攻镇南关，克之。孙中山偕同黄兴、胡汉民等一度前往战地指挥，嗣返回河内筹饷。孙中山至河内，即为安南总督驱逐出境；孙转往新加坡。黄兴与胡汉民留河内主持一切。嗣黄明堂战败，退入安南，由黄、胡二人料理一切。① 此役虽败，但孙离安南时对黄留河内主持一切颇多期许，一九〇八年二月八日孙中山《复池亨吉告已离安南函》节略云："……北京当局……要求将弟逐出安南。……于是飘然离开河内，……但留黄兴及胡氏兄弟（胡汉民、胡毅生），委以当地及广西一带的筹划事宜，黄兴君更为奋发，已进入某据点。"②

5. 一九〇八年三月二十七日，黄兴在安南号召华侨青年二百余人，组"中华国民军南路军"，从安南边界进攻钦廉上思一带，转战月余，大败郭人漳等部。孙中山认为，黄兴的威名就是在钦廉之役中建立起来的。一九二一年孙在广西桂林讲军人教育时，提到黄兴在钦廉之役时，曾以四人抵御六百人的故事。一九二三年在广州欢迎各军将领时，孙也明白指出，钦廉之役虽然失败，但黄兴"奋斗的精神很大，实在令人佩服，所以他威名大振"。③ 钦廉之役失败的原因是械弹接济不至，黄兴只好退返安南。时孙中山在新加坡于四月二十九日电命黄明堂、王和顺等袭取云南河口，在河内策应军事的胡汉民建议孙中山令黄兴统率在河口的革命军，孙即委黄为云南国民军总司令。黄兴于五月七日至河口，嗣以将士不用命，乃返河内筹组敢死队，在老街为法警截留，乃递解出境。黄兴转往新加坡，至五月廿六日，河口军事亦败。④ 此事虽败，孙中山当时颇赞同胡汉民的意见，认为只要有黄兴统筹，云南的革命军事仍然大有可为。一九〇八年六月孙中山在《致池亨吉转胡汉民云南河口之役报告函》中引胡汉民致孙中山的函中有云："初六晚车克由海防入河内，今晨以早车上老街，往河口督师。……克精神完足，……今又有黄克强兄之学

① 李云汉，《黄克强先生年谱》，页 118—123。
② 《国父全集》，第四册，页 59。
③ 黄季陆，《国父与黄克强先生之关系与情义》，《传记文学》，二十三卷四期，页 31。
④ 前引李云汉书，页 126—133；罗家伦，《国父年谱初稿》，页 199—206。

识经验，而为统筹，人材众多，此云南全局可图者四大端也。"①

由上所述，孙黄从一九〇五年七月在东京为革命结为盟友，迄于一九〇八年六月的三年间，大部时间合作共事或并肩作战，虽曾有短时间的不快，仍不失为肝胆相照的革命伙伴。

五、分途奔走（1908—1911）

一九〇八年五、六月间，黄兴在新加坡晤孙中山，深以为革命要训练基本干部、建立武力，乃于七月返东京，组体育会，招徕同志，研习军事。日后在湖北起兵之孙武、在湖南起兵之焦达峰等，皆曾入体育会。一九〇九年春，黄兴复创立勤学会，为同志集会研究之所，嗣至是年六月，以经费不继停办。黄兴又召集同志，于东京市外设秘密场所，试验炸药，对军事人才，积极培养。另一方面，孙中山因受当地政府干涉，不能在新加坡立足，于一九〇九年五月十九日自新加坡赴欧。将南洋事务委胡汉民，将国内事务委黄兴。此后，孙于六月二十日抵法国马赛，转往巴黎。七月廿一日自巴黎抵比京，八月七日自比京抵伦敦，十月三日离英赴美。所至之处，或联络同志，或发展组织。十一月八日抵纽约，设同盟分会；一九一〇年一月廿一日抵芝加哥，设同盟分会；二月十日抵旧金山，设同盟分会。②

时光复会人继续攻击孙中山，仍是起因于革命经费。一九〇八年九月，陶成章带着章炳麟所印的《民报》股票数百张，赴南洋筹款，他到新加坡，要求孙中山拨款三千元作为《民报》印刷费，并要求孙中山为他筹款五万元，作为江浙等省活动的经费。孙中山无法供给，谓"南洋经济恐慌，自顾不暇，断难办到"。陶成章便开始攻击孙中山。③ 时因河口之役失败，革命军六百余人退入安南，人员经法兵缴械后转往新加坡，孙中山无法一一照顾。陶成章攻讦孙中山"藉革命以骗财"，置起事同志于不顾。一九〇九年二月，汪兆铭将《民报》复刊，免除章炳麟的编辑职务，章怒，使陶成章在南洋，纠合江、浙、湘、楚、闽、粤、蜀七省部分侨居南洋同志，发表"七省同盟会会员意见书"，列举孙中山罪状十四条，指孙"吞蚀华

---

① 《国父全集》，第四册，页68—70。

② 李云汉，《黄克强先生年谱》，页133—135，138—139；罗家伦，《国父年谱初稿》，页212—222。

③ 赵矢元，《孙中山和他的助手》，页124。

侨巨款""谎骗营私"，要求免去孙中山总理职务，并开除出会。陶从南洋赶到东京，将此书交给黄兴，要求公布。时孙中山在欧将转美，章、陶并移书美洲各埠，对孙中山加以攻击。孙有函致黄兴，说明情形。时黄兴在日本，一面拒绝章、陶召开同盟会本部会议之要求，一面分函南洋及美洲各埠，力斥章、陶之非。① 一九〇九年十二月十九日，黄兴致孙中山函云：

> 昨接读由伦敦发来之函，得悉有人冒名致函美洲各埠，妄造黑白，诬谤我公，……再四调查东京团体，无有人昧心于此者。但只陶焕卿（成章）一人由南洋来东时，痛加诋诽于公，并携有在南洋充当教习诸人之公函（呈公罪状十四条），要求本部开会，弟拒绝之。将公函详细解释，以促南洋诸人之反省。……彼不但此也，且反对将续出之《民报》，谓此《民报》专为公一人虚张声势，非先革除公之总理不能办《民报》。……然在我等以大度包之，……我公当亦能海量函之。至东京事，陶等虽悍，弟当以身力拒之，毋以为念。②

约在同时，黄兴致美洲各埠同志函云：

> 同盟会总理孙君，今春由南洋起程赴欧，将由欧来美，……本处风闻孙君未抵美以前，有人自东京发函美洲各埠华字日报，对于孙君为种种排挤之辞，用心险毒，殊为可愤，……再者南洋近二三同志，对于孙君抱恶感情，不审事实，遽出于排击之举动，敝处及南洋分会已解释一切。望我各位同志，乘孙君此次来美，相与同志协力，以谋团体之进步，致大业于成功，是所盼祷。③

可以看出，黄兴亦如前此与孙在战场并肩作战，此时二人虽不在一地，当孙有危难之时，其支持孙之心不变。

当时同盟会分裂已极，合并于同盟会的光复会分裂以去，一九〇七年又自同盟会分出共进会，如果不是黄兴的鼎力支持，孙中山本人也可能另起炉灶，孙中山于一九〇九年十一月宣称，他已在南洋"从新组织团体"，"南洋之组织与东京同盟会不为同物"。次年二月，他还正式打出"中华革命党"的旗号。④ 这也许是孙中山重整党务的做法，一如他于一九一四年将国民党改组为"中华革命党"。

---

① 李云汉，《黄克强先生年谱》，页 141—243；唐文权，《度尽劫波兄弟在》，页 72—73。
② 罗家伦主编，《黄克强先生全集》，页 66—67；湖南省社会科学院编，《黄兴集》，页 9—10；赵矢元，《孙中山和他的助手》，页 124—125。
③ 同上罗书，页 67—68。
④ 郭世佑，《孙中山、黄兴关系再评价》，上海社会科学院编《近代中国》，第二辑，页 88—89。

一九一〇年一月二十九日，因香港南方支部运动新军革命成熟，黄兴应邀自日抵港主持军事。在抵港前后，黄兴曾致函南洋同志及日人萱野长知，请设法筹款，并请日人宫崎寅藏派军事人员相助；①南方支部另电孙中山在美筹款二万元应急。新军原定二月二十四日（元宵节）起事，因孙中山汇款未到延期。但广州新军自二月九日（除夕）即斗志昂扬，乘机闹事，到二月十二日起事，次日失败，倪映典死之。黄兴欲自港至广州督战，因广九路停开而止。②

是年三月，黄兴赴新加坡为南方支部筹款，孙中山亦自旧金山抵檀香山发展会务。其间，黄兴曾与孙中山联名阻止汪兆铭北上行暗杀摄政王之计划，无成，汪于四月二日被捕监禁。③

是年四月，黄兴自新加坡返港。三、四月间，因孙中山拟在美国向财团借款，需国内革命计划及委任状，黄兴乃于五月十三日将委任状寄孙中山，并详述革命之方略和人才之网罗方法。④关于革命方略，黄兴不赞同孙的边区革命，主张在广东省城发动，由运动军队下手。他认为只要有款，即可贿使军队起事。另以款运动满洲马侠、浙江等地会党，以及长江中下游各省新军等起兵响应。在网罗人才方面，他主张不存省域之见，网罗各省人才，广东人赵声、江苏人吴敬恒、浙江人蔡元培、安徽人孙毓筠、四川人李肇甫、湖南人刘揆一和宋教仁、山西人景定成、陕西人于右任、山东人丁惟汾等，都被认为是虚怀咨商的对象。⑤五月三十日，孙中山自檀香山赴日，黄兴于六月一度至日与孙相晤。孙黄相晤时，除谈及革命大方针外，据说孙中山将在美国募集的一箱钞票都给了黄兴，黄兴只从箱中随便抽出一叠，留给孙中山。旋以日本禁止孙留日，孙于六月廿五日往新加坡，黄兴亦返港。⑥

一九一〇年六月孙中山离日、黄兴返港后，旅日同志宋教仁、谭人凤等谋于长江流域起事。十月，派谭人凤赴港与黄兴相商，黄因正与赵声谋进取滇粤，对长江流域的起事计划未置可否，即与赵声赴仰光策划进取云南。时孙中山已自新加坡抵

---

① 罗家伦主编，《黄克强先生全集》，页69—72；李云汉，《黄克强先生年谱》，页147—150。
② 同上李书，页152—154；罗家伦，《国父年谱初稿》，页222—224。
③ 同上李书，页155—156；同上罗书，页224—226。
④ 同上李书，页157—158。
⑤ 罗家伦主编，《黄克强先生全集》，页73—77；《黄兴集》，页17—21。
⑥ 前引李云汉书，页159—160；罗家伦，《国父年谱初稿》，页226—227。孙黄在日相晤事，见赵矢元，《孙中山和他的助手》，页120—121。

庇能（槟榔屿）整顿会务，于十一月十三日在庇能召开会议，黄兴、赵声亦自仰光出席。会中决定筹款，在广州起事，由黄兴和赵声统军。嗣庇能政府下令孙中山离境，孙于十二月六日启程赴欧，在南洋筹款及广州起兵之事，主要落在黄兴身上。黄兴旅行南洋各地筹款，得邓泽如等之助，颇有所获。一九一一年一月中旬，由新加坡返港布置军事。是月底，在港成立统筹部，黄兴任部长，赵声副之。决定招募死士为前锋，并运动新军响应。① 赵声为光复会员，孙、黄在一九〇八至一九〇九年前后，一度与光复会之章炳麟、陶成章等反目，此时黄为网罗同志，再与光复会人合作。李燮和、陶成章等均支持发动此役，陶并告诉光复会人，"孙文以后不必攻击"。通过广州起事的准备工作，黄兴暂时弥缝了同盟会与光复会的分立。②

另一方面，黄兴于一九一一年二月命谭人凤携款五千元赴长江中下游联络，特别希望居正能在武汉地区结合新军，响应广州起事。谭人凤至沪，予郑赞丞三千元，嘱联络苏、浙、皖、赣；至汉口，予居正八百元为运动费；复赴湘，交曾伯兴七百元为运动费。黄兴另并致书湘军各军官及广西方面各同志谋响应。另在是年一至四月间，黄兴屡函南洋及美洲同志捐款，并电召南洋同志至港候命。③ 此时黄兴所用的，仍然是一九〇三年华兴会成立时所定的"雄据一省，与各省分起"方略；此一方略，就发动此次广州之役而言，起于一九一〇年五月十三日黄兴在致孙中山书中所陈述，而在十一月十三日的庇能会议中决定的。④

广州起事，因筹款、购械等问题，一再迁延，而清军防备日严。一九一一年四月二十七日，黄兴不得已，率同志百余人攻占督署，总督张鸣岐逃走，旋以清大军云集，事败，同志死难者八十六人。黄兴负伤，于五月一日脱险抵港。⑤ 此时孙中山已自欧抵美二月余，方旅经芝加哥，五月七日，在复同志的信中，对黄兴在此役中的表现和此役的重要性，多所赞扬：

　　三月二十九日（四月二十七日）谋泄，迫动黄兴君亲率□千人，力破督署，转而攻军器局，势孤不克，力战出城，黄君受伤，幸安全出险。……革命之声威从此

---

　　① 李云汉，《黄克强先生年谱》，页160—170；罗家伦，《国父年谱初稿》，页229—232。
　　② 唐文权，《度尽劫波兄弟在》，页74。
　　③ 李云汉，《黄克强先生年谱》，页171—173；李云汉，《黄兴与民国开国》，《湖南文献》，二十卷一期，页15—16。有关黄兴分函各地催促捐款，见罗家伦主编，《黄克强先生全集》，页81—95。
　　④ 同上罗书，页78。
　　⑤ 李云汉，《黄克强先生年谱》，页176—181；罗家伦，《国父年谱初稿》，页237—243。

愈振，而人心更奋发矣！①

其后，黄兴为报答死难同志，拟个人暗杀清水师提督李准。孙中山方在旧金山组洪门筹饷局，认黄兴"一身为同志之所望，……可为更大之事业"，不赞同其个人贸然走险，仅赞成组队进行。黄兴为此，请孙电汇一万五千元，以资进行；孙立汇万元，黄兴即据以组"东方暗杀团"，② 初以清水师提督李准为目标。其后暗杀李准虽未成功，到一九一一年十月二十五日新任广州将军凤山被炸死，即"东方暗杀团"团员所为。③

广州之役失败后，宋教仁、谭人凤、陈其美等欲在长江流域起事，于一九一一年七月三十一日在上海组中国同盟会中部总会，派谭人凤等赴湖北策动，派吕天民等至香港请黄兴前往主持起事。时四川争路风潮正紧，黄兴正电请孙中山筹款二三万，拟伺四川同志起事，即在云南响应。既而中部同盟会人来联络，黄兴认为"蜀中风云激发，……长江上下自可聊贯一气"，乃改变图滇计划，决意赞助鄂事。一面于十月五日致函美洲冯自由，表明将赴长江上游策划，请汇款二十万，至少五万；一面即分函美洲致公堂、筹饷局及南洋诸同志筹款。黄兴原答应中国同盟会中部总会，"一俟外款稍有眉目，即行前来"，但以湖北党事败露，十月十日武昌革命军起，宋教仁电黄兴即时赴沪。黄兴在武昌两湖书院读书三年，对武汉情形熟悉，在该地区交结的朋友也不少，自为支援该地区革命的重要人物。另一方面，孙中山在美，于十月十一日抵柯罗拉多州之典华（Denver）城，接黄兴要求汇款密电，孙以无法得款，原拟电覆黄兴，令暂勿动，次日阅报得知武昌起事消息，乃电覆黄兴，告以覆电延迟之由及今后行止。之后，孙即自典华城转纽约，途经圣路易时，读报纸消息有谓："武昌革命军系受孙逸仙命令起义，拟建共和国体，其首任总统，当属之孙逸仙。"十月十五日，孙经芝加哥，即命芝城同志开大会，预祝中华民国成立。十月二十日，孙自芝加哥赴纽约，在纽约时，闻粤中同志图粤，特致电两广总督张鸣岐劝降。当孙中山在国外为革命尽力时，黄兴已接受了宋教仁的电邀，于十月二十四日自港抵沪，准备往武汉参加革命战争。当时革命的形势是：十月十一日武昌光复，十二日汉口光复，十三日汉阳光复，廿二日长沙、西安光复，廿三日九

① 《国父全集》，第四册，页154。
② 李云汉，《黄克强先生年谱》，页184—186；罗家伦，《国父年谱初稿》，页246—247。
③ 左舜生，《黄兴评传》，页70—71。

江光复。①

十月二十五日，黄兴自上海启程赴湖北，于十月二十八日抵武昌，翌日即赴汉口督师，当时民军不过六千人。十一月一日汉口陷，退守汉阳。十一月三日，黎元洪任黄兴为战时总司令。时清内阁总理大臣袁世凯南下督师，十一月九日派人与黄兴和谈，黄兴致函劝其反戈领导革命，并以拿破仑、华盛顿相期许。十一月十六日，黄兴率部反攻汉口失败，在湘鄂革命军不能合作的情况下，到十一月二十七日，汉阳亦陷。时上海已于十一月四日光复，且已派人至鄂催黄兴去上海统领江浙军队攻南京，黄兴与湖北同志相商，拟往沪与同志谋攻下南京，为武昌声援，黄乃辞战时总司令职东下，于十二月一日抵沪，而次日江浙联军已克南京。此期间的革命形势：十月二十九日太原光复，十月卅一日云南光复、南昌光复，十一月三日上海光复，十一月四日杭州、贵州光复，十一月五日苏州光复，十一月七日广西光复，十一月八日镇江、安庆光复，十一月九日福州、广州光复，十一月廿六日奉天独立，十一月廿七日成都光复。另一方面，江苏都督府代表雷奋、浙江都督府代表高尔登等于十一月十二日通电各省代表至沪，会议组织临时政府。十一月十八日，各省代表决定承认湖北军政府为民国中央政府，由鄂军都督黎元洪暂行中央军政府职权。十一月廿四日各省代表集会于汉口英租界，议定临时政府组织大纲。此期间孙中山的行踪：十月下旬自美抵伦敦，与英、法、德、美四国银行团会谈，磋商停止对清廷借款；十一月抵巴黎；有电对国内局势表达其意见："欣悉总统自当推定黎君，闻黎君有请推袁之说，合宜亦善。总之，随宜推定，但求早定国基。"十一月二十四日孙中山离法东归。②

南京光复后，革命军之指挥中心由武汉移南京。十二月四日，留沪各省代表举黄兴为假定大元帅，黎元洪为假定副元帅兼鄂军都督。黄兴当选大元帅，章炳麟谓系"克强欲自为大元帅，代表多属从之"，并谓议罢又有人反对黄兴，一度欲重选。李云汉谓因黄兴力辞，始有重选之议。重选时，初拟举黎元洪为大元帅，继又拟举孙中山为大元帅，皆不为同志允准，黄兴乃暂时勉任。时新出狱的汪兆铭代表袁世

① 李云汉，《黄克强先生年谱》，页187—194；罗家伦，《国父年谱初稿》，页246，251—264。

② 左舜生，《黄兴评传》，页67—80；同上李书，页194—209；同上罗书，页266—284；引孙中山电文，见《国父全集》，第三册，页163。孙中山离法东返日期，见一九八五年增订本《国父年谱》，页431。黄兴离汉东下前，或谓黄主放弃武昌，以全力下长江取南京，薛君度《黄兴与中国革命》中文本页101引李廉方之说，谓系湖北人造谣。

凯表达欲得民国总统的意愿。前述孙中山既已有电谓总统亦可推袁,十二月九日,黄兴遂覆电汪兆铭云:"现已有各省代表拟举兴为大统领,组织临时政府,兴正力辞尚未允许,万一辞不获已,兴只得从各省代表之请,暂充临时大元帅,专任北伐,以待项城举事后即行辞职,便请项城充中华民国大统领,组织完全政府。"① 黄兴此时已为国内革命军的唯一领袖,决定以国家元首之位让袁,以诱袁反正,自为权宜之计,况已得孙中山的指示。孙黄二人对未来国家元首有何设想,目前的资料无从得知,但有一点可以肯定的是,孙黄于一九〇八至一九一一年虽然在国外、国内分别奔走,推翻清朝的目标是一致的。孙黄二人都没有打天下的意思,只要清帝退位、民国建立,新中国的领袖谁属,他们似乎并不在意。

六、合力建国(1911—1913)

黄兴献身革命,不计名位,更时时警惕,不要以争名位使革命阵营分裂。前述黄兴于一九一一年十二月五日在万辞不获下勉强接受大元帅的职位,但十二月七日,黎元洪即通电反对,黄兴闻悉,乃于十二月十六日致电各省代表,坚辞大元帅职务。次日,各省代表改选黎元洪为大元帅,黄兴为副元帅代行大元帅职权。黄兴本拟赴南京就职,但因接到孙中山来电,谓已启程回国,不久可到上海;黄兴认为孙是同盟会总理,孙未回国时,自己可代表同盟会,现孙已在回国途中,自己若抢先去南京就职,必致发生误会。所以黄兴并不就代行大元帅之职。另一方面,自十二月十八日起,清廷已派邮传部大臣唐绍仪为代表,到上海与民军代表伍廷芳议和;同时,袁世凯部下亦派私人代表廖宇春于十二月二十日到上海与黄兴谈判。黄派江浙联军参谋长顾忠琛与订秘密条款五项,其要点为确定共和政体、优待清室、先推覆清政府者为大总统。其后民军与清室的正式议和条款,即依此原则而定。十二月二十五日,孙中山返国抵沪,黄兴曾以中国同盟会代表名义派时功玖、田桐前往接待,或谓黄兴、陈其美、汪兆铭等均曾往迎船。次日,诸人公宴孙中山,并商临时政府组织方案。黄兴与陈其美等推孙为大总统,众无异议。宋教仁主内阁制,欲推黄兴为内阁总理,黄不允。十二月二十七日,黄兴与宋教仁赴南京,向各省代表会提议政府组织办法,黄主总统制,宋仍主内阁制,终决定总统制。十二月二十九日

---

① 李云汉,《黄克强先生年谱》,页210—214;唐文权,《度尽劫波兄弟在》,页76。

总统选举，孙中山以十六票当选总统，黄兴仅得一票。① 孙中山在民国建立后的领袖地位，自此决定。

一九一二年一月一日，孙中山就任临时大总统，黄兴以假定副元帅名义立于大总统之左；孙就任后，此假定副元帅的名义自然不存。一月三日，各省代表会选假定大元帅黎元洪为副总统，兼海陆军大元帅，黄兴为副元帅。同日，孙中山任命各部长，以黄兴为陆军总长，居各部之首。一月九日陆军部成立，孙中山复命黄兴为参谋总长。一月二十八日，成立临时参议院。孙黄主持下的南京临时政府只维持三个月。一九一二年二月十二日在袁世凯的安排下，清帝退位。次日孙向参议院辞临时大总统职，并要求举袁世凯自代。到四月一日正式解职。四月一日，黄兴任南京留守，至六月十四日交卸赴沪。其后到九月九日，孙中山受任为全国铁路督办；十一月二十八日，黄兴受任为汉粤川铁路督办。② 两位革命领袖，都从政治高位，转到位在交通总长以下，办理铁路的小单位来。

从民国初建时期的官位看来，黄之位均在孙之下。但国家重大事务，孙黄常共同出名表示意见，系举数例于下：

1. 一九一二年一月十四日，孙中山与黄兴联名致电伍廷芳，规定议和期限，约以十四日为期。③

2. 一九一二年一月二十五日，孙中山与黄兴联名通电，斥责张勋、倪嗣冲等攻击民军。④

3. 一九一二年二月五日，孙中山与黄兴联名复伍廷芳，嘱电达袁世凯制止晋陕战事，并联师北上。⑤

4. 一九一二年八月十三日，同盟会发布改组国民党宣言，孙中山、黄兴联名致电各支部征求同意。⑥

---

① 李云汉，《黄克强先生年谱》，页214—220。黄兴派时功玖等接待孙中山事，见《黄兴集》，页97，黄兴是否曾亲往迎船，存疑。

② 同上李书，页223—235，263，286，315；罗家伦，《国父年谱初稿》，页296—299，304—307，327—328，341。

③ 《国父全集》，第四册，页179。

④ 李云汉，《黄克强先生年谱》，页239。

⑤ 《国父全集》，第四册，页205。

⑥ 同上，第四册，页258。

5. 一九一三年四月二十六日，孙中山、黄兴联名通电，严究宋案主名。①

6. 一九一三年五月六日，孙中山、黄兴联名为宋案及五国借款案覆函万国改良会会长丁义华，盼主持公道。②

另外，在有孙黄在场集体签名表示意见时，排名也都是孙中山居首，黄兴居次，兹举数例于下：

1. 一九一二年三月上旬，由孙黄领衔的十九人，发布通启，发起江皖烈士追悼会。③

2. 一九一二年八月十八日，由孙黄领衔的十一人，发布启事，介绍西医梁秉良。④

3. 一九一三年六月八日，孙中山、黄兴、陈其美联名覆函上海全国商会联合会，谈拥护共和。⑤

4. 一九一六年八月三日，由孙黄领衔的六十二人，发布"发起陈英士暨癸丑以来诸烈士追悼大会通告"。⑥

从一九一一年十二月孙中山自欧返国，约有一年多的时间，黄兴与孙中山政治意见也许不尽相同，但表面上相当能协合一致。前述宋教仁与孙中山有内阁制、总统制之争，黄兴站在孙的一边，终使总统制在各省代表会中通过。一九一二年二月十四日，临时参议院于选袁世凯为大总统时，同时顺袁意旨，议决临时政府国都设在北京，有违孙中山以临时大总统让袁，国都地点须设南京之条件，孙中山甚怒，黄兴更怒。黄曾放言，如参议院不自动翻案，改议决将国都设南京，彼将"以宪兵入院，缚所有同盟会员去"。次日，参议员果议决临时政府仍设南京。⑦

黄兴支持孙中山建都南京的主张，不是没有理由，他当时在为主张建都南京驳庄蕴宽等的电中提到两点：一为袁世凯虽与清廷脱离关系，尚与清帝共处一城，民国政府移就北京，有民军投降之嫌，军队必大鼓噪；二为若移政府而北往，势不得

---

① 《国父全集》，第四册，页298。
② 同上，第四册，页299—300。
③ 同上，第九册，页562。
④ 同上，第九册，页564。
⑤ 同上，第四册，页302。
⑥ 同上，第九册，页577。
⑦ 李云汉，《黄克强先生年谱》，页242—244；罗家伦，《国父年谱初稿》，页307—308。

不移南方之重旅以镇北京，会因引起北方的猜疑而生破裂。① 黄兴的着眼点完全是军事的。

时章炳麟因主都北京不成，对黄兴刻意拥孙，怀疑其欲得内阁总理（时参议院正研拟临时约法，采内阁制）之位，孙中山特函复章炳麟，为黄兴辩解：

> 临时政府地点，鄙见亦与克兄同。……公等所持大都系永久之说，此自可俟将来国民会议之。……文与克兄交处固久，先生亦素知其为人，此次执持过坚，然迥非出于私意。以先生之明，犹谓克欲谋总理，冤枉如此，谁与为辩？则不知清帝未宣布退位之前，季新（汪兆铭）、少川（唐绍仪）曾私约克仍掌陆军或参谋，而克拒之曰：奈何以是污我？……其厌事如此，焉有为总理之心事？②

孙中山充分了解黄兴的淡泊性格，从未怀疑黄有争权位之心，此亦为孙黄十多年友谊之基础。

一九一二至一九一三年间，所有党社组织，有黄兴在而孙中山不在者，黄为首；孙黄同在者，孙为正，黄为副。此亦可看出孙黄在革命阵营中的首次要地位。以黄兴为首的社团：③

1.一九一二年二月二十五日，南京陆军将校联合会成立，选黄兴为会长。

2.一九一二年三月十八日，南京拓殖协会成立，选黄兴为会长。

3.一九一二年三月二十三日，南京中华民族大同会成立，选黄兴为总理。

4.一九一二年五月八日，南京同袍社成立，推黄兴为社长。

5.一九一二年七月三十日，湖南公学建校筹备会在上海成立，黄兴受推为总理。

孙为正、黄为副的党社：④

1.一九一二年三月三日，同盟会改秘密为公开，选孙中山为总理，黄兴为协理。

2.一九一二年五月十六日，南京国民捐总会成立，推孙中山为总理，黄兴为协理。

3.一九一二年七月十七日，中华民国铁道协会成立，举孙中山为会长，黄兴为

① 罗家伦主编，《黄克强先生全集》，页142。
② 《国父全集》，第四册，页229。
③ 李云汉，《黄克强先生年谱》，页248、259、261、276、291。
④ 同上，页250、279、291、298。

副会长。

另外，一九一二年八月二十五日，国民党成立，孙中山、黄兴、宋教仁分别被选为第一、二、三名理事，九月三日，各理事推孙中山为理事长，孙邀宋教仁代其职，而未邀黄。从孙辞临时大总统后半年间的言行看来，孙当时对政党政治兴趣不大，欲将政治委袁世凯，己则为国家兴办实业，孙欲留黄为兴办实业的臂助。

从上述孙黄的关系可以看出，在出身革命党的民初政治领袖中，黄兴的地位仅次于孙，大总统袁世凯亦作如是观。一九一二年八、九月间，袁世凯邀民党领袖交换政治意见，邀孙黄前往。一九一三年三月宋案发生后，民党齐声指斥袁政府。五月二十四日上海《时报》登载袁世凯的谈话，直谓"现在看透孙黄，除捣乱外无本领"。①

七、殊途同归（1913—1916）

孙黄作为民党的首次席领袖，在清末革命时期，相处大体良好，黄对孙亦尊礼有加。在民国建立之初，孙黄亦同进退，孙于一九一二年四月一日交卸临时大总统后，旅行全国各地，宣扬民生主义，倡导兴办实业；黄于六月十四日交卸南京留守后，亦于各地宣扬民生主义，倡办实业。一般相信，孙黄发生重大歧见，在一九一三年三月宋教仁被暗杀以后。实际上，从一九一一年十月武昌革命爆发到一九一三年三月宋案发生前，孙黄在心理上不是未曾发生裂痕。这种裂痕，黄兴似从未提起，孙中山则于事后道及。主要的裂痕是孙中山不赞同将革命党改为普通政党，不赞同行政党政治，而黄兴则与宋教仁等对政党政治颇为热心。孙中山认为将革命党完全变为政党，革命精神消失。一九二三年十月十一日孙中山在广州中国国民党党务讨论会中讲"过去党务失败之原因"时说：

光复时有一种谬说，谓"革命军起，革命党消"，此说倡自热心赞助革命之官僚某君，如本党党员黄克强、宋渔父、章太炎等咸起而和之，故改组国民党，本党遂完全变为政党，革命精神由此消失。②

同年十一月二十五日，孙中山在广州大本营讲"要靠党员成功不专靠军队成

---

① 李云汉，《黄克强先生年谱》，页298—300，344—345。
② 《国父全集》，第三册，页345。

功"时亦说：

> 民国成立，即有政党蜂起。……宋教仁、黄兴等一般旧革命党人，以为别人既有了党，吾等尚未有党，乃相率而组织国民党。……我当是时极为悲观，……只有放去一切，暂行置身事外。后来国民党成立，本部设在北京，推我任理事长，我决意辞却。……但一般旧同志，……一定要我出来担任，……只得答应用我名义，而于党事则一切不问，纯然放任而已。①

孙中山在交卸临时大总统之后，"欲率同志为纯粹在野党，专从事扩张教育、振兴实业，以立民国国家百年根本大计，而尽让政于袁氏"；②而黄兴则调和党争，并推行国民党的"政党内阁"主张。

关于调和党争，如一九一二年五月上海政见商榷会成立，推黄兴与程德全共为主任，黄覆电应允，并希望欲借该会之努力，"消除党派私意，而发挥正确之政见，使政府有所适从"。③关于推行国民党的"政党内阁"主张，如一九一二年十一月二十二、二十三日，曾连电杨度及胡瑛，解释政党内阁之主张。④

尽管从事后的资料中，可以发现孙黄曾为政党政治的问题，在心理上有些距离，但当时并看不出来。而且在调和党争上孙不仅赞同黄的做法，而且自己也这样做。一九一二年八、九月间，袁世凯为受黎元洪之请杀革命党人张振武一事，引起南北恶感，孙为减少南北对抗，赴袁之邀，有北京之行，并劝黄亦有北京之行。一九一二年九月六日孙中山有电致黄兴云：

> 自弟到此以来，大消北方之意见；兄当速到，则南方风潮亦止息，统一当有圆满之结果，千万先来此一行，然后赴湘。⑤

一九一二年十月六日，孙中山在上海国民党欢迎会中讲演，亦表达与黄兴二人从不同方向全力赞助政府之意：

> 兄弟现从北京归来，……余注全力于铁路政策，以谋发达民生。黄克强抵京后，主张政党内阁，调和各派意见，袁总统均甚赞成。余出京时，邀国务员加入国民党之议起，今阅报，国务员已加入本党。是今日内阁，民党与政府之调和，可谓

---

① 《国父全集》，第三册，页366。
② 民国四年春陈英士致黄克强书，见《国父全集》，第一册，页397。
③ 罗家伦主编，《黄克强先生全集》，页195。
④ 同上，页212—213。
⑤ 《国父全集》，第四册，页261。

归于成功。①

从当时的资料看来，孙中山对黄兴协助宋教仁等推动政党政治，并调和党争，在表面上还是相当称许的。就常理推断，当时是国民党与袁政府合作良好的时期，孙既欲与袁从实业、政治两方面分工治国，则对一部分国民党员从事政党活动，虽不赞同，也应该是容忍的。

孙中山对党员各行其是，不听调度等事感到不能忍耐，是一九一三年三月宋教仁被袁政府暗杀后欲起而发动革命，而党众不听。而一向被他依仗的第二号领袖黄兴不附从他的意见，尤迁延了他立刻起兵的计划。宋教仁被杀后，孙中山于三月廿五日抵沪，当晚在黄兴寓所召开干部会议，孙主张立即讨袁，认袁任临时大总统不久，对各方面的布置尚未妥帖，推翻较易；黄兴则认为，南方革命军甫经淘汰，必须加以整补，才能决战，主张稍缓用兵。各省领兵党人多赞同黄的意见。至四月二十六日宋案证据公布，词连政府；四月二十七日，袁世凯的大借款案未经国会通过成立；国民党都督及议员同表愤慨，民党与政府剑拔弩张。吴玉章曾建议孙中山："四督联合通电，反对袁世凯违法，并声明在合法政府成立以前，不接受违法政府的命令，以此先发制人。"孙中山有意采纳，而黄兴不赞同。②

在这种紧张的气氛下，万国改良会会长丁义华为此致电孙黄表示关切，黎元洪亦致电国民党四督及黄兴有所劝解。但直至五月十三日，似尚未决定采取军事行动，如五月三日孙黄覆丁义华的电中有谓："二次革命之说，实为不经。文弃总统于前，兴辞留守于后，当时果欲有为，何求不得，而必至于今日？"五月十三日，黄兴电覆黎元洪，表示"兴对于宋案，纯主法律解决，借债要求国会通过，始终如一"。③ 但由于不少同志力促孙黄迅速讨袁，孙黄再召同志于五月二十八日在上海会议，至是才决定派同志到各省发动讨袁军事。④ 六月十二日，黄兴从孙中山处领款五万元，作为起兵讨袁之用。⑤

① 《国父全集》，第三册，页95。
② 周震鳞，《关于黄兴、华兴会和辛亥革命时期孙黄关系》，页338；罗家伦，《国父年谱初稿》，页350—354；魏宏道，《孙中山年谱》（天津，一九七九年），页50。但据民国四年孙中山致黄兴书，讨论二次革命有关事务在"钝初死后之五日"，见一九八五年增订版《国父年谱》（罗家伦原编）页558。则开会应在三月二十七日。
③ 有关电文，见《黄克强先生全集》，页228—231。
④ 同本页注②。
⑤ 彭国兴，《黄兴生平主要活动年表》，页496。

孙黄对二次革命的争论，是孙主激进黄主缓进，孙认为"国会乃口舌之争，法律无抵抗之力，各都督又系仰袁之鼻息"，在此种情形下，"欲求解决之方，惟有诉诸武力而已"。黄认为"天下甫定，外患方殷，阋墙之戒，乃所宜守"，并认为南方的"兵力不足恃"，"应静待法律解决"。另外，孙主张借日本力量讨袁，黄不赞同，认讨袁是中国的内政，"不便乞外援"。① 孙中山的立即讨袁计划，在黄兴的迟疑下，被延缓下来。

六月中旬，赣督李烈钧、粤督胡汉民被免职前后，黄兴始派同志前往湘鄂，并在南京、上海等地布置讨袁军事。七月十二日李烈钧在江西起兵讨袁后，黄兴亦于十四日入南京主持讨袁军事，并任江苏讨袁军总司令。上海、安徽、广州、福建、湖南等地亦起兵。然南京讨袁军，主力第八师师长陈之骥为冯国璋女婿，军队心志不一，黄兴遂于七月二十九日离南京赴沪，在沪搭日船赴港，复自港经沪至日。黄抵日的时间，在八月二十七日。黄兴离南京时，各地讨袁军尚未败，且有新起者；八月四日重庆举兵讨袁，八月五日广州讨袁军失败，八月六日安庆讨袁军失败，八月九日福建讨袁军失败，八月十三日湖南、上海讨袁军失败，八月十八日江西讨袁军失败，九月一日南京讨袁军失败，九月十二日重庆讨袁军失败。九月十五日袁世凯以北京总检察厅名义通缉孙中山、黄兴等革命首要。时黄兴已在日，孙中山则早已于八月八日抵日，较黄兴抵日的时间还早十九天。②

二次革命失败后，孙中山公开把失败的责任推到黄兴身上。孙于一九一四年三月致书黄兴，一则指责其法律解决的主张，延误了起兵的时机：

犹忆钝初死后之五日，英士、觉生在公寓所讨论国事及钝初刺死之由，公谓民国已成立，法律非无效力，对此问题，宜持以冷静态度，而待正常之解决。时天仇在侧，力持不可，公非难之至再，以为南方武力不足恃，苟或发难，必致大局糜烂。文当时颇以公言为不然，公不之听。

一则指责黄兴于革命期间，不能坚守南京：

夫以金陵帝王之都，龙蟠虎踞，苟得效死以守，则大江南北，决不致闻风瓦

---

① 冯祖贻，《一九一三至一九一六年孙中山、黄兴与陈其美关系试析》，页1936—1937。

② 李云汉，《黄克强先生年谱》，页345—358；罗家伦，《国父年谱初稿》，页354—365，但罗书谓孙中山到十一月末始自上海至台北，十二月初始由台北赴日本。黄兴抵日日期，据彭国兴，《黄兴生平主要活动年表》；孙中山抵日日期，据郭廷以，《中华民国史事日志》，第一册，页110，为八月十七日；一九八五年增订本《国父年谱》谓孙于八月二日离上海，八月八日抵日本。

解，而英士、铁生岂至一蹶不振？乃公以饷绌之故，贸然一走，三军无主，卒以致败。①

另外，在同年五月二十九日复黄兴书中，孙中山亦对此事继续指摘：

第二次失败后，兄仍不能见及弟所主张是合，兄所主张是错。何以言之？若兄当日能听弟言，宋案发表之日立即动兵，则海军也，上海制造（局）也，上海也，九江也，犹未落袁氏之手。况此时动兵，大借款必无成功，则袁氏断不能收买议员，收买军队，收买报馆，以推翻舆论。此时之机，吾党有百胜之道，而兄见不及此。及借款已成，大事已去，四都督已革，弟始运动第八师营长，以冒险一发，以求一死所，又为兄所阻不成。此等情节，则弟不满于兄之处也。②

黄兴对孙中山二、三月间的指摘，未见回辩；对五月二十九日的指摘，则在六月一、二日的回信中有所陈明：

宋案发生以来，弟即主以其制人之道，还制其人之身。先生由日归来，极为反对。即以用兵论，忆最初弟与先生曾分电湘、粤两都督，要求其同意。当得其覆电，皆反复陈其不可。今当事者俱在，可复询及之也。后以激于感情，赣身先发，南京第八师为先生运动营长数人，势将破坏。先生欲赴南京之夕，来弟处相谈，弟即止先生不行。其实第八师两旅长非绝对不可，不过以上海难得，致受首尾攻击之故，且先生轻身陷阵，若八师先自相战斗，胜负尚不可知，不如保全全城之得计。故弟愿以身代先生赴南京，实更爱先生，愿留先生以任大事，此当时之实情也。③

到一九一五年二月二十五日，黄兴在美，与未参加中华革命党的陈炯明、柏文蔚、钮永建、李烈钧等发表联名通电，对在二次革命中的立场亦有所辩解：

癸丑七月之役，固自弃于国人，然苟有他途，国政于以修明，兴等虽被万戮，又何足惜？当举事时，成败利钝已能前睹。一击不中，即复戢兵，诚不欲以骤难克敌之师，重生灵涂炭之祸。兴等以此受同志之责，居恇怯之名；质之天良，尚无所歉。④

孙中山为二次革命失败对黄兴不满，早在二人亡命日本之初，即开始对黄"刻

---

① 《国父全集》，第四册，页 351—352。
② 《黄兴集》，页 358。
③ 同上，页 351。
④ 罗家伦主编，《黄克强先生全集》，页 244。

责不已"。^① 到一九一四至一九一五年间又形于文字，主要因为二次革命失败后，黄兴对孙的革命领导方式发生怀疑，使孙又添了"新仇"。当孙于一九一四年七月在东京组织中华革命党欲重振反袁军事时，黄却远走美国，作反袁宣传，不欲直接受孙领导。

缘二次革命失败后，孙黄等重要革命领袖皆亡命日本。孙中山积极重组党人，谋再起讨袁军事。一九一四年一月命陈其美赴大连设立机关，继续策动讨袁军事；二月四日致书南洋同志，谓拟强固革命组织，继续讨袁。另一方面，黄兴不主立即再讨袁，主从设学校以训练人才着手，作久远之计。一九一三年十二日一日黄兴在东京创办"浩然庐"以训练军事人才，一九一四年二月，又创办"政法学校"以训练法政人才之际，孙中山则已于一九一三年九月手订中华革命党章程及入党誓约，并开始积极吸收革命同志。孙中山感于同盟会、国民党时期，党员意见分歧，亦不服从党魁，致使"外侮之来，立见摧败；患难之际，疏如路人"，欲"重组革命党，首以服从命令为唯一条件"，要求"入党者不必自问，甘愿服从文一人，毫无疑虑而后可"；因于入党誓约中要求立誓人"愿牺牲一己之生命自由权利，附从孙中山再举革命。……如有二心，甘受极刑"，并要求立誓人于署名之下，加盖指模。此一严苛要求，在党内引起许多争议，黄兴以"前者不够平等，后者迹近侮辱"，不表同意。经开协调会，陈其美等反对修改誓约，孙中山更坚定地说："你们许多不懂得，见识亦有限，应该盲从我。……同志要再举革命，非服从我不行。……我敢说除我外，无革命导师。"黄兴终未加入中华革命党。六月二十三日，中华革命党开选举会，于选举孙中山为总理，协理一席暂时虚悬后，黄得孙中山同意，"赴美宣传讨袁"；而此时孙中山所策动的讨袁军事，已在各省展开，在六月一个月之内，凌霄在湘西，李国柱在湖南郴县，蒋中正在上海，均曾起兵，但无所成。^②

在孙黄对继续革命的方式发生歧见之后，黄兴赴美，远离孙中山及其周围之人，实因怕干扰孙中山"独行其是"。这一点，在黄兴赴美前，孙中山于一九一四年五、六月间致黄兴的信中已有很好的说明。五月廿九日孙致黄函云：

① 赵矢元，《孙中山和他的助手》，页134。
② 李云汉，《黄克强先生年谱》，页362—367；罗家伦，《国父年谱初稿》，页368—372；周震鳞，《关于黄兴、华兴会和辛亥革命前后的孙黄关系》，页339—340。孙中山的话，见郭世佑《孙中山、黄兴关系再评价》之引证（页93）。又一九八五年增订本《国父年谱》谓"浩然庐"及"法政学校"皆孙中山所创，而黄兴只是参与创设之人。

来示悉，所言英士以兄不入会致攻击，此是大错特错。盖兄之不入会，弟甚满足。以宋案发生之后，彼此主张已极端冲突。……及今图第三次，弟欲负完全责任，愿附从者，必当纯然听弟之号令。今兄主张仍与弟不同，则不入会者宜也。……弟有所求于兄者，则望兄让我干此第三次之事，限以二年为期，过此犹不成，兄可继续出而任事，弟当让兄独办。如弟幸而成功，则请兄出任政治之事。此时弟决意一到战场，以遂平生之志，以试生平之学。……望禁止兄之亲信部下，对于外，自后绝勿再言"中国军界俱是听黄先生之令，无人听孙文之令者。孙文所率者，不过一班之无知少年学生及无饭食之亡命耳"。……至于英士所不满意于兄之事，多属金钱问题。据彼所称：上海商人尝言兄置产若干，存款若干。……金钱之事，则弟向不在意，有无弟亦不欲过问，……弟所望党人者，今后若仍认弟为党魁者，必当完全服从党魁之命令。①

黄兴读了孙中山五月二十九日的信，于六月一、二日有信致孙中山，除前述对二次革命的错失有所辩解外，首对孙中山以两年为期，不成则让黄兴独办之说加以非议：

先生欲弟让先生为第三次之革命，以二年为期，如过期不成，即让弟独办等语，弟窃思以后革命原求政治之改良，此乃个人之天职，非为一公司之权利可相让渡，可能包办者比，以后请先生勿以此相要。弟如有机会，当尽我责任为之，可断言与先生之进行决无相妨。

终则表示对同志自相戕贼，甚感悲愤：

英士君之攻击于弟，弟原不介意，惟实由入会问题，……国事日非，革命希望日见打消，而犹自相戕贼若是，故日来悲愤不胜。先生今力任大事，窃附于朋友之义，有所诤谏，终望采纳。②

又六月三日孙致函黄云：

兄所见既异，不肯附从，以再图第三次之革命，则弟甚望兄能静养两年，俾弟一试吾法。若兄分途并进，以行暗杀，则殊碍吾事也。盖吾甚利袁之生而扑之，如兄计划成功，袁死于旦夕，则吾计划必坏。……此后彼此可不谈公事，但私交上兄

---

① 《国父全集》，第四册，页 313；《黄兴集》，页 358—360。

② 《黄兴集》，页 357—358。

贵为我良友，均勿以公事不投而间之也。①

　　黄兴既对孙所草的中华革命党章程和誓约有不同意见，而孙受其他同志左右，又不能修改，如继续留在东京，恐同志间意见日深，予敌以挑拨离间之机，乃远行美国，俾孙得行其所是。② 实际上，孙黄在东京发生龃龉后，与黄兴接近的一批党人欲乘机离开孙中山，后来一度组"欧事研究会"，函请黄兴参加，因该会规定"对于中山先生取尊敬主义"，而不与之对抗，黄兴才于一九一四年九月十二日回函表示应允，但仍公开表示："党只有国民党，领袖唯孙中山，其他不知也。"③ 值得注意的是：黄兴仍用"国民党"之名。

　　黄兴既决定赴美，于一九一四年六月二十七日在寓所备酒菜与孙中山话别，孙写了一副对联送给他："安危他日终须仗，甘苦来时要共尝"，表达了他对老友的殷切希望。④ 是年六月三十日，黄兴自横滨启程，⑤ 七月九日抵檀香山，八月五日抵旧金山，九月十九日抵洛杉矶，九月二十九日抵芝加哥，十月二日抵纽约，十一月下旬抵费城，即在费城养病。一九一六年四月上旬迁居纽约，四月二十二日由旧金山东返，五月九日抵日。此期间，孙中山在国内各地所策动的革命军事继续发动：一九一四年八月八日起于江苏南通，九日八日起于奉天本溪，十、十一月间起于广东惠州、博罗、佛山、电白，皆无所成。但一九一五年十一月十日陈其美派人刺杀上海镇守使郑汝成成功，十二月五日陈其美复在上海策动肇和军舰起事，均造成很大的影响。到一九一六年十二月二十五日云南护国军起事后，倒袁逐渐成为全国反帝制的人共同努力的目标。此后，在护国军一派的策划下，一九一六年一月二十七日贵州独立，三月十五日广西独立，四月六日广东独立，四月十二日浙江独立，五月十六日陕西独立，五月二十二日四川独立，五月廿七日湖南独立。另一方面，由孙中山策动的革命军事亦继续进行：一九一六年一月六日在惠州起事，二月七日在

　　① 《国父全集》，第四册，页 314；《黄兴集》，页 360。
　　② 吴雁南，《儒学与维新》，页 249。
　　③ 冯祖贻，《一九一三至一九一六年孙中山、黄兴与陈其美关系试析》，页 1944；郭世佑，《孙中山、黄兴关系再评价》，页 96；彭国兴，《黄兴生平主要活动年表》，页 498。
　　④ 赵矢元，《孙中山和他的助手》，页 135。日本外务省档案，《各国内政关系杂纂》，支那的部，革命党关系，第十二卷记载是日孙前往黄兴所餐聚事。该项档案第十一卷记载一九一四年五月五日孙访黄；第八卷记载一九一三年十月十一日孙访黄；第七卷记载一九一三年八月三十一日黄访孙。此期间孙、黄在日本，互相拜访，见于记载的，只此四次。
　　⑤ 前引彭国兴文，页 498。

广州起事，二月十八日在武昌起事，三月七日在广州再起事，四月十四日在江苏江
阴起事，四月十七日在安徽大通起事，四月十八日在江苏吴江起事，五月四日在山
东潍县起事，五月十日在湖南衡山起事。孙中山为指挥方便，于四月二十七日自日
本返抵上海，但五月十八日陈其美在上海遇刺，使孙痛失臂助。黄兴在美约两年时
间，除二十一条交涉期间表示对袁政府不予干扰，以及因身体不适（咯血）择地休
养外，继续从不同的方向，为反袁革命而尽力。他所做的重要事务凡四：一是私下
力谋孙中山接受他的意见，公开力辟他与孙中山有何过节，并力促同志团结；二是
对侨胞及美人指斥袁世凯的罪恶、宣扬反袁的道理；三是以函电鼓励国内反袁运
动，并筹募款项支援国内反袁革命；四是阻止美国赞成袁世凯称帝，阻止美国财团
借款予袁。其间，黄兴于一九一四年九月曾托友人致函孙中山，希望修改中华革命
党章程中的"元勋公民"一节及誓约中的"附从"一语，未得孙之回应，黄从此不
复谈此事。① 而陈其美、孙中山于一九一五年二、三月间先后致函黄兴，除指责
其于二次革命中之失外，复动之以革命情谊，希望其归队。陈其美函中说明"遵守
誓约，服从命令"，"为当然天职而绝无疑义者"，要求黄兴"克日命驾言旋，共肩
艰巨"。孙函中则有云：

> 东渡以来，日夕共谋，非欲雪癸丑之耻，实欲竟辛亥之功。而公又与英士等互
> 相龃龉，溥泉、海鸣复从而煽之。公不维始终之义，遂作中道之弃。离日以后，深
> 虞失援，英士明远，复以函问，而公又置不与复，是公不复以同志为念耶？②

黄兴对此次陈其美和孙中山的指摘，均未置辩。至袁世凯于一九一五年五月九
日接受二十一条要求后，益肆力于反袁工作。他曾于一九一五年十二月十四日致电
美国驻华公使宣示讨袁之义，并于十二月二十一日致电国内名流张謇、唐绍仪、伍
廷芳等，望反对帝制，维护共和国体。又于十二月二十二日致书广西将军陆荣廷，
劝其兴师讨袁。③ 值得注意的是，对正在献身反袁的陈其美和孙中山以及在他们
指挥下的反袁革命同志，竟约有两年的时间不相存问。可能的原因是黄认为孙中山
对他不谅解，而传说陈其美觊觎协理一席，当亦为原因。但孙黄之间的误会一直有

---

① 李云汉，《黄克强先生年谱》，页367—400；罗家伦，《国父年谱初稿》，页375—407。黄兴在美有
关函电（见《黄克强先生全集》，页235—250），亦可见其活动之一斑。

② 陈其美函，见《国父全集》，第一册，页400；孙中山函，见《国父全集》，第四册，页352。

③ 李云汉，《黄克强先生年谱》，页387—395。

人从中化解，周震鳞就是其中的一个。[1]

　　尽管中华革命党成立前夕，孙赞同黄兴远走美国，俾自己能放手一搏，但黄兴走后，得力的助手实只陈其美等少数人，而此少数人均已投入国内战场，海外筹款购械无得力人士，特别在一九一六年四月二十七日孙中山自日返抵上海以后。一九一六年四月二十二日孙中山在致林森请代求黄兴借十万元济急的电中谓："事在必举，弟决内渡，请代面求克强，借十万济急。"[2] 四月二十四日，时黄兴正自旧金山东返抵檀香山，孙又致电檀香山吴铁城，请密交黄兴及邓家彦，请二人乘原船到沪相会。[3] 五月九日黄兴抵日本后，时孙中山方在沪交涉向日本借购军械，乃于五月二十日托宫崎带信给黄兴，谓："弟经以借购军购之事，与青木（日本驻上海武官青木宣纯）、松井（为青木属官）商量，伊亦赞可。惟此事重大，外交上需有种种手续。此时兄尚在日本，惟兄足以助成此举。……兄与弟有十余年最深关系之历史，未尝一日相忤之感情，弟信兄爱我助我，无殊曩日。此事成否，关系全局如上云云，望兄全力图之，事有把握，仍企来沪一行，共商进行各事。"[4] 黄兴对孙中山相托之事，孙中山在五月二十四日致日本参谋本部参谋次长的信中谓"黄兴兄亦表赞同"，[5] 是因黄兴已有覆电。覆电于五月二十二日发于东京，电文云："电悉。械事请亲电参部，并要求青木再电商当局，以便此间易于交涉，兴养。"[6] 据此孙中山除于五月二十日致函黄兴外，另当亦有电。黄兴的回电，应是自一九一四年七月离开孙中山以后，对孙的第一次回音。另外，在五月二十日，黄兴有电致孙中山吊陈其美，[7] 不算回电。自五月二十二日黄兴有电回孙中山后，其后又为购械事，于五月二十七日、五月卅一日（两电）、六月三日四次电孙中山。[8] 黄此时愿与孙再合作的可能原因有二：一是孙在致黄兴函中告知陈其美已被刺，革命同志又少一人，黄为此曾电孙表示唁慰；二是孙中山此函情义逼人，不若一九一五年三月之函，诉于责备。当然革命党人如周震鳞的调解等，也是一因素。

① 周震鳞，《关于黄兴、华兴会和辛亥革命时期的孙黄关系》，页 340—341。
② 《国父全集》，第四册，页 412。
③ 同上，页 413。
④ 同上，页 418。
⑤ 同上，页 423。
⑥ 薛君度、毛注青编，《黄兴未刊电稿》（长沙，一九八三年），页 1。
⑦ 《黄兴集》，页 432。
⑧ 《黄克强先生全集》，页 255—256。

一九一六年五月九日至七月八日的两个月，黄兴在日，继续函电国内各界及有关同志，同心讨袁。六月初，当反袁势力"多张旗鼓""各立宗盟"之际（引文为黄兴语，当指护国军一派排挤孙中山），孙中山在沪发表讨袁宣言，却除畛域之见，黄兴对孙之"豁然大公"，表示"无任钦仰"。既而袁死黎继，孙中山主以"复约法，召国会"向黎要求，电询黄兴意见，黄覆电赞同。此期间，周震鳞托人带给黄兴一封长信，言明孙中山对他完全谅解。七月八日，黄兴由日返沪后，即与孙握手言欢。可能因为健康及志趣关系，黄兴此时对国会、内阁及党务问题继续关怀，但对实际政治不再参与，甚至有"出尘之想"。至十月三十一日，因呕血病逝上海。①

黄兴逝世后，孙中山主持丧事。凡发往海外告革命同志的电函，均由孙中山一人署名。如一九一六年十月三十一日致檀香山加拿大南美各支分部中华会馆告黄兴逝世电、致星洲转仰光曼谷西贡等处同志告黄兴逝世电、致澳洲纽锡兰同志告黄兴逝世电，以及十一月一日悼伤黄兴逝世致杨寿彭等函，皆由孙中山一人署名。②凡与治丧有关的电文，均由孙中山领衔，另附有少数重要党中领袖，如一九一六年十一月孙中山与唐绍仪等联名通告黄兴出殡电，署名之主丧友人另有李烈钧、蔡元培、谭人凤；是月孙中山与唐绍仪等联名致吕公望（浙江督军）派员谒商黄兴丧地电，署名者另有李烈钧、钮永建、张继、胡汉民；十二月六日孙中山与唐绍仪等联名致黎元洪及国务院告以黄兴葬地改为湖南电，署名者另有李烈钧、蔡元培、柏文蔚；十二月八日孙中山与唐绍仪等联名致参众议员请速发表黄兴国葬事宜电，署名者另有李烈钧、蔡元培。十二月二十六日孙中山与唐绍仪等为黄兴丧事刊布谢启，署名主丧友人另有柏文蔚、李烈钧、蔡元培、谭人凤。③无论共同署名者为谁，可以看出孙中山是黄兴丧事的主办人。

黄兴与孙中山皆志于革命，在一九一三至一九一六年约三年多的时间，二人对革命领导的方式发生歧见，革命的目标则仍然一致。尤其重要的是，黄兴在反袁革命结束的前夕，又回到孙中山身边。这使他在国民革命历史中有一个完整的经历，与日后汪兆铭的遭遇，便截然不同。

---

① 李云汉，《黄克强先生年谱》，页400—419；吴雁南，《儒学与维新》，页251；周震鳞，《关于黄兴、华兴会和辛亥革命时期的孙黄关系》，页341；《黄兴集》，页441—442；《黄克强先生全集》，页260—263，页262函文中提到"出尘之想"。

② 《国父全集》，第四册，页456—457。

③ 同上，页461—465。谢启见《国父全集》第九册，页585。

八、余论

在清末民初的革命阵营中，领导阶层有三个地域的差异：一为广东，为兴中会派的发祥地；二为两湖，为华兴会派的发祥地；三为江浙，为光复会派的发祥地。同盟会成立时，光复会未派人加入，故同盟会成立时所产生的领袖人物，是孙中山以总理为首席，黄兴以庶务干事为次席。光复会人未能跻身同盟会的领导阶层，这也许是后来与孙中山闹翻的原因，有时且罪及黄兴。宋教仁与黄兴接近，初未受孙中山重视，故宋不断有另谋发展之倾向。直到一九一二年八月，宋欲推展政党政治，孙无兴趣，而当时黄的主要兴趣是追随孙。宋始代孙中山的理事长职。黄与宋关系密切，在调和政见、推动政党政治上虽然分一部分精力助宋，但大部时间仍是配合孙的活动，故从同盟会成立，到二次革命前夕，革命派都是孙黄共同领导的局面。

孙黄自一九〇五年为共同致力于革命而结识，此后迄于一九一六年黄死，约有十年时间。在此十年中，孙黄在表面上维持长官、部属或老长官、旧部属的关系，实际上或为革命伙伴，或分途为革命奔走，二人的奋斗目标从无二致。二人均为英雄人物，能维持友谊，颇为难得。主要因素，在孙中山一方面，他能看重黄兴、信任黄兴；在黄兴一方面，他能不与人争。黄兴在性格上平易近人，与他同创华兴会的章士钊说："天下最易交之友，莫如黄克强。"与他忽友忽敌的章炳麟在黄兴盖棺论定时，说他"性刚果，而对人媲顺如女子"。[1] 另外，黄兴读太平天国史有心得，随时以太平天国内部"互争权势，自相残杀，以致功败垂成"相警惕。他说："看到太平天国自金田起义之后，起初他们的弟兄颇知共济，故能席卷湖广，开基金陵。不幸得很，后来因为他们弟兄有了私心，互争权势，自相残杀，以致功败垂成。我读史至此，不觉气愤腾胸，为之顿足三叹。"[2]

拿黄兴与孙中山比较：在社会关系上，孙自幼在国外受教育，与官僚、士绅阶层格格不入。由于早年的革命群众多来自以三合会为主的下层社会，使他容易以"先知先觉"自许，希望党员宣扬他的主张、实行他的计划，对党员的不同意见，

---

① 唐文权，《度尽劫波兄弟在》，页86。

② 同上，页81。

则倾向于不接受。由于主观性强，在当时的情形下，追求理想，易于诉诸武力。黄兴出身诸生，从献身革命起即折冲于官僚、士绅之间，只以联络者自居，不以领袖自居；只要目的相同，在实行的意见上容易屈从别人。又因身经革命诸役，深知军事取胜不易，故在民国建立后，即不倾心于以武力解决问题。

在思想上，孙中山学贯中西，具世界眼光，受东西文化的双重影响，对中国传统文化与西洋文明并重，并能从中西不同的思想学说中发展出一套有系统的革命理论。黄兴中学有根柢，受国学影响较大，爱国思想有时超过革命理想，虽认应学习西方的长处，在民国建立之初，即先后致电袁世凯、唐绍仪、蔡元培及各省都督，要求阐扬中国优良文化传统。由于孙中山是革命思想的指导者，黄兴偏重于实行，或兼对孙的思想如民生主义、实业计划等，加以阐述。因此，黄对孙虽偶有意见不同，却始终真诚支持，或屈身接受领导，或放手让孙一搏，从未刻意阻挠，更不僭越。①

黄兴在同盟会成立之前，是华兴会的领袖，在两湖地区及长江中下游各省有深厚的基础。同盟会成立后，由于支持孙中山的边区革命政策，在华南地区的声望也日益隆盛。身为同盟会总理的孙中山，不长于军事作战，而自一八九五年广州之役后即受清廷注目并为香港政府放逐，一九○七年以后，又陆续为日本及中国东南部周边国家及地区禁止入境，无法回国直接参与武装起事的准备和发动工作，因此大部时间只能在美欧地区联络华侨、筹款、宣传革命。在这种情形下，黄兴便负起了国内起兵的重任，在一九○七至一九○八年间，黄兴亲自回国，主持了防城、镇南关、钦廉、河口四次起兵，一九一○年策动了广州新军之役，一九一一年又领导了广州之役，并于武昌革命爆发后，赶赴前线，领导汉阳保卫战。② 另外一方面，同盟会成立之初，黄兴在东京代行总理职权时，曾吸收在日本学习军事的中国留学生百余人（如李烈钧、阎锡山、张凤翙）。一九○八年，他还在东京大森体育会，对部分同盟会员，实施军事训练（如孙武、焦达峰）。经过黄兴的努力，同盟会培养了一批军事干部。辛亥武昌起事后，在南北各省举兵响应，充任都督及军、师、旅、团长的人，不少属于黄兴在东京所吸收或训练的人才。因此黄兴在革命军人中

---

① 吴雁南，《儒学与维新》，页 244—255。
② 冯祖贻，《一九一三至一九一六年孙中山、黄兴与陈其美关系试析》，页 1932。

能取得特殊地位，绝非偶然。① 黄兴在一九〇七至一九一一年间，可谓为国内实行革命的首席领袖。

由黄兴的平易和诚恳，以及他在历次起事中无人能与相比的经历，孙中山对他一直很倚重。在黄兴生前，孙中山对黄所领导的一九〇八年的河口之役以及一九一一年的广州之役等，都曾公开赞扬。黄兴死后，孙中山对黄兴对革命的贡献，继续加以肯定，一九一六年十一月一日孙中山在发布黄兴逝世启事中说：

> 黄克强先生自创立同盟会以来，与文同事，奔走艰难，迄于今日，凡我同志，谅均知悉。②

一九一七年四月十四日孙中山在祭黄兴文中说：

> 公殚一生之心血，历二十余载之艰辛，身涉万险，政经三变，国势犹如此。③

丧祭之文，尚虚不尚实，在孙中山所留下的文字中，此类颂扬黄兴的文字甚多，兹不备举。

孙中山真正较为详实地叙述黄兴对革命的贡献，是在一九一九年于上海撰写《孙文学说》第八章《有志竟成》的时候，文中说：

> 予自连遭失败之后，安南、日本、香港等地与中国密迩者，皆不能自由居处，则予对于中国之活动地盘已完全失却矣。于是将国内一切计划，委托于黄克强、胡汉民二人，而予乃再作漫游，专任筹款，以接济革命之进行。后克强、汉民回香港设南方统筹机关，与赵伯先、倪映典、朱执信、陈炯明、姚雨平等谋，以广州新军举事。④

黄兴的这些经历，使他在革命阵营中，跃升为第二位领袖的地位，不仅是形式的，而且是实质的。关于此点，一九一四年二月陈其美在致黄兴的信中即有所说明：

> 溯自辛亥以前，二三同志如谭、宋辈过沪上时，谈及吾党健者，必重推足下，以为孙氏理想，黄氏实行。⑤

可以看出黄兴在党内地位跃升的情形。但黄从无意超孙而过之，孙亦不曾有意

---

① 左舜生，《黄兴评传》，页90—92；赵矢元，《孙中山和他的助手》，页117。
② 《国父全集》，第九册，页581。
③ 同上，第九册，页587。
④ 同上，第一册，页418。
⑤ 同上，页396。

抑黄。这是孙黄能够维持友谊的重要原因。

　　值得注意的是，到了一九二〇年代，孙中山欲放弃以政党政治的方法和平竞争政权，拟用网罗群众的方法将革命的事业从头做起，始对黄兴早年协助宋教仁等从事政党政治的做法有所批评。影响所及，在一九二〇年代以后的国民党历史中，民国建立之初由宋教仁等改组而成的国民党，成为国民革命史中的异数。一九二五年六月，戴传贤完成《孙文主义之哲学基础》一书，书中指摘宋教仁将同盟会改组为国民党，排去了"革命同盟会"的革命性，排除了三民主义的名实，用丢了革命性和主义的一群政治势力集团为基础，去与反革命的官僚妥协，并谓"公平的批判起来，革命党的第一个罪人，实在是桃源宋渔父"。[①] 在这样情形下，协助宋教仁推展政党政治的黄兴，在国民革命史中的地位与评价，自然也受到影响。不过，学者的研究，从不忽视黄兴对国民革命的贡献，譬如薛君度说："孙和黄的共同领导，是理解一九〇五年以后十年间中国革命运动的关键。"[②]

---

① 左舜生，《黄兴评传》，页100—101。
② 薛君度，《黄兴与中国革命》，页9。

杨度的政治行为及其转折

杨度的一生，受过中日甲午战争的刺激，师事过王闿运，留学过日本，参加过晚清的宪政运动，受过袁世凯的提拔也效忠过袁世凯，追随过孙中山也追随过周恩来。他死在民国二十年"九一八"事变发生的前一天，没有见证过再一次中日战争。

一、家庭、师友与早年志气

杨度（一八七五至一九三一），字晳子，别署虎公，晚年学佛，又自号虎头陀、虎禅师。清同治十三年十二月初三日（一八七五年一月十日）生于湖南湘潭，民国二十年（一九三一）九月十七日死于上海，享年五十七岁。出生时家庭小康，祖父杨桂芳曾任湘军哨官，后战死。父杨宗彝在木偶戏班任职，兼务农，逝于光绪四年（一八七八）。杨度四岁丧父，由母亲李氏抚养长大，门户赖其任职总兵的大伯父杨玉书撑持。杨度兄妹三人皆入衡阳东洲石鼓书院，师事湘潭大儒王闿运。弟钧字重子，善写隶书；妹庄字叔姬，长于诗，后嫁王闿运之四子季果。三人皆才气横溢，有杨氏一门三才子之誉。杨度拜王闿运为师，在光绪二十二年四月（一八九六年五月），甚得王的喜爱，常代王批阅课卷。其后二年余，维新运动起，湖南政学界多响应，杨度受王的影响，甚排拒之。曾非议康有为、驱逐梁启超，并鄙视南学会的活动。王闿运精通帝王之学，杨度在这方面颇有师承，对公羊之学有所偏好。他对公羊的立论，注意返观现实，主张通经致用，王认为他"甚有心思"。①

---

① 黄中兴，《杨度与民初政治（一九一一—一九一六）》（台北："国立"台湾师范大学历史研究所，一九八六年），页7—9；何汉文、杜迈之，《杨度传》（长沙：湖南人民出版社，一九七九年），页3—4，但谓杨为十二月八日生。杨度师承王闿运及其在戊戌时期的政治态度，见《杨度日记》光绪二十二年至二十六年手稿；杨度家世，见《杨氏家谱》油印稿。文件由杨度的重孙杨念群先生（现任教于北京人民大学）提供，特此致谢。

光绪二十年（一八九四）杨度赴北京参加顺天乡试，正值中日战云密布，感于国事蜩螗，曾上书请与倭奴战。是年九月中举人，次年参加会试，光绪二十四年（一八九八）三月再参加会试，皆不中，均仍回东洲石鼓书院。其间，光绪二十三年三月（一八九七年四月），与同学夏寿田等升任东洲石鼓书院讲习。如前所述，当时维新运动盛兴，湖南受梁启超在长沙主持时务学堂倡导新学的影响，地方官绅热心于变法。杨于此时虽结识梁启超、熊希龄等人，却不相与谋。但到光绪二十六年（一九〇〇）拳变引起八国联军以后，即倾慕西学，不仅对重学、化学、电学、光学以及火炮、铁路、贸易、边防等事有所论列，且开始学英文。[①]

二、留日时期的救国主张及活动

光绪二十八年四月（一九〇二年五月），杨度自费留日，入宏文师范学院速成科。该校成立于光绪二十七年十二月（一九〇二年一月），为肆应中国留日学生之需要而设。光绪二十八年九月（一九〇二年十月），杨结合湖南籍留学生杨守仁、黄兴等，创刊《湖南游学译编》月刊，译刊有关学术、教育、军事、实业、理财、内政、外交、历史、地理、时论、新闻、小说等十二方面的文章，并标榜自由、平等、独立三大主义。嗣杨度向国内募捐，将《湖南游学译编》扩大为湖南编译社，译印各种专著及中小学教科书，对湖南社会和文化有很大的贡献。[②]

杨度所肄业的宏文师范学院，校长为嘉纳治五郎。该校全收中国学生。与杨度同时在校读书者有黄兴、胡元倓、胡汉民等。杨于宏文卒业后，曾于光绪二十八年九月二十二日（一九〇二年十月二十三日）、九月二十九日（十月三十日）、十月六日（十一月五日）三度率十余同学与嘉纳氏讨论学术、教育、政治、实业等问题，对中日关系、满汉关系等，杨度与嘉纳氏持不同的意见：

（1）嘉纳氏主张黄种人应互相提携，汉人不应反对满人。杨度认为，日本人、满人、汉人皆黄种，当本民族独立、自主、平等之原则，相爱护、相提携。

（2）嘉纳氏主张用和平方法办事，以免"枉错迁折，虚度时日"。杨度认为骚

---

① 前引黄中兴书，页7—11；吴相湘，《"旷世逸才"杨度》谓杨于光绪二十三年秋中长沙乡试，见所著《民国政治人物》（台北：文星书店，一九六三年），页70。杨度两次参加会试失败暨光绪二十六年以后倾慕西学事，见前引《杨度日记》。

② 前引黄中兴书，页22—23。

动所以促文明进步，主张不能全恃和平方法；认为清廷腐败、贪贿，官员尸位素餐，去之为宜，但若有机以锐进辅老成，可救其偏。

（3）嘉纳氏主张中国学术应以儒教为宗，不可引卢梭诸人之学说；杨度认为学术必须改革，以截长补短。

（4）嘉纳氏提出满人握权、汉人服从；杨度以文化差异，表示满人应屈从汉人。①

光绪二十八年十一月二十二日（一九〇二年十二月二十一日），杨度自日本回湖南结婚，娶黄华为妻，并准备参加经济特科考试。经济特科的考生都是由官员保荐，杨度系由太常寺卿陈兆文保荐。考试于光绪二十九年闰五月十六日（一九〇三年七月十日）在北京举行，由湖广总督张之洞主试，初次取中第一等第二名，第一名是梁士诒。不意杨、梁录取之后，有人进谗，指二人有新党嫌。清廷不仅将二人剔除，且有旨拿办。杨度于六月九日（八月一日）走日本。②

此次杨度赴日，停留约半年多，除忙于湖南编译社的事以外，没有入学。与主编《新民丛报》的改革派人士梁启超多所往还，曾于《新民丛报》发表《湖南少年歌》，宣扬排满和排外思想，将曾国藩练兵抗太平军，指为"鹬蚌相持渔子利，湘粤纷争满人笑"。当时中国内忧外患交乘，他将复兴中国的责任放在湖南人身上，倡言"中国于今是希腊，湖南当作斯巴达；中国将为德意志，湖南当作普鲁士"；"若道中华国果亡，除非湖南人尽死"。③

当时杨度的思想，介于改革与革命之间，不仅与倡言改革的梁启超往还，还曾拜访革命派的领袖孙中山（孙于闰五月二十八日［七月二十二日］至八月六日［九月二十六日］在日本）。④孙在东京，约杨在永乐园餐叙，欲拉杨度入革命党，杨谓："吾主君主立宪，吾事成，愿先生助我；先生号召民族革命，先生成功，度当尽弃其主张，以助先生。努力国事，期在后日，勿相妨也。"⑤

光绪三十年（一九〇四），杨度入东京法政大学速成科学习。法政大学速成科

---

① 黄中兴，《杨度与民初政治》，页22—23。何汉文、杜迈之，《杨度传》，页7—11。

② 侯宜杰，《杨度二题》，《近代史研究》，一九八六年第六期，页236—237。前引吴相湘文页71谓杨应经济特科为四川总督锡良保荐，经上述侯文考证，证实为误。杨返湖南及再赴日本日期，以及返湖南结婚，参考上注黄中兴书，页25—26。

③ 《饮冰室诗话》，《新民丛报》，第四二、四三号合本，页191—195。

④ 陈锡祺主编，《孙中山年谱长编》，上册，页290—294。

⑤ 前引黄中兴书，页31。

设于光绪三十年四月（一九〇四年五月），系专为中国留日学生而设，一年卒业。学生有革命派，如汪兆铭；也有改革派，如熊范舆、雷光宇。杨度的交往不分彼此，他在东京阪田町的寓所经常高朋满座，曾当选留日学生联合会副会长。光绪三十年秋，湖南、湖北、广东三省官绅，包括湖广总督张之洞等，发动收回美商合兴公司的粤汉铁路修筑权（光绪二十六年获得，但一直未修），收回自办。杨度在三省留日学生中发起组织"三省铁路联合会"，电争废约自办。杨度由留日学生推为总代表回国，参加国内护路运动。杨在上海、武汉、长沙各地奔走请愿宣传，[①]并利用人事关系，取得美商合兴公司投资粤汉铁路的文件，透过梁启超，刊载于上海《时报》（改革派的报纸）。旋又印行《粤汉铁路交涉秘密档案》小册分发各方。杨并撰《粤汉铁路议》，约十余万言，发表于《新民丛报》，主张废合同，招商股及官股自办。杨的宣传，对争回粤汉铁路的建筑权，很有影响。[②]

是年十月（十一月），在湖南组织华兴会的黄兴（湖南善化）事败走上海，华兴会人宋教仁（湖南桃源）、陈天华（湖南新化）、章士钊（湖南长沙）、薛大可（湖南益阳）、杨守仁（湖南长沙）等亦集上海。会安徽省革命党人万福华因谋刺前广西巡抚王之春（阳历十一月十九日）被捕，牵连华兴会人。[③]由于杨度在上海与华兴会人多所往还，又以争粤汉铁路修筑权与王之春有隙，杨为避祸，于十月三十一日（十二月六日）再度赴日本。[④]

三、在君宪运动中别树一帜

杨度于光绪三十年十月底抵日本后，继续在法政大学速成科就读，因光绪三十年八月早稻田大学已有清国留学生部成立，杨度旋即转入早稻田大学就读。是年，杨被选为中国留学生总会馆干事长，副干事长为范源廉，学务干事为蒋方震，书记干事为林长民，庶务干事为张继，各省分会职员长有安徽王赓、湖南章士钊、云南张耀曾等。[⑤]与杨度经常来往的人尚包括黄兴、宋教仁、陈天华、刘揆一、杨守仁、

① 何汉文、杜迈之，《杨度传》，页15—19。
② 黄中兴，《杨度与民初政治》，页27。
③ 张玉法，《清季的革命团体》（台北：中研院近代史研究所，一九七五年），页284—285。
④ 前引黄中兴书，页21。
⑤ 同上，页24—25。

蔡锷等。①

光绪三十一年七月，孙中山在日本筹组同盟会，欲拉杨度入会，偕程家柽至其富士见町寓所访见，聚议三日夜不歇，各抒己见，满汉中外靡不备论，革命保皇申言无隐。杨度谓："民主革命富于破坏性，中国已有东亚病夫之名，不堪服猛剂以招危亡；英、日两国均以君主立宪而强，可资借镜。"又谓："度服先生高论，然投身宪政久，难骤改，橐鞬随公，窃愧未能。度有同里友曰黄兴，当今奇男子也，辅公无疑，请得介见。"②

杨度在光绪二十八年与嘉纳治五郎的论辩中和光绪二十九年所写的《湖南少年歌》中都表达了对清政府的不满，之所以不赞同革命，除了受家世和早年求学的影响以外，在日本的见闻和在日本所受的教育对他影响尤大。他目睹日本明治维新，实行君主立宪，不过二三十年即成为世界强国，认为中国如效法明治维新，将君主专制改为君主立宪，亦可使中国成为强国。杨度在出国前即曾与在湖南的改革派梁启超、熊希龄等有所接触，到日本之后复与梁启超等多所往来。杨虽亦与革命派往来，但在政治上自有进退之道。他与革命派保持距离也保持关系，他与康梁等改革派保持关系也保持距离，三十岁左右的他，已有强烈的领袖欲。

光绪三十一年九月，清廷为准备实行君主立宪，派五大臣出洋考察各国政治。随员之一的熊希龄途经日本，委托杨度代拟有关宪政的文件，杨又转请梁启超分劳。杨撰的题目是《中国宪政大纲应吸收东西各国之所长》及《实施宪政程序》，梁撰的题目是《东西各国宪政之比较》，但二人皆不出名。光绪三十二年六月五大臣相继归国后，即据以奏请清廷实行立宪。七月，清廷颁布预备立宪诏令。③

在清廷颁布预备立宪诏令前后，杨度捐了一个"候选郎中"的官衔，并曾短期回国。除探视母亲及妻小（此时杨度已有二子，长名公庶，次名公兆）外，主要系为筹办《中国新报》奔走。《中国新报》创刊于光绪三十二年十二月一日，停刊于光绪三十三年十二月，标明每月一回，共出九号。一至六号在东京出版，由光绪三十二年十二月至三十三年九月，编辑兼发行人署名陈籽美；七至九号在上海出版，由光绪三十三年十一月至三十三年十二月，编辑兼发行人署名陈家瓒。实则主持其

---

① 何汉文、杜迈之，《杨度传》，页19。

② 陶菊隐，《我所知道的杨度》，《学术月刊》，一九七九年八月号，页43，惟将一九〇三年时相见谈话之语亦引于此。参考黄中兴，《杨度与民初政治》，页30—31。

③ 上注黄中兴书，页24，28—29；前引何汉文、杜迈之书，页43。

事的均为杨度和薛大可。杨度推动政治改革，主张满汉同源，倡行君主立宪，与梁启超的《新民丛报》相呼应。其基本政治主张见《金铁主义说》一文。《金铁主义说》一文长约十三万字，连载于《中国新报》一至五期。杨度解释说："金者黄金，铁者黑铁；金者金钱，铁者铁炮；金者经济，铁者军事。"所谓"金铁主义"，即"经济的军国主义"，可分对内和对外两方面，表列如下：

对内：富民——工商立国——扩张民权——有自由人民

对外：强国——军事立国——巩固国权——有责任政府

在民族问题上，由民族主义进化而为国家主义，反对排满，但也反对满人压制汉人；在政治问题上，主张以君主立宪改造责任政府，使政治责任在政府而不在君主。推动君主立宪，则以"力谋速开国会"为第一步骤。[1]

在杨度假《中国新报》宣扬君主立宪期间，由于清廷已准备实行君主立宪，只是实行的程序和方式未定，国内外政学界人士除在报刊上提出建言外，已开始组织政治团体作实际的推动。首先，张謇于光绪三十二年十一月一日（一九〇六年十二月十六日）在上海组织"预备立宪公会"。在预备立宪公会成立前后，康有为、梁启超在海外的保皇会拟变更组织，约杨度、熊希龄等参与筹划。曾决定由梁启超、杨度、蒋智由等出名发起"帝国宪政会"，杨度为干事长，康有为在暗中主持，熊希龄为便在国内活动，不出名。帝国宪政会的主要活动在海外，梁启超无兴趣。梁复联合杨度、熊希龄等另组织一政团曰"政闻社"，拟于国内监督政府、赞助改革。在讨论进行程序时，梁启超主行开明专制，结党以宣传立宪；杨度主立开国会，以为立宪步骤。杨度虽参与帝国宪政会和政闻社的筹备，二者均未加入。政闻社迟至光绪三十三年七月六日（一九〇七年八月十四日）始成立，而在是年一月一日（一九〇七年二月十三日）保皇会改为帝国宪政会之时，[2] 杨度已以"政俗调查会"的名义吸收会员。到是年春夏间，政俗调查会与熊范舆的宪政讲习会合并，易名"宪政公会"。[3]

光绪三十三年九月，杨度因伯父杨玉书病逝返国奔丧，东京《中国新报》停刊。杨度回国后，东京宪政公会由熊范舆主持。在杨度返国前后，宪政公会在东京

---

① 黄中兴，《杨度与民初政治》，页46—51；何汉文、杜迈之，《杨度传》，页22—38。

② 张玉法，《清季的革命团体》，页320—322，324—325，348—349。

③ 前引黄中兴书，页52。

的会员数十人曾上书请愿，要求清廷开设民选议院。上书虽无结果，然为中国请愿开国会的第一次。是年冬，犬养毅游长沙，湖南宪政公会同人曾设宴款待。犬养于会中发表演说，以日本宪政运动之历史，阐明中国宪政运动之方针。欲求有责任之政府，必设监督之机关；监督机关之设置，不能求之政府，必求之人民。其说与杨度之主张同。①

四、仕途与理想的困境

杨度在家守制数月，并未停止政治活动。在东京宪政公会上书请开国会不成后，杨度在湖南家中曾撰拟请开国会奏折，央请王闿运领衔上奏，为王所拒。光绪三十三年十一月，《中国新报》在上海复刊，继续宣传请开国会，如第八号刊登东京宪政公会之《民选议院请愿书》，第九号刊登《请开国会之理由书》。杨并在长沙、武昌、江宁等处发展宪政公会会务，为与政闻社的势力竞争，宣传政闻社的目的在结合肃王善耆排除外务大臣袁世凯，使政闻社的活动在汉口受阻。光绪三十四年三月二十日（一九○八年四月二十日），杨度得五大臣保举，以候补郎中著以四品京堂候补。杨既任京官，受政府大员庇护，与浙人沈钧儒在北京发起宪政公会，一时入会者甚多。此期间，国内外宪政团体，包括上海的预备立宪公会、湖南的宪政公会、湖北的宪政筹备会、广东的粤商自治会，以及由东京迁上海的政闻社，自光绪三十四年二月开始，即发动签名，请愿速开国会。签名书并于六、七月间上呈。清廷为缓和抗争，于七月十三日（一九○八年八月九日）公布九年预备立宪的上谕；为遏阻民气，于七月下旬将政闻社封禁。自政闻社被封，清廷对结社取缔綦严，宪政公会会务日益萧索。杨度以居官，亦渐不理会务，宪政公会遂自然消灭。杨已任职清廷，亦不再代表民间势力。②

杨度任职的宪政编查馆，设于光绪三十三年七月，系由设于光绪三十一年十月的考察政治馆改设而成。在光绪三十四年三月杨度被五大臣保荐在宪政编查馆行走后，

---

① 张玉法，《清季的革命团体》，页371—372。

② 张玉法，《清季的立宪团体》，页356，372—373，384—385；黄中兴，《杨度与民初政治》，页54—56。杨度得入宪政编查馆，或谓系由袁世凯、张之洞联名保举，见何汉文、杜迈之，《杨度传》，页43—44。

湖广总督张之洞于四月保荐思想保守的劳乃宣在宪政编查馆行走，以为节制。① 杨、劳二人任行走至是年冬，到光绪三十四年十二月二十三日（一九〇九年一月十四日）以后二人任参议，宣统元年四月三日（一九〇九年五月二十一日）以后劳兼考核专科总办，杨兼会办。宣统三年三月三十日（一九一一年四月二十八日）杨升考核专科总办，五月二十七日（六月二十三日）杨任统计局局长，直至宪政编查馆裁撤止。② 终清之世杨度未受重用的原因，应与他的思想激进有关，如前所述，他与革命党人来往密切，《民报》指他曾与黄兴、刘揆一等"歃血为盟，誓灭建夷"，"其后浸寻言立宪，汉人之处枢密者，援以为重"，"人犹疑之曰：名为立宪，实则革命"。③

　　杨度在宪政编查馆的三年多中，对立宪法制和新刑律的起草，都有所参与。杨度在宪政编查馆行走不及半年，清廷依据宪政编查馆的奏议，颁布《宪法大纲暨议院选举各法并逐年应行筹备事宜》。或谓宪法大纲系由杨度起草，杨度辩称"未尝参与一字"，谓自己主张三年内开国会，袁世凯、张之洞亦不赞同清廷所定的九年。宪法大纲和筹备清单当是新旧两派折衷之结果。光绪三十四年十二月二十三日，杨度受袁世凯保荐为宪政编查馆参议。宣统元年九月各省谘议局成立后，民间立宪团体会合谘议局势力，连年作大规模的请愿，要求清廷速开国会。第一次在宣统元年十二月，清廷谕令不准，仍维持九年预备之旨；第二次在宣统二年五月，清廷亦谕令不准。④ 杨度认为国会若不早开，民气不可平抚，极力主张速开国会，与宪政编查馆考核科会办章宗祥、考核科帮办汪荣宝等主张缓进者，多有龃龉。⑤ 宣统二年九月资政院成立，各省谘议局代表分别向枢府及资政院请愿，各省督抚亦向枢府请愿，均请于宣统三年开国会，资政院接受民意，亦作如是请求，清廷乃于十月三日降谕，改于宣统五年开设议院，但仍不能平抑民气。⑥ 杨度对宣统五年召开国会并不满意，当日即上奏折，谓"国会宜速开设，以救阽危，不必待至宣统五年始行召集"。⑦

　　① 黄中兴，《杨度与民初政治》，页69—70。
　　② 侯宜杰，《杨度二题》，页237—244；杨、劳的职衔变换，另参考刘汝锡，《宪政编查馆研究》（竹南：七灯出版社，一九八二年），页30、40；上注黄中兴书，页74。
　　③ 《王夫之从祀与杨度参机要》，《民报》，第二二号，一九〇八年七月十日，时评。
　　④ 张玉法，《清季的立宪团体》，页393—405。
　　⑤ 前引黄中兴书，页72；章宗祥、汪荣宝职衔，见前引刘汝锡书，页40、41。
　　⑥ 张玉法，《清季的立宪团体》，页437—442。
　　⑦ 北京专电，《时报》二版，宣统二年十月五日。

杨度在宪政编查馆的工作，除参与立宪法制以外，重要者为对新刑律的维护。新刑律草案系延聘日本法学博士冈田朝太郎主稿，由法律馆奏进，先下宪政编查馆议，后交资政院议。当新刑律草案尚在宪政编查馆时，劳乃宣对"处女和奸不罚"等条反对，杨度认为新刑律在破除家族主义，而导国民以国家主义，对新刑律极力赞同。草案移资政院后，劳提案修正，杨则在资政院演说，力为新刑律辩护。新刑律在资政院虽未获通过，[1] 可以看出杨较能吸收新思想，并将新思想融于他所参与制定的法律。

杨在任职宪政编查馆期间，尚有数事，值得一书：其一，杨度在进入宪政编查馆之初，曾受袁世凯推荐，在颐和园向皇族亲贵重臣讲解宪法，后以袁世凯罢官而停止。[2] 其二，杨度留日时，与湘籍留日同学梁焕奎筹议在长沙合办华昌炼锑公司，该公司创于光绪三十四年正月一日（一九〇八年二月二日），宣统元年二月十七日（一九〇九年三月八日）登记注册，资本银三十万两，使用西法，在湖南开采锑矿。杨度为该公司的大股东，因为公司业务发生问题，杨度曾于宣统元年七月自京回湘，料理公司事务，到次年一月才回北京。[3] 其三，杨于宣统元、二年间在湖南时，粤汉铁路正谋兴筑，因为筹款成绩不良，杨上书邮传部，主张粤汉铁路官商合办，官股可以借外债。当时湘、粤、鄂三省人民正发起反对德、英、法、美四国的借款，主张商办。杨度的主张与拒款运动所主张者相抵触，湘省各界人士群起反对。杨北上路过汉口时，湘路代表曾电请湖北拒款组织加以堵截，要他认错。[4] 杨度逃离汉口后，曾有《与湖南铁路拒款代表书》，表白立场，仍不改其主张。其四，宣统元年，袁世凯罢官归里，居河南彰德。袁世凯离京时，旧识中唯严修、杨度至车站送行。此后杨度与杨士琦等更经常往来于京彰道上，为袁传递消息。御史胡思敬参劾杨度等为"袁氏余孽"，可以看出杨与袁之关系。[5] 其五，宣统二年九月资

① 张玉法，《清季的立宪团体》，页460—462。

② 何汉文、杜迈之，《杨度传》，页45。宪政编查馆人员赞成新刑律者有管理事务奕劻、徐世昌、毓朗，一等咨议官沈家本，编制局局长吴廷燮，以及参议杨度等人；反对新刑律者有管理事务张之洞，提调宝熙、李家驹，一等咨议官陈宝琛、刘廷琛，统计局局长沈林一，以及参议劳乃宣等人。参考刘汝锡，《宪政编查馆研究》，页70。

③ 黄中兴，《杨度与民初政治》，页72。

④ 赵金钮，《杨度与〈中国新报〉》，《近代史研究》，一九八一年第三期，页338；前引何汉文、杜迈之书，页45—47。

⑤ 前引黄中兴书，页75—76。

政院成立后，政党出现。杨度为增加立宪派的声势，于宣统二年十一月上奏，乞恩赦回梁启超效用，谓"梁启超身在海外，不忘君国，常发为忠爱之文章，乞恩赦回效用；回国后若有变端，当斩度首以为妄请者戒"。[①] 其六，在资政院中，钦选议员于宣统三年二、三月间成立"帝国宪政实进会"，较激进的民选议员于五月初旬组织"宪友会"，杨度暗中结合两湖地区民选议员，于五月组织"辛亥俱乐部"。辛亥俱乐部的政纲，包括阐扬立宪帝国精神、提倡军国民教育、振兴实业、整饬军备等，[②] 可以看出杨度"金铁主义"的影子。

五、民国成立前后的政治抉择

宣统三年八月十九日（一九一一年十月十日）武昌革命爆发，八月二十三日（十月十四日）庆亲王奕劻遣阮忠枢到彰德劝袁世凯出山，杨度、袁克定随行。清廷予袁以湖广总督兼办剿匪事宜的名义，使督师武汉。杨度和袁子克定均不主张袁世凯立即应命。嗣徐世昌复加周旋，清廷力加敦促，袁乃开出六项条件，包括明年即开国会、组织责任内阁、解除党禁。清廷接受，袁于九月二十三日（十一月十三日）抵京，就任内阁总理大臣。时甫于九月十六日（十一月六日）出狱的革命党人汪兆铭劝袁与革命党人合作，赞同共和。袁为清内阁总理大臣，不便答允。九月二十五日（十一月十五日），袁授意杨度（与汪兆铭为法政大学同学）与汪兆铭合组"国事共济会"，杨代表君主立宪党，汪代表民主立宪党，共同具名发表宣言，指出"确立宪政，发挥民权"为"两党之所同"，所争之点在"君主民主之一问题而已"，"要求两方之停战，发起国民会议，以国民之意公决之"。杨向资政院陈请开设国民会议，并由袁内阁代达。嗣以各方反应冷淡，国事共济会于十月十五日（十二月五日）宣布解散，然杨、汪联袁倒清的政治活动并未停止。十月十九日（十二月九日），民党领袖黄兴覆电汪转告杨："项城雄才英略，素负全国重望，……中华民国大总领一职，断推项城无疑。……（兴）暂充临时大元帅，专任北伐，以待项城举事后即行辞职，便请项城充中华民国大统领，组织完全政府。"[③]

---

① 张玉法，《清季的立宪团体》，页 156。
② 同上，页 478—494。
③ 黄中兴，《杨度与民初政治》，页 90—96；何汉文、杜迈之，《杨度传》，页 49—52。

　　此期间，南北正拟举行正式和议。十月十七日（十二月七日），袁世凯派唐绍仪为全权大臣总代表，杨度为参赞。另一方面，革命军一方派伍廷芳为总代表，汪兆铭为参赞。会议在上海举行，汪兆铭、杨度在会场内外活动。议和期间，孙中山自海外返国，被革命党人推为临时大总统，于民国元年一月一日（宣统三年十一月十三日）在南京就职。由于杨度属君主立宪派，又代表袁世凯的利益说话，湖南国民协会曾于一月三日通电斥杨为"汉奸"，要各地严拿，就地正法。嗣以袁世凯为获民国总统之位，决定赞同共和，但个人不便表白；一月二十六日，杨度在袁的授意下，与刘泽熙、王赓等组共和促进会，以促清廷退位。清帝在各方压力下，于二月十二日退位。次日，孙中山向参议院辞职，荐袁世凯自代。杨度于幕后主持的辛亥俱乐部，特函袁世凯致贺："我公于政治经验、军人威望、外交信用，实为中国第一人。"①

　　袁世凯任临时大总统后，杨度并未获得重用。当时的政坛，一方面是各派政党竞争政权，另一方面是谋复清室的宗社党人在青岛等地大肆活跃。杨度在这两方面为袁效力。杨以经营"时利制帽公司"为名，经常往青岛监视清遗老的活动，②同时在北京折冲于各政党之间。民国元年九月黄兴旅京时，杨度以至交由青岛来会。时黄兴既主张联袁，又主张政党内阁，颇多扞格。杨为袁派人物，又富政治才能，黄乃欲介绍杨度入党，使其维护政党内阁。杨初对政党内阁表示赞同，黄乃邀集国民党员宣布欲介绍杨度入国民党。嗣杨以政党内阁主张不为袁所谅解，谓国民党若不取消此一主张，即难达到联袁的目的，表示暂难加入国民党。其后，国民党干部人物主张邀杨度入党者渐多，乃由国民党参议胡瑛邀集各部主任干事，至其宅中与杨相见，杨请国民党取消政党内阁，以为联袁地步。由于国民党不放弃政党内阁主张，拉杨度入党无结果。③杨度自始以袁世凯为靠山，不可能违袁之意而入国民党；且杨领袖欲强，亦不可能在此时加入国民党。

　　就对政党的态度而论，杨度此时是分化反袁的党派、壮大拥袁的党派。为了壮大拥袁的党派，杨建议袁世凯请梁启超回国。梁在回国前夕，即联合了旧立宪派人组织民主党,杨所领导的共和促进会也合并于民主党。④ 在民国二年国会选举结束、

---

　　① 黄中兴，《杨度与民初政治》，页96—98。
　　② 同上，页110—111。
　　③ 张玉法，《民国初年的政党》（台北：中研院近代史研究所，一九八五年），页290—392。
　　④ 同上，页109；前引黄中兴书，页116。

国民党大获胜利后，袁世凯设法分化国民党，有两个自国民党分出的小党派，都是由杨度幕后操纵，一为相友会，一为超然社。至于壮大拥袁的党派，初则使其领导的共和促进会合并于民主党，继则与王赓、张一麟等联合非国民党人，使共和、民主、统一三党联合成立进步党。进步党成立后，杨度被选为参事。①

杨度参与分化国民党、壮大进步党，皆为拥袁的一种手段。杨在民国元、二年间，尚有两件拥袁的行动值得一述：一为参加研究宪法委员会，为起草中央集权的宪法草案而努力；二为利用他所能影响的党团，为袁世凯选举大总统作运动。关于参加研究宪法委员会，民国二年四月开幕的国会拟制定宪法，政府事先成立宪法起草委员会，委员五十余人。既而国会决定宪法草案由国会起草，政府成立之宪法起草委员会乃改为研究宪法委员会，选杨度为会长、马良为副会长。但至四月一日杨度即辞会长职，至十一日选马良为会长。杨度辞职之日，内阁制主张获通过，应是杨辞职的原因，因为杨度主张总统制、反对内阁制。自杨度辞会长职后，研究宪法委员会的讨论逐渐趋向总统制，包括总统有权解散国会、总统任命国务员无须经国会同意，② 当与杨度的运作有关。至于利用党团为袁世凯选总统作运动，他所能掌握的党团为集益社和超然社，该二党团与公民党配合，为袁世凯选举总统作各种努力。③

民国元、二年间，杨度在袁政府并没有很高的官位，唯一的官衔是民国元年十一月袁世凯给他的大总统府顾问。也就是因为没有官位，杨度可以做各种有利于袁的活动，包括经常去青岛以经商为名监视宗社党的活动；将国民党的反对派梁启超和卸任的云南都督蔡锷拉到袁世凯的身边；推荐自己的朋友夏寿田（充内史，掌机要）、孙毓筠（后为约法会议议长）、胡瑛（后参加筹安会）、施愚（任法制局局长）、顾鳌（约法会议议员）、薛大可（约法会议议员）等为袁所用；纵横捭阖于各政党之间；调和国民党与袁世凯的冲突；以及推荐自己的老师王闿运任国史馆馆长。据当时名记者黄远庸的观察，袁恃杨为"游击队"。④

---

① 张玉法，《民国初年的政党》，页 73，75，76—77，109，115，117。

② 同上，页 411—414。

③ 同上，页 137。

④ 黄中兴，《杨度与民初政治》，页 112、116、119、127、130；何汉文、杜迈之，《杨度传》，页 58—64。

六、再张君宪的旗鼓

民国二年十一月二十六日，时在国民党被解散、国会被停闭之后，袁世凯组织政治会议，杨度、孙毓筠、顾鳌、蔡锷等被任命为政治会议委员。杨度、顾鳌均曾在宪政编查馆中参与起草法制，被视为法律派，法律派在政治会议成立时初次受到重用。民国三年三月十八日袁世凯成立约法会议，杨度虽未列名约法会议议员，但议长孙毓筠为杨度好友，副议长施愚、秘书长顾鳌皆法律派之人，约法会议议员中亦不乏杨度的好友，如夏寿田。政治会议制定法规产生约法会议，约法会议将内阁制的民元约法改为总统制的新约法，并产生参政院作为大总统的咨询机构。杨度在政治会议中表现优越，对约法会议亦发挥一定的影响力，民国三年五月三十一日袁世凯颁给"旷世逸才"匾额一方。六月二十日参政院成立，六月二十二日杨度补为参政院参政。自行新约法，于大总统下设国务卿，官制逐渐复古，有左右丞（辅佐国务卿）、内史（秘书）等名目，民国四年一月二十七日，杨度、施愚、孙毓筠等获授少卿。① 其上有中卿、上卿，皆为辅弼之官。②

在杨度日受重视的过程中，除在民国二年十二月至民国四年六月以"督办汉口建筑商场事宜"（隶农商部）的名义，经常往汉口监视副总统黎元洪和新任湖北将军（都督改）段祺瑞以外，③ 即开始作帝制的鼓吹。

在民初鼓吹帝制的，并不以杨度为最早。康有为入民国后，一直坚持君主立宪，民国元年冬劳乃宣撰《共和正解》，认为中国古代的周召共和乃君主政体。民国二年三月十九日，湖北商民裘平治呈请"暂改帝国立宪，缓图共和"，袁世凯以其"邪说惑众"，下令查拿。民国三年劳乃宣撰《续共和正解》、主张依周召共和还政宣王的故事，请袁世凯于十年总统任期届满之时还政于宣统，国史馆协修宋育仁和之，袁将宋发回四川原籍，劳乃宣避难青岛。是年十一月二十三日袁颁《复辟运动惩治令》。此后清室复辟运动暂告隐伏，而袁之帝制运动则开始出现。④

民国四年八月三日，总统府顾问美籍教授古德诺（Frank J. Goodnow）在北京

---

① 黄中兴，《杨度与民初政治》，页131—138。
② 沈云龙，《黎元洪评传》（台北：中研院近代史研究所，一九六三年），页66。
③ 前引黄中兴书，页133、142。
④ 张玉法，《中国现代史》（台北：东华书局，一九七七年），页126—127。

《亚细亚日报》（杨度所办，此时薛大可主编）发表《共和与君主论》，倡言君主政体优于民主政体，认为"中国如用君主政体，较共和制为宜"。八月十四日，杨度、孙毓筠、严复、刘师培、李燮和、胡瑛诸人于北京发起筹安会，以研究国体为名，推动帝制。杨度事先曾拉梁启超、章炳麟入会，为梁、章所拒。八月二十七日，杨度于北京《顺天时报》（日人办）发表《君宪救国论》，全文二万余言；发表前已托夏寿田呈给袁世凯阅览。杨度在《君宪救国论》一文中认为如不废共和、立君主，则强国无望、富国无望、立宪无望，倡言"欲求富国，先求立宪；欲求立宪，先求君主"。杨度所拟的君宪，兼采普、日制之长，宪法由君主提出，议会议决；君主有紧急处分权。①

筹安会是杨度运动君主立宪的总机关，加入者初时百余人，至九月上旬增至二千人以上，至十月中旬，仅北京城内即有会员五千人左右。经费方面，部分来自湖南华昌炼锑公司的报效，部分为袁世凯的补助。宣传媒体有薛大可的《亚细亚日报》、乌泽声的《国华报》、王印川的《黄钟日报》等。筹安会成立之日，发表宣言，虽然标明"组织此会，以筹一国之治安，研究君主民主国体，二者何适于中国"，然宣言书中对共和多所诋毁，独引古德诺之言，谓"君主实较民主为优，而中国则尤不能不用君主国体"。发表宣言的同一天，杨度在石驸马大街住宅的门口挂上筹安会的招牌，并宣布杨度为理事长，孙毓筠为副理事长，严复、刘师培、李燮和、胡瑛为理事。次日发出通电，请各省区将军、巡按使、商会、教育会、各种联合会及华侨团体选派代表至北京加入讨论。②并将杨度的《君宪救国论》和古德诺的《共和与君主论》一并随电文寄出。在八月二十五日至十月中旬之间，各地发回函电一百五十件，其中明显赞同帝制者五十六件，表示愿派员参加讨论者九十四件。③但杨度求功心切，不待各地回函，即在北京找人写票，于八月二十九日即发表宣言，谓"昨日投票决议，全体一致主张君主立宪"。④

杨度所以如此急迫，因为即将于九月一日开会的参政院，一方面表达支持帝制的立场，一方面即运动支持帝制的人呈递变更国体请愿书。八月三十日，袁世凯下

---

①　张玉法，《中国现代史》，页 127；何汉文、杜迈之，《杨度传》，页 68—74；黄中兴，《杨度与民初政治》，页 212—232，243，247—249。

②　上注何汉文、杜迈之书，页 76—79；上注黄中兴书，页 247—250。

③　前引黄中兴书，页 180—202。

④　前引何汉文、杜迈之书，页 79—81。

令由参政院受理请愿书。九月一日，有自称山东、江苏、甘肃、云南、广西、湖南、新疆、绥远诸省区代表者，呈递变更国体请愿书。但袁世凯认为此尚不足以代表民意，九月六日派政事堂左丞杨士琦出席参政院代表袁世凯作宣布，谓"如征求多数国民之公意，自必有妥善之上法"。此际，原任总统府秘书长、时任税务处督办的梁士诒，迅即于九月十九日组全国请愿联合会，宣言"同心急进，计日成功，作新邦家"；并规定全国各地各团体至京请愿的，请愿书都由全国请愿联合会转交参政院。在这种情形下，筹安会和请愿团的人都加入全国请愿联合会。此后，请愿书均需经过参政院参政中的请愿联合会会员（共二十五人）五人之介绍始能送达参政院。够此资格的有杨度、孙毓筠、严复、梁士诒、张镇芳等。由于筹安会已失去作用，到十月十四日即改为宪政协进会。此后，全国请愿联合会要求参政院召开国民会议，以解决国体问题。十月八日参政院制定之国民大会组织法公布，国民代表大会应运而生。十一月二十日各省区国民代表大会决定国体之投票告竣，十二月十一日于参政院开票，计全国代表一千九百九十三人，全体一致赞成君主立宪，杨度、孙毓筠提议向袁世凯上推戴书，全体赞同。袁于十二月十二日承受帝位。预计于民国五年一月一日登极。十二月十九日筹备登极大典，杨度被派为大典筹备处副处长（处长为朱启钤）。①

在帝制派的势力如日中天之际，反对帝制的人亦开始活动，抨击的矛头主要指向杨度。旧同盟会员湘人贺振雄在筹安会成立后数天即向肃政厅上呈文，说杨度等人是"扰乱国政，亡灭中华，……恳请肃政厅长代呈我大总统，立饬军政执法处，严拿杨度一干祸国贼，明正典刑"。贺振雄后为杨度收买。在贺振雄呈文后不久，李燮和之弟、湘省议员李海向检察厅上文，指控杨度等"叛逆昭彰，动摇国本，恳准按法惩治"，总检察长罗文干将原呈转司法总长章宗祥，为章压止，罗辞职离京。此外，旧国会议员谷钟秀、徐傅霖等在上海组织共和维持会，周震鳞等在北京发起治安会，都将杨度作为抨击的对象。九月九日，肃政厅全体肃政史夏寿康等上书，请袁世凯取缔筹安会。② 此可能为筹安会更名的原因。

在所有反杨度的舆论中，影响最大的当推汪凤瀛《致杨度书》和梁启超的《异

---

① 张玉法，《中国现代史》，页 127—128，133；何汉文、杜迈之，《杨度传》，页 81—85；黄中兴，《杨度与民初政治》，页 283—284。

② 上注何汉文、杜迈之书，页 85—87。

哉所谓国体问题者》一文。汪凤瀛，江苏元和人，汪凤藻（曾出使日本）之弟、汪荣宝之父。晚清曾在张之洞幕，并先后任常德、长沙知府。宣统初，丁忧去官。袁世凯任临时大总统后，召之入京，备顾问，参政院成立，任参政。杨度发起筹安会后，即致书反对，凡三千余言。汪凤瀛以新约法为开明专制体制，甚适合中国，"断不可于国体再议更张，以动摇国脉"。[①] 梁启超的《异哉所谓国体问题者》一文发表于九月三日。梁早年为君主立宪的鼓吹者，但认为杨度于此时推动君主立宪，使国家变动太遽，于国家无益。[②] 汪、梁的言论发生影响，不是因为他们在学理上批驳杨度的君宪理论，而是因为当时他们都是袁左右的名人。

梁启超公开表示反对帝制之后，即与蔡锷先后南下前往云南，作军事反袁之举；而孙中山一派的老革命党，自发动二次革命以后，反袁军事从未停止。民国四年十二月二十三日，云南方面以将军（督军改）唐继尧、巡按使任何澄的名义致电袁世凯，指"变更国体之原动力实发自京师，其首难之人皆大总统股肱心膂，盖杨度等六人之筹安会煽动于前，而段芝贵所发各省之通电促成于继，大总统知而不罪，民惑实滋"。电文要求将杨度等六人和朱启钤等七人立即"明正典刑，以谢天下"，并限于二十四小时内答复。袁世凯不应，云南即于二十五日宣布独立。接着贵州于民国五年一月二十七日宣布独立，广西于三月十五日宣布独立。在云南宣布独立前，国务卿徐世昌、教育总长汤化龙、国史馆馆长王闿运于民国四年十月辞职，检察长罗文干于十一月辞职，水利局总裁张謇于十二月辞职。云南独立宣布后，又有参政张元奇等于民国五年二月辞职，而北京的《顺天时报》（日人办），天津的《益世报》（天主教会办），上海的《时报》（由日人注册）、《申报》（由日人注册）、《新闻报》（由美人注册），以及《中华新报》（中华革命党办）和《民国日报》（中华革命党办）等对帝制抨击不遗余力。在这种情形下，袁世凯未于民国五年一月一日登极，到二月二十三日颁令缓正大位，三月二十二日宣布撤销帝制。其后四月六日广东独立，四月十二日浙江独立，五月二十二日四川独立，五月二十七日湖南独立。此期间江苏将军冯国璋于四月十六日电劝袁世凯退位。在各方压力下，袁世凯于六月六日病逝。[③] 杨度挽云："共和误民国，民国误共和，百世之后，再评此狱；君

---

① 沈云龙，《现代政治人物评述》（台北：文海出版社），页331—338。
② 张玉法，《中国现代史》，页143。
③ 同上，页147—148，151—153，155—156；何汉文、杜迈之，《杨度传》，页90—94。

宪负明公，明公负君宪，九泉之下，三复斯言。"①

帝制运动的失败，对杨度来说，打击极大。此次帝制运动，发自袁世凯抑发自袁子克定，可以勿论；杨度总是此次帝制运动的马前卒。当帝制运动从筹安会的鼓吹到全国请愿联合会的请愿，再到参政院的推戴袁世凯为皇帝，杨度的得意是可以想象的。当时有政治实权的人，不仅未表反对，且多表示支持。及云南宣布独立，有政治实权的人初则观望，继则群起反袁。杨度见事不可为，于民国五年四月十二日辞参政职。在辞职书中，显露了他对世情翻覆的愤慨，亦表白了他的无奈：

> 备位参政，一年于兹，虽勉竭其微忱，究无裨于大局。世情翻覆，等于瀚海之波；此身分明，总似中天之月。……流言恐惧，窃自比于周公；归志浩然，颇同情于孟子。

五月一日，杨度在寓所接受《京津太晤士报》记者访问，表示不改变其政治主张，并表示愿负改制之责：

> 政治运动虽失败，政治主张绝无变更；我现在仍是彻头彻尾主张君宪救国之人。……国体问题，我应负责，既不诿过于人，亦不逃罪于远方。……俟正式政府成立，我愿赴法庭躬受审判。

为了保全袁世凯之权位，杨度甚至于此时上书于袁，表示将以华昌公司抵押借款，充当军费。②

杨度表现了湖南人的倔强，各方对他逆势而为、扰害天下的行径则同表愤恨。如前所述，民国四年十二月云南独立，要求将杨度明正典刑。民国五年五月十七日，冯国璋约集各省军政长官在南京举行会议，讨论时局，要求将杨度削除国籍，再依法判决。黎元洪继为大总统后，于七月十四日发布命令，惩治祸首，列举以杨度为首的八人，包括孙毓筠、顾鳌、梁士诒、夏寿田、朱启钤、周自齐、薛大可。其中孙、顾、夏、薛属杨度一派，朱、周属梁士诒一派。杨度被通缉后，移居天津租界。③

---

① 贾逸君，《中华民国名人传》，"民国丛书"，第一编，第八十六册（上海：上海书店），页88。
② 黄中兴，《杨度与民初政治》，页285—286。何汉文、杜迈之，《杨度传》，页98。
③ 上注黄中兴书，页288。

七、韬光养晦与思想转向

杨度的君宪运动失败，袁世凯死亡，清室的复辟运动再起。此次复辟运动由安徽督军（将军改）张勋发动。张为了拉拢君宪派的人，于民国五年六月在徐州七省代表开会商讨时局时，通电反对惩办帝制祸首，声言"君主民主，主张各有不同，无非各抒己见。罪魁功首，岂能以成败为衡"。张勋并于民国六年三月去函，向杨度致意。杨度的回函在三月十三日，表示自己的政治主张并未改变。民国六年五月二十三日张勋在召开第四次徐州会议时，曾邀请杨度参加，杨派代表出席，自己在天津坐观其变。六月十七日，黎元洪在张勋的胁持下，明令赦免帝制罪犯，杨度此时得往来京津各地，但并没有公开参加政治活动。七月一日，张勋拥宣统帝复辟，各方群起反对。杨度于七月三日发电给张勋和康有为，对他们的复辟规制大表反对，反对的理由不是君宪的本身，而是：（1）称大清帝国，而不称中华帝国；（2）改用阴历，回复衣冠跪拜；（3）设官遍地以慰利禄之徒，而未计宪政如何进行；（4）设官惟知复古，用人惟取守旧。杨度在电中最后表示："所可痛心者，神圣之君主立宪，经此牺牲，永无再见之日。度伤心绝望，更无救国之方。从此披发入山，不愿再闻世事。"七月十二日张勋复辟失败，政府一度通缉复辟祸首，到民国七年三月十五日，始以"时事多艰，人才难得"为由，将洪宪祸首和复辟祸首一律赦免。①

杨度作为洪宪祸首，虽然于民国六年六月十七日和民国七年三月十五日两度受到赦免，但此后未再见有大张旗鼓的政治活动。另外一方面，民国七年欧战结束，锑价惨跌，他所投资的华昌炼锑公司破产，家里又无祖业恒产，在经济上也陷于困窘。在这种情形下，杨度将母亲李氏、妻黄华送回长沙，寄居华昌公司，次妻徐采楞送回苏州原籍，己则在京、津、沪、汉等地过着流浪生活。② 当袁世凯帝制失败后半年，杨度流寓青岛之际，王闿运病逝湘潭，杨度为联挽之云："旷代圣人才，能以逍遥通世法；平生帝王学，只今颠沛愧师承。"③ 盖以王闿运怀帝王之学，虽任

---

① 何汉文、杜迈之，《杨度传》，页 102—108。
② 同上，页 109。杨度配偶姓名，见《杨氏家谱》。
③ 王觉源，《洪宪六人帮杨度》，《中外杂志》，卷三五期六，页 101。

国史馆馆长，能知进退，自愧习帝王学未通，结局造成颠沛流离。

中国读书人，有机兼善天下之时，喜用儒法，受到挫折时则遁入佛老；杨度也是如此。杨度热心学佛，在民国六年七月张勋复辟失败以后。他在《江亭词序》中说："余于君宪三败之后，自谓对国家对主义忠实可以已矣，乃不更言经世，而由庄入佛。"他学佛的目的，在追求无我主义，尝谓："今欲救人，必先救己，其法惟有无我主义。"并解释以前入世的缘由："随缘入世，满目疮痍，除救世外无事，除慈悲外无心，愿作医生，遍医众疾。"①

事实上，杨度虽学佛，并未能忘情于政治，只是在张勋复辟失败以后，帝制余孽为社会所冷视，杨度的性格又不欲公开表示痛改前非、以今日之我向昨日之我宣战，只好采取退隐的姿态；若有不嫌弃者，引以为用，杨度仍然尽心而为。但碍于社会观感，所做之事多为幕后工作；表面看来，仍为一潦倒政客。

民国十一年春夏，第一次直奉战争爆发前后，孙中山自广州派军北伐入赣南，拟与奉军夹击直系。五月初，奉军败，粤军首领陈炯明叛变，暗与驻军河南的直系将领吴佩孚结，吴拟率师入赣，与陈炯明夹击孙中山部。孙中山遣刘成禺赴北京设法解危，刘成禺星夜至北京见杨度于东厂胡同。时杨友人夏寿田任直系首领直隶督军兼直鲁豫巡阅使曹锟之机要，杨由夏之推荐任曹之顾问。刘成禺访杨说明来意后，杨即谓：当年由兄介绍，永乐园之辩论，与孙先生结有誓约，余失败而孙先生成功，度当尽力以赴之。杨度透过夏寿田，使曹锟认识到：犯上之人，不可出兵援助，吴、陈合兵之事乃止。不久，孙中山为陈炯明叛军所逼，离粤赴沪。②

孙中山至上海后，谋吸收新成立的中国共产党，改组国民党。杨度至上海见孙中山，要求加入改组后的国民党。孙中山提出一个条件，要杨度对筹安会一事公开向国人道歉，杨度不应，入党之事遂不果。孙介绍杨度认识共产党人李大钊。杨度决定参加革命活动，是思想上很大的转折，可能是受佛教"无我主义"的影响。民国十三年国民党改组，杨度未加入国民党，但与国民党中的共产党人李大钊等来往密切。国民党改组后，李大钊为国民党北方组织的负责人，杨在李大钊的安排下，秘密从事革命活动。在曹锟任大总统期间（民国十二、十三年），杨度曾透过夏寿

---

① 王觉源，《洪宪六人帮杨度》，页110—126。

② 何汉文、杜迈之，《杨度传》，页130—132。但页130谓孙遣刘成禺北上，系因吴佩孚准备在衡阳全师入赣，实则吴早于民国九年五月即自衡阳撤兵北归。此段史实，参考张玉法，《中国现代史》，页185，196—197；陈锡祺主编，《孙中山年谱长编》，下册，页1448—1492，页1448论及陈、吴相结事。

田，劝曹锟与南方革命势力合作。民国十四年三月十二日孙中山病逝北京，杨度撰联挽之云："英雄作事无他，只坚忍一心，能全世界能全我；自古成功有几，正疮痍满目，半哭苍生半哭公。"是年五卅惨案发生后，北京左派人士组"反帝国主义大同盟"，杨度参加。时曹锟已倒台，杨度于民国十四年八月至徐州，进入奉军将领苏鲁皖三省剿匪总司令姜登选的幕府，任参赞，借机劝姜参加革命。嗣姜登选为另一奉军将领郭松龄杀害，杨于民国十五年春转至山东督办（督军改）张宗昌处任总参议。民国十五年国民革命军北伐，杨度策动张宗昌与武汉方面的国民党机构联系，倒戈反奉，事为张学良所悉，张学良亲至济南对张宗昌加以安抚。是年杨度至北京，住在象来街其子公庶家，一面从齐白石学画，一面闭门学佛。民国十六年四月主持北京政府的奉系军人搜查苏联使馆及华俄道胜银行，逮捕地下党员李大钊等，杨度事先得到消息，曾告知北京市特别支部书记胡鄂公，要李大钊等走避，迟疑之间，李等已被捕。李等被捕后，杨度曾托章士钊等设法营救，事无结果。李大钊等被杀后，杨度将北京的房产变卖，周济遇难者的家属，并支援共产党活动经费。民国十六年四月至七月，国民党将中共"分子"逐出党内，此后两党处于敌对地位。民国十六年秋"共党分子"蔡和森策动北方革命暴动，杨度曾赞助经费。民国十七年六月国民革命军克复北京，南北统一。民国十八年，杨度迁居上海。①

　　杨度在上海，利用帮会分子张尧卿的关系，挂名杜月笙的秘书，住在法租界薛华立路的房子是杜月笙给的。杜月笙每月给他生活费和鸦片烟资五百银元。其间，经乡弟"王老九"（外号）的介绍，认识湖南湘乡人、时在上海任中共中央特种第二科（情报科）科长的陈赓。特科属中央组织部，组织部由周恩来负责。周恩来认为杨度社交面广，熟悉中国政治情况，不妨与之联络，于是杨度成了陈赓的座上客。事为时任中共中央宣传部部长的李立三（湖南人）所知，李立三派中宣部下属的文化工作委员会书记潘汉年跟杨度见面，二人相谈甚欢，杨度并为即将创刊的《红旗日报》书写报头。当时杨度有意加入共产党，周恩来曾与之长谈，嘱其加强与国民党中政学系和改组派的联系，从中了解汪兆铭、胡汉民等的政治态度，并鼓

---

　　① 何汉文、杜迈之，《杨度传》，页133—136、141；陶菊隐，《杨度同志的晚年》，《百科知识》，第四辑，一九七九年九月十五日，页57；李秋生，《有关杨度与中共关系的补充》，《传记文学》，卷四四期三，页39。杨度至上海见孙中山，张云《潘汉年传奇》（上海人民出版社，一九九六）页96记在民国七年，并谓是年秋，孙介绍杨度认识李大钊。杨度挽孙中山联，及杨度入姜登选和张宗昌幕府的时间，见陶菊隐，《我所知道的杨度》，页46—48。

励他继续留在杜月笙的身边。此后，杨度努力为中共搜集国民党的情报。民国十八年秋，杨度正式申请入党，后经周恩来批准，杨度成为中共的秘密党员。民国二十年六月，潘汉年由文化工作会书记调长特科二科后，陈赓将杨度的情报网点交给潘汉年。到潘汉年将夏衍、冯雪峰等拉入情报组织后，潘汉年又将杨度的组织关系交给夏衍。杨度在北京时，曾从齐白石学画；平日在上海，即以出售书画为掩护，建立社会关系，从事中共党务活动。先后参加左派组织"反帝国主义大同盟""中国互济会""左翼自由运动大同盟""社会科学家联盟"。民国二十年六月母亲在长沙去世，他并未奔丧，嘱儿子公庶电请杨度的妹夫、妹妹王季果、杨庄夫妇代为料理后事。是年九月十七日，杨度以肺病逝于上海。丧事由王季果夫妇料理，周恩来曾亲临致祭送葬。杨度临死前数日，曾自撰挽联："帝道真如，如今都成过去事；医民救国，继起自有后来人。"[1] 曾与杨度共同师事王闿运的齐白石有联挽杨度云："出处悉殊途，画稿诗篇共全晚节；功言两未就，人间地下同愧师承。"[2]

杨度有五子三女，长子公庶，留学德国习化学，一九四九年以后曾在北京工业大学任教。次子公兆，留学德国习矿冶，曾任资源委员会矿务局局长。三子公素，早年失踪。四子公敏，一九四九年以后曾任上海石化总厂工程师。五子公武，一九四九年以后曾任北京电影总厂会计。长女云慧，一九四九年以后曾任上海科学教育电影制片厂导演。次女云璧，早年自杀。三女云洁，居澳大利亚，仍存。[3]

八、由台前走入台后的一生

杨度师奉王闿运多年，旧学根柢颇深；数度留学日本，法政知识甚有基础。因此，在当时的留日学界，和归国服务的留学生中，都有非凡的表现。

---

① 张云，《潘汉年传奇》，页96—98；尹骐，《潘汉年的情报生涯》（北京：人民出版社，一九九六），页8—9，63—64；何汉文、杜迈之，《杨度传》，页136—137，但谓杨度死于民国二十一年冬。死亡日期，据吴相湘，《"旷世逸才"杨度》，页69、84；吴谓杨度参加"中国人权保障同盟"，应为"左翼自由运动大同盟"。徐友春编《民国人物大辞典：历史分册》（河北人民出版社，一九九一）页1212谓杨度于一九二九年秋加入"左翼自由运动大同盟"。关于杨度在上海的事迹，另参考王文基，《杨度是老共产党员》，《传记文学》，卷四三期二，页23—24；罗宝，《杨度》，《历史教学》，一九八五年第三期，页35。

② 王觉源，《洪宪六人帮杨度》，页101。

③ 杨度有五子三女资料，见前引《杨氏家谱》，另杨念群先生提供有手写资料。

戊戌变法和八国联军进兵中国对杨度的思想有一定的刺激，留学日本以后吸收新知，治学处世早已脱离王闿运的窠臼。他能被推荐参加经济特科考试，证明他在新学上已稍有声名；留学日本活跃于革命派与立宪派之间，交游广阔，做了留学生会馆的总干事，证明他在留学界甚孚众望。这养成他孤傲的性格。此后在宪政运动中独树一帜，以即开国会为第一目标。及即开国会成为立宪派的共同口号，不断运动要求清政府采行，杨度已转入宪政编查馆工作。杨度虽任政府官员，仍坚持即开国会的主张。及清廷将九年预备的时间缩短为六年，部分立宪派人士感满意，杨度则要求缩短为三年，可以看出他在晚清新政中是激进的。他的激进尚表现在他对新刑律的态度上，他为了新刑律的制定，从宪政编查馆活动到资政院，他在资政院为新刑律的理念作证，正如他在颐和园为宪政的理念作证，在当时似乎没有别人做这些事。他以生命作注，为逋客梁启超乞求清廷赦回效命，尤为别人所不敢为。杨度在晚清的新政中，亦如袁世凯，都是极力推动者。到民国建立后，二人均趋保守。袁世凯趋于保守的原因是自己成为当权者，杨度显得保守的原因，可能有如康有为，认为君宪可以救中国；亦可能袁对彼有知遇之恩，依袁的意旨行事，而且走得更远。

民国初年部分政学界人士对共和政治不习惯，复辟派图复大清政权，杨度则欲拥袁为帝。杨度在清末倡立宪，虽标出满汉同源之说以却满人之疑，实以开国会、立宪法为第一，只强调"宪"的重要。揆诸实际情形，只要国会一开，满人自然成为政治上的少数，失去政治权力。杨度于民国初年继倡君宪，援引梁启超国民程度不足之说，当时由于没有民族冲突的疑虑，于"宪"之外，特强调"主"的重要。梁启超不因杨附和梁之旧说而赞同他，认为时地不宜，不可逆势而为，造成大动乱。值得说明的是被杨度拉入筹安会的孙毓筠、刘师培、胡瑛、李燮和，皆有留日经验，可能真心支持杨度，具有留英经验的严复，则对参加帝制运动甚为勉强。孙毓筠、刘师培、胡瑛早年入同盟会，李燮和出身光复会，他们早年参加革命，主要也许是受民族主义的驱使，并不一定赞同共和。

君宪运动失败以后，杨度的政治生命告一段落。但何以在数年学佛之后，幡然改计，渐与革命派接近，最后加入中共组织？可能的原因有二：（1）佛学中的无我主义使他有抛弃自己主张、再济众生之念。（2）在近代中国历史的长流中，共和革命压倒君主立宪，杨度深有领悟；而当时共产革命又欲压倒共和革命，杨度当亦有所觉察。杨度在政治上失势之际，正是俄国革命成功之时；他走到政治激潮的前面，也许像许多那一代的人一样，是受了俄国革命的影响。

杨度晚年为中共做情报工作不难解释。在他前此的政治生涯中已有做情报工作的经验，譬如民国初年曾在青岛、武汉为袁世凯做情报工作；纵横捭阖于国民党人之间，亦可能在为袁世凯做情报工作。晚清时期，纵横捭阖于立宪派和革命派之间，曾否为当权派做情报工作，亦值研究。

梁启超在政治运动中对国民态度的转变

一、前言

梁启超的一生多彩多姿。他是学者、文化工作者、政府咨议人员、政府官员和政治运动家。他的政治运动，主要借助于在报刊上发表言论，所以他也是新闻工作者或政论家。本文是从政治运动家和政论家的角度来看梁启超对国民态度的转变。

梁启超一生所参与的政治运动，主要有四：即维新运动、立宪运动、反洪宪帝制运动和五四运动；所倡导的运动主要有二：即国民制宪运动和裁兵废兵运动。在此六个运动中，由于各个运动的性质并不相同，梁启超对国民的态度和期望也不一致。大体而言，先后有改造国民（包括批判国民）和动员国民两种态度，而态度的转变则与政治的背景和运动的性质有关。

二、改造国民是改造国家的基础

戊戌变法时期，来自民间的变法派注意到国民的力量，认为改造国民是改造国家的基础，并为文加以宣传。提出这个议题的第一人应推严复，而梁启超对这个议题持续发挥。

（一）议题由严复提出

严复是福建侯官（今福州）人，1871 年 19 岁时毕业于福州船政学堂，1879 年毕业于英国海军大学，1890 年督办北洋水师学堂。受甲午战争的刺激，于 1895 年开始翻译赫胥利（T. Huxley）的《天演论》（Evolution and Ethics），鼓励国民自强，到 1898 年该书定稿出版。其间，严复于 1895 年 2、3 月间于天津《直报》陆续发表《论世变之亟》《原强》等文，警醒国人，并提出富国强兵之法。①

《论世变之亟》一文警告国人日祸不过为开始，俄、法、英、德将续为祸中国，国人若不知危亡，"其祸可至于亡国灭种，四分五裂，而不可收拾"。该文除警醒国人以外，指出西洋优于中国之处在崇自由、尚平等、尊新知、重人才、抑主隆民、屈私从公，并大胆提出了效习西洋的主张："夫士生今日不睹西洋富强之效者无目也；谓不讲富强而中国自可以安，谓不用西洋之术而富强自可致，谓西洋之术无俟于通达时务之真人才，皆非狂易失心之人不为此。"②

严复在《论世变之亟》中，论及西洋和中国强弱异势，颇偏重"人""民"或"人民"的因素。在《原强》一文中，更把"民"视为国家强弱的根本。他说："及今而图自强，非标本并治焉固不可也。……标者何？收大权、练军实，如俄国所为是已。至于其本，则亦于民智、民力、民德三者加之意而已。果使民智日开、民力日奋、民德日和，则上虽不治其标而标将自立。……至于民智之何以开、民力之何以厚、民德之何以明，三者皆今日至切之务，固将有待而后言。"③

当严复于天津《直报》陆续发表鼓吹改革的文章之际，梁启超于 1896 年 8 月开始在上海任《时务报》主笔。梁启超希望物色好的稿件，在《时务报》发表，马建忠所撰《马氏文通》和严复所译的《天演论》，稿子都送到了梁启超手里。④ 1896—1897 年间，梁启超与严复颇有书信往还，有些是讨论稿件发表的事。1896 年 10 月严复致梁启超的信中有云：

甲午春半，正当东事臬兀之际，觉一时胸中有物，格格欲吐，于是有《原强》《救亡决论》诸作，登布《直报》，才窘气苶，不副本心，而《原强》诸篇，尤属不为完作。盖当日无似，不揣浅狭，意欲本之格致新理，溯源竟委，发明富强之事，造端于民，以智、德、力三者为之根本，三者诚盛，则富强之效不为而成；三者诚衰，则虽以命世之才，刻意治标，终亦瞺废。……是以今日之政，于除旧，宜去其

① 严璩，《侯官严先生年谱》，王栻主编《严复集》（北京：中华书局，1986 年），第五册，页 1545—1584。

② 《论世变之亟》，《严复集》，第一册，页 1—5。

③ 《原强》，同上，页 5—15。

④ 丁文江，《梁任公先生年谱长编初稿》（台北：世界书局，1962 年），页 31—33。

害民之智、德、力者，于布新，宜立其益民之智、德、力者。……仆之命意如此，故篇名《原强》也。……拙译《天演论》，仅将原稿寄去。登报诸稿，排寄数篇，金玉当前，自惭形秽，非敢靳也。《原强》如前所陈，拟更删益成篇，容十许日后续呈法鉴何如。①

此函应是梁启超向严复索《天演论》《原强》等稿，严复仅将《天演论》稿寄去，而答应将《原强》修改以后再寄。

其后，严复将已发表的《原强》一文大量增删，对民力、民智、民德的论述，较前详细而有系统。文中说：

夫所谓富强云者，质而言之，不外利民云尔。然政欲利民，必自民各能自利始；民自能自利，又必自皆得自由始；欲听其皆得自由，尤必自其各能自治始；反是且乱。顾彼民能自治而自由者，皆其力、其智、其德诚优者也。是以今日要政，统于三端：一曰鼓民力，二曰开民智，三曰新民德。

对于如何鼓民力，严复希望国民能够气体强建，不忘武事，骁猛坚毅，耐苦善战，入手之方则为禁止吸食鸦片和禁止女子缠足。对于如何开民智，严复提出变通学校、设学堂、讲西学，并废八股、试帖、策论，另开用人取士之法。对于如何新民德，严复提出只要讲求平等、自由，有民选议院、民选官吏，则民自有"各私中国"之心。②

此稿未见《时务报》发表，可能的原因，严复并未将此稿及时写给梁启超。但严复的改造国民思想，从梁启超日后的文章和行事看来，对梁发生了相当大的影响力。

（二）《时务报》时期梁启超对此议题的宣扬

梁启超于1896年8月任上海《时务报》主笔，1897年11月转往长沙任时务学堂总教习。在主持《时务报》的一年多中，如前所述，与严复常有书信往还。除前引在1896年10月前后严复致梁启超的信外，1897年3月间有一通梁启超回严复的信。从信的内容看，是严复对梁启超在《时务报》所发表的文章有所批评，梁启超一一提出解释。梁在信中特别对民权和民主加以肯定，并对严尊礼备至，谓

① 《与梁启超书》，《严复集》，第三册，页513—515。
② 《原强修订稿》，同上，页15—32。

"今而知天下之爱我者，舍父师之外，无如严先生；天下知我而能教我者，舍父师之外，无如严先生"（按严复比梁启超大 16 岁）。①

梁启超在《时务报》所发表的文章，以《变法通议》为代表，全文共分 13 小节，自创刊号登起，一直到第 43 期为止。文中对于"民"的基本论点，与严复的看法大体是相同或相似的。《变法通议》文中有谓："变法之本在育人才，人才之兴在开学校，学校之立在变科举。"变科举的办法，梁启超主张或于科举考试课目中增加有关中外史学和声光化电方面的内容，或在传统考试科目之外，增开一些新的实用科目，如兵法科、技艺科、明医科等。《变法通议》文中又有谓："以开民智为第一义"。② 由于梁启超认为中国民智未开，当时他主张应先办学校，把开议院放在后面。在《古议院考》一文中说："问今欲强中国，宜莫亟于设议院，曰未也。凡国必风气已开，文学已盛，民智已成，乃可设议院。今日开议院，取乱之道也。故强国以议院为本，议院以学校为本。"③ 此外，梁启超对"群"的看法，据梁启超本人说，也曾受严复的影响。梁说：他当时作《说群》一书，即是在读了严复的《天演论》和谭嗣同的《仁学》之后，"潎然有当于心"，"乃内演师说，外依两书，发以浅言，证以实事，作《说群》十篇、一百二十章"。④《天演论》十六论述"群治"道理，谓"善保群者常利于存，不善保群者常邻于灭，此真无可如何之势也"。⑤ 这应是梁启超重视群体的本源。

梁启超在离开《时务报》，主持长沙时务学堂以后，继续鼓吹兴民权、广民智。他在上湖南巡抚陈宝箴论湖南应办之事书中说："今之策中国者，必曰兴民权。"又说："今日欲兴民权，必以广民智为第一义。"梁启超在上陈宝箴书中，不仅申述广民智、兴民权的重要，而且认为开民智必先开绅智、开官智，建议陈宝箴仿西方议院之制，令乡绅有议事之权。梁启超主讲时务学堂，是开民智的一个管道；倡组南学会，则为开绅智、开官智的入手之方。⑥ 另一方面，梁启超在时务学堂的讲义和学生札记的批答中，也表达兴民权、行议院制的观念，并对君、臣、民三者的关系

---

① 《梁启超致严复书》，《严复集》，第五册，页 1566—1571。

② 耿云志、崔志海，《梁启超》（广州：广东人民出版社，1994 年），页 42—43。

③ 《饮冰室文集》，第一册，之一，页 96。

④ 耿云志、崔志海，《梁启超》，页 49。

⑤ 《严复集》，第五册，页 1393—1396。

⑥ 董方奎，《梁启超与立宪政治》（武汉：华中师范大学出版社，1991 年），页 45—47。

提出新的见解，他说：君和臣都是为民办事的人，君主好比铺子的总管，臣相好比铺子的掌柜，人民则是股东；如果君臣办理不善，人民完全有权予以解职。梁启超并宣言："公法欲取人之国，亦必其民心大顺，然后其国可为我有也，故能兴民权者，断无可亡之理。"①

在戊戌时期，梁启超不仅承严复的余绪，宣扬改造国民，而且也有动员群众的经验。惟当时动员的对象不是全国国民，而是士绅阶层。他在这方面的经验，较早的一次是 1895 年 5 月，当时康、梁师徒动员到 600 余名在北京参加会试的举人上书清廷，反对与日本议和，建议迁都再战、推行变法。其后他于 1897 年在湖南办南学会，动员湖南士绅参加；1897—1898 年间在北京协助其师康有为办保国会，动员入京赶考的举人参加。而 1897—1898 年间梁启超在北京，另更曾三次动员在北京的举人联合上书。第一次在 1897 年 3 月，联合广东、广西、云南、贵州、山西、陕西、江苏、浙江等省举人百数十人上书都察院，反对俄国租借旅大；第二次在1898 年 5 月，经过梁启超等人的联络，共有八省举人先后上书八次，总人数多达1500 人，要求抗议德兵毁坏山东即墨文庙内的孔子塑像。第三次亦在 1898 年 5 月，梁启超联合各省举人百余人，上书请变通科举，请皇帝特下明诏，将下科乡试及生童岁科试停止，同时停止八股试帖，推行经济六科，痛斥八股取士学非所用、用非所学，脱离实际。② 而"变通科举"也是前此严复和梁启超在报刊上发表文章所鼓吹的一个改革议题。

（三）《清议报》和《新民丛报》时期梁启超对此议题的宣扬

戊戌时期，严复和梁启超都认为要先改造中国必先改造国民，并先给国民一些权利，如自由权、平等权之类。戊戌政变后，梁启超逃亡日本，于 1898 年 12 月23 日在横滨创办《清议报》。1901 年 12 月 21 日《清议报》停刊，梁启超又于1902 年 2 月 8 日创办《新民丛报》。梁启超于《清议报》和《新民丛报》发表改革性的或革命性的言论，此期间，严复留在京津为官，继续从事译介西方的社会科学经典，并为文宣扬新思想。梁启超不断把他所主编的《新民丛报》寄给严复，并曾在《新民丛报》中推介严复所译的《原富》。严复于 1902 年 4 月有函致梁启超，不

---

① 耿云志、崔志海，《梁启超》，页 71。

② 同上，页 30—31，78—82。

谈政治，只谈学术，特别标榜"著译之业"是"播文明思想于国民"，而自己专于著译，亦在"了国民之天责"。① 值得注意的是在戊戌时期，严复、梁启超均少用"国民"一词，《清议报》创刊以后，"国民"一词的使用始渐普遍，在《新民丛报》时期，梁启超更曾以"中国国民无共和国民之资格"为职，与革命派论战。

梁启超在《清议报》所发表的文章中，与改造国民有关的议题，并未超出戊戌时期。梁启超将国家的强弱系于国民，他于 1899 年在《论中国人种之将来》一文中说："凡一国之存亡，必由其国民之自存自亡，而非他国之能亡之也。苟其国民无自存之性质，虽无一毫之他力以亡之，犹将亡也；苟其国民有自存之性质，虽有万钧之他力以亡之，犹将存也。"该文认为，"中国人于来世纪，必为世界上最有势力之人种"，但不能"委心任运"，"必加以人力"，"所谓人力者何？一曰合大群，二曰开人智"。②

其后，梁启超于《论近世国民竞争之大势及中国前途》（1899）一文中正式对"国民"一词有所界定："国民者，以国为人民公产之称也。国者积民而成，舍民之外，则无有国。以一国之民治一国之事、定一国之法、谋一国之利、捍一国之患，其民不可得而侮，其国不可得而亡，是之谓国民。"该文论述的重点是国民与国家之异、国民竞争与国家竞争之异、今日世界竞争与国民竞争，其目的在以"物竞天择，优胜劣败"之理，将世界各国的竞争定义为"国民之争自存"，期望中国国民能发挥"国民力"，与世界各国竞争。③ 其基本上是冀望国民的改造，以改造国家。

为了改造国民，梁启超于《新民丛报》创刊之始，即发表长篇连载的《新民说》，断断续续，直到 1906 年 1 月才连载完毕。全文论述的方向至广，基本上离不开严复在戊戌时期所提出的鼓民力、开民智、新民德。梁启超对民德特别重视，认为民德有两种，私德方面包括自尊、毅力、孝悌、信义，公德方面包括自由、自治、合群、爱国、进取、冒险、尚武，并在经济上能自食其力。为了使国民建立私德和公德，梁启超特别反对的是迷信、盲从、保守、激进，以及不重实际和坚持党派意见；梁也重视个体与群体关系的调适，认为个人的自由、权利和对群体的义务不可分，就自由而论，梁启超所重视的是群体的自由，而非个人的自由。梁启超鼓

① 《与梁启超书》，《严复集》，第三册，页 515—517。
② 《论中国人种之将来》（1899），《饮冰室文集》，第一册，之三，页 48、54。
③ 《饮冰室文集》，第一册，之四，页 56—60。

吹"利群"的思想，强调个人要超越自己的私心，有时小我要为大我牺牲。①

在《新民说》发表的过程中，梁启超也发表其他的文章，对中国国民的品格及弱点有所指陈。如 1903 年发表《论中国国民之品格》，认为中国国民的品格，与埃及人、印度人一样，爱国心薄弱、独立性柔脆、公共心缺乏、自治力欠阙。② 此期间，梁启超已决心宣扬君主立宪、反对民主共和，于《新民丛报》发表《政治学大家伯伦知理之学说》和《福泽谕吉语录》《记斯宾塞论日本宪法语》等文，怀疑中国国民资格，以为中国民智未开，不宜行共和政体，认为政治进路应依其国民智力之程度为定，认为中国实行共和，非徒无益，而又有害。梁启超的言论引起革命派的注意。1905 年 11 月革命派在东京创刊《民报》，与《新民丛报》就革命与立宪问题展开论战，对于革命派欲行共和立宪，梁启超的批评是："今日中国国民，未有可以行议院政治之能力也。故今日中国国民非有可为共和国民之资格也，今日中国政治非可采用共和立宪制者也。"③

三、动员国民达到国家改造的目的

梁启超的政治改革运动，都是在民间进行的。在民间进行政治改革运动有两个方向：一是向上要求，二是诉求人民，而向上要求，除非采取个人上书的方法，一般也是诉于人民的。梁启超在办《清议报》和《新民丛报》期间，虽然宣扬君宪，但与清政府处于对立状态，除抨击清政府和破坏国民与清政府的关系外，写了许多文章批评国民的弱点，希望透过国民的改造，由国民改造国家。在 1905—1906 年与《民报》论战之际，为了反对共和立宪，力陈中国国民程度不足，但作为民间的改革派，又不得不设法运用国民的力量。关于此点，他在论战中已有所表达。他认为实行政治革命之唯一手段是要求而非暴力革命；中国之能救与否，惟视人民之能要求、肯要求与否为断。他主张立宪的动机应发自国民，而君主为被动者。他说："君主立宪者，君主应人民之要求而规定国家机关之行动及人民对于国家之权利义

---

① 黄克武，《一个被放弃的选择：梁启超调适思想之研究》（台北：中研院近代史研究所，1994 年），页 41，44，49—50，62，74，84，91。
② 《饮冰室文集》，第三册，之十四，页 1—5。
③ 张玉法，《清季的革命团体》（台北：中研院近代史研究所，1982 年），页 387—390。

务者也。"① 梁启超对国民的态度，到 1909 年以后，全国请愿开国会运动起，有所
改变；他才开始写文章，动员全国国民参加请愿运动。民国成立后，政治不靖、外
交屡受挫折，除民国初成立的几年在政府为官或周旋于官僚和政客之间以外，梁启
超亦屡屡为文，动员国民向政府、向外国表达意见。

（一）在请愿开国会运动中向国民的诉求

戊戌政变以后，康、梁在海外大力推动立宪运动，并网罗支持者；国内则到庚
子以后，亦逐渐兴起立宪运动。在民间的压力下，1908 年清廷定下九年预备立宪
的程序，在此前后，国内外即开始有请愿速开国会运动。全国性的大请愿由各省谘
议局发起，第一次在 1910 年 1 月，为清廷拒绝；第二次在 1910 年 6 月，亦为清
廷拒绝；第三次在 1910 年 10 月，清廷允将预备立宪的年限缩短三年，即原定在
1916 年开国会，改为 1913 年开国会。第二、三次大请愿，在康、梁的运动下，海
外均有华侨代表参加。②

当国内外联合大请愿如火如荼之际，梁启超正假上海《国风报》对政府的筹备
宪政措施提出批评与建议。由于请愿运动需要动员国民，梁启超连续发表文章，向
国民诉求。《为国会期限问题敬告国人》文前小序云：

自第二次请愿国会既被阻挠，本报曾著一论，亟陈政府处置之失当，非有意袒
国民以扰政府也，凡以急国家之难而已。今更据前论所树义，按诸各方面人人之利
害关系，敬述所怀以效忠告焉！

该文除敬告监国摄政王、敬告政府诸公、敬告各督抚、敬告资政院议员、敬告
国中有闻誉之诸子、敬告国中有资力之人、敬告留学生以外，特别另辟段落，敬告
农民和敬告一般国民。在"敬告一般国民"段中有云：

夫孰使我百业俱失、无所衣食者，政府也；夫孰使百物腾踊、致我终岁勤动而
不得养其父母者，政府也；夫孰使我一粟一缕之蓄积皆供吏胥之婪索者，政府也；
夫孰使盗贼充斥、致我晷刻不能安者，政府也；夫孰使祖宗丘墓之墟为他国宰割分
崩者，政府也。……故吾惟愿得一国会，使我举其所信之人代我一察政府，果尚能
托命与否？……呜呼！我国民即不爱国，宁不爱吾身！即不爱吾身，宁不爱吾父母

---

① 张玉法，《清季的革命团体》，页 390—391。
② 张玉法，《清季的立宪团体》（台北：中研院近代史研究所，1971 年），页 401—410，437—441。

及吾子孙？呜呼！我国民其念之，苟无国会以监督此政府，则不及五年，我国四万万人之生命，必三分之二断送于其手。……言念及此，则今日人生第一大事，舍请愿国会，岂有他哉！

在"敬告农民"段中有云："立宪政治者，国民政治也。欲宪政之成立，必须令国民中坚之一阶级，知政治之利害切己，而思参预之，然后其精神有以维持于不敝。彼欧美诸国，多以工商为国民中坚也，而我国则以农民为国民中坚也。……国会之滥觞，本以代议士为租税义务之代价，而中国现行租税，则什之九皆农民所负担也。……若有国会，则于政府财政计划，必当严为监督，租税系统不容不斟酌至善。……故国中无论何种人民，其祸福皆视国会之有无，而关系最切者，尤莫如农。……大陈此义以唤醒农民，则士君子之责也。吾愿各省之请愿同志会亟致力于此也。"①

上文谓"第二次请愿国会既被阻挠，本报曾著一论，亟陈政府处置之失当"，所著之一论题名《论政府阻挠国会之非》。该文共分八节，特别有一节论及"国会与人民程度"。梁启超在 1903—1906 年间为反对革命派共和立宪的主张，谓中国国民程度不足，无共和国民之资格。1910 年国会请愿运动起，清廷两度完全拒绝，拒绝的理由之一是国民程度不足，不能即开国会，必九年以后始能准备完成。梁启超为此特于《论政府阻挠国会之非》一文中加以辩解。梁启超在该文中虽仍认中国国民程度不足，但却认为国民程度不足亦可以开国会，论证虽然牵强，可以看出他对国民的态度已有转变，即由 1906 年以前的改造国民，到 1906 年政府决行宪政后改为动员国民。至于梁启超何以认为国民程度不足亦可以开国会，他提出三点论辩：（1）中国国民程度不足，既可有政府官员，就可有国会议员，如认为国民程度不足不可有国会议员，则政府官员应立刻辞职，一切行政官厅皆须立时废止。（2）国民程度不足并不影响国会运作，因为国会的功能主要是讨论法案，而法案多由政府拟妥提出于国会。国会为多数合议机关，一人程度不足，他人可以补之。（3）如认为现在国民程度不足，九年以后国民程度将更不足。关于此点，梁启超一方面认为在传统教育制度中造就了不少人才，而新立之学堂学科，内容腐败，不足以养成人才，另一方面认为当时留学东西洋学习法政者可达万人，政府为增加识字人口所依

---

① 《饮冰室文集》，第四册，之二十三，页 15—25。

恃的简易识字学塾，无法提高国民程度。①

梁启超此时所以在国民程度不足的情况下，支持即开国会，是认为"被选人之程度，恒加选举人一等"，能进入国会的，通常不是程度不足之国民。关于此点，严复在 1904 年所出版的甄克思（E. Jenks）《社会通诠》（A History of Politics）译本按语中也有所说明。原书有言："若夫代表之义，至于今犹未论定也。有最胜之两说焉。其一派说曰：代表者，国民是所发遣者也。国民为主人，而代表者为之臣仆，代表宜听命于国民者也。……其又一派之说曰：是不然。代表者，国民举以从政者也。国民之于政，不皆达也，其所举，必其达于政者。……故国民之于政，宜一听代表之所为，不宜更钳其口而禁其手足也。"严复的按语云："二说皆坚，而后说尤中理；使中国而用之，则吾从后说。盖欲用前说，必民智已高而后可。然为代表者，不可不知前说之义，为国民者不可不知后说之义也。"② 此说从学理上立论，远较梁启超的论辩为佳，梁启超何以未加征引，不详。

（二）民国开国之初的保守态度

1896—1911 年间，主要以言论鼓吹改革的梁启超，到 1912 年民国建立以后，有走上实际政治的机会。1912 年 4 月，梁启超发表《中国立国大方针商榷书》，公开表示拥护共和。这是他人生的一大转折。梁启超虽然拥护共和，但因为党派关系，与创建共和的同盟会和由同盟会改组而成的国民党仍属两个阵营，且在袁世凯的拉拢下，积极参与或组织大党与同盟会和国民党对抗。梁启超于 1913 年 2 月加入共和党，5 月共和党改组为进步党后被选为进步党的理事。其间因为受袁世凯的拉拢，也参与政府事务，譬如 1913 年 9 月任司法总长，1914 年 3 月任币制局总裁，1914 年 6 月任参政员，后以袁世凯专制日甚、阴谋称帝，到 1914 年 12 月梁启超辞去币制局总裁后，始断与袁，关系疏远，并进一步投入反帝制运动。③ 另一方面，从戊戌到辛亥与梁启超共同关心国民程度不足，不足以言共和的严复，除先后翻译《天演论》《原富》《社会通诠》《穆勒名学》等书以开通国人知识外，先后任天津水师学堂总办、学部审订名词馆总纂、海军部海军协统和海军都统、资政

---

① 《饮冰室文集》，第五册，之二十五（上），页 125—129。
② 《严复集》，第四册，页 922、926。
③ 耿云志、崔志海，《梁启超》，页 517—519。

院硕学通儒议员。民国成立之初，曾任北京大学校长、参政员，并列名筹安会。①
严复因长年在政府为官，在政治上日趋保守；梁启超在 1912—1914 年间因与政府
太接近，在政治上也很保守。

　　此期间，梁启超于 1912 年 12 月主天津《庸言》杂志笔政，于 1915 年 1 月主
上海《大中华》杂志笔政，仍然不忘以言论报国。虽然如此，由于梁大部时间为政
府做事，言论显得非常保守。就对国民的态度而论，从立宪运动时期的动员国民，
再回到戊戌时期的批评国民、教育国民的立场。1913 年，他发表《一年来之政象
与国民程度之映射》一文，把政府乱象归罪到国民身上。文中谓："凡一国之政象，
则皆其国民思想品格之反射而已。"在民国成立后的一年间所表现出来的国民品格，
梁启超举出三大缺点：（1）国人怀有个人思想，凡所行事，不是为了国家的目的，
不是为了公私团体的目的，皆是借团体、机关的名目以达到个人的目的。文中有言：
"既人人皆寓私于公，故国中无所谓政治、无所谓政党，但见无数之个人朋比以自
营己耳！"（2）国人怀有部落思想，凡所行事，不以全国之利害为利害，省、府、
县、乡，各自为界，豆剖瓜分，不可纪极。文中有言："岂惟蒙藏非国所有，即国
中寸地，非国之所能有也。惟见亚细亚大陆东部有二十余部落，各部落中又有其小
部落，为数至千数百而已。而所谓中华民国者，果安在也？"（3）国人怀有现在思
想，凡所行事，苟安自保，敷衍涂饰，不求有功，但求无过，惟知有现在，不为明
日计。文中有言："人人皆知将来之局不堪设想也，则以不设想了之。于是乎人人
皆无将来。夫国中人人皆无将来，而国家犹有将来，非所闻也。"梁启超在文章最
后提醒，由于乱象每况愈下，愤世之士有讴歌专制政治者，如果国民的恶德不自己
拔除，克林威尔、拿破仑出世也无法制裁。②

　　1915 年，梁启超发表《良心麻木之国民》一文，再度对国民加以批判。当时
中国内有袁世凯的帝制问题，外有日本的二十一条交涉，梁启超不将国家大事诉诸
国民，只自责地说："使我国家至于此极者，则何一不在吾士大夫？无以名之，名
之曰良心之麻木。"文中对"良心麻木"的讨论亦甚空洞，譬如文中有言："凡人之
为恶，其始皆有所不忍也。浸假而忍之矣！浸假而安之矣！浸假而乐之矣！夫至于
乐为恶，则良心之本能，既渐灭以尽，舍麻木二字，吾无以状之，此言夫个人道德

① 《严复集》，第五册，页 1547—1551。

② 《饮冰室文集》，第六册，之三十，页 16—18。

堕落之程序也。"又有言："社会良心麻木之征象奈何？善与恶之观念已不复存于其社会，即善恶之名目犹存，而善恶之标准，乃与一般人类社会善恶之公准绝殊，而人人之对于善与恶，皆无复责任。凡入于此社会之人，其良心即无复提出之余地。"梁启超于空论之后，又空叹一声："呜呼！今日之中国岂不如是耳！"①

由前举之二文可以看出，梁启超于 1912—1915 年间，或因与当权者走得太近，或因袁政府之压制过甚，对于国民只有一些消极而空洞的批评，并未提出具体的奋斗方向。

（三）五四前后向国民的诉求

袁世凯死后，国会恢复，梁启超及其追随者组宪法研究会，谋在国会制定中央集权的宪法。不久因张谋复辟，国会解散，制宪不成。梁启超于协助国务总理段祺瑞打平张勋复辟之后，曾于 1917 年 7 月至 11 月间任财政总长。辞职之后，即表示不再参加政治活动。1919 年游历欧洲各国，考察一次大战后的欧洲。1920 年以后在清华大学任教，兼做社会文化事业。此期间，梁启超对国民又有所期待。但自 1924 年夫人李蕙仙病逝，1926 年肠肛病加遽，即很少写时论文章，1929 年 1 月病逝。②

五四前后，梁启超有关向国民诉求的文章，多写在 1919—1921 年间；也许因为那是一个民气高涨的时代，使梁启超又把对国家关怀的希望放在国民身上。1919 年所发表的《外交失败之原因及今后国民之觉悟》一文，系报告中国在巴黎和会中争取收回山东利权失败之原因，要求于国民提高警觉者有三事：（1）山东与南满同在日本势力之下，京师背腹受敌，无自存之理，国民立以最大决心，挽此危局，虽出绝大之牺牲，亦所不辞。文中有言："敌而谋我者，占领可也；以条约承认其权利不可也。……国民若具此决心，乃可与语此次失败之补救，乃可以求立国于今日之天下，而不然者，坐待为虏而已！"（2）山东问题交涉失败，因去年政府诸人与日本订有密约，暗许日本以山东利权，应追究责任。文中有言："当问此次失败之责任，何故当去年德军垂败之时，忽与日本订此密约，其动机安在？主持者何人？……若不明责任所归，将何以谢天下？"（3）当知国际有强权无公理之原则，

---

① 《饮冰室文集》，第六册，之三十三，页 55—56。
② 耿云志、崔志海，《梁启超》，页 520—526。

所谓正义人道不过强者之一种口头禅，弱国欲托庇于正义人道之下，万无是处。文中有言："当此吁天不应、呼地不闻之际，……所可依赖者惟我自身耳！"①

其后，到 1920 年直皖战后，在北京的安福国会停顿，在广州的护法国会亦受当地军阀排挤不能开会。梁启超感于民国成立已九年，国会尚未能制定宪法，而两国会事实上也不宜代表国民制定宪法，连续著文发起国民制宪运动。在《国民自卫第一义》一文中，首先对国民制宪运动加以定义：

何谓国民制宪？曰以国民动议（Initiative）的方式由有公民之人民若干万人以上之连署提出宪法草案，以国民公决（Referendum）的方式，由国民全体投票通过而制定之。

梁启超进一步说明："此原则非创自我，其先我而行者，有瑞士及美国各州焉，有德国焉。在彼既有宪法，故采此原则以改正宪法；在我未有宪法，则当采此原则以产生宪法。"梁启超所以于此时提出国民制宪运动，主要是鉴于自民国建立，每次变乱以后，都企图制定宪法，此时直系既将皖系打倒成为执政派系，自亦当有制定宪法的需要。民国"临时约法"将制宪的任务委诸国会，而由于政争不断，国会时开时停，使宪法难产。一次大战后，国民公意的观念兴起，把国会视为民主的障碍，国会实不宜再制宪。当前政治受政府与国会控制，全国真正民意无从表达，致使国事日坏。梁启超引据"临时约法"，谓主权在国民全体，宪法绝不能由南北军人所控制的国会私行制造，且新旧国会均已不能开会，新选国会亦不知能在何时成立，即成立亦不知何时能完成制宪，而说不定又因政争而中断。梁认为应该先有宪法而后有国会，故主张由国民制定宪法。②

此文发表之后，梁启超又发表《主张国民动议制宪之理由》一文，谓欲以国民制宪灌输国民宪法观念，第一，使国中较多数人确感觉有宪法之必要，第二，使国中较多数人了解宪法中所含之意义及其效用，第三，使国中较多数人与制宪事有关系，如是然后国民乃始知爱慕宪法、珍护宪法。梁启超在文中进一步说明国民制宪的方式。他说：

最初必有少数热心者，各出其对于宪法上之意见互相讨论。讨论略趋一致后，则以共同意见揭为宪法大纲，或竟制成宪法草案，以为动议之基。……必出其意

---

① 《饮冰室文集》，第六册，之三十五，页 22—28。
② 同上，页 28—31。

见，以与国人共见，或在报章上鼓吹，或到处公开集会讲演，于此期间内，多数人之意见必交错发抒。……经几度交换修正之后，对于此大纲或草案认为满意者，然后署名焉。……同时复有他方面少数之热心者，则亦循此程序以进者，……如是范围愈扩大，则国民意力之分量愈加重，其结果可以成名实相副之国民动议。

由国民动议所产生之宪法草案，能交由国民公决最好，如交由代议机关表决，需受国民监督，以免代议士受政府操纵或收买，制成一违反民主之宪法。梁启超对国民制宪运动并无成功的信心，认为亦非短时间可以完成，但至少可借此对国民实行宪法教育。①

继著文宣扬国民制宪运动以后，梁启超又于 1921 年 12 月 20 日在北京高等师范学校讲演"外交欤？内战欤？"，鼓吹日后要多多发起国民运动。梁在讲演中首先赞扬西洋史上的人权宣言运动、殖民地独立运动、民权建国运动、普通选举运动、社会主义运动、放奴运动、妇女参政权运动、禁酒运动等的"兴高采烈，淋漓尽致"，认为这些运动可以使多数人懂得政治是怎么一回事，懂得什么叫政治问题，可以使多数人认识且信任政治生活之"改进可能性"，使多数人养成协同动作之观念及技能。其次说明中国国民运动在晚清有立宪运动、革命运动、国会请愿运动、反对铁路国有运动，民国成立后值得特笔大书的则有五四运动。五四运动不仅是外交的国民运动，也是内政的国民运动，因为督责政府的意味很浓。再次梁启超鼓励今后的国民运动应从外交方面转移到内政方面，他认为：和平统一运动、省宪运动和劳工运动都有不甚适切之处，最值得做的是裁兵废兵运动。最后梁启超对他以前脱不掉"贤人政治"观念，想借旧势力来改良国家，常被人利用，觉得是一种罪恶；而这些年懒散下来，未能抖擞精神向社会服务，更是罪恶。希望自己能恢复二十几岁时的勇气，如在最近将来有真正的国民运动出现，他一定做马前小卒。②

事实上，梁启超的这篇演说，不过是鼓励年轻人勇于做社会运动。那年他已48 岁，身体也不好，自己已不能领导。虽然如此，梁启超那种动员国民、改造国民的精神，在戊戌以后迄于五四以后的二十余年间，除了短期的为官生涯以外，是不断高涨的。

---

① 《饮冰室文集》，第六册，之三十五，页 32—36。
② 《饮冰室文集》，第七册，之三十七，页 41—59。

四、结论

梁启超出身士绅阶层，早年对国民的态度与期盼，受严复的影响比较大，偏重在鼓民力、开民智、新民德方面，亦即偏重在改造国民方面。但改造国民不是一旦一夕之功，到1910年前后国会请愿运动兴起，梁启超即把重点放在动员国民上，要求国民都要重视开国会问题，并参与请愿。

民国建立之初，由于梁启超与当权派接近，甚至在政府中为官，有一段时间，与严复同时参与为巩固袁世凯政权而设的参政院，对国民的关怀度减少，甚至把政治乱象都归咎到国民身上，认为国民不爱国、不团结、自私自利、分崩离析。袁世凯政权结束后，皖系军人段祺瑞当政，梁启超又与段祺瑞接近，对国民的关怀度也不多。后来梁启超对民国初年这一段对"群众沉默"的阶段，解释为他当时相信"贤人政治"，即精英主义，结果常为军阀、政客所利用，深为后悔。

梁启超对国民真正的看重，是在五四运动发生以后。他鉴于五四运动发生支援外交、警醒政府的效果，给五四运动很高的评价。另外一方面，他即开始鼓动国民起而作各种政治运动，譬如国民制宪运动、裁兵废兵运动等。可惜的是，当时梁启超年纪渐高、健康渐差，加上他对研究工作的投入以及未能摆脱来自政府的工作安排，使他未能继续带动国民运动。

事实上，到了1920年代，中国已进入激情的时代，各种运动，如劳工运动、妇女运动、共产革命运动等，蓬勃万丈，滔滔不绝。梁启超较为保守，这些都不是梁启超所愿意参与的，甚至不是梁启超所愿意看到的。梁启超主导政治的时代已经过去，在梁启超临终前的一年中，正是他所依恃的北京政府与革命成功的南京国民政府政权交替的时刻，当时梁启超的落寞是可以想见的。

民国建立前后的谭延闿

（1909—1913）

一、前言

辛亥革命，创建了中华民国。此一革命的性质，聚讼纷纭，有的学者将之界定为资产阶级民主革命，个人则认定辛亥革命是全民革命。个人之所以认定辛亥革命是全民革命，一方面因为孙中山的革命目标广阔，包括民族、民权、民生三方面，绝不是为资产阶级的利益而革命；另一方面则因为参加革命的分子，包括社会的上层，也包括社会的下层，绝不是资产阶级单独进行的。① 此处对革命的目标，略而不论，仅以民国建立前后谭延闿的革命事业为例，说明湖南地区各阶层对革命的参与，以及一个地方士绅如何卷入革命的洪流。

二、谭延闿的出身背景

谭延闿（一八七九至一九三〇），湖南茶陵人。父谭钟麟，咸丰六年（一八五六）进士，历任陕西布政使、陕西巡抚、浙江巡抚、兵部尚书、陕甘总督、闽浙总督、两广总督，逝于光绪三十一年（一九〇五）。母李太夫人，直隶宛平人，为谭钟麟任陕西布政使时所纳之妾，逝于民国五年（一九一六）。谭延闿有异母兄二人，皆早逝；同母弟二人，大弟早逝，二弟泽闿以书法名于世。谭延闿于光绪二十一年（一八九五）与方榕卿结婚，方系直隶清宛人，父方汝翼时任江西布政使。谭延闿

---

① 参考 Yu-fa Chang, "The Nature and Significance of the Revolution of 1911:A Retrospective after 70 Years"，《辛亥革命研讨会论文集》（台北：中研院近代史研究所，一九八三年）。

有二子四女，三女谭祥，嫁陈诚。谭延闿夫人于民国七年病逝，延闿未再娶。①

　　光绪五年十二月十四日，谭延闿生于浙江杭州，时父谭钟麟任浙抚。光绪七年，父调陕甘总督，延闿随居兰州，时年三岁。七岁（光绪十一年）在兰州始入私塾。十一岁（光绪十五年）时父因病回湘，延闿随居长沙。十三岁（光绪十七年）复随父入北京。十四岁（光绪十八年）时父任闽浙总督，复随父居福州。是岁回乡应童子试，入府学为附生，试毕仍回福州。十五岁及十六岁两次自福州回乡应乡试不中。十七岁时父莅两广总督任，延闿在南昌结婚后，复随父居广州。十九岁（光绪二十三年），延闿自广州回湘应优贡试，正取第二名；是年应乡试不中。二十一岁（光绪二十五年），父乞假回湘，延闿亦返长沙。二十四岁（光绪二十八年）参加湖南乡试中举人。次年，刑部侍郎龙湛霖及其子龙绂瑞创明德学堂于长沙，聘胡元倓（拔贡）为校长。延闿受邀至校参观，受聘为校董，母令出资助之，嗣又与龙绂瑞创经正学堂。二十六岁（光绪三十年），至开封参加会试（因京师贡院毁于"拳乱"），中第一名贡士，嗣入都应殿试，中进士，朝考第一，只以字体不合考官口味，未中状元，以翰林院庶吉士用。②

　　从谭延闿的家世与科考功名来看，他应该是湖南省极具影响力的地方士绅。光绪二十九年以后，谭延闿以举人之身，继以进士之身，从办学开始，然后投入宪政运动。宣统元年（一九〇九年）由于被选为湖南谘议局议长，又成为湖南宪政运动的领袖。宣统三年（一九一一年）武昌革命爆发，湖南的立宪派响应革命，谭延闿又成为革命的领袖。终能受立宪派与革命派的共同拥戴，成为湖南省的都督，也就是湖南省的军政首长，直到民国二年十月因二次革命罪嫌去职。

　　谭延闿在湖南士绅中所以能出类拔萃，主要原因有五：一、其父谭钟麟为进士出身，历任陕甘、闽浙、两广总督，延闿在其父病逝的前一年中进士、点翰林，可以称为官宦世家。二、谭延闿在殿试中考取会元，此为有清一代湖南人所未有，因此延闿在湘的声望甚高。三、谭延闿口才好，能演说，且能为地方说公道话，因此颇负声望。四、延闿为末代进士，在北京候缺无望，回家乡办学，并从事宪政运动，其情形有如南通状元张謇。五、延闿好客喜饮酒，能广事结交朋友。③

　　①　参考刘鹏佛，《谭延闿与民国政局》，一九七九年六月中国文化学院史学研究所硕士论文，页7—10。
　　②　《谭祖安先生年谱》，页1—13；周震鳞，《谭延闿统治湖南始末》，《辛亥革命回忆录》（二），（北京，一九八一年），页150。
　　③　谢庵，《我和谭延闿的一段交往》，《湖南文献》，六卷四期，页37—38。

三、从学堂督办到谘议局局长：徘徊于改革与革命之间

谭延闿为末代进士，无意或无机候缺任官，回乡办学，并从事政治活动，属于开明的士绅。具体的表现是对办新式学堂有兴趣、对政治及社会运动有兴趣。

谭延闿开始其教育事业始于明德学堂，光绪二十九年，刑部侍郎龙湛霖，其子龙绂瑞和胡元倓于长沙创私立明德学堂，龙湛霖任总理，胡元倓任监督，龙绂瑞副之。时延闿甫于去年中举，受邀前往参观，当即捐款千元为学校经费，并年助英文教员金千元。延闿初为校董，次年龙湛霖去世，即继任为总理职位。[①] 当时湖南士绅有新旧两派，旧派士绅如王先谦、叶德辉等反对办新式学堂。明德学堂为新派士绅所办，其中教员黄兴、吴禄贞、张继、周震鳞等且都是革命派，因此旧士绅指明德学堂为革命学堂，两派相争，风波时起，延闿大力扶持明德学堂，是有魄力的。谭延闿对湖南新教育的主要贡献有三方面：其一，以其家世及功名声望，与官绅沟通，协助各私立学堂的开办。因此，在光绪二十九、三十年间，湖南学堂之多，学生之众，冠于全国。其二，协助明德学堂筹措经费：自光绪三十三年以后，明德学堂经费困窘，胡元倓无法筹措，几以身殉，宣统年间，延闿力任经费筹措，举债至六七万元。其三，延闿鉴于明德学堂筹款艰辛，深知私立学校经营困难，因此在任湘督之后，对办理优良之私立学校，由省府发给补助赞，多者可至公立学校的二分之一。湖南的私立学校，以此得以蓬勃发展。[②]

谭延闿投身地方教育事业，为日后投入地方政治立下基础。他于光绪二十八年中举人，二十九年即参与明德学堂校务，并与龙绂瑞别立经正学堂。光绪三十年，延闿中进士，授翰林院庶吉士。次年丁忧在籍，任长沙中路师范监督，光绪三十二年又任长沙中路学堂监督。光绪三十三年服丧期满，湘抚岑春煊不欲谭延闿回翰林院，仍奏留其在湘办学。[③] 适鄂湘粤三省因粤汉铁路的修筑方式与中央政府发生冲突，各省宪政运动亦兴，延闿乃能从学界走入政界。

延闿参加保路运动，主要因为他是湖南铁路公司的咨议官。缘光绪二十四年，

---

① 黄中，《胡元倓先生传》，页18—19。

② 周震鳞，《谭延闿统治湖南始末》，页150—151；刘鹏佛，《谭延闿与民国政局》，页14，16—17。

③ 《谭祖安先生年谱》，页12、31。

中国铁路总公司与美商合兴公司订约修筑粤汉铁路。嗣合兴公司股票多入比利时人之手，适中国已另借比款修平汉铁路，而比利时亲俄，俄又据有中东路修筑权。两湖总督张之洞恐美、比、俄三国合成一气，于光绪三十一年八月与美合兴公司签约将粤汉铁路修筑权赎回，鄂湘粤三省订共同修粤汉路条款，各省各自筹款修筑本省路段。光绪三十二年二月，湖南铁路公司成立，延闿受聘为咨议官。光绪三十三年五月，张之洞内调军机大臣，旋奉命兼督办粤汉铁路大臣。张之洞主铁路采官督商办模式，而湖南商会主由商办。光绪三十四年七月，延闿被举为湘省铁路代表，入北京与张之洞交涉，到十二月始归，但不得要领。是岁为了争路之事，延闿辞去中路师范监督之职。[1] 宣统三年四月十一日，清廷发布收回川滇、粤汉铁路修筑权，拟借款修路，激起川、鄂、湘、粤四省之保路运动，此一运动系由四省谘议局所领导，而延闿自宣统元年各省谘议局成立，即已任湖南谘议局议长。另一方面，自宣统元年各省谘议局成立，各省谘议局即曾屡次派遣代表赴北京请愿，要求立即召开国会，均无结果。时各省谘议局代表方在北京集议，延闿为湖南省代表之一，至是复为争路事为湖南代表。至五月下旬，四川谘议局议长蒲殿俊等因请愿拒绝借款修筑路事被押解回籍，临行之际，蒲氏对送行的留京各省谘议局代表表示："国内政治已无可为，政府已彰明较著不要人民了。吾人欲救中国，舍革命无他法。我川人已有相当准备，望联络各省共策进行。"[2] 是年八月延闿出都返湘，抵湘甫数日，而武昌革命军起，[3] 延闿即卷入革命的漩涡。

延闿自光绪二十九、三十年之后，以末代举人、进士投入湖南政学界，对以立宪运动、保路运动为代表的改革事业，积极投入，对湖南志士投入革命也早有同情。譬如光绪三十年秋，时黄兴任明德学堂教员，延闿任该校董事，黄兴已先设华兴会，密结同志谋革命。曾有同志被捕，词连黄兴，巡抚陆元鼎密令捕之，张鹤龄时管提学使，俞明颐时总督练处，二人与延闿有旧交，受延闿之嘱，故意延缓逮捕黄兴，黄遂得脱。[4] 武昌革命爆发，黄兴为革命军总司令，而革命独立后的湖南，政局不稳，延闿以立宪派人为都督，革命党人亦不服，黄兴嘱湖南革命党人支持延

---

① 《谭祖安先生年谱》，页 12、31。
② 刘鹏佛，《谭延闿与民国政局》，页 42—43。
③ 《谭祖安先生年谱》，页 35。
④ 同上，页 13—14。

闿，① 可能即起于光绪三十年的一段因缘。延闿同情革命的另一例证是武昌革命爆发前夕，湖南新军革命党人之机关被巡抚余诚格知悉，余即派军警加以监视。待延闿为争路事自北京返湘，余诚格将革命党人名单拿给他看，以便大捕党人。延闿谓："名单上所列之人，皆是一些酒色之徒，毫无上进之心，根本不可能是革命党人，所以不必为此事担心。"这次党祸能安然度过，② 可以说是受到谭延闿的掩护。

在武昌革命爆发前，延闿除办学、参加保路运动和同情革命外，主要的活动还有参与宪政运动，特别在宣统元年任湖南谘议局议长以后。自宣统元年谘议局成立，至宣统二年间，各省谘议局曾三次联合赴京请愿速开国会，延闿虽未任代表，对派代表请愿之事非常积极。为了请愿速开国会及督促清廷政治改革，立宪派人士于宣统二年七月成立各省谘议局联合会。宣统三年四月各省谘议局联合会代表齐集北京，举行第二届会议，会中曾讨论有关外债、练兵以及皇族内阁等问题。关于外债，由于盛宣怀等借日款一千万元，又议借美款一万万元，而四国借款，又将次签押。联合会认为，各国国家借债，必得国会允许，盛等借债，事先既未将理由说明，临时又未将用途宣布，国民不能承认。关于练兵，联合会感于时局阽危，主张废练民兵，由各省厅州县，一律增练备补兵，以为征兵之预备。关于皇族内阁，因清廷以庆亲王奕劻为内阁总理大臣，联合会认为，内阁总理大臣断不应委任皇族。前述诸意见，联合会皆草奏折，向清廷提出，③ 但未见清廷采行。

宣统三年五月八日，各省谘议局联合会与成立于宣统二年十月的国会请愿同志会联合，正式于北京组织推动宪政改革的政党，取名宪友会，谭延闿参加宪友会的成立会，被推为湖南支部的发起人。湖南地方人士，又加推资政院议员黎尚雯、易宗夔。嗣谭延闿因事留京，黎尚雯因事赴奉，易宗夔先行回湘，与教育总会会长黄忠浩、商务总会总理龙璋、农务总会协理廖名缙、谘议局副议长陈炳焕等于宣统三年六月九日在长沙集会，到者五十余人。会中决定，先起草章程，待谭延闿回湘再举行成立大会。嗣以革命爆发，事遂中止。④

① 周震鳞，《谭延闿统治湖南始末》，页 152—153。
② 刘鹏佛，《谭延闿与民国政局》，页 46—47。
③ 张玉法，《清季的立宪团体》，页 468—472。
④ 同上，页 478—484。

四、卷入革命的洪流：从谘议局议长到都督

武昌革命爆发时，湖南新军有一混成协，统领为萧良臣，所辖四十九标、五十标，共四千人。巡防营统领黄忠浩，所辖五十一队官兵，共一万五千人。巡抚余诚格以新军有革命嫌疑，将四十九标调驻岳州、临湘，五十标调驻宁乡、益阳，而调巡防营十余营至长沙镇压。当时湖南的革命派同盟会，以焦达峰、陈作新为首，立宪派以谭延闿为首，二派皆欲革命独立。立宪派人首邀焦达峰等会议，预计于阳历十月十八日起事后推谭延闿为都督，黄忠浩为镇统，不杀官吏，不杀旗人。但当陈作新运动新军发难时，新军以杀黄忠浩为先决条件，陈犹豫不决，遂未能在十月十八日起事。嗣陈作新允杀黄忠浩，决定于十月二十二日起事，谭延闿以事情紧急，于十月二十一日夜访黄忠浩，希望黄先起兵，黄未应。十月二十二日，焦达峰率四十九标、陈作新率五十标攻抚署，巡防营叛降新军，余诚格逃走，黄忠浩被杀。二十三日革命党人在谘议局开会，推焦达峰为都督（二十五岁），陈作新为副都督。[1]焦、陈被推为正副都督后，立宪派人不服，拟发动抗争，谭延闿力劝以大局为重。嗣立宪派人唐乾一出面，主张军民分治，设军政部长与都督相对待，军政部长由谭延闿任之，以下设总务、财政、交通、民政、教育、盐政、警政各科；都督仍由焦达峰任之，以下设军务、参谋、军法、军械各科。嗣立宪派人又主立参议院为民政机关，参议院议员几全由以谘议局议员为主的立宪派任之，凡募兵给饷、任免官吏将校，经参议院可决，方得施行。参议院长由谭延闿任之。[2]

同盟会人谭人凤、曾杰等见军政部、参议院相继成立，大削都督之权，复建议取消参议院、军政部，并于十月三十一日另订章程，将全省军事、行政、理财、司法诸事务，完全归都督掌握；谭延闿即辞去参议院长及军政部长职。[3]

严格说来，焦达峰、陈作新和谭延闿都不是争权的人，但同盟会的人和立宪派的人总是各希望自己的一派当权，所以焦、陈任正副都督，立宪派人初则欲逐之，继则别立军政部、参议院分其权，而同盟会人又运动将军政部、参议院取消，使军

---

① 刘鹏佛，《谭延闿与民国政局》，页56—60。

② 同上，页61—63。

③ 同上，页63。

政大权再集于都督一身。焦、陈在位一日，立宪派人心即不自安。

立宪派人以谘议局议员为主干，议员陈树藩、向瑞琮等扬言焦、陈克扣武昌济饷数十万，又谓起事官兵未能升赏，因焦依重新募会党之人。焦达峰受到压力，一度于十月二十八日宣布辞职，但仍被同党推为都督。焦并不注意巩固自己的权力，积极派兵援助邻省革命军。首先调其嫡系部队四十九标援鄂，嗣又调五十标援赣。五十标统带梅馨出身日本士官学校，非同盟会人，见焦、陈位在己上，心不能平，不愿援赣。及十月三十一日，焦、陈召集各界人士在谘议局开会，决定撤废军政部、参议院，而集大权于一身，梅馨乃乘机策动兵变，将焦、陈二人斩首。①

焦、陈被杀后，众推梅馨为都督，梅不敢就，乃推谭延闿为都督。延闿在家，不愿就任，士兵强以轿抬至都署，不得已，乃就职。延闿任都督后，同盟会人不服，传言要为焦、陈报仇。时黄兴正在武汉指挥作战，盼望湘援甚切，仍派人致函给党人谭人凤、周震鳞，为了统筹全局，请维持谭延闿的威信，人心始渐趋安定。②

谭延闿既任都督，在唐乾一等人协助下，一方面利用同乡关系，积极策动各省独立，另一方面，则大量运送物资、派遣军队，援助湖北的革命战争。在策动各省独立方面，派罗松涛等人赴广西联络，当时广西巡抚沈秉堃，湖南善化人；新军协统赵恒惕，湖南衡山人；两人均被说服，而同意反正。巡防营在藩司王芝祥控制中，王系直隶人，但为湖南浏阳人刘人熙之妻弟，嗣亦在刘之函电劝说下，同意反正。广西乃于阳历十一月六日宣布独立。福建新军协统孙道仁，湖南人，其部下亦多湖南人，在谭延闿的函电催促下，孙亦率军于十一月九日宣告独立，被推为福建都督。另外，云南新军协统蔡锷，湖南邵阳人，亦因受谭延闿函电的催促，早于十月三十日率军宣告独立，被推为云南都督。其他地区湖南人，在延闿函电劝告下起兵者亦有数起，③ 兹不备举。

在援助湖北方面，除电请广东都督胡汉民（十一月九日独立）、福建都督孙道仁（十一月九日独立）整顿海军，联合吴淞军舰直攻天津；电请贵州都督杨荩臣（十一月四日独立）出兵铜仁、与湘军会合，攻取荆襄；电请广西都督沈秉堃（十

---

① 刘鹏佛，《谭延闿与民国政局》，页 61—63；周震鳞，《谭延闿统治湖南始末》，页 152。

② 上注周文，页 152—153。

③ 刘鹏佛，《谭延闿与民国政局》，页 74—76。云南宣告独立时谭延闿尚未任都督，可能谭在任都督前，即策动各地革命事宜。

一月六日独立）、南宁都督陆荣廷派兵与湘军会合、克期援鄂外，主要从运送物资，和直接派军着手。谭延闿援鄂的财力物力，包括银五十万两，米八千石、面粉五百袋、油三百八十篓。至于直接派遣军队援鄂，延闿先后派两个协以上的兵力，开赴汉阳作战，可知者，王隆中一协，于十一月四日抵武昌，甘兴典一协于十一月八日抵武昌，刘玉堂一标于十一月二十四日抵武昌，但因待遇不平及其他问题，湘鄂军失和，十一月二十五日，王、甘军擅自自汉阳退却，致使汉阳于二十七日失守，黄兴亦于汉阳失守之日，离汉赴沪。[①]

由上述可知，谭延闿在武昌革命爆发，至出任湖南都督前后，尽管卷在革命派与立宪派的权力斗争中，而在此权力斗争中，个人的去就，一听众人的安排。当革命派盛时，立宪派人推他为军务部长、参议院长，使己派得到安抚。当革命派不让他做军务部长、参议院长时，他不恋栈，使革命派的人不以他为敌。当焦、陈为反对派斩首后，他不愿为都督，既而众人强之，乃不得不就。但无论任都督与否，他都为革命尽了他最大的心力。

五、稳定湖南政局：做一个稳健的省级首长

谭延闿既为湖南都督，以稳定湖南政局为第一目标。当时革命官兵逼督署内外，各居革命之功，形成骄兵悍将，难以制服。而革命新成功，各种过激活动威胁治安，延闿皆一一应付。在部属的策划下，主要从四方面做起：一为建立督署门禁，二为裁汰冗骄军队，三为设立军事厅统筹军务，四为禁止社会党活动。

关于建立督署门禁，系与裁汰冗骄军队同时进行。民国元年夏秋间，湖南省为了裁汰因革命而产生的冗骄军队，请负责裁减民军的陆军检阅使直隶人王芝祥亲自赴湘，并调留在南京的湘人赵恒惕（炎午）的一个混成旅，前来镇压。此事由督署秘书童梅岑联络办理，赵恒惕为童梅岑的准妹婿，故对赵放心。赵恒惕部于民国元年八月到湘后，童梅岑即秘与策划加强督署门禁事。当时督署以第四师守卫，第四师师长王隆中自称有血战汉阳之功，非常跋扈，常以杀人为乐。所部士卒，嚣张尤为各师之冠。童梅岑欲更换督署卫队，曾思及二法，皆不妥善：其一，直接调赵恒

---

① 刘鹏佛，《谭延闿与民国政局》，页76—80。王、甘、刘军援鄂事，见贺觉非、冯天瑜，《辛亥革命首义史》，页507—508。

惕军一营入府守卫，因赵所部为桂军，容易引起湘人反感。其二，请谭延闿携印信往赵恒惕部所在地办公，此亦易引起湘人反感。不得已，乃安排张其锽（子武）部代替第四师为督署卫队。张其锽，广西人，与谭延闿为同榜进士。其锽时为湖南芷江县令，兼南武军统领，有兵五营，约一千五百人。经谭延闿介绍童梅岑与其商议，彼慨然许诺。童梅岑乃运动王隆中之参谋长陈坤载，告以湘中各军将退伍改编，分全省为五军区，区设司令官一人，统一千五百人，将以陈坤载为一司令官。但如督署卫队不撤换，实行恐有困难。陈坤载乃以第四师撤出督署自任，言于王隆中，谓都督为第五师（梅馨为师长）推出，对第五师较好，士兵皆不愿为督署守卫。王受此挑激，乃将军队撤出督署，张其锽部遂顺利接督署卫队。①

督署门禁另一现象是自革命以后，督署乱发布徽章，佩之者可直入都督办公室。都督每日高朋满座，游谈无根，甚至深夜不散，延闿日夜肆应，精疲力竭，不惟不得休息，而且无法办公。督府卫队既撤换，乃重新颁发督署出入证，以为督署办公人员之用。无证者，只能到二门候宾室，以名片引进。从此署中肃穆，无复嚣杂之象。②

关于裁汰冗骄军队，武昌革命爆发前，湖南军队原有三个系统：第一个系统是新军，有两个标，皆驻长沙，第四十九标统带黄鸾鸣（教练官王隆中），第五十标统带余钦翼（第二营管带梅馨驻益阳）。第二个系统是巡防营，有中、前、左、右、后五路（中路巡防营统领黄忠浩，驻长沙；后路巡防营统领张其锽，驻衡州）。第三个系统为绿营，有镇算、绥靖两镇。辛亥湖南革命，系焦达峰联络四十九标代统带王隆中、陈作新联络五十标统带余钦翼等起兵。焦、陈暨为正副都督，得湖北方面枪支援助，极力扩军，因焦出身会党，会党人参加者不少。另一方面，将四十九标改为独立第一协，由王隆中任协统，率兵援鄂，并命五十标二营管带梅馨亦率兵援鄂。梅馨不欲援鄂，自常德率军至省城督署索饷，并借机杀焦、陈，推谭延闿为都督。延闿任都督后，委梅馨为独立第二协统领，余钦翼为第一镇统制辖一、二、三协（刘玉堂为第二协统领），甘兴典为第二镇（镇统拟黄鸾鸣，未发表）第三协统领，并王隆中之独立第一协，悉令援鄂。焦、陈所募之兵，汰其老弱，余悉编入各协标。各地巡防营，变动无多。援鄂军败归后，余钦翼之第一镇编为湖南陆军第

---

① 童梅岑，《参赞谭延闿裁兵之经过》，《湖南文献》，六卷四期，页 77—79。
② 同上，页 79。

一师，余任师长，驻长沙府、宝庆府（湘中）；驻衡州府、永州府、郴州府、桂阳州一带（湘南）之巡防营赵春霆部改为第二师，赵任师长；驻岳州府（湘北）之巡防营曾继吾部改为第三师，曾任师长；王隆中之独立第一协改为第四师，王任师长，驻长沙府、沅州府、永顺府及靖州（湘西）；梅馨之独立第二协改为第五师，梅任师长，驻长沙；程潜及黄鸾鸣新招之兵改为第六师，程任师长，驻常德府及长沙府之醴陵、株洲一带。各师士兵，尤以援鄂回省部队，自以为功高，视长官如无物；各营皆自选代表，直接与都督接洽。军中事故，皆由代表议决，交师旅长执行。第四师士兵，有包烟包赌事情。在这种情形下，延闿乃不得不设法裁军，订下优给退伍金办法，士兵可得数十两，军官可得数百两。为使事情进行顺利，谭延闿自南京调来赵恒惕之十六旅，配合南武军军统张其锽，加以镇压。延闿并另请负责遣散民军的陆军检阅使王芝祥至湘坐镇，己则召集营长以上军官训话，终将六师之兵分别遣散，另就各地巡防营，编为七个守备队，各置司令，一为湖南省防守备队司令，任定远任之，驻长沙；二为第一区守备队司令，黄本璞任之，驻湘潭、醴陵（均属长沙府）；三为第二区守备队司令，赵春霆任之，驻衡州府、宝庆府；四为第三区守备队司令，陶忠洵任之，驻岳州府；五为第四区守备队司令，王正雅任之，驻常德府、澧州府；六为第五区守备队司令，陈复初任之，驻辰州府、沅州府、永顺府及靖州；七为第六区守备队司令，蒋焰任之，驻永州府及郴州。被延闿编散者为新军，保留者为巡防营，[1] 系因为新军骄纵、巡防营持重，但巡防营究无战力，故民国二年二次革命时，无法持久，而事败之后汤芗铭以一混成旅，统治湖南达三年之久。

在设立军事厅统筹军务方面：湖南独立后，督署执行军务之权原在军务司。兼理军务司者，初为一度任第三师师长之黄鸾鸣，后为一度任第六师师长之周仲玉，皆非谭延闿之亲信。在秘书童梅岑策划下，乃于督署另设军事厅，以执行各种军令。当时督署卫戍既由张其锽部负责，乃以张其锽为军事厅长、童梅岑副之。军事厅成立后，即将军务司解散，[2] 自是军令始归统一。

在禁止社会党活动方面，缘在民国元、二年间，江绍铨组织中国社会党，鼓吹

---

① 文公直，《最近三十年中国军事史》，下册，页296—315；童梅岑，《参赞谭延闿裁兵之经过》，页77—82。

② 上注童梅岑文，页80。

无政府主义，于各省发展组织、宣传党义，不遗余力。湖南、湖北等省，对中国社会党的发展取禁抑手段，江绍铨为此一再请临时大总统孙中山加以支持，然谭延闿坚持既定政策，不稍通融。迨临时政府北迁，谭复电请中央严加取缔，并派军警封闭其湘支部，拘捕其主持人。[①] 谭延闿处事稳健，湖南兵事已多，自不允在政治上再有无政府主义之骚动。

六、参与国家事务：地方官关怀国事的局限性

谭延闿于清亡前的五年出任湖南铁路咨议官，于清亡前的三年出任湖南谘议局议长。因各省谘议局联合请愿开国会运动兴起，以及川、鄂、湘、粤四省保路运动兴起，使他有机会与各省代表联合，参与国家事务，并加入当时全国最有声望的政党宪友会，因当时谭延闿尚非地方官，兹不多论。

民国成立后的一二年，延闿任湖南都督，为一省军政首长，对国家事务的关怀与参与日多，策动各省革命、派兵援鄂诸事，前已述及。而以立宪派人士，公开支持孙中山、加入国民党，最后并为响应国民党的二次革命而去职，亦可见其志节。下面即从三方面，说明谭延闿对国家事务的参与。

其一，支持孙中山：武昌革命爆发后，孙中山返国抵沪，谭延闿以立宪派人响应革命，初任湖南都督，对革命领袖孙中山的返国，通电表示欢迎，电文云：“闻公到沪，飞电传来，距跃三百，仅代表全湘百万生民欢迎，先生万岁！中华民国万岁！”当时谭延闿对孙中山并不认识，革命成败尚在未定之天，通电欢迎孙中山，完全出自对革命领袖的仰慕。直到民国五年，谭延闿在上海，才经胡汉民介绍，认识孙中山。[②] 由于孙中山受到革命各省的欢迎，才在各省都督代表会中，受推为中华民国临时大总统，这对革命阵营的整合与巩固，非常重要。

其二，参加国民党：武昌革命爆发后，湖南响应。黎元洪为湖北都督，谭延闿为湖南都督，两湖向为一家，开始时谭延闿与黎元洪比较接近。民国元年一月十六日，一个拥护黎元洪的政治团体民社成立于武昌，谭延闿即为发起人之一。当时响应革命的湖南立宪派人，刚刚自革命派人手中获得湖南的军政大权，谭延闿的出任

---

① 吴相湘，《民国政治人物》，页151。

② 黄少谷，《谭祖安先生的勋业与风范》，《湖南文献》，七卷二期，页38。

都督，即象征立宪派在湖南的胜利。另一方面，湖南同盟会的势力也很盛。湖南同盟会，初由司法司长洪春台领导，洪死后，同盟会北京本部代理事长宋教仁派仇鳌回湖南发展党务，筹办国会选举。仇鳌到湖南，一面联络同盟会员和其他革命派人士，一面联络清末残余党派宪友会和辛亥俱乐部的成员，很获成效。谭延闿即于此时加入国民党。民国元年九月湖南同盟会支部改为国民党支部，仇并为民政司长，此职原由非国民党籍的刘人熙任之。民政司是主办全省选举的机关，湖南五道的选举监督由民政司选派，主办一县选举的县长也是由民政司委派的，因此湖南的选举可完全由国民党掌握。参议员十席全由国民党获得，众议员二十七席，国民党获二十三席。① 另外省议会议员一〇八席，国民党亦得九十席。② 谭延闿参与的国民党务活动不限于湖南，可知者，他也出资支持北京本部的费用，并出资在汉口办《国民日报》，以为宣传。③

其三，为响应二次革命而去职：民国二年三、四月以后，为了宋教仁被暗杀案、未经国会许可之大借款案，国民党人对袁世凯政府不能忍，除诉诸舆论外，在参众两院中争闹不休，而国民党籍的都督，湖南都督谭延闿，像江西都督李烈钧、广东都督胡汉民、安徽都督柏文蔚一样，皆通电反对袁政府，由孙中山所策动的军事反袁，一触即发。袁世凯免去李烈钧、胡汉民、柏文蔚都督职，独将谭延闿的都督职位保留，赣粤皖三省都督代表至湘策动独立，谭延闿颇持稳健，主事亟乃动。袁世凯对湘省仍积极防范，民国二年七月七日，派人将湖南军装局纵火焚烧，损失步枪一万一千余支、子弹三百万发。湖南经裁兵后，已无可战之兵，今又无械弹可用。七月十二日，李烈钧回江西起兵，并电催湘省迅速宣布独立。延闿以地方疮痍未复，又乏械兵，初抱调停态度，终受不过党员催促，乃于七月二十五日宣布独立，发布通电，"起誓与袁世凯断绝关系"。独立之后，大肆招募军队，一面派兵援赣，一面派兵攻鄂，两军皆未成功，而江西、江苏、广东等地起兵皆败。赵恒惕时驻军岳州，以湖南独立非谭延闿本意，乃致谭密函，并率兵回省平乱，延闿旋于八月十三日宣布取消独立。④ 或谓延闿宣布独立，系黎元洪

---

① 张玉法，《民国初年的政党》，页 91，234—236，288。
② 张朋园，《中国现代化的区域研究》，页 164。
③ 张玉法，《民国初年的政党》，页 188、199。
④ 刘鹏佛，《谭延闿与民国政局》，页 97—98；文公直，《最近三十年中国军事史》，下册，页 316。

所授的"权宜之计"，黎要谭"阳为附和，阴图敉平"，[1] 此说并不一定可靠。如果谭仅在应付，何需招募军队，援赣攻鄂？尤可异者，湖南取消独立后，袁世凯又何须命海军次长汤芗铭于九月十七日率军舰四艘至湖南查办军务，终以一混成旅之众，于民国二年十月二十日正式代谭延闿为湖南都督，并将赵恒惕部亦缴械遣散。[2]

谭延闿由地方士绅而地方官，关怀国事，有其局限性。他由立宪派投入革命，无论革命成败，与官绅的关系，不像纯革命派那样容易了结。故延闿交卸都督之职后，仍与政府权要相周旋。经武昌，副总统兼鄂督黎元洪遣人招待。至北京，住国务总理熊希龄家。至民国三年，袁世凯将其上将衔褫夺之后，延闿始远离当权派。初则移居青岛，民国五年，在上海与胡汉民过从甚密，是年三月，并由胡介绍，识孙中山。时袁世凯帝制受各方反对，延闿亦有电劝袁退位，电中有云："公若以救国为心，民意为重，则宣告退位，翩然远引。国家之任还之国民，是非之公付之后世。"民国五年六月六日袁世凯死，次日黎元洪继位为大总统，八月三令延闿为湖南省兼署督军，[3] 延闿再回到湖南政治舞台。

七、结论

谭延闿于光绪三十年，二十六岁时完成科第阶梯，原应进入官僚系统，适逢革命与改革的洪流兴起，官僚系统狭窄而无希望，政治、教育、社会各方面出现了较多的机会，谭延闿把握住这些机会，既热心改革，也同情革命，因为性情温和，受到各方面的信任。从其风范来说，表现于清末民初的，约有下述三方面：

其一，有为有守，知进知退：谭延闿受儒家教育，出身科第显宦之家，在性格上基本是保守的。民国初年在数百社团中，曾参与发起以振兴国学为目的的"中国学报社"，和以"维持社会秩序"为目的的"礼俗大同社"，[4] 这在那个时代，自然是较为保守的做法。但谭延闿确实也看到潮流挡不住，顺势而为，做了一些推波助澜的工作，使以立宪为目的的改革运动扩大，最后与革命运动会合。当革命在湖南

---

[1] 张朋园，《中国现代化的区域研究——湖南省》，页 137。
[2] 刘鹏佛，《谭延闿与民国政局》，页 102；文公直，《最近三十年中国军事史》，下册，页 316。
[3] 《谭祖安先生年谱》，页 38—42。
[4] 张玉法，《民国初年的政党》，页 517、527。

造成民兵泛滥、骄兵悍将遍地时，他又将他们压制下去，依恃立宪派人（以压激进的革命派）以及旧防营的军队（以压骄纵的新军）来稳定政局。二次革命，身为国民党员，他不能不响应，但私下实不愿以武力解决问题，故当革命大势已去，即毅然取消独立，并辞去都督职位，不像其他独立各省，战至溃不成军，才落荒而逃。在这种情形下，他在湖南的政治资源没有用尽，所以他在湖南，能够几落几起，曾有第二次、第三次任都督。

其二，与人为善，得道多助：谭延闿为地方巨绅，在官绅圈中交游甚广，且存心仁厚。在清末属立宪派，但也同情革命党。光绪三十年，华兴会事败，曾掩护黄兴逃脱。辛亥湖南独立，革命派之正副都督焦达峰、陈作新被杀后，受推为都督，革命派领袖黄兴时在湖北指挥作战，嘱湖南革命党人与谭合作，使谭在湖南的领导地位得以稳固。武昌革命爆发后，立宪派人虽在各省争取政权，但很少有人获得都督的地位。有人暂时称都督，如四川蒲殿俊，旋即取消。云南都督蔡锷因系梁启超在湖南时务学堂的学生，此时与梁启超接近，但因蔡为军人，不能算是立宪派。出身立宪派，而任都督较久的，只有湖南的谭延闿，且谭延闿很快即加入国民党。① 但另一方面，与北京政府中的要人，仍保持私人关系，譬如副总统黎元洪、国务总理熊希龄。民国五年袁世凯死，黎元洪继任总统，国民党人能够再任一省军政首长的，除山西阎锡山因一直未失位得以续任外，只有谭延闿。

其三，休休有容，平易近人：谭延闿虽出身世家，又为地方巨绅，绝无豪门习气，居处平易近人，自做翰林时，即着布衣服，与寒士无别。在湖南，每每三日一小宴，五日一大宴，其对饮之流，皆湘中科举名士。② 胡汉民说他"休休有容"，具有宰辅的气度，对人从不疾言厉色，只"和平中正"四字，可以得其大略。并谓他的一切，都内蕴而不外露，有人说他一无所长，这可正是谭延闿"其智可及，其愚不可及"的地方。③ 周世辅将政治分为"多为""少为""无为"三种，多为而不治是最坏的治术，多为而治是不好不坏的治术，无为而治是最好的治术。认为谭延闿是无为而治，具有道家风范。周世辅引了他的几句诗为证。一句是"孤愤独居亦有别，牛马一任旁人呼"；一句是"人生清境得易失，事后思量无一物"；再一

---

① 张玉法，《民国初年的政党》，页215—216。
② 谢庵，《我和谭延闿的一段交往》，页37—38。
③ 胡汉民，《谭祖庵先生之生平》，《湖南文献》，第四期，页58。

句是"尔来百事不在意，每每合眼成鼾呼"。① 他的"尔来百事不在意"，可以一事为证。延闿初为湖南都督时，每日往来督府办公，照例系由坐轿出入，而守卫者对出入人等，除识者外，都要加以检查。一日大雨，延闿坐轿入，新来守卫者不知为都督，要轿夫停轿检查，随侍者说是都督，卫兵仍要检查。谭延闿不得已，下轿任其检查一番。卫队管带（营长）鲁涤平知其事，责卫兵对都督无礼。延闿谓：卫兵能尽职责是好卫兵，且对卫兵慰勉有加。② 其气量之大，人莫能及。

谭延闿于民国十九年（以五十二岁之年）以脑溢血病逝于国民政府行政院长任内。在此之前，民国十七年曾任国民政府主席，民国十五年曾任国民党政治委员会主席，民国十三年曾任广州军政府北伐联军总司令，民国九年第三次任湘督，民国五年第二次任湘督。由光绪三十年到民国二年的九年间，其办学、从政表现的风范，重要的有前述三方面，而这三方面的风范，加上他在湖南省区所建的根基，是他日后在政治上能有所表现的重要因素。

民国以来，中国有几位无为的政治领袖，伴陪强人袁世凯的有黎元洪，伴陪皖系、直系军人的有黎元洪、徐世昌，伴陪毛泽东的有周恩来，伴陪蒋介石的有谭延闿、林森、严家淦，他们都是政治上的缓冲人物。政治上应该有人有为、有人无为，才能安泰，如果都要有为，就会发生紧张。在当今局势中，像谭延闿这样的无为而治的政治，特别令人怀念。

① 周世辅，《谭祖安先生的道家风范》，《湖南文献》，八卷二期，页6—8。
② 鲁荡平，《谭祖安先生之伟大》，《湖南文献》，第八期，页152。

胡适的学术生涯

一、前言

　　胡适生于 1891 年（光绪十七年）12 月 17 日，死于 1962 年 2 月 24 日，在世的时间为七十年两个月又十天。其中童稚启蒙时期约十五年；1906 年夏天，即十六岁那年，胡适考取上海中国公学，并在《竞业旬报》开始发表文章，为投入社会事业之始。其后至逝世之日为止，胡适于五十五年间，投注于学术、教育、文化及政治事业。胡适从政时间很短，除抗战期间曾挂名"国民参政员"、抗战胜利后曾挂名国民大会代表外，真正从政，只有 1938 年 9 月 17 日至 1942 年 9 月 8 日任驻美大使的四年。所以胡适的一生，除求学、教书、做研究工作以外，便是透过发表文章、发表演说等方式，对学术、教育、政治、社会、文化等问题发表意见，并传布这方面的知识。

　　胡适一生，发表专书、论文、时论及一般性的文章，据初步统计，共 2346 种，其中日文者 11 种，英文者 239 种，中文者 2096 种，中文发表者占 89%。纯粹介绍西学者 146 种，约占全部著作的 6%，可以看出胡适在心灵上主要仍然是中国的，而非西方的。与学术关系较远的文学译著（481）、时论（495）、书信（335）、序跋（182）、移译哲学一般（26）、国学一般（30）、语文问题（29）、读书杂记（56）、读后书评（14）、西洋政教介绍（58）、自传（16）、日记（6）、游记（12）、艺术介绍（8）、其他（136）等共约 1884 篇，约占 80%。而在文学理论（50）、史学（108）、哲学中的西洋哲学和一般哲学（38）、总论（19）等方面的著作大多也是半学术的，共约 215 篇，约占 9%。真正的学术著作在中国哲学（42）、治学方法（17）和考证（200）方面，共 259 篇，约占 11%。① 胡适死后，整理遗稿，所得多为学术性的著作，如《中国中古思想史长编》《中国中古思想小史》，另《胡适手稿》十集，前六集为《水经注》考证，七、八集有关朱子和旧小说的考证，第十集有关诗歌。② 从前述的统计可以看出胡适知识涉猎之广，1945 年中共对胡适思想所进行的有系统的批判，亦包括哲学思想、历史观点、政治思想、文学思想、哲学史观点、文学史观、历史和古典文学的考据，以及《红楼梦》研究各方面。③

从知识的角度来说，教育是传布已有的知识，学术是发现新的知识。此处无暇讨论胡适一生的知识内涵，仅就其在学术方面的努力，分下列三方面作一说明：一为精研中国哲学，二为提倡治学方法，三为推动科学发展。

二、精研中国哲学

胡适的学术著作，约可分为四方面：1. 中国哲学史方面的著作，2. 考证方面的论文，3. 年谱和传记，4. 中国文学史。其中在中国文学史方面，主要的只有 1928 年上海新月书店出版的《白话文学史》上卷，是为应合其白话文运动而写的。在年谱和传记方面，有 1922 年上海商务印书馆出版的《章实斋先生年谱》、1949 年上海商务印书馆出版的《齐白石年谱》（与黎锦熙、邓广铭合著），和 1956 年中研院出版的《丁文江的传记》。从学术研究的观点来看，成就最大的是对中国哲学史的研究，而考证学只是一种方法，他的治学方法以考证学为基础，对中国哲学史的研究，自然也用了考证学方法。

胡适所以投身于哲学的研究，是因为他在哥伦比亚大学攻读博士学位是在哲学系，他的博士论文研究的主题是中国哲学史，而胡适归国后在北京大学任教，也是开"中国哲学史"的课（另开有"中国文学史"）。胡适对哲学的研究，得自其老师杜威的启迪。胡适对西洋哲学的研究较为深入的，就是杜威的实验主义，西洋哲学的传统是唯心论，胡适并无深究。④ 杜威的实验主义，有时被称为工具主义（Instrumentalism），什么叫"工具主义"？胡适说：

① 据华东师范大学图书馆编《胡适著译系年目录与分类索引》（上海，1984）一书统计。
② 《传记文学》，28 卷 5 期，每月人物专题座谈：胡适，胡颂平发言"适之先生遗著整理出版的经过"。
③ 余英时，《中国近代思想史上的胡适》，页 28。
④ 以亨，《初到北大的胡适》，胡适传记资料（五），页 156。

一切思想、知识、经验，都是生活的工具，生活的基础。每一个人所有过去的经验和现在的经验，都是为帮助将来生活的工具。天地间一切真理、一切学术、一切教育，以及什么圣人、圣人的话，天经地义的金科玉律，都不过是工具，这都是帮助我们解决问题。①

胡适研究中国古代哲学，即从工具主义的方向来了解，不仅认为先秦诸子学说都是为了解决现世的问题，而且扬弃许多不合理的旧说，重新给他们的学说一个定位。

胡适对中国哲学史的著作共有以下几种：1.《中国哲学史大纲》上卷，1919年上海商务印书馆出版。2.《中国哲学史大纲》中卷，1919年北京大学出版部出版。② 3.《戴东原的哲学》，1925年12月发表于北京大学《国学季刊》二卷一期，1927年上海亚东图书馆出版专书。4.《中国中古思想史长编》前九章，1931年北京大学出版部出版。另外在1930年编校有《神会和尚遗集》（上海亚东图书馆出版），并为之序；1931年编校有《淮南王书》（上海新月书店出版），并于是年撰有《淮南王的政治思想》。《胡适与中国文艺复兴》（*Hu Shih and the Chinese Renaissance*）一书的作者葛瑞德（Jerome B. Grieder）认为胡适对中国哲学史的重建至少有三种贡献：其一，为中国哲学史提出明晰的纲要：胡适在1919年出版《中国哲学史大纲》探讨中国哲学之后，于1925年发表《戴东原的哲学》，于1930年出版《神会和尚遗集》，1931年出版《淮南王书》，认为《淮南王书》代表秦汉时期（公元前221—公元220）的中国哲学，《神会和尚遗集》代表中国佛学（神会和尚为中国禅宗中心人物），《戴东原的哲学》代表现代中国哲学。其二，提倡怀疑的精神：其《中国哲学史大纲》摆脱传说时期，直接从老子（公元前六或四世纪）和孔子（公元前551—479）写起。他把哲学思想放在历史和社会环境里，除去一切不相干的材料。其三，视古代各派哲学与孔子平等，并指出各家思想的特征：孔子讲正名，是逻辑学家，孟子强调个人的重要；老庄为现实主义者，为个人的完全自由而辩护，庄子更有进化观念；墨家讲逻辑，亦富宗教性。③ 胡适治中国哲学史，其长处是条理清楚，历史知识丰富，同时他能注意到历史背景、社会环境与思

---

① 《胡适讲演集》，中册，杜威哲学。
② 胡颂平《胡适之先生年谱简编》谓1919年编有《中国哲学史讲义》或即指此。
③ 原书第六章《胡适对中国之影响》，但谓《戴东原的哲学》为1932年出版。

想活动之间的交互关系。① 在胡适所著有关中国哲学史的几本著作中，一般读者较感兴趣的是《中国哲学史大纲》上卷和《戴东原的哲学》。《中国哲学史大纲》上卷是他在哥伦比亚大学哲学系肄业期间撰写博士论文的主题，何时开始在这方面下工夫，不可详考，1915 年 5 月 28 日胡适在日记中说："吾生平大过，在于求博而不务精，……自今以后，当屏绝万事，专治哲学，中西兼治，此吾所择业也。"② 其后在 1916 年胡适在中国科学社年会发表演说，题名"先秦名学史"，③ 应为他研究中国哲学的初步成果。迄 1919 年 8 月出版《中国哲学史大纲》上卷时，研究的过程至少三年。胡适写《中国哲学史大纲》上卷，虽然从老子和孔子写起，但认为老子早于孔子（孔子曾问礼于老聃，必然向老子学得一些东西）。胡适肯定老子是中国哲学的创风气之先的人，因此在他的书中一开始便写老子，对老子论述极详，认为老子反社会、反政治、反文化，是一种"极端的破坏主义"，是革命家。④ 但胡适研究先秦诸子，并不是以对老子的研究最精彩，1922 年梁启超对《中国哲学史大纲》的批评是："讲墨子、荀子最好，讲孔子、庄子最不好。"⑤ 亦有人认为，胡适对中国哲学，对墨子最有研究，并认为其学得自章炳麟，因为胡适自 1917 年自美国归国至北大任教，即将章氏丛书以新式标点标点一遍。⑥ 盖以当时北大旧学之士多、新学之士少，非掌握旧学，难以进入文史学术圈。所以胡适在中国学界，仍然是以中国旧学起家。

胡适研究中国哲学史，下了许多考据的功夫。一般而言，他喜欢做一些容易证明的东西，不喜欢玄想一些不容易证明的东西，因此他尊考据而抑理学。他对理学的见解，主要见于《戴东原的哲学》一书，此书于 1925 年 12 月以论文的形式发表，于 1927 年以专书的形式出版。从此书可以了解，胡适不欣赏宋儒程朱"无欲"的理学，却欣赏戴东原的"顺情"的理学。戴东原批评程朱"淆以无欲之说，于得理益远"，自己却特别推崇情欲，他说："君子之治天下也，使人各得其情，各遂其欲，勿背于道义。君子之治也，情与欲使一于道义。"⑦

---

① 《胡适思想纲要》，见《现代中国思想家》，胡适传记资料（七），页 316。

② 胡适，《留学日记》，卷九，第三册，页 653—654；余英时，《中国近代思想史上的胡适》，页 22—23。

③ 华东师范大学图书馆编，《胡适著译系年目录与分类索引》，页 10。

④ 商务印书馆本，页 48。

⑤ 引见《胡适思想纲要》，《现代中国思想家》，胡适传记资料（七），页 316。

⑥ 以亨，《初到北大的胡适》，胡适传记资料（五），页 156。

⑦ 张君劢，《胡适思想路线评论》，见《现代中国思想人物论——自由主义》（台北，1980），页 398。

前述胡适喜做考证，据初步统计，胡适一生所写的考证文章 200 篇，其中有关
《水经注》者 117 篇，有关《红楼梦》者 16 篇，有关神会和尚者 9 篇，其他方面者
58 篇；[①] 实际恐不只如此。拿《水经注》的考证而论，除生前发表的文字外，遗著
经中研院胡适纪念馆整理而出者十集，其中有六集有关《水经注》。而中国大陆方
面，1979 年亦刊有胡适所著的《水经注校本的研究》。缘 1948 至 1949 年，胡适在
上海，经常到张元济等所办的合众图书馆查资料，进行《水经注》的校勘和考证工
作，所写手稿，该馆抄录副稿保存，于 1979 年为之出版，共 75 页，约七万字，编
者为朱东润等人，列入"中华文史论丛"。[②] 由于胡适在考证方面的成就大，余英
时有一句结论性的话说："胡适学术的起点和终点都是中国的考证学。"[③]

三、提倡治学方法

胡适所提倡的治学方法，也是他自己所运用的治学方法。胡适的治学方法，是
从他的治学态度而来，他的治学态度，在《介绍我自己的思想》一文中，曾说是受
两个人的影响最大，一个是赫胥黎（Thomas H. Huxley），教他怎么怀疑、教他把
一切学说都当作待证的假设，并教他处处顾到当前的问题和思想的结果。赫胥黎是
英国学者，为达尔文（Darwin）的信徒，其著作《天演论》被严复译成中文。但对
胡适的影响较大的则是赫氏的"存疑论"（Agnosticism）。对事物既有怀疑，便需
求证，他的老师的实验主义（Experimentalism），便是要他由实验来验证真理。他
在《杜威先生与中国》一文中提到实验主义的要义：1. 从具体的事实与境地下手；
2. 一切学说、理想，一切知识都只是待证的假设，非天经地义；3. 一切学说与理想
都须用实行来试验过；实验是真理的唯一试金石。实则，胡适在学术上的怀疑思
想，不一定完全来自赫胥黎，中国在汉代以后即有之怀疑思想，对胡适也有一定的
影响。东汉王充《论衡》，是中国怀疑思想的重要起点，宋代的张载和朱熹，也都
注重"学则须疑"的精神。另外，杜威实验主义中的"证据"观念，清代的考据学
已非常讲求。中国学术中的"怀疑"与"求证"，据余英时研究，胡适在出国留学

---

① 据《胡适著译系年目录与分类索引》一书统计。
② 魏灵，《胡适在中国大陆的再评价》，胡适传记资料（十三），页 120。
③ 余英时，《中国近代思想史上的胡适》，页 72。

前早有所知，及胡适接触到赫胥黎和杜威的思想，在治学方法上才较有系统。① 胡适何时接触到赫胥黎和杜威的思想，我们并不清楚。胡适于 1915 年 9 月进入哥伦比亚大学哲学系读书，系主任为杜威，事后胡适自认从此以后，实验主义成了他的生活和思想的一个向导，成了他自己的哲学基础。② 我们并不知道胡适何时接触到赫胥黎的"怀疑论"，迟至 1922 年 10 月他才撰有《存疑主义》一文，而他却在 1919 年 8 月写《清代学者的治学方法》时，正式承认"他们用的方法，总括起来只有两点：'大胆的假设，小心的求证'"，③ 所以胡适的治学方法"大胆假设，小心求证"，应该是从清代的考证学中归纳出来的，时间是 1919 年。也许在保守的中国学风中，胡适不敢自鸣为新学之士，把他向外国所学得的方法，找到一个中国根源。

从 1919 年以后，胡适不断发表有关考证的文章。一方面可能是自己的兴趣，另一方面则是验证他的"大胆假设，小心求证"的治学方法。胡适于 1920 年发表《水浒传考证》之后，又于 1921 年发表《红楼梦考证》。仅就对小说的考证而论，除《水浒传》《红楼梦》以外，他对《西游记》《三国演义》《三侠五义》《官场现形记》《儿女英雄传》《海上花列传》《镜花缘》等书都作了详细的考证，其中以对《红楼梦》的考证最为有名。④《红楼梦》一书，前此被所谓红学家们闹得乌烟瘴气，以致作者和书旨都隐晦不彰。自胡适的考证一出，才如同拨云雾而见青天一样，扫除了一切对《红楼梦》的曲解。就胡适先后所发表的有关《红楼梦》的考证的文字看，他的发现有三：1. 作者曹雪芹少时是位阔家公子，工诗善画，晚年贫穷潦倒。2.《红楼梦》是曹雪芹的自传，如实地写出了他的家事。3. 曹雪芹未把《红楼梦》写完，只写了八十回就死去，今本（一百二十回）的后四十回是高鹗所续。经胡适有此发现之后，后来研究《红楼梦》有成就的如俞平伯、李玄伯、李辰冬等，才有了进一步的成绩。⑤

胡适不仅对中国的旧小说和其他旧籍作考证，日常生活琐事碰到疑问，也用考证的方法来处理。被记载下来的例子发生在 1929 年 8 月。当时胡适住在上海，每

---

① 余英时，《中国近代思想史上的胡适》，页 43—47。
② 胡颂平，《胡适先生年谱简编》，页 12。
③ 同上，页 18—19，22。
④ 闻见思，《谈胡适治学》，胡适传记资料（十三），页 116。
⑤ 赵聪，《胡适与〈红楼梦〉》，《五四文坛泥爪》。

天早晨起来看许多份报纸，先看《字林西报》(North China Daily News)。有一天早晨，各报都已送来，只有《字林西报》没送到，胡适立刻用他的"大胆假设，小心求证"来找出原因。第一个假设：送报人忘了。胡适检讨一下自己不是新订户，送报人多年来从没有漏送，因此不成立。第二个假设：没有付报费。胡适检讨一下，报纸订期若已到，报社会先通知，没有收到报社的通知，不可能停送。第三个假设：今天是英国的假期，报纸没出版。胡适查证的结果，那天是英国银行假期，胡适自以为求证对了。但不久，用人又在院子里的花木底下找到那份报纸。那天虽为英国的银行假期，报纸照常出版，只是送报生把报纸丢到院子的花木下了。[①] 不过，我对这个记载，也有一点怀疑，为什么胡适不打个电话到报社或派报处问问，相信胡适的住处应该会有电话的，这是我的大胆假设，不过还没有时间去求证。

胡适的"大胆假设，小心求证"的治学方法，虽然至迟在 1919 年已提出来，并透过各种考证，不断加以验证。但是，对于这个方法的内涵，还是随时间积累，愈来愈充实的。迟至 1930 年 11 月，胡适才在《介绍我自己的思想》一文中，有系统地介绍他"怀疑"与"考证"思想的来源，他说：

我的思想受两个人的影响最大：一个是赫胥黎，一个是杜威先生。赫胥黎教我怎样怀疑，教我不信任一切没有充分证据的东西。杜威先生教我怎样思想，教我处处顾到思想的结果。[②]

迟至 1946 年，胡适才在《考据学的责任与方法》一文中，阐述中国考据学的起源，他说：

两汉以下，文人出身做亲民之官，必须料理民间诉讼，这种听讼折狱的经验是养成考据方法的最好训练。

因为法官判案，"第一个驳问是要审查某种证据的真实性，第二个驳问是要扣紧证据对本题的相干性"。因此，胡适在文中提议：

凡做考证的人，必须建立两个驳问自己的标准：第一要问，我提出的证人证物本身可靠吗？这个证人有作证的资格吗？这件证物本身没有问题吗？第二个要问，我提这个证据的目的，是要证明本题的哪一点？这个证据足够证明那一点吗？[③]

---

① 王志维，《两个故事——追念胡适之先生》，胡适传记资料（五），页 107。
② 胡颂平，《胡适先生年谱简编》，页 36。
③ 《胡适手稿》，第五集卷二，页 517—520。

　　关于此点，胡适于 1952 年 12 月在台湾大学讲"治学方法"，有较详尽的说明。

　　"治学方法"的讲演分为三讲，第一讲为引论，第二讲为方法的自觉，第三讲为方法与材料的关系。在引论中除提出"大胆的假设，小心的求证"的方法之外，并举《红楼梦》考证、《醒世姻缘》考证等为例，说明方法如何运用，特别说明他考证的目的是"想用偷关漏税的方法来提倡一种科学的治学方法"。第二讲方法的自觉，除重申前述《考据学的责任与方法》一文中所提的建议外，并引宋人笔记中所说的"做官要勤、谨、和、缓"，认为治学也要勤、谨、和、缓。所谓勤就是不偷懒，谨就是不苟且，和就是虚心不武断，缓就是不轻易下结论。第三讲方法与材料的关系，是以敦煌材料的发现（1907—1908），以及他对唐朝神会和尚的考证等为例，说明凡能够扩充材料、用新材料的就进步，凡是不能扩充新的材料，只能研究旧的、间接的材料的就退步。[①]

　　1958 年 4 月，胡适自美返国任中研院院长职，陆续发表有关治学方法的讲演，如 1958 年 4 月 26 日在中国地质学会年会上讲"历史科学的方法"，6 月 9 日在中研院三十周年纪念会上讲"假历史与真历史"，11 月 29 日在"教育部"教育科学委员会及中华科学协进会讲"科学精神与科学方法"。[②] 胡适的治学方法，在 1950 年代中期大陆批判胡适期间，已受到不少批评，仅 1955 年一年，《光明日报》《解放日报》《四川日报》《历史研究》《南方日报》《文史哲》《中山大学学报》《厦门大学学报》等报刊，至少发表了十三篇文章，批评胡适的考据学方法。[③] 1950 年代后期，胡适回台湾任中研院院长，并继续宣扬早年所提倡的治学方法。当时中国学术文化界的保守人士将胡适视为西化派的代表，对胡适的言论颇多批评。就胡适所讲的治学方法而论，台港各地学术文化界人士亦颇有反应。台湾方面，如李焕燊认为胡适所讲大胆假设、小心求证等治学方法，"完全是三十几年前的翻版"，并认为"假设精、求证易"，"假设绝不能大胆"。[④] 较有系统的反应是陈健夫所主持的"新儒学讲座"（陈于 1958 年创设新儒函授学校，1961 年创设新儒书院），他针对胡适在《科学精神与科学方法》中提到的"大胆的假设，小心的求证，拿证据来"提出批评，他曾于 1959 年 12 月 20 日至 1960

---

① 《胡适演讲集》（台北：胡适纪念馆，1970），上集，治学方法，页 1—47。

② 胡颂平，《胡适之先生年谱》，页 95—101。

③ 《胡适著译系年目录与分类索引》，页 152—153。

④ 王益厓，《中央研究院由胡适任院长能议订国家学术方针么》，《政治评论》第 2 卷第 12 期。

年 1 月 10 日在台大法学院、民本电台等讲演六次，并举行座谈会一次，对胡适所提的治学方法多所批评，而提出"审慎的假设，客观的求证，拿证据来"。陈健夫并夸称，自 1959 年 12 月 20 日他的讲演后，胡适就不再作"大胆的假设，小心的求证"的主张，但此事已为曾任胡适秘书的王志维加以反驳，王志维提出：1960 年 7 月 16 日胡适在夏威夷大学用英文讲演"杜威在中国"（John Dewey in China），夏道平译文刊在《自由中国》第 20 卷第 4 期，其中即有"科学方法的精神，就在于大胆的假设，小心的求证"之句。[1]

香港方面，1960 年 6 月 24 日出版的《祖国周刊》286 期刊出何浩若在友联出版社讲演的"从经济学看大胆假设与小心求证"。7 月 14 日《祖国周刊》289 期刊载陈伯庄《论致知无二致》和李璜的《大胆假设与小心求证之我观》。接着《自由人》773 期司马璐的《论大胆假设》等，都是批评胡适的"大胆假设"的治学方法的。何浩若认为："假设验证的方法是科学方法的一部分，而不是科学方法的全部。同时我们必须说明从假设验证所获得的理论，并不是绝对的真理。"[2]

四、推动科学发展

胡适一生治学，主要的成就在考据学，对社会的主要关怀是教育与政治，真正有机会推动科学发展，是 1958 年 4 月做中研院院长以后的事，先后虽然不到四年，但对台湾的科学发展有开创之功。

胡适与中研院的关系密切。1935 年当选中研院第一届评议员，1948 年当选第一届院士。1957 年 10 月中研院代院长朱家骅因病辞职，由史语所所长李济代院长，11 月 3 日中研院评议会选举院长，胡适得 14 票，李济得 10 票，李书华得 10 票，蒋中正"总统"圈定胡适为院长。[3]

1958 年 4 月 10 日胡适自美返国就中研院院长职。4 月 18 日在"光复大陆"设计委员会致词，呼吁国人要全力建立独立的学术研究环境，从充实师资、增加设

[1] 《新儒家》，第 5 卷 9、10 期，1971 年 6 月 20 日，陈健夫与胡适论学专号。
[2] 何浩若，《再论大胆假设与小心求证》，胡适传记资料（十一），页 877。
[3] 李先闻，《难忘的生平知己——忆念胡适之先生》，胡适传记资料（五），页 127。王志维，《胡适先生与中央研究院》（见《中央研究院成立五十周年纪念论文集》），谓胡适在评议会选举院长时，全票通过。

备、改善工作环境、改善教师生活着手，以挽救我国科学人才的外流。5 月，即草拟"国家长期发展科学计划方案"，请政府拨专款，为国家奠定科学的基础。①

国家长期发展科学计划方案，思想上的原创人有二：一是胡适，一是吴大猷。胡适的思想较早，远在 1947 年 9 月，他就曾公开为文，发表《争取学术独立的十年计划》。胡适所谓"学术独立"，必须有四个条件：1. 世界现代学术的基本训练，中国自己应该有大学可以充分担负，不必向国外去寻求。2. 受了基本训练的人才，在国内应该有设备够用与师资良好的地方，可以继续作专门的研究。3. 本国需要解决的科学问题、医药与公共卫生问题、国防工业问题等等，在国内都应该有适宜的专门人才与研究机构可以帮助社会国家寻求解决。4. 对于现代世界的学术，本国的学人与研究机关应该能和世界各国的学人与研究机关分工合作，共同负担人类与学术进展的责任。胡适认为，要做到学术独立，应在十年之内，集中国家最大力量，培植五到十个成绩最好的大学，使他们尽力发展他们的研究工作，使他们成为第一流的学术中心，使他们成为国家学术独立的根据地。当时中国有 28 个国立大学、18 个国立学院、20 个私立大学、13 个省立学院、21 个私立学院，共一百个，此外还有 48 个公私立专科学院。在胡适看来，只有有教授和研究生作独立的科学研究，才是真正的大学，而当时的大学，大多只能完成四年的本科教育，② 谈不上什么研究。

长期发展科学计划另一位思想的原创人是吴大猷，也是 1948 年第一届选出来的院士。1957 年 4 月在台北举行第二次院士会议时，吴适自美来台讲学。吴在这次院士会议上提出建议，请政府即使在财政极端拮据之下，亦务须通盘考虑国防、政治、教育、学术等问题，制定长期学术政策。此一建议吴大猷曾于是年 3 月在傅斯年先生纪念会讲演中加以申述，认为政府迫切需要订定科学发展计划。1958 年初，胡适由美返台就中研院院长职以前，嘱吴将在第二届院士会议中的建议和在傅斯年纪念会中的讲演词中的要点，写出一个较为具体的建议，由他回台试为推动。吴遵嘱，乃写了一篇文章，题名为《建议政府发展学术、培植人才，即日作一基本方针及五年计划之决定》，③ 此文的要点有五：1. 成立国家预算分配机构，确定学术

───────────

① 万绍章，《胡适博士主持下的中央研究院》，《中国一周》，第 429 期；王志维，《胡适先生与中央研究院》。

② 《胡适的时论》（1947 年 9 月），一集，页 39—41。

③ 吴大猷，《我与中央研究院》，《传记文学》，56 卷 5 期。

发展经费。2. 充实各大学、各部门之设备，并能进行研究工作；大学不仅为教育机构，尤当为学术研究机构。3. 在大学以外成立若干研究所，如中研院各研究所，俾研究工作可在多方面、以不同进程下进行。4. 甄选研究机构之主持人，给予学术工作人员合理待遇。5. 使中研院研究员扩大在大学及其他机构教课、研究，俾促进中研院与其他学术机构合作。①

胡适回国时，将吴大猷的建议文带回，跟政府当局和有关朋友研究讨论，经一个多月讨论，修改多次，到 5 月中旬，乃拟定《国家发展科学培养人才的五年计划的纲领草案》，具体做法是：1. 成立一个"国家发展科学最高决策委员会"，以"总统"、"副总统"、"行政院长"、"中研院长"、"财政部长"、"经济部长"、"国防部长"、"教育部长"、台湾大学校长、"清华大学"校长及聘任委员若干人组成之。2. 成立一个"国家发展科学设计委员会"，以"中研院长"、"教育部长"、"国防部长"、台湾大学校长、"清华大学"校长、中研院评议员若干人及聘任委员若干人组成之。3. 成立"国家发展科学专款"，专为第一个五年内发展学术、培养人才之用。4. 充分利用"国家发展科学专款"，来充实扩展各研究机构的研究设备，俾发展研究工作、训练研究人才。5. 设立"国家客座教授"若干人，专为延聘在国外研究专门学术已有领袖地位而不易归国作长期讲学的中国学人或各研究机构需要的外国著名学人。6. 设立"国立研究讲座教授"，延致国内外已有研究成绩的专门学者，使其在合理的生活条件与工作条件下继续研究工作。7. 设立"研究补助费"，依据各研究计划的需要，由"国家发展科学专款"补助特别工作费、设备费及助理费。②

此一建议，获得当时"行政院长"陈诚的支持。1959 年 2 月，中研院与"教育部"举行联席会议，通过《国家长期发展科学委员会组织章程》，并宣布这个委员会的正式成立，③ 胡适任主任委员，"教育部长"梅贻琦为副主任委员，其他委员有王世杰、李济、李熙谋、钱思亮、杨树人、李先闻等。制订了学术机构补助办法、学术研究补助办法、客座教授副教授办法等。经费由美援中每年拨一部分，对学术研究机构的补助主要是购买仪器、建造研究室以及学人宿舍等。（此"长科会"到 1967 年吴大猷任科学发展指导委员会主任委员时，改为"国家科学委员会"。）④

---

① 胡颂平，《胡适之先生年谱》，页 2694—2697。
② 同上，页 2690—2693。
③ 毛子水，《胡适先生略传》，《传记文学》，16 卷 4 期，页 27。
④ 吴大猷，《我与中央研究院》；上引毛子水文。

胡适于 1962 年 2 月 24 日去世，任研究院长差 46 天就四年。在任期间大部时间忙于长科会事，中间曾于 1958 年 11 月在中研院设立了动物研究所筹备处和经济研究所筹备处。[①] 当时经费不足，胡适借用农复会的人力财力，将台大农学院的三个研究所办好；借用烟酒公卖局的人力财力，将中研院的化学研究所办好。[②] 1964 年作者进入中研院，常见有烟酒公卖局的交通车来往，同仁戏称中研院为中央烟酒院。

除宽筹经费、建立或充实国内各研究所以外，胡适任中研院长不久（他于 1958 年 4 月 8 日返台就职，4 月 10 举行第三次院士会议），举行了在台湾的第一次院士选举，中研院和国内其他学术研究机构的学人跟旅居国外的中国学人，在这种情形下，才开始逐渐发生联系。[③] 中研院自 1948 年 3 月在大陆选出 81 个院士后，因集会困难，始终不能再选院士。1957 年 4 月召开第二次院士会议时，决定恢复院士选举，胡适任院长后，才开始了第二届院士选举，为此次选举而召开的院士会议，大陆以外地区院士只十八人（六十余在大陆），参加开会者只七人，在海外通讯投票者十一人。数理组选出李政道、杨振宁、吴健雄等七人，生物组选出李卓皓等三人，人文组选出蒋廷黻、姚从吾、劳干、蒋硕杰等四人。[④]

五、结论

胡适的一生，除幼年时期以外，约分为七个阶段：1. 求学时期（1906—1916），约十年。2. 回国任教时期（1917—1937），约二十年。3. 驻美大使时期（1938—1942），约四年。4. 美国任教时期（1943—1946），约三年。5. 北大校长时期（1947—1949），约两年。6. 美国讲学时期（1950—1957），约七年。7. 中研院长时期（1958—1962），约四年。第一个时期，主要著作在文学译著方面，第二个时期主要著作在文学译著、时论、中国历史和中国哲学方面，第三个时期和第四个时期著述无多，第五个时期、第六个时期和第七个时期主要著作在考证和时论方面。可以看出，从清末到抗战爆发前，胡适的学术兴趣较广，对文学、史学、哲学均极有

① 王志维，《胡适先生与中央研究院》。
② 李先闻，《难忘的平生知己》，胡适传记资料（五），页 127。
③ 岳苏甫，《三次茶会忆大师》，《自由谈》，13 卷 4 期。
④ 万绍章，《胡适博士主持下的中央研究院》。

兴趣，抗日战争期间，奔走国是，著作较少，抗战胜利后迄于 1962 年逝世，主要的兴趣，除时论外，在考证。[①]

胡适的学术生涯，其主要精力花在中国已有的文学、哲学、史学、考据学上，而不是花在钻研和介绍西学上。他对学术界的影响，主要也是在中国学术界，而不是西方学术界，或任何其他国家学术界。就学术本身而论，他对中国哲学提出了许多新的看法，譬如对先秦诸子以及对神会和尚的评估等；他在考证方面有许多新的发现，譬如对《红楼梦》的考证，但他对中国学术影响最大的，并不在他对学术本身的研究，而是在开创一种学术风气。胡适所开创的学术风气，主要有二：一是提倡"重新估定一切价值"，在学术思想界所造成的影响；[②] 一是提倡"大胆假设，小心求证"的治学方法，在学术思想界所造成的影响。

胡适是"但开风气不为师"的人，也许胡适的学术研究成果，为学者征引的并不太多，但 1920 至 1940 年代文史方面的学者，在治学态度和治学方法上，多少都会受到胡适一些影响。此种影响，也许还会在无形中传衍延伸下去。

---

① 据《胡适著译系年目录与分类索引》一书统计的观察。
② 余英时，《中国近代思想史上的胡适》，页 20。

1919 年的胡适：实验主义的宣扬与力行

一、前言

1919 年是近代中国新文化运动最高潮的一年。是年，倡导新文化的《新青年》（创于 1915 年），在多年引介资本主义文化之后，出版《马克思主义专号》，开始注意到社会主义；是年，资本主义中的一种精髓——实验主义，由于杜威来中国讲学，普遍传播到全中国。胡适作为新文化运动的重要领袖，在这一年究竟扮演什么角色，颇值探索。

1919 年的中国，在内政上是分裂的。北京的中央政府为国际所承认，但是因为政权的建立与传承不遵依"中华民国临时约法"所建的民主体制，悉由军人政客由角力产生，不孚人望；而以实行"中华民国临时约法"为号召的孙中山在广州所组织的护法政府（1917），此时亦为南方的军人、政客所夺。南北两政府在上海议和，谋求国家统一，没有结果。在外交上，为结束第一次世界大战而召开的巴黎和会，将原来德国在华势力范围转让给日本，作为对德作战国的中国，对国际强权的分赃作为，难以忍受，因而爆发由学界发起、受工商农界支持的五四运动，此一运动由大城市扩展到乡镇，在反日运动中，充分暴露了资本主义国家的丑恶面。在这种情形下，社会运动从反政府、反帝国主义等方面做起，而学界则主要从文化思想方面做起。

新文化、新思想的传播者部分来自孙中山周围的一些革命党人，如廖仲恺、戴季陶等，主要则来自北京大学的教授群。传播新文化、新思想的主要媒体是《新青年》、《每周评论》、《建设》杂志、《星期评论》等；《新潮》为北京大学的学生刊物，是师生结为一体或前一代和后一代结为一体，共同传播新文化、新思想的刊物。胡适是北京大学教授，是《新青年》《每周评论》的主编之一，是《新潮》的顾问，引《建设》杂志和《星期评论》为友，可以说是居于文化思想运动的主流当中。

胡适在 1919 年的新文化运动中的表现，可以从两方面观察：其一，他在这方面做了些什么事，其二，他在这方面发表了些什么文章、出版了些什么著作。1919 年，胡适的本职是北京大学教授，在学校中的职务有北京大学评议会评议员、北京大学出版委员会委员长。是年另受聘兼任北京女子高等师范及中国大学哲学教授。这年他在新文化运动中所做的事，重要者列举如下：1 月，参与北京大学哲学研究会、学余俱乐部（与蔡元培、李大钊等）的成立，任《新潮》社顾问。2 月，与蔡元培等参与《新教育》月刊的筹备（是月在上海创刊，蒋梦麟、黄炎培、陶行知等主之），被推为国语统一筹备会委员。3 月，被北京大学评议会推为审计委员，写信给在日本东京帝国大学讲学的杜威，邀请他来中国讲学。4 月，在北京大学哲学研究会举行的第一次讲演会中讲"中国古代之自然哲学"，在上海与蒋梦麟、陶行知去码头迎接从日本来华的杜威夫妇。5 月，与蒋梦麟在上海看望孙中山，孙为述其即将出版的"知难行易"哲学；在上海江苏教育会讲演"实验主义"；为杜威在上海的讲演作翻译；在上海听杜威的讲演；记者张东荪等告知北京发生学生运动；在上海参加抗议日本侵占山东利权的国民大会，并随众游行；参与创办《新中国月刊》；陪同杜威到北京，要求学生复课，并提议将北京大学迁上海。6 月，为杜威在北京讲"美国之民治的发展"作翻译；为杜威在北京讲"现代教育的趋势"作翻译；与李大钊共同编辑《每周评论》（陈独秀在茶馆散发传单被捕，获释后去上海，至 8 月底《每周评论》被北京警察厅查封，编务停止）。7 月，撰文评论孙中山的《孙文学说》；为杜威在北京讲"美国之民治的基础"作翻译。8 月，与李大钊等作"问题与主义"的论战；向北京警察厅交涉《每周评论》封禁事未果。9 月，为杜威开始在北京大学所讲的"社会哲学与政治哲学"作翻译，共 16 次（至 1920 年 3 月 6 日结束）；为杜威在北京新学会所讲的"学问的新问题"作翻译；为杜威在北京美术学校所讲的"现代教育的趋势"（此题讲 3 次，至 10 月讲完）作翻译。10 月，为杜威在太原国立山西大学礼堂讲"品格之养成为教育之无上目的"作翻译，并接着杜威的讲演，在场讲"娘子关外的新潮流"，另为杜威在山西的 5 次讲演作翻译，自己另亦讲演一次；在北京政学界为杜威所办的六十寿筵上代表北大校长蔡元培致贺辞；为杜威开始在教育部所讲的"教育哲学"作翻译，共 16 次（至 1920 年 2 月 22 日结束）；代理北京大学教务长（至 12 月 17 日因反对北京各大学教师为教育部欠薪罢教而辞职）。11 月，为杜威在北京大学所讲的"思想之派别"作翻译，共 8 次（至 1920 年 1 月 30 日结束）；与马裕藻、朱希祖等提请教育部颁行新式标点符号；与蔡元培、李大钊发起，并参加北京女子高等师范学生李超的追悼会（按：李超为北京女子高等师范的学生，其一生可为当代妇女解放问题的写照，胡适为此撰《李超传》）。12 月，任北大组织委员会委员；为杜威在北大二十二周年纪念会上所讲的"大学与舆论"作翻译；为杜威在济南所作的讲演"新人生观"作翻译；参与发起北京工读互助团。[①]

从 1919 年胡适的简单行事例看来，他所做的主要是教育、文化、思想方面的启蒙工作，陪着他的老师杜威在北京、太原、济南等地讲演，并作翻译。对于为反对日本帝国主义蔓延于全国的学生运动，他抱持反对态度；对北京各大学教师为教育部欠薪而发起的罢课运动，他也不赞同。他的大部时间，除前面所讲的行事外，似乎都花在研究、写作和翻译上。1919 年，他在新文化方面所发表和出版的诗文和专书，在质和量上都是惊人的。兹从数量的角度，依据有关资料，作统计表如下：[②]

类别			篇数		备注
			统计一	统计二	
专书（种）	哲学史	作	2	1	
	小说集	译	1	1	

① 参考郭廷以，《近代中国史事日志》，第一册，页 417—477；曹伯言、季维龙，《胡适年谱》，页 140—172；胡颂平，《胡适先生年谱长编初稿》，第二册，页 333—389；耿云志，《胡适年谱》，页 68—80。《新教育》创刊，郭书记在 1919 年 2 月 1 日，曹书记《新教育》一卷一期系 1921 年 2 月出版。胡适等在上海迎杜威，郭书、胡书记在 5 月 1 日，曹书记 4 月 30 日。胡适在上海参加国民大会事仅见胡书；胡适在北京要学生复课事仅见曹书；杜威讲"社会哲学与政治哲学"，曹书谓起于 1919 年 9 月 20 日，胡书谓起于 1919 年 11 月。杜威在教育部讲"教育哲学"，曹书谓始于 1918 年 9 月 2 日，至 1920 年 2 月 22 日结束；胡书谓始于 1919 年 10 月，至 1920 年 6 月结束。胡适代理北大教务长，曹书谓在 10 月 27 日，至 12 月 17 日止；《胡适先生年表》（见《胡适全集》第 43 卷）谓在 9 月，至 11 月卸任；杜威讲"思想之派别"，曹书谓在 11 月 14 日，胡书谓在 12 月。

② 统计篇数一系依据季羡林主编《胡适全集》（合肥：安徽教育出版社，2003 年）第 43 卷页 231—279《胡适著译系年，1919 年》；统计篇数二系依据曹伯言、季维龙编《胡适年谱》（合肥：安徽教育出版社，无出版年）页 140—172。后者所列资料不如前者完整，但亦有前者未列之资料，可作为前者资料尚不完整的示例。

诗词（篇）		译	3	2	
		作	13	12	
小说（篇）		译	5	5	
		作	0	1	
戏剧（篇）		作	1	1	
文章（篇）	文学理论	作	4		统计篇数二 27 篇文章中，有翻译 1 篇
	哲学	作	8		
		译	1		
	政治学	译	3		
	教育学	译	2		
	文字学	作	3		
	国故、历史	作	2		
	传记	作	5		
	治学方法	作	1		
	时论	作	11		
	散文	作	19		
	评介	作	2		
	书序	作	3		
	祝词	作	3		
	题、跋、案语、读后	作	6		
	其他	作	4		
	总计		77	27	
演说稿（篇）		作	3	4	统计篇数二另有随感录 12 篇
公私函件（篇）		作	19	10	
议案（件）		作	1	1	
总计			125	64	统计篇数二有统计篇数一未列入者 13 篇

从 1919 年胡适发表或出版的 130 余种著作中，可以看出胡适在文学、史学、哲学方面涉猎甚广、著述甚多，较有意义的有三方面：（1）对中国哲学史的持续研究与出版，（2）对文学革命的持续推动与力行，（3）对科学的治学方法的倡导与宣扬。从思想史的角度检视此 130 余种著作，在当时富有创新意义的有四：即宣扬实验主义、论辩问题与主义、鼓吹女子解放、提倡"社会不朽"的宗教。兹分别论述如下：

二、宣扬实验主义

胡适接触实验主义，是他在康奈尔（Cornell）大学读书的时候。1910 年 9 月，胡适自上海至绮色佳（Ithaca），入康奈尔大学农科。至 1912 年初，弃农科改入文学院，主修哲学，而以政治、经济、文学等为副科。他的哲学教授之一是克雷登。至 1914 年 2 月大学本科学业结束，至 6 月 17 日参加毕业式，得文学士学位。此后一年，胡适续在康奈尔大学文学院修课，至 1915 年 9 月 21 日自康奈尔大学抵纽约，入哥伦比亚大学研究院，从杜威研究哲学。[①]

胡适所以自康奈尔转学哥伦比亚大学，原因之一是胡适喜欢实验主义，而不喜欢康奈尔大学哲学系所讲的新唯心主义。关于此点，胡适于 1915 年 7 月 11 日在写给母亲的信中，有初步的说明："哥伦比亚大学哲学教师杜威先生，乃此邦哲学泰斗，故儿欲往游其门下也。"其后到 1930 年代初胡适在口述自传中有进一步的说明："我转学哥大的原因之一便是因为康奈尔哲学系基本上被新唯心主义派所占据的缘故。所谓新唯心主义，又叫客观唯心论，是 19 世纪末期英国思想家葛里茵等由黑格尔派哲学中流变出来的。康奈尔的塞基派的哲学，动不动就批评实验主义。他们在讨论班上总要找出一位重要的对象来批评。杜威便是他们经常提出的批判对象。……在聆听这些批杜的讨论和为着参加康大批杜而潜心阅读一些杜派之书以后，我对杜威和杜派哲学渐渐地发生了兴趣，因而我尽可能多读实验主义的书籍。在 1915 年暑假，我对实验主义作了一番有系统的阅读和研究之后，我决定转学哥大向杜威学习哲学。"[②] 又其后，胡适在留学日记的自序里说："我在 1915 年的暑假中，发愤尽读杜威先生的著作。……从此以后，实验主义成了我的生活和思想的一个向导，成了我自己的哲学基础。我写《先秦名学史》《中国哲学史》，都是受那一派思想的指导。我的文学革命主张，也是实验主义的一种表现；《尝试集》的题名就是一个证据。"[③]

胡适服膺实验主义，在 1915 年暑假以前。他以先秦名学史作为博士论文的题

① 耿云志，《胡适年谱》，页 24，29，34—35，43。
② 同上，页 42—44。
③ 引见陈德仁，《胡适思想与中国教育文化发展》（台北：文景书局，1990 年），页 4。

目在 1915 年以后，他的文学革命的主张起于 1916 年 2、3 月间，《尝试集》的题名更迟至 1919 年，但在康奈尔大学修课的时候，则可能写过有关先秦名学的学期报告。他在自述中所说，在康奈尔大学的讨论课中，他就倾心于实验主义。更具体的说明是，他在 1916 年 5 月 9 日的日记中即已表明了服膺实验主义的态度："天下无通常之真理，但有特别之真理耳。凡思想无他，皆所以能解决某某问题而已。……思想所以处境，随境地而易，不能预悬一通常泛论，而求在适用也。"①

胡适进入哥伦比亚大学之后，一方面研究先秦诸子之学，一方面投身于文学革命，虽然都是在实验主义的理念驱策之下，但对实验主义并无著作发表。1917 年 5 月 22 日胡适的博士论文口试未通过，之后回国，于是年 9 月 10 日到北京大学任教，在所教的课程中，有"中国古代哲学"一科，② 处理此科讲义当抱持实验主义的理念，但仍无有关实验主义的讲演或著作发表。胡适对实验主义有著作发表，并对实验主义从事公开讲演，是从 1919 年开始的。这当与 1919 年他的老师杜威来中国讲学有关。

杜威来中国讲学，是 1919 年 3 月胡适致函邀请的。当时杜威正在日本东京帝国大学讲学，胡适与陶行知等商决以北京大学、南京高等师范和江苏教育会等的名义，邀请杜威来中国讲学，由正在日本的郭秉文、陶孟和两人同杜威具体协商。嗣胡适收到杜威、陶行知收到郭秉文的信，杜威表示愿意接受邀请，胡适遂与北大校长蔡元培商量，安排有关接待事宜。其后杜威于 4 月 30 日抵上海，由胡适、蒋梦麟、陶行知等至码头迎接，③ 其后杜威即在中国作了两年多的讲演，④ 大多由胡适作陪，并任翻译。

胡适为了让国人对杜威的实验主义有所了解，于 1919 年 3 月初旬在教育部作了一次"实验主义"的讲演；其后到杜威抵达上海的第二天，胡适又于 5 月 2 日在

---

① 引见耿云志，《胡适年谱》，页 41。

② 同上，页 50、57、60。

③ 同上，页 71—72；曹伯言、季维龙，《胡适年谱》，页 148。杜威来华后的费用，因五四运动的关系，教育部官员去职，北大校长蔡元培辞职南下，教育部和北京大学均无着落。5 月中旬，哥大校长 Butler 两电北大，告以杜威无薪给假一年，无人作覆，直到 6 月 17 日胡适始以私人名义作覆。至于杜威的费用，据 6 月 22 日胡适给蔡元培的信，谓尚志学会担任 6 千元，清华大学担任 3 千元，林长民的新学会也筹款赞助，见《胡适全集》第 23 卷页 270《书信 1919》。

④ 杜威离北京返国在 1921 年 7 月 11 日，见郭廷以，《中华民国史事日志》，第一册，页 580。

上海的江苏教育会讲演"实验主义"。① 这两次讲演，皆本于胡适在此期间所写的《实验主义》一稿，该稿内容包括七部分：（一）引论，（二）皮尔士——实验主义的发起人，（三）詹姆士的心理学，（四）詹姆士论实验主义，（五）杜威哲学的根本观念，（六）杜威的思想，（七）杜威的教育哲学。《实验主义》一文，在 1919 年 3 月初的讲演时完成初稿，其后不断增订，到 7 月 1 日才定稿。② 全文约 26,000 字，深入浅出，将实验主义从不同的角度作了介绍。

实验主义是 19 世纪后期到 20 世纪初期美国物理学家皮耳士（C. S. Peirce，1839—1914）创始的，英文原名 Pragmatism，日本人译为实际主义。后来与他同时的瑞典裔美国心理学家詹姆士（William James，1842—1910）把这个主义用到宗教经验上去，皮耳士认为不妥，即将自己原来使用的 Pragmatism 改为 Pragmaticism，以别于詹姆士的 Pragmatism。另一方面，英国的失勒（F. C. S. Schiller）又将 Pragmatism 的范围更加扩大，改用 Humanism 的名称。美国的杜威（John Dewey，1859—1952）只侧重原 Pragmatism 的方法论，自称为是工具主义（Instrumentalism）。兹列表实验主义的派别如下：

Pragmatism（Peirce）（实验主义）
- Pragmatism：James 一派，注重实际的效果，应用到宗教经验，是一种实际主义。
- Pragmaticism：Peirce 一派，注重方法论，为实验主义的原典。
- Humanism：Schiller 一派，扩大到真理论和实在论，自称为人文主义。
- Instrumentalism：Dewey 一派，注重方法论，强调实验主义的工具性，自称为工具主义、器用主义或应用主义。

上表所列，Peirce 的 Pragmatism 到 Pragmaticism 是实验主义的正统，注重方法论，James 的 Pragmatism 注重实际的效果，Schiller 的 Humanism 扩大到真理论和实在论，Dewey 的 Instrumentalism 又回到 Pragmatism 的方法论，但因强调工具

① 胡颂平，《胡适之先生年谱长编初稿》，第二册，页 338—341，350—353。
② 《胡适文存》（台北：洛阳图书公司），第一集，页 291—341。胡适于 5 月 2 日在江苏教育会讲"实验主义"时，一开头便说，因为明后天杜威要到这里来演说，所以今天把杜威的学说演述一番，替杜威先生开出一条路，见《胡适讲演集》（台北：胡适纪念馆，1970 年），中册，页 475。

性，故自称为工具主义。

实验主义的新哲学是受 19 世纪科学发展的影响而产生的。在科学发展的过程中，科学家们认为科学定律是可变的，目前所有的科学定律只是一些最适合的假设。不仅科学定律会因新的研究发现而改变，在西洋哲学中一向认定的物种不变，也因达尔文的《物种的由来》一书而动摇。在科学新发现的影响下，皮耳士倡导哲学方法的改变。皮耳士常说：他的新哲学不是别的，就是"科学试验室的态度"（the laboratory attitude of mind）。承袭皮尔士的新哲学，杜威特别强调实验方法，而所谓实验方法，就是科学家在实验室里用的方法。实验主义绝不承认真理就是永远的真理，只承认一切的真理都是应用的假设，假设的真不真，需要靠实验来验证。杜威的基本观念是：经验即生活，生活即是应付环境，而知识思想是人类应付环境的工具。杜威的思想是用已知的事物做根据，推测出别种事物或真理，分为五个步骤：（一）思想的起点是一种疑难的境地；（二）指定疑难之点究竟在何处；（三）提出种种假定的解决方法；（四）决定哪一种假定是适用的解决；（五）证实这种解决使人信用，或证明这种解决的谬误使人不信用。将此思想用在教育上，教育即是继续不断地重新组织经验，要使经验的意义格外增加，要使个人主宰后来经验的能力不断增加。

胡适所宣扬的实验主义，不只是杜威的，也有詹姆士的。詹姆士的实验主义，分为方法论、真理论（theory of truth）和实在论（theory of reality）三部分。詹姆士总论实验主义的方法是"要把注意之点从最先的物事移到最后的物事，从通则移到事实，从范畴（categories）移到效果"。这种方法是用来规定事物（objects）的意义，用来规定观念（ideas）的意义和用来规定一切信仰的意义。詹姆士论实验主义的真理论是"历史的真理论"（genetic theory of truth），注重点在于真理如何发生、如何得来、如何成为公认的真理，从而了解真理是人造的，是造出来供人用的，是人的工具。詹姆士论实验主义的实在论，认为"实在"是常变的，是在制造中。这种创造的实在论，发生一种创造的人生观，这种人生观，詹姆士称为改良主义（Meliorism），既不悲观也不乐观，世界一点一滴的成长，全靠每个人的努力和奉献。

胡适对于实验主义的宣扬，除 1919 年 3 月初和 5 月初的两次讲演外，[①] 原稿也分篇发表在当时的期刊中，如 1919 年 4 月 15 日的《新青年》发表的《实验主义》，内容包括：（一）引论，（二）皮耳士——实验主义的发起人，（三）詹姆士的心理学，（四）詹姆士论实验主义；1919 年 5 月的《新教育》发表《杜威哲学的根本观念》和《杜威的教育哲学》；1919 年 6 月 15 日的《新中国》发表《杜威论思想》。[②]

三、论辩"问题与主义"

1919 年 7、8 月间，因陈独秀被捕（6 月 12 日），胡适与李大钊接编《每周评论》，时在北京各校学生于 5 月 4 日发动反日本帝国主义运动，到 6 月 3 日遭到北京政府大逮捕之后，舆论界有谈过激主义者，有谈社会主义者，有谈无政府主义者，胡适认为国内诸多实际问题亟待解决，空谈主义无用，于 7 月 20 日出版的第 31 期《每周评论》上，发表了一篇《多研究些问题，少谈些主义》的文章。文章立论的要点凡四：（1）空谈好听的主义，极为容易；研究问题，极为困难；舆论界太懒。外来的主义，有其时空背景，随意进口，没有什么用处。同样的主义，有不同的谈法与做法，偏向纸上的主义很危险。（2）中国应该赶紧解决的问题很多，我们不去研究人力车夫的生计，却去高谈些社会主义；不去研究女子如何解放、家庭制度如何救正，却去高谈公妻主义和自由恋爱；不去研究安福部如何解散，不去研究南北问题如何解决，却去高谈无政府主义；谓主义系根本的解决，实是自欺欺人。（3）凡是有价值的思想，都是从具体的问题着手的，先研究了问题的种种方面的种种事实，看看究竟病在何处，这是思想的第一步工夫。然后根据一生的经验学问，提出种种解决的方法，提出种种医病的丹方，这是思想的第二步工夫。然后用一生的经验学问，加上想象的能力，推想每一种假定的解决法，该有什么样的效果，推想这种效果是否真能解决眼前的问题。推想的结果，拣定一种假定的解决，提出主张，这是思想的第三步工夫。（4）不反对研究一切学说和一切主义，但只是

---

① 5 月 2 日讲演"实验主义"的记录稿，与胡适《实验主义》的原稿有很大的出入，譬如原稿谓 James 为"实际主义"，包括方法论、真理论、实在论，而 Schiller 亦讲真理论与实在论，记录稿则将实际主义及其方法论、真理论、实在论记为杜威的。而原稿中杜威哲学的根本观念、杜威的思想、杜威的教育哲学，则全付缺如（可能胡适未讲）。见《胡适讲演集》，中册，页 475—485。

② 曹伯言、季维龙，《胡适年谱》，页 148—150。

把学说和主义做工具、做参考资料，不要挂在嘴边做招牌。胡适在文章中提出的劝告是："请你们多多研究这个问题如何解决、那个问题如何解决，不要高谈这种主义如何新奇、那种主义如何奥妙。"①

这篇文章所谈的，是实验主义的态度和实验主义解决问题的方法。发表之后，引起两篇批评：一是蓝志先（知非）的《问题与主义》，原发表在《国民公报》（蓝志先主编）上，又为胡适节录，发表在 1919 年 8 月 3 日出版的《每周评论》第 33 号上；一是李大钊（守常）的《再论问题与主义》，发表在 1919 年 8 月 17 日《每周评论》第 35 号上。② 蓝志先认为，胡适太注重实际问题，抹杀主义理论的效果。文章的要点凡四：（1）把一种主义的内容和意义弄清楚，鼓吹到社会上去，使社会的若干分子成为信徒，并不容易；只要主义有效，不论它是外来或自生，中国今日的新问题、新需要，皆为外来思想主义所产生；鼓吹中的主义，不是纸上的主义，信奉主义的人必定要问清这种主义的内容和它的影响结果。（2）因为要解决从人力车夫的生计到大总统的权限、从卖淫到卖官卖国、从解散安福部到加入国际联盟、从女子解放到男子解放等问题，所以要研究种种主义。主义的研究和鼓吹，是解决问题的最主要最切实的第一步。（3）主义是多数人共同行动的标准，或是对于某种问题的进行趋向或是态度。世界上有许多极有力量的主义，在发生的时候即为一种理想，并不是什么具体的方法。一个主义，可以有种种实行的方法，所以同一主义，在甲地成了某种现象，在乙地又成另一种现象。（4）问题从根本方面着眼，即成了抽象的主义，从实行的方面着眼，即成为具体的问题。要提出一种具体的方法来解决问题，必定先要鼓吹这个问题的意义，以及理论上的根据，引起了一般人的反省，使成了问题，才能采纳我们的方法，否则问题尚不成，即无方法可言。③

李大钊的文章，要点凡三：（1）大凡一个主义，都有理想与实际两方面；我们的社会运动，一方面要研究实际的问题，一方面也要宣传理想的主义，交互为用，并行不悖。（2）《新青年》和《每周评论》的同仁中，胡适和陈独秀被日本新闻界指为是宣扬民主主义的，一方面与旧思想奋战，一方面要防俄国的布尔札维克主义。同仁被诬为过激党，是李大钊的罪过。一般对俄国布尔札维克党的指控，谓他

---

① 《多研究些问题，少谈些主义》，《胡适文存》，第一集，页 342—346。
② 曹伯言、季维龙，《胡适年谱》，页 158。
③ 《附录：蓝志先先生〈问题与主义〉》，《胡适文存》，第一集，页 346—357。

们实行"妇女国有"、他们枪毙克鲁泡特金，皆属谣言。（3）依马克思的唯物史观，社会上的法律、政治、伦理等精神构造，都是表面构造，它们的下面有经济的构造，做它们的基础。经济构造一变动，它们都跟着变动。就俄国而论，在罗曼诺夫家没有颠覆、经济组织没有改造以前，一切问题丝毫不能解决，而今全部解决了。李大钊是马克思主义的急先锋，虽在名义上与胡适共同主编《每周评论》，似乎未参与 31 期的编务，在外地看到胡适在 31 期上所刊载的《多研究些问题，少谈些主义》后，乃写稿表达自己的基本立场。①

　　胡适读了蓝志先的《问题与主义》、李大钊的《再论问题与主义》后，写了一篇《三论问题与主义》，发表在 1919 年 8 月 24 日出版的《每周评论》第 36 号上。该文主要澄清两点：（1）李大钊所谓主义是一个"共同趋向的理想"，蓝志先所谓主义是"多数人共同行动的标准，或是对于某种问题进行趋向或态度"，与他的主张并无冲突；俄国新宪法主张把私人所有的土地、森林、矿产、水力、银行收归国有等等，都是"具体的主张"。他也承认他所说的"具体的主张"，是希望一般人了解"布尔札维克主义""过激主义"是什么，不要一听就害怕。（2）他批评主义是"抽象的""不具体的"，并不是指主义没有"理想"，而是指一些空空荡荡、没有具体内容的主义，如"过激主义"。从这两点澄清看来，胡适似乎并不反对引介社会主义之类。不过，他不赞同蓝志先所提的"主义是一件事，实行的方法又是一件事"。他说："不管实行的方法如何，便是方法盲。"他也不赞成蓝志先所说的：主义的"抽象性大，涵盖力可以增大；涵盖力大，归依的人数愈增多"。他认为抽象性就是"神秘性"，"容易被人用几个抽象名词骗去赴汤蹈火，牵去为牛为马、为鱼为肉"。最后，他对于问题与主义的看法，仍坚持他的实验主义或工具主义的观点："多研究些具体的问题，少谈些抽象的主义。一切主义、一切学说，都该研究，但是只可认作一些假设的见解，不可认作天经地义的信条；只可认作参考印证的材料，不可奉为金科玉律的宗教；只可用作启发心思的工具，切不可用作蒙蔽聪明、停止思想的绝对真理。如此方可以渐渐养成人类的创造的思想力，方才可以渐渐使人类有解决具体问题的能力，方才可以渐渐解救人类，对于抽象名词的迷信。"②

　　胡适在对蓝志先和李大钊的文章作了回应之后，蓝、李二人未再有所反应，可

---

　　① 《附录：李大钊先生〈再论问题与主义〉》，《胡适文存》，第一集，页 357—363。
　　② 《胡适文存》，第一集，页 364—373。

能的原因有二：（1）胡适承认某些主义的价值，并没有直接攻击一些人所憧憬的社会主义。（2）喜欢主义的人将主义作为解决问题的唯一方法，而胡适只把主义作为可能的方法之一，双方主张明鲜，并无交集论辩的需要。虽然如此，胡适为了消除别人对他的误解，他又写了《四论问题与主义》，说明是对《三论问题与主义》的一些补充。首谓："我虽不赞成现在的人空谈抽象的主义，但是我对于输入学说和思潮的事业，是极为赞成的。"接着引述自己以前说过的一段话："我们应谈先从研究中国社会上、政治上，种种具体问题下手；有什么病，下什么药；诊察的时候，可以参考西洋先进国的历史和学说，用作一种'临症须知'；开药方的时候，也可以参考西洋先进国的历史和学说，用作一种'验方新药'。"不过，胡适对于学说的输入，提出几个应注意之点：（1）输入学说时应该注意发生这种学说的时势情形；凡是有生命的学说，都是时代的产儿。（2）输入学说时应该注意"论主"的生平事实和他所受的学术影响；学说虽为时代产儿，但也代表论主个人的心思见解，譬如马克思是一个叛犹太教的犹太人，受 18 世纪的进化论和唯物论的影响，也受黑格尔一派的历史哲学影响。（3）输入学说时应该注意每种学说所已发生的效果，因为"凡是主义，都是想应用的"，一定要了解此主义在实行时所发生的效果，或者表面上没有效果，实质上也发生了影响。胡适在文章末尾又回到实验主义的立场，指出上述几个应行注意之点为"历史的态度"，并谓："我们可拿每种主义的前因来说明那主义性质，再拿那主义所发生的种种效果来评判他的价值与功用。"[1] 这篇文章本来要发表在 1919 年 8 月 31 日出版的第 37 期《每周评论》，但因 8 月底《每周评论》为北京警察厅所查封，这篇文章并没有刊载出来，亦未见发表于其他刊物，后来收在《胡适文存》里。

"问题与主义"的论辩，就《胡适文存》所收的资料来看，正方一人，反方二人。参加人不多，双方的文字也很温和，但对国家发展的方向，却提供了一个线索：中国的前途，究应问题导向？还是意识形态导向？

四、提倡"社会不朽论"

1919 年 2 月 15 日，胡适在《新青年》六卷二号上发表一篇文章，题名《不

---

[1] 《胡适文存》，第一集，页 373—379。

朽——我的宗教》。胡适所提倡的这个宗教，建立在"人死后灵魂不存在"的基础上；人不能靠灵魂不朽，只能在社会上不朽，他称为"社会不朽"。"灵魂存在"是一般宗教的基础，善加修行，灵魂可以永生。胡适承认，灵魂是否存在，"不能用科学试验来说明他，也不能用科学试验来驳倒他"。既然如此，胡适说："我们只好用实验主义（Pragmatism）的方法，看看这种学说的实际效果如何，以为评论的标准。"① 可以看出，他否定灵魂永生、提倡社会不朽，是他力行实验主义的一个面向。他说：依实验主义的标准看来，"信神不灭论的固然也有好人，信神灭论的也未必全是坏人"。又说："有些人因为迷信天堂、天国、地狱、末日审判，方才修法行善，这种修行全是自私自利的，也算不得真正道德。"②

胡适的宗教，仅从否定灵魂存在和否定灵魂存在的价值两方面立论，认为神道设教和偶像崇拜在我们的心理上都不能发生效力，并没有检讨上帝是否存在、各种自然神是否存在。③ 他的这种狭隘的无神论，据他的自述是起于 1901 年，时胡适十一岁。是年有一天，他温习朱子的《小学》，读到一段司马光的家训，其中说："形既朽灭，神亦飘散。"这句话使他大受震动。后来在《资治通鉴》中，又读到范缜反对佛教的故事，范缜说："形者神之质，神者形之用也。神之于形，犹利之于刃，未闻刃没而利存，岂容形亡而神在哉！"他对范缜和司马光的话非常服膺，他说："司马光的话教我不相信地狱，范缜的话使我更进一步走上了无鬼神的路。"④胡适这一段"从拜神到无神"的路走了多少年，并不清楚，依据他的读书札记，他曾经在 1915 年，即 24 岁自康奈尔大学转入哥伦比亚大学之年，研究南北朝时期神灭与神不灭的论争，对范缜的《神灭论》，梁武帝的《敕答臣下神灭论》，沈约的《形神论》《神不灭论》《难范缜神灭论》作了详细摘录，并加了简单的按语。⑤ 不过，如下所述，他在 1919 年撰《不朽——我的宗教》一文时，并没有厘清何时在司马光的《资治通鉴》中读到南北朝时有关神灭和神不灭的论争。

《不朽——我的宗教》一文，首先对"神不灭论"和"三不朽说"加以批评和否定：（一）神不灭论（即灵魂不朽）：宗教家往往说灵魂不灭，死后须受末日的裁

① 《不朽——我的宗教》，《胡适文存》，第一集，页 693—702。
② 同上。
③ 同上。
④ 曹伯言、季维龙，《胡适年谱》，页 12 引胡适《四十自述》。
⑤ 同上，页 69 引《藏晖室札记》卷 6。

判；做好事的享受天国天堂的快乐，做恶事的要受地狱的痛苦。但古往今来的人也有对灵魂是否存在发生怀疑的，如南北朝人范缜的神灭论说："形者神之质，神者形之用。……神之于质，犹利之于刃；形之于用，犹刃之于利。……舍利无刃，舍刃无利。未闻刃没而利存，岂容形亡而神在？"宋朝司马光将形与神看作两回事；范缜将形与神看作一回事，没有形体，即没有灵魂。近世唯物派的学者也说，人的灵魂并非独立存在的形体，不过是脑部神经的作用。但许多人仍认为灵魂是神秘玄妙之物。如前所述，胡适以实验主义的方法，评论灵魂存在与否的效果，认为对人生行为没有什么重大影响。（二）三不朽说（即《左传》说的立德、立功、立言）：此说不问人死后灵魂能不能存在，只问他的人格、他的事业、他的著作有没有永远存在的价值。但三不朽说有三个缺点：（1）真能不朽的人只是少数有道德、有功业、有著述的人，胡适称为"寡头"的不朽。（2）只从积极方便着想，没有消极的制裁，如果说立德可不朽，不立德又如何呢？（3）究竟怎样才算德、才算功、才算言，没有一定的标准，哥伦布算是立功，他船上的水手呢？

分析了上述两种不朽的缺点，胡适提出了"社会不朽论"。胡适的"社会不朽论"，据胡适的说法，是1918年母丧的时候开始构思的，也许觉得他的母亲成就了胡适，就是一种不朽。不过从他在文章中引用的资料看来，应是受17、18世纪的德国哲学家莱布尼兹（Gottfried Wilhelm von Leibnitz, 1646—1716）的学说的影响而产生的。莱布尼兹说：

这个世界乃是一片大充实（plenum，为真空 vacuum 之对称），其中一切物质都是接连着的。一个大充实里面有一点变动，全部的物质都要受影响，影响的程度与物体距离的远近成正比例。世界也是如此，每一个人不但直接接受他身边亲近人的影响，并且间接又间接地受距离很远的人的影响。

从这个交互影响的社会观和世界观上面，胡适衍生出他的"社会不朽论"，其大旨如下：

我这个"小我"不是独立存在的，是和无量数小我有直接或间接的交互关系的；是和社会的全体和世界的全体都有互为影响的关系的；是和社会世界的过去和未来都有因果关系的。种种从前的因，种种现在无数的"小我"和无数他种势力所造成的因，都成了我这个"小我"的一部分。我这个"小我"，加上种种从前的因，又加上种种现在的因，传递下去，又要造成无数将来的"小我"。这种种过去的"小我"，和种种现在的"小我"，和种种将来无穷的"小我"，一代传一代，一点加一滴，……这便是一个"大我"。"小我"是会消灭的，"大我"是永远不灭的。……"小我"虽然会死，但每一个"小我"的一切作为、一切功德罪恶、一切语言行事，无论大小，无论是非，无论善恶，——都永远留存在那个"大我"之中，……永远不朽。

最后，胡适归结了他的宗教的宗旨："我这个现在的'小我'，对于那永远不朽的'大我'的无穷过去，须负重大的责任；对于那永远不朽的'大我'的无穷未来，也需负重大的责任，我须要时时想着，我应该如何努力利用现在的'小我'，方才可以不辜负了那'大我'的无穷过去，方才可以不遗害那'大我'的无穷未来。"

胡适的"社会不朽论"，是用实验主义的方法推论出来的。"大我"是否永远不灭值得怀疑，而"小我"与"大我"的关系，有如人种变迁中的"基因"，亦如三不朽中的平常人，作为宗教，似乎很难打动人心。故胡适这篇文章改了又改，其间且曾用英文发表，并未能形成宗教。尤有进者，"社会不朽论"有浓厚的集权主义的倾向，如果为社会大众所采信，对胡适所赞扬的个人主义，会造成很大的伤害。

五、鼓吹女子解放

20 世纪初期中国有关妇女问题的言论，1900 年代以提倡女权为主，而以戒缠足、兴女学为两大主轴。到 1910 年代，女子解放的议题出现。女子解放的议题很宽广，涉及女子解放要从何处做起的问题。对坚持实验主义的胡适来说，他的办法是点点滴滴地改革。

言论界鼓吹女子解放，在 1919 年可以说是一个高潮。兹将当时报刊中的有关议题，列一简表如下（依发表时间先后为序）：

作者	篇名	发表之报刊
一	女子人格问题	1919.2.1《新潮》一卷一号
李大钊	战后之妇人问题	1919.2.15《新青年》六卷二号
张嵩年	男女问题	1919.3.15《新青年》六卷三号
夏道漳	中国家庭制度改革谈	1919.4.15《新青年》六卷四号
康白情	大学宜开女禁论	1919.5.6, 8-10《晨报》

续表

罗家伦	大学应当为女子开放	1919.5.11《晨报》
君左	何谓"女子问题"	1919.5.18《晨报》
康白情	北京学生界男女交际的先声	1919.5.20《晨报》
潜龙	我国妇人问题	1919.5.26-28《晨报》
杨钟健	妇女问题的先决问题	1919.6.8-9《晨报》
觉英	女子解放问题	1919.6.16《民国日报》
潘公展	中国妇女是有人格吗	1919.6.24-28《晨报》
严琳	我国家族制度组织法之利弊	1919.6《妇女杂志》五卷六号
一	女子解放与家庭改组	1919.8.10《每周评论》三十四号
季陶	中国女子的地位	1919.8.17《星期评论》十一号
李鹤鸣	女子解放论	1919.10.1《解放与改造》一卷三期
一	女子的新监狱	1919.10.5《星期评论》
蒨玉	女子与共和之关系	1919.10.10《星期评论纪念号》
王会吾	中国妇女问题	1919.10.15《少年中国》一卷四期
吴弱男	中国家庭应该改组	1919.10.15《少年中国》一卷四期
李大钊	妇女解放与 Democracy	1919.10.15《少年中国》一卷四期
田汉	第四阶级的妇人运动	1919.10.15《少年中国》一卷四期
康白情	绝对的男女同校	1919.10.15《少年中国》一卷四期
周炳琳	开放大学与妇女解放	1919.10.15《少年中国》一卷四期
陈宝锷	男女公共生活之精神的互助	1919.10.15《少年中国》一卷四期
苏甲荣	对于妇女解放实行上的意见	1919.10.15《少年中国》一卷四期
黄日葵	何故不许女子平等	1919.10.15《少年中国》一卷四期
宗白华	叔本华之论妇女	1919.10.15《少年中国》一卷四期
康白情	人权之贼	1919.10.15《少年中国》一卷四期
康白情	女界之打破	1919.10.15《少年中国》一卷四期
张嵩年	女子解放大不当	1919.10.15《少年中国》一卷四期
沈乃文	妇女解放的具体主张	1919.10.19《民国日报》
罗家伦	妇女解放	1919.10.30《新潮》二卷一号
光辉	新家庭之根本问题	1919.10《妇女杂志》五卷十号
陈友琴	女子教育之革新	1919.11.1《解放与改造》五期
光佛	女子解放当从男子解放做起	1919.11.2《星期评论》二十二号
苍园	女子神圣观	1919.11.2《星期评论》二十二号
执信	男子解放就是女子解放	1919.11.9《星期评论》二十三号
一	现代女子问题的意义	1919.11.9《星期评论》二十三号
季陶	旧伦理的崩坏与新伦理的建设	1919.11.23《星期评论》二十五号

续表

王光祈	改革旧家庭的方法	1919.12.2《晨报》
玄庐	婚嫁问题	1919.12.7《星期评论》二十七号
琴韵	妇女解放的首要办法	1919.12.8《晨报》
蕙塘	我对于妇女剪发的管见	1919.12.8《晨报》
哲父	自由社会的男女问题	1919.12.14, 28《星期评论》二十八、三十号
东荪	妇女问题新评	1919.12.15《解放与改造》一卷八号

　　上表所列 1919 年代表性的报刊《新青年》《新潮》《晨报》《每周评论》《星期评论》《少年中国》《解放与改造》中的 46 篇文章，不过作为示例。在此讨论妇女问题的热潮中，胡适也投身其中，致力于女子解放。

　　胡适对女子问题的看法，于 1914 年在康奈尔大学读书的时候尚很保守，至少对自由恋爱结婚不以为然。是年 1 月 4 日的《藏晖室札记》，胡适记载了他对中国女子地位问题的思考，认为中国女子所处的地位，高于西方女子。因为"吾国顾全女子之廉耻名节，不令以婚姻之事自累，皆由父母主之"。而"西方则不然，女子长成即以求偶为事"，父母全然不管。"是故，堕女子之人格，驱之使自献其身以钓取男子之欢心者，西方婚姻自由之罪也。"①

　　其后到 1918 年 7 月，因为在《新青年》四卷五号读到周作人所译日人与谢野晶子的反对贞操的《贞操论》，因为在 7 月 23 日北京的《中华新报》上读到海宁朱尔迈的《会葬唐烈妇记》，又因为在上海的报纸上读到上海县知事呈江苏省长请予褒扬陈烈女的呈文，使胡适花了好多天的时间写了一篇长文，讨论贞操问题。在这篇长文里，胡适对西方国家的自由恋爱已有很高的评价，其言云："在文明国里，男女用自由意志由高尚的恋爱订了婚约，有时男的或女的不幸死了，剩下的那一个因为先时爱情太深，故情愿不再婚嫁，这是合理的事；若在婚姻不自由之国，男女订婚以后，女的还不知男的面长面短，有何爱情可言？"不过，胡适这篇文章，主要是反对没有爱情的贞操、女子对男子单方面的贞操以及政府以法律来褒扬贞操。当时的"褒扬条例"规定未婚夫死不嫁者为"贞女"；夫死不嫁者为"节妇"；夫亡自尽或强暴不从致死或羞忿自尽者，为"烈妇""烈女"；都会受到政府的褒扬。胡适认为，寡妇应否再嫁，全是个人问题，如对已死的丈夫有情义不思再嫁、有了

---

　　① 引见曹伯言、季维龙，《胡适年谱》，页 55—56。

孩子不肯再嫁、年纪已大不能再嫁或不愁衣食不必再嫁，可自然守节不嫁；但如对丈夫无恩义，或无子女，或年轻，或家贫，就没有守节的理由，应该再嫁。至于贞女、烈女、烈妇，是个人恩爱问题，应由个人的自由自志去决定。胡适极力反对以法律褒扬贞操，以免有人沽名钓誉。胡适讨论贞操问题，是抱着实验主义的精神，并不武断。他说："'贞操'这个问题，并不是'天经地义'，是可以彻底研究、可以反复讨论的。"又说："在现代社会，许多贞操问题，如寡妇再嫁、处女守贞等等问题的是非得失，却还有讨论的余地，法律不当以武断的态度，定褒贬的规条。"①

贞操问题是当时言论界讨论女子问题的一个重点。胡适的《贞操问题》一文，蓝志先曾致函胡适表述不同的意见。蓝志先致胡适讨论"贞操问题"的信，刊登在1919 年 4 月 15 日出版的《新青年》里，蓝志先在信中，不同意胡适所推崇的与谢野晶子的贞操论，因为她把贞操看作一种趣味信仰节癖，认为放任情欲是真实，抑止情欲是虚伪。蓝志先主张贞操是爱情上的道德要求，是节制性欲的道德；夫妇关系，除爱情以外，尚当有一种道德的制裁。他认为爱情是盲目而极易变化的，如果夫妇关系纯是一爱情的问题，那结果便成了一种极不确定的关系；爱情中须经过道德的洗炼，使感情的爱变成人格的爱，方能算是真爱；破坏贞操是道德上一种极大的罪恶，并且还毁损对手的人格，绝不可轻恕。他并指出："妇女解放是解放人格，不是解放性欲。"②蓝志先的信刊出后，曾引起周作人与蓝志先之间的一次辩论，周引西人之说，谓恋爱是两性间的官能的交往的兴味，自由恋爱并不是追求情欲的满足。但蓝认爱情易变，夫妇间必须有一种道德的制裁。值得特别注意的是胡适对蓝志先的回答。胡适同意蓝志先的地方是：夫妇之间的正常关系，应该以异性的恋爱为主要元素；异性恋爱专注在一个目的，情愿制裁性欲的自由，情愿永久和他所专注的目的共同生活。胡适不同意蓝志先的地方是：（1）道德的制裁和感情的爱是一件事，不是两件事；无制裁的性欲，不配称恋爱，更不配称自由恋爱；（2）自由恋爱的离散未必全由性欲的厌倦，也许是因为人格上有不能再同居的理由；（3）虽不主张共妻和自由恋爱，但应了解其主张的内涵，不可笼统排斥。③

在讨论完贞操问题以后，到 7 月胡适又对"女子解放从哪里做起"表达了意

---

① 胡适，《贞操问题》，《新青年》，五卷一号，1918 年 7 月 15 日。此文发表于 7 月 15 日，却引用了 7 月 23 日的资料，想必该期《新青年》并没有按时出版。

② 见《新青年》，六卷四号。

③ 《周作人答蓝志先书》《蓝志先答周作人书》《胡适答蓝志先书》，见《新青年》，六卷四号。

见。这个问题是《星期评论》提出来的，胡汉民、廖仲恺、戴季陶等都有具体的主张提出，胡适的意见是："女子解放当从女子解放做起"，不要"先教育、先预备，然后解放"。他说："补救女子教育的失败，就是多给他一点教育；不解放的教育失败了，多给他一点解放的教育。解放的女子教育是：无论中学、大学，男女同校，使他们受同等的预备，使他们有共同的生活。"又说："教育如此，女子社交的解放、生计的解放、婚姻的解放，都是一样的。解放的唯一方法就是实行解放。"① 关于大学男女同校，胡适则主张先做些预备工作，循序渐进。这年 10 月，胡适发表了《大学开女禁的问题》，这是应《少年中国》的要求而写的。他首先声明他"主张大学开女禁"，但应有进行的次序：第一步，大学当延聘有学问的女教授；第二步，大学当先收旁听生；第三步，女学界的人应研究改革女子中学的课程，使与大学预科的入学程序衔接，若能添办女子大学预科更好。他说："我们主张大学开女禁的人，应该注意这一点，赶紧先把现在的女子学校彻底研究一番，应改革的赶紧改革，方才可以使中国女子有进入大学的资格。有进大学资格的女子多了，大学还能闭门不纳女子吗？"②

在女子解放问题上，1919 年的胡适看来比较保守。不过，作为信守实验主义的胡适，从他一生的行事看来，他都是主张点点滴滴地改革的。

六、余论

从 1919 年一年的行事及其所表达的思想看胡适，这年他将实验主义引介到中国，不仅到处宣扬，而且身体力行。他的一举一动，都是实验主义的化身。是年 8 月 1 日，他为数年试写新诗的成果《尝试集》写序，明白地标出："我所以大胆把这本《尝试集》印出来，要想把这本集子所代表的'实验的精神'贡献给全国的文人，请他们大家都来尝试尝试。"胡适并引用《尝试篇》诗作结，诗中有云："我生求师二十年，今得'尝试'两个字，作诗做事要如此，虽未得到颇有志。作'尝试歌'颂吾师，愿大家都来尝试！"③

① 《女子解放从那里做起？其一（胡适）》，《星期评论》，1919 年 7 月 27 日。
② 《少年中国》，一卷四期，1919 年 10 月 15 日。
③ 胡适，《尝试集》（台北：胡适纪念馆，1971 年），自序。

蒋介石对日本两次出兵山东之反应

（1927—1928）

一、前言

一九二六年七月国民革命军自广州出师北伐，一九二七年五月兵抵苏鲁交界，日本以保侨为名，自中国东北派兵至山东，由青岛沿胶济铁路达于济南。时青岛、胶济铁路、济南尚在北军直鲁联军控制之下，北军且抗议日本出兵，日军并未肆意屠杀中国军民。嗣以国民党内部发生宁汉分裂，进抵山东的革命军南撤，日军出兵理由丧失，乃于是年八月撤兵。

一九二八年一月国民革命军自南京出师北伐，当年四月兵抵山东境，日本复以保侨为名，出兵山东，一面自天津派兵至济南，一面自国内派兵至青岛，由青岛沿胶济铁路达于济南。嗣由于直鲁联军战败北撤，革命军占领济南，且进至胶济铁路沿线，直接与日军短兵相接。日军于五月三日开始肆意在济南及济南近郊射杀中国军民，并炮轰济南城。国民革命军为早日完成北伐，避免与日军在山东地区冲突，对日军的暴行百般忍耐，终于六月初完成北伐。到十二月底，东北地区亦归向国民政府。国民革命军在山东地区与日军的冲突，则至一九二九年三月获解决。

国民革命军两次北伐之际，日本首相为田中义一。当时日本在华利益主要在长江下游、山东省、京津地区和东三省。当国民革命军进抵长江时，田中希望中国南北分治；当国民革命军渡长江北上时，田中希望保护日本在山东的利益，并维护北京政府。但当时中国民族主义高涨，日军两次出兵山东，南北两政府均提抗议，北军亦不敢公然引以为援，张作霖的奉系势力终退走东北，以避免内战延长，造成对日本有利之局。对日本而论，日本绝不愿张作霖退走东北，使国民革命军追踪而至，或由张作霖直接统治东北，故暗杀张作霖。继统张作霖余众的张学良，受民族主义影响，不愿在东北做日本的傀儡，迅即归顺国民政府。

北伐军总司令蒋介石于北伐途中对日本的挑衅极度容忍，采取对日本"不抵抗主义"，使北伐大业不致中挫；而日本两度出兵山东，特别是第二次出兵山东肆意射杀中国军民，更促使国民革命军与奉系集团之间的妥协。张作霖让国民革命军和平接收平津以及张学良自愿归顺国民政府，不能不说是感于日本对中国虎视眈眈所致。

二、一厢情愿：日本第一次出兵山东前后蒋介石对日本的态度

一九二七年五月下旬，国民革命军进至江苏北部，迫近苏鲁交界。日本田中内阁以日本臣民居济南地区者达二千名之多，于五月二十七日阁议决定，从满洲派兵约二千名赴青岛，保护日本侨民。日军于六月一日在青岛登陆。七月四日，归降国民革命军之孙传芳部陈以燊军切断高密附近之电线和铁路，日本驻济南总领事藤田荣介以济南日侨处于孤危之境，请求外务大臣允许驻青日军西进济南。七月七日，日军步兵二大队、机关枪二队自青岛开往济南，并强迫陈以燊军恢复胶济铁路交通。①

此次日本借端向山东派兵，自始受到山东地方当局及北京、南京两政府的抗议。日本出兵山东的决定，国民政府及北伐军总司令蒋介石当即获悉。蒋的消息来源之一是：日本驻上海领事告知殷汝耕，殷于五月二十八日电告国民政府及蒋介石，国民政府于六月三日函令蒋介石通令各军，一体保护外人生命财产。② 时宁汉分裂，汉方向宁方派兵施压，北伐工作备受牵制，而日本又出兵山东，更增加蒋的困难。六月二十五日，蒋于外交委员会会议中对日本之诡谋及党人之内讧，颇有感慨："日本运兵到济，护奉军以排我党，其事显明。国势如此，内讧频仍，奸人祸国，书生又暗于大势，其必欲党国灭亡而后快于心乎？"③

---

① 张玉法，《北伐时期的山东战场》，《蒋中正先生与现代中国学术讨论集》（台北，1986年），第二册，页240—241。

② "国史馆"编，《先总统蒋公年谱》，民国十六年，页22、23。时殷汝耕任上海市长黄郛的秘书。

③ "国史馆"印行，《蒋中正总统档案·事略稿本》（下文注释简称《事略稿本》），民国十六年一月至八月，页553—554。

其间，上海等地排日风潮甚烈，上海市长黄郛于七月十六日电蒋派员赴沪开会商对策。蒋是否派员与会不知，到八月二日即辞国民革命军总司令职。① 其后，北伐军为应付武汉方面的压力，将部队自徐州南撤，直鲁联军且进兵长江，日本失去保侨借口，遂于一九二七年八月三十日发表撤兵声明，陆续将日军撤回国内。②

蒋辞职后，决心出国考察，于九月二十八日自上海启程赴日本。③ 蒋到日本后，于十一月五日访田中首相于私邸。蒋与田中的谈话，中方的记录如下：④

蒋：中日两国将来之关系，可为决定东亚前途之祸福，君以为何如？

田中：愿先闻阁下来日之抱负。

蒋：余之意，第一，中日必须精诚合作，以真正平等为基点，方能共存共荣，此则胥视日本以后对华政策之改善，不可再以腐败军阀为对象，应以求自由平等之国民党为对象。……第二，中国国民革命军，以后必将继续北伐，完成其革命统一之使命，希望日本政府不加干涉，且有以助之。第三，日本对中国之政策，必须放弃武力，而以经济为合作之张本。……

田中：阁下盍不以南京为目标，统一长江为宗旨，何以急急北伐为？

蒋：中国革命志在统一全国，……故非从速完成北伐不可。……

每当蒋谈及革命军北伐志在统一中国时，田中辄为色变。蒋于日记中记述其与田中谈话后之感想曰："综核今日与田中谈话之结果，可断言其毫无诚意，中日亦绝无合作之可能，且知其必不许我革命成功，而其后必将妨碍我革命军北伐之行为，以阻止中国之统一，更灼然可见矣！"⑤

蒋介石于十一月八日自日本启程返国。其后宁汉合作有成，蒋于一九二八年一月四日复任国民革命军总司令，重新主持北伐大计。⑥

① 《先总统蒋公年谱》，民国十六年，页29。
② 张玉法，《北伐时期的山东战场》，页241—242。
③ 《先总统蒋公年谱》，民国十六年，页39。
④ "国史馆"藏，《蒋中正总统档案·革命文献拓影·北伐时期（济南事变）》，第二十册，《蒋总司令访田中首相》，民国十六年一月五日。另有日方记录，稍有出入。
⑤ 《先总统蒋公年谱》，民国十六年，页42。
⑥ 同上，民国十六年，页43，民国十七年，页2。

三、力避冲突：一九二八年对日本出兵山东的初步反应

一九二八年四月八日，蒋介石下北伐总攻击令。北伐军迅速攻入山东省：十二日克复台儿庄，十三日克复韩庄、临城、郓城，十四日进迫滕县，直鲁联军开始总退却。北伐军进一步在山东扩展势力：十五日占巨野，十六日克嘉祥，十七日克济宁，十九日克宁阳，二十日克兖州、曲阜。其间，日本田中内阁以保护侨民为借口，于十七日决议派陆战队赴青岛，必要时开入济南。十九日日军至青岛，二十日至济南，与北伐军形成对峙之势。

时北伐军尚未进至济南及胶济路沿线，蒋介石闻日本出兵，决定以政治手腕解决，以免北伐受阻。他在四月二十日想到左宗棠平定回疆的故事：左宗棠平回疆时，俄兵入据伊犁，左谓："欲杜俄人狡谋，必先定回部；欲收伊犁，必先克乌鲁木齐。"又引左宗棠之言曰："越勾践之于吴，先屈意下之；汉文帝于南越，卑辞畏之。反弱为强，诎以求伸，此智谋之士所优为，黄老之术，所以用于兵也。"四月二十一日，日兵开赴济南，国民党中央党部召开紧急会议，讨论日本出兵问题。蒋闻之叹曰："嚣嚣声张，于事未必有济，且徒然自示弱点。昔者陈白沙有言：'善学者主于静以观动之所本。'沉着应变，凡事然也。"乃电告北伐全军总参谋长何应钦曰："对日出兵，暂取静默态度，以观其后可也；一面则妥为布置，以备非常。"①

一九二八年四月二十二日，国民政府对日本出兵山东事提出抗议书，内容略谓："去年五月间，贵政府于本政府北伐逼进鲁境之时，曾有出兵山东之举，实属侵害我国领土主权，违背公法，破坏条约，当经抗议在案。乃贵政府于我大军再度北伐之际，统一行将完成之日，又有出兵山东之议，目的究竟何在？请重加考虑，迅将派赴鲁军队，一律停止出动。"蒋闻之，叹曰："日本侵略野心，视我华北为彼口中肥肉，对我北伐完成必大恐慌，然彼尚采用威吓策略，我唯慎以防之而已。待我北伐完成、全国统一，一切皆易解决矣！"因此，蒋决心于四月二十四日进一步展开北伐作战，无论日人如何阻碍，皆不顾。②虽然如此，蒋并不愿为北伐军事行动与日本发生冲突，一方面于四月二十四日通令第一、二、三各军团"我军到达胶济

---

① 《事略稿本》，民国十七年四月至七月，页147，165—167，172—173。
② 同上，页178—179。

铁路后，须切实保护外侨，并对日本始终忍耐，勿出恶声，勿使冲突；一切宣传品，有丧失日本邦交者，一切不准发贴"，①一方面禁止罢工罢课、游行示威，并防止共产党乘机捣乱。②四月二十六日电外交部长黄郛、上海兵工厂长张群，请张群速赴日本，问田中出兵目的究有何求，只要其不妨碍北伐、不损失中国国权，其他投资如招商局与汉冶萍公司等当无问题，即其在华之既得权利，亦必如常保护。总望中日亲善之一线希望，能由张群旋转而实现。蒋对张群交托的具体任务是向日本要求三事：一、山东即速撤兵；二、不助奉张，且逼奉张下野；三、不许奉军退出关外及关东，由革命军收容奉军（张群与田中交涉结果，蒋至五月十日始得电告，谓不妨碍北伐，见后文）。③

蒋于设法与日本转圜之际，突于四月二十八日午刻得日本驻青岛福田师团长声明书，略谓胶济路与日侨之生命财产及日本之经济均有关系，不许任何方面军队破坏。蒋闻之异常愤激，叹曰："日本蛮横如此，既已出兵，又声言不许我破坏胶济路。呜呼！国已非国，可不自强乎！"嗣以日政府表示：日侨皆集济南商埠区正金银行及领馆、病院附近，除商埠区外，北伐军皆可自由行动。蒋即忍痛电令前敌总指挥朱培德及各总指挥、各军长："我暂勿入商埠区，及保护外人银行、领馆、病院，对于胶济路亦毋庸破坏，避免其藉词冲突。"④

此期间，日本于四月二十日自天津派兵至济南，先后至者一千五百人；于二十三日自日本派熊本日军第六师团长福田彦助率军往青岛，先后至者约六千人。于二十五日至青岛后，即派兵分驻青岛、坊子、博山等地，并于五月二日分兵至济南。自天津至济南之日军，于四月二十八日在济南商埠区自设防界，划定警备区域。警备区域凡分三段：一以日本领事馆为中心，而及于纬五路；一以正金银行为中心，而及于纬一路之南；一以济南医院为中心，而及于五大马路。其势力范围占繁荣商业市区一半以上，其左、右、前、后又为截断商埠区入济南城要道，沙垒、电网、

---

① "国史馆"藏，《蒋中正总统档案·革命文献拓影·北伐时期（济南事变）》，第二十册，《蒋总司令致第一、二、三、四各军团各军政治部主任等》，民国十七年四月二十四日。

② "国史馆"藏，《蒋中正总统档案·特交文电·日寇侵略之部：壹、济南惨案》，《蒋中正通电》，民国十七年四月二十六日。

③ 同上，《蒋总司令致黄郛张群》，民国十七年四月二十六日；同上，《蒋总司令致黄郛转张群》，民国十七年四月三十日；《事略稿本》，民国十七年四月至七月，页218。

④ "国史馆"藏，《蒋中正总统档案·革命文献拓影·北伐时期（济南事变）》，第二十册，《蒋总司令致各总指挥各军长》，民国十七年四月二十八日；《事略稿本》，民国十七年四月至七月，页223—224。

军用电话随处设立，更以架设机关枪之汽车奔驰巡绕防线，情势极为紧张。五月一日上午革命军进入济南城，方振武部由北门入，刘峙部由东门入，两部皆以城内督办公署为目的地，因日军警戒线散布，革命军不得不绕道通过。① 到二日晚，革命军入济南者约五万人。蒋介石于五月一日夜至济南，宿济南车站。二日晨六时，蒋入城，经过商埠口时，沿途见日军警戒甚严，且不许中国军民在商埠区通过，因拊膺叹曰："倭寇如此横暴，国格已丧，其国不亡何待！"不过，蒋仍以忍耐镇静处之，并以"小不忍则乱大谋"自戒。②

当时日本先遣司令福田所部第六师团及驻华北军之三个中队，在山东的部署情形如下：第十一旅团分驻济南至青州间，由斋藤少将统率；第三十六旅团分驻青州至青岛，由岩仓少将统率；第十三联队二大队分驻博山及张店，由上村大队长统率；以铁道队分驻济南、青岛、张店三处，以防中国军队破坏路线；天津派至济南之三个中队，担任普利门外胶济车站及南部五马路一带；第十一旅团担任商埠，并以土囊、铁丝等防御物，堵塞路口。北伐军诸将领多欲与日军战，蒋以此将有碍北伐，决定对日军置之不理。欲以谈判的方法，寻求日本撤兵。③

四、坚此百忍：五三惨案发生后就地交涉期间蒋的忍让与措置

一九二八年五月三日上午九时许，济南日军与革命军发生互相射击事件，日军以机枪向中国部队扫射，造成严重死伤。当中日军队冲突发生时，国民政府外交部长黄郛适入城晤蒋总司令后返寓，日军参谋河野差宪兵前来邀商办法，蒋总司令亦请其就近交涉。黄遂往正金银行日军司令部晤河野，希能商定双方各派二人，沿线巡行，先阻止射击，再行谈判。当黄抵正金银行日军司令部后，日方强迫黄在外交文件上签字，承认冲突系因中国人抢日本人财物而起，黄以冲突原因不明（一说起于中国士兵由日兵自行画定之防区附近通过），拒绝签字。延至晚七时，黄在文件上批一个"阅"字，始被放回，入城向蒋总司令报告。④

另一方面，当冲突事件发生，蒋闻有机关枪声后，即遣侍从副官前往查看，侍

① 张玉法，《北伐时期的山东战场》，页 242—243。
② 《事略稿本》，民国十七年四月至七月，页 249—250。
③ 同上，页 250—252。
④ 张玉法，《北伐时期的山东战场》，页 245；《事略稿本》，民国十七年四月至七月，页 258—259。

从副官回报谓"我军已与日本军队开火"。蒋乃下令与各师长，令各约束队伍，力避与日军冲突；一面通知福田，请约束日军，以免冲突。中午，蒋令各师长："所有军队，除在城内者外，凡城外军队，一律于今日下五时以前，离开济南近郊，尽力让避日军，不许与之无谓冲突。"并将所采应变措施，通知福田。福田派人告知，拟先撤军队，再行调查，并愿派员相商。至下午五时，北伐军在济南城郊者已奉命撤离，而日军枪炮之声未少绝，福田亦不派代表来会。此期间，肇事日军不仅肆意射杀中国士兵，且派大批军队至交涉公署，将战地政务委员会委员兼山东特派交涉员蔡公时用麻绳捆绑，挖去目鼻，将蔡枪毙，又杀属员多人，并纵火焚烧交涉公署。事后又转往外交部长办公处行凶，搜黄郛部长不获，遂纵火将外交部长办公处烧毁。一面派大部队到中国军队驻扎地点，勒令缴械。至夜十二时半，福田要求蒋派代表至日军司令部商谈，为蒋所拒。嗣福田要求蒋另觅中间地点，蒋指定以交涉署左近为议场，并派熊式辉前往。日方在会议中提出三个条件：一、凡济南商埠街道，不许中国官兵通过；二、胶济路与津浦路，不许中国运兵；三、中国军队，全数退至二十里之外。熊式辉拒不签字。会议期间，日军将中国军用之无线电台轰倒，引起中国军队之还击。当日冲突事件，中国军民死伤千余人。

五月四日晨五时，熊式辉向蒋回报，蒋叹曰："日本军人之作风如此，日本国家与人民，将不胜其忧患矣！岂天将祸我东亚乎？"即有电致国民政府云："我济南军民，对日军惨杀，无不义愤填膺，目眦欲裂。职经竭力劝谕，静待政府指示。如日军再不悔悟，继续逞凶，则惟有出于一战，以保中华民族之正气。"①

五三惨案发生后，北伐军总司令蒋介石与外交部长黄郛，在济南地区就地与日本军方交涉无效，黄郛电东京田中内阁提出严重抗议亦无回音，而济南日军的枪炮声不断。蒋介石虑山东地区日军扩大事端，决定暂令津浦路各军在黄河南岸待命，而主力则撤至济南之西南地区，以备非常。受日军挑衅后，第一集团军的军事布局，蒋介石于五月四日有电致国民政府主席谭延闿、第二集团军总司令冯玉祥、第三集团军总司令阎锡山：②

日本派遣来鲁之军队，无端挑衅，向我军射击，枪炮之声至今未止。昨晚并炸

---

① 《事略稿本》，民国十七年四月至七月，页254—271。
② "国史馆"藏，《蒋中正总统档案·特交文电·日寇侵略之部：壹、济南惨案》，《蒋中正致电谭主席》《蒋中正致电冯焕章阎伯川》，民国十七年五月四日。

毁我无线电台，心怀巨测。因此，胶济路线敌不能肃清，我军渡河不得不慎重，暂缓施行，力守济南黄河南岸。刻膺白兄正与折冲，仍难有效。

嗣知日本出兵目的在阻止国民革命军北伐，遂令各军照常渡黄河北进，一面仍与日军继续交涉。有函致福田云："本月三日不幸事件发生，本总司令以和平为重，严令所属官兵全数撤离贵军所强占设防地域。现在各军已先后离济，继续北伐，仅留相当部队，藉维秩序。"

五月五日下午，蒋与第二集团军总司令冯玉祥会于党家庄，外交部长黄郛亦来，仍决定对日暂时容忍，先求国内之统一。①

五月六日上午，国民政府召开临时紧急会议，作如下之处置：一、令北路大军继续攻击前进，务于最短期间，完成北伐。二、关于日军在济南之暴行，由外交部提出严重交涉。三、将日本暴行，转电全国各省，切实宣传。四、将日本暴行，通电全世界各友邦。五、两湖军队，迅速北伐，以竟全功。②

在此前后，中国在国际上虽得友邦同情，中国各地人民抗日情绪亦甚高涨，但由于田中内阁蓄意阻挠中国统一，使以福田为代表的济南日本军方，肆无忌惮，对北伐军极尽挑衅之能事。五月七日下午四时，福田透过北伐军方面的战地政务委员、代理山东交涉员赵世暄，向蒋介石提出五项要求：一、国民革命军须离开济南及胶济路沿线两侧二十华里以外。二、中国军队治下，严禁一切反日宣传，及其他之排日运动。三、与骚扰及其暴虐行为有关之高级军官加以严重处罚。四、在日军前面与日本军抗争之军队，解除其武装。五、为监视实行上列各条件起见，将辛庄、张庄两兵营开放。限当晚十二时前有圆满之答复，否则日军采取自由行动。赵世暄将日方要求之文件转前敌总指挥朱培德，朱复电福田云："赵交涉员转来尊意，已立即电达蒋总司令，惟总司令不在现地，本晚十二时万难奉答。明日十二时前，当可答复也。至辛、张原驻部队，早已奉令出发前方，惟需明日方可开拔完毕。"

实则朱培德在给福田回电时，已与蒋介石有所电商。故蒋当即有电致济南刘峙总指挥："本日福田向赵世暄提出条件，要求本晚答复，并称辛、张所驻军队须于今晚十二时以前退出，现已由益之兄（朱培德）电复，中赴前方，本晚不及回答，须于明午十二时以前答复，并称辛、张原驻部队早已奉令出发前方，惟须明日方可

---

① 《事略稿本》，民国十七年四月至七月，页272—279。

② 同上，页272—282。

开拔完毕云云。辛、张驻军，明日务须迁住，并须立即准备，万一日军来迫，务避免冲突为要。"

蒋于晚八时得福田所提条件后（时蒋在济南西南津浦路上的党家庄），仰天叹曰："哀哉！国未亡而亡国之惨祸已见矣！"又曰："惨毒苛暴之威，岂能慑动我哉！"之后即往界首与朱培德、熊式辉协商应付福田之办法，决定作如下之回复：一、我军如有违令之官兵，可以处罚，但肇事日兵，亦应同样处罚。二、胶济路及济南附近二十里内，准暂不驻兵。三、济南城内须留相当部队，维持秩序。商议毕，即派熊式辉及战地政务委员会教育处主任罗家伦赴济南交涉，时已夜半十二时。不意熊式辉、罗家伦见福田，福田态度蛮横，谓答复已逾期限，条件不必谈矣，并即命日军开炮轰城。蒋介石于五月八日上午得报，愤激难忍，叹曰："呜呼！国已不国，尚何以人为！容忍有限度，吾准备牺牲，且观其后可也。"①

蒋虽如是愤慨，但感于福田"答复不满足，不能停止军事行动"的恫吓，五月九日再派总参议何成浚持答复之条件与福田交涉，并将答复之条件电告国府主席谭延闿、外交部长黄郛：一、第四十军军长贺耀祖因不听命令，未能避免冲突，业经免职。二、胶济铁道沿线及济城周围二十华里以内，我方暂不驻兵。三、在本军治下地方，早有明令禁止反日宣传，且已切实取缔。四、辛庄、张庄之部队早已奉令开拔北伐。五、本军前为贵军阻留之官兵及所缴之枪械，希即全数交还。发电毕，拊膺叹曰："呜呼！悲夫！如有一毫人心，其能忘此耻辱乎？忘之乎？雪之乎？何以雪之？在自强而已。"②

蒋介石的让步条件，因何成浚中途交通受阻，未能及时送达福田（至十二日始得见福田），福田的部队则一意在济南及近郊对北伐军肆加攻击。毁济南城内的火药库、兵工厂不说，对渡河北上的北伐军亦予袭击，造成中国军民极大的死伤。为此，在津浦线北伐的第一集团军，部分集泰山一带监视日军，渡河攻德州者亦未得手。在这种情形下，津浦路线的军事无法进展，北伐军事不得不仰赖在两湖的李宗仁、白崇禧部迅速北上，在京汉线上与冯玉祥合力作战。五月十日有电致李宗仁、

① 《事略稿本》，民国十七年四月至七月，页289—293；"国史馆"藏，《蒋中正总统档案·革命文献拓影·北伐时期（济南事变）》，第二十册，《蒋总司令致刘总指挥峙》，民国十七年五月七日。

② 《事略稿本》，民国十七年四月至七月，页296—298；"国史馆"藏，《蒋中正总统档案·革命文献拓影·北伐时期（济南事变）》，第二十册，《蒋总司令致谭主席及黄郛》，民国十七年五月九日；《蒋中正总统档案·特交文电·日寇侵略之部：壹、济南惨案》，《蒋中正致福田》，民国十七年五月九日。

白崇禧云：

此次济南事件发生，中竭力忍让，冀勿妨碍北伐，乃日人节节进逼，庚（八日）晨起向济南四周开炮，北至泺口黄河铁桥，南至党家庄。济南卅里周围皆被强占，且毁我无线电台、火药库及铁路桥梁，其为蓄心掩护军阀、阻止我军北进，已千真万确。现我军渡河完毕者约逾半数，仍令迅攻德州，未渡河者集中泰安一带，监视日军行动。情势如此，津浦路已难进展，此后作战，全赖京汉一线，务望兄处迅即督师北上。京津线下，日人失却爪牙，或稍敛其侵略之野心，然后外交可以进行。①

另一方面，也令留守济南城的李延年团突围而出，以免无谓的牺牲。是日，蒋介石为洗雪国耻，自定日课曰："余以后每日六时起床，必作国耻纪念一次，勿间断，以至国耻洗雪后为止。"②

正当蒋介石对日交涉困难重重，每天以"雪耻""雪耻"自励之际，突于五月十日接到张群自日本发来的电报，谓与田中晤谈，彼言不妨碍革命军北伐。蒋介石为此特致电外交部长黄郛，请设法转知福田，告知所提条件已答复，使者何成浚阻于途。如福田不妨碍津浦路交通，北伐军可自由运输，当极力压制反日运动，并可向日军道歉。③ 但事情并不如蒋介石所想的那样简单。

五、转变方向：五月十二日以后蒋介石力图摆脱就地交涉并突破困局

五月十二日，何成浚得见福田，福田态度更强横，要求解散第一集团军第二、第三、第四各军团，并对三个总指挥处以严刑。同时要求以蒋介石为谈判对手。蒋介石为此电谭主席云："济南事件，日方利于以武力扩大，不利于以外交解决，故日政府避与我政府直接交涉，而阴使福田与军事当局直接威逼。狡诈若此，不难测知。今中拟请我政府正式通告日政府，谓福田所提条件，蒋总司令已报告政府，且蒋力求和平，已令军队撤离环济南三十里而免复生冲突。据此，则对日既无军事可

① "国史馆"藏，《蒋中正总统档案·革命文献拓影·北伐时期（济南事变）》，第二十册，《蒋中正致电李宗仁、白崇禧》，民国十七年五月十日。

② 《事略稿本》，民国十七年四月至七月，页302—310，318—319。

③ "国史馆"编，《蒋中正总统档案·特交文电·日寇侵略之部：壹、济南惨案》，《蒋总司令致黄郛》，民国十七年五月十日。

言，我政府愿与日政府以外交方法解决之。督战前方之蒋总司令专责北伐军事，未便兼顾外交等事。"①

蒋介石企图摆脱福田的纠缠并不容易，将对日交涉完全委之政府亦不容易。福田的主要手段是于济南近郊及胶济路沿线继续肆意屠杀中国军民，逼使蒋出面交涉；而自黄郛对日交涉失败后，王正廷、张群等均不愿对中日外交事务插手。谭主席电蒋，对日外交交涉，仍请他全权主持。在这种情形下，蒋一方面尽量避免与日军直接交涉，一方面要缓和中日间的紧张局势，乃于五月十四日电谭主席，请政府出面与日本交涉，自己则提出交涉的条件："如惩办高级官长，以贺耀祖为限；解散军队，亦以贺部为度。如其能先承诺此点，则中正道歉，亦所不辞。"蒋认为：他"单独与福田交涉，其要求恐无限量。盖彼军阀之欲壑甚深无底也"。故再向谭主席声明他的看法："此事当由军事移为外交解决，不可再以斟酌前方情形，归余独办，反以投彼所喜，于我不利也。"②

其后，蒋介石虽对中日交涉诸事，随时向政府提出建议，北伐军总司令部已先后自济南移泰安、自泰安移兖州、自兖州移济宁、自济宁移徐州，专务北伐。到五月十八日，福田要求蒋介石派代表往商，蒋电请谭主席、黄部长回复——请国民政府告以"济南交涉已奉国民政府命令移归外交部交涉"，请外交部长告以"此案准归政府办理，不在军前交涉"。③嗣国民政府仍望蒋能在前方交涉，蒋乃于五月二十二日要求政府委张群、何成浚为正、副代表，但建议需中日双方政府能在后方先有约定，然后再派员至济南为形式上之通过。蒋的建议未被采纳，因张群态度消极，而黄郛亦有意辞职，④事情遂暂缓下来。

另一方面，自五三惨案发生后，日本内阁即有不同意见，数周之间，舆情渐对中国有利。到五月二十九日，蒋介石乃建议政府暂缓派代表，并代拟公开信函，要求以中国国民党名义，向日本各政党及头山满、犬养毅等友人宣布济案内情，以争

---

① 《事略稿本》，民国十七年四月至七月，页331—333。

② 同上，页340—341，348—349。

③ "国史馆"藏，《蒋中正总统档案·特交文电·日寇侵略之部：壹、济南惨案》，《蒋总司令致电谭主席及黄郛》，民国十七年五月十八日。

④ 同上，《蒋总司令致谭主席》《蒋总司令致张群》，民国十七年五月二十二日；《蒋总司令致张群》，民国十七年五月二十四日；《蒋总司令致张群》，民国十七年五月二十六日；《蒋总司令致宋子文》，民国十七年五月二十七日。

取同情。①

此期间，北伐军日益接近天津、北京，日本的注意力已转至京津地区及关外。福田虽然直到五月二十五日尚令济南日军炸毁无影山火药库，② 但早在五月十五日已令济南商店开市，以安民心。因此，济南的局势也缓下来。

蒋介石摆脱济南事件的困局，专务北伐，在战略上最大的转变为设法与奉系将领妥协，共谋对付日本。最早在五月十一日，奉军有宣布停战的消息，蒋即有"联奉抗日"之想。他于是日致函战地政务委员吴忠信，希望他能在联奉方面做些工作，函云："济南事件为中华最大之国耻，北方将领必有血性、深表我方同情者，可否乘此国危之际，与北方将领联合救国，请先进行。此间惟一方针，为推倒联日卖国之张作霖，其他无不可商之事。只要救国同心，则我军占领北京后，亦愿与奉系将士合作，即开国民会议，以解决内部纠纷，再不愿自相残杀，致为外人鹬蚌也。"③ 十二日，又电谭主席云："奉方宣布停战，如其果确，则中正以为可允其全部集结关外，以固东北国防。至一切国事，当俟国民会议解决，并允奉方参加国民会议。"④ 十四日再电谭主席云："此时对日对奉之轻重先后，请即决定。如先对奉缓和，则只要求其退出京津；如恐其回奉被日逼迫，则可允其集中热河滦河一带，并可允其高级将领如张学良与杨、孙等加入政府为委员也。"⑤ 为了使奉军和平撤退，并避免京津日军再出面干涉，当日蒋介石有电致前敌总指挥朱培德云："攻击天津各军，预令其至马厂停止候命为宜，务望注意。"⑥

蒋介石的策略和顾虑是对的。五月二十一日即自东京传来消息：日本陆军省以我革命军着着北进，不日可抵京津，即电令驻关东日军司令，将所有日军集中奉天，以防御中国军队攻入满洲；又闻天津消息：使团研究日方警告南北军大战节略，谓战事若向京津展开，则日本即当武力保护满洲，并指国军不能再逼京津。

---

① "国史馆"藏，《蒋中正总统档案·特交文电·日寇侵略之部：壹、济南惨案》，《蒋总司令致谭主席转中央执行委员会》，民国十七年五月二十九日。

② 郭廷以，《中华民国史事日志》，第二册，页352。

③ "国史馆"藏，《蒋中正总统档案·特交文电·日寇侵略之部：壹、济南惨案》，《蒋总司令致吴委员忠信》，民国十七年五月十一日。

④ 《事略稿本》，民国十七年四月至七月，页322—323。

⑤ "国史馆"藏，《蒋中正总统档案·革命文献拓影·北伐时期（济南事变）》，第二十册，《蒋中正致电谭延闿》，民国十七年五月十四日。杨当指杨宇霆，孙或指孙传芳。

⑥ 《事略稿本》，民国十七年四月至七月，页349—350。

日本确有干涉中国内战之意。① 此际吴忠信透过代表奉方的孙某与张学良等联系，二十二日蒋介石有电致吴忠信嘱转告奉方云："此间恐奉方为外力挟持，不能自由出关。……此时视奉方能否断行出关，以察其救国之诚伪。……奉军如能先行自动出关，则此间不惟不加追击，而且必有推诚相予之表示。如其决然断行出关，毫不借外力之干涉，且不愿受外力之挟制，以保东北之元气，巩固东北之国防，则救国同心，岂忍再睹煮豆燃萁之祸。万一榆关为外力所阻，则热河方面，亦可划出路线，必使其全部安全集结于东省，以为一致对外之张本。"同日，蒋介石又电知阎锡山转达奉方意见，谓晋军如能和平接收京津，则奉军可退出关外。②

另一方面，奉军计划退往关外，日本又对国民政府发文警告，谓如北伐军追击，将影响日本在东北利益。国民政府于五月二十三日对日方的答复是："若张作霖能及时下野，奉军能自动退出京津，移驻关外，则全国统一，自不必继续用兵。奉军退却时，更何须追击。惟盼奉军于最短期间行之也。"③

为了解除日本的忧虑和北京外交团的疑虑，蒋介石与冯玉祥商定了办法，于五月三十日电谭主席："京津问题，昨与焕章面商，决定天津方面我军进至静海止，北京方面进至长辛店止，京津铁路沿线，亦即以此两地为准，二十里以内均不进兵。惟中与焕章均以为须由政府照会各国，说明我军为求外侨安全起见，当竭力避免在京津及其附近地域作战。已决定不进兵至二十里以内各地，但奉军亦不得再在京津停留。应请各国注意此点，方可真正避免冲突，并表示各国不偏袒何方、不干涉内政之诚意。"④

此后到六月四日，张作霖出关，京津和平接收。消除了日本再度干涉京津地区之阴谋。及张学良谋归顺中央，日本加以阻挠，而张学良采取和平易帜办法，杜绝了日本干涉的借口。兹不多论。

六、结论

十九世纪中期以后，中国国势不振，外人在中国先后获取许多利权，影响最大

---

① 《事略稿本》，民国十七年四月至七月，页387。
② 同上，页391—392。
③ 同上，页400—401。
④ 同上，页454。

者除协定关税、治外法权以外，为划设租界、划设势力范围、在中国某些地区驻兵。每当中国政局变动，外国利权有受损之虞时，外国即表示严重关切，或在外交上施压，甚至派兵至中国。第一目标设法维护中国现状，反对新政权破坏现状；如第一目标不克实现，则谋求新政权承认既得利益，甚至争取更多利益。辛亥革命、推翻清朝之际如此，国民革命军北伐、推翻北京政府之际亦如此，表现在日本方面者尤为明显。

当国民革命军北伐之初，国民政府实行"革命外交"政策，兵至长江流域时，革命军民曾干扰汉口租界、九江租界，并在南京有枪杀外人之举。因此当一九二七年五月国民革命军进抵苏鲁交界之时，日本以保护山东地区侨民为借口，出兵山东。嗣以国民革命军方面发生宁汉分裂，北伐军自苏鲁交界撤回，日本失却保侨借口，不得不把军队撤走。一九二八年初，宁汉合作，国民革命军再度北伐。此际国民政府已放弃革命外交政策，为了减少北伐的阻力，力事维护列国在中国的利权，并保护外侨生命、财产安全。但当北伐军进至山东境时，日本再度出兵山东，并与北伐军在济南发生军事冲突。从日方肆意枪杀中国军民、炮击济南城区、袭击渡河北上的北伐军以及以飞机轰炸泰安等地看来，似在纵容冲突的扩大。

北伐军总司令蒋介石处此危局，虽采取"不抵抗主义"，[①] 日军肆意攻击如故，对蒋所提出的要求亦不断升高，包括惩处指挥官、缴械其军队。蒋曾数度让步，但日方并不停止攻击。使蒋不得不责令一部分部队渡河继续北伐，另将一部分军队置于泰安等地，以监视日军。当日军进逼不已之际，蒋曾考虑与日军作战。当时日军至济南者不过七八千人，而北伐军有五万人以上。嗣知日本出兵在阻碍北伐，乃决定一面北伐，一面从事外交交涉。

日军出兵山东及其在济南对蒋所作的羞辱，对北伐战争产生了极大的影响：其一，蒋所率的第一集团军因为在济南为日军所阻，又需留一部分在山东监视日军，使北伐的主力不得不借重冯玉祥的第二集团军、阎锡山的第三集团军，并将李宗仁的部队改为第四集团军，投入北伐战争。对收复京津地区来说，第二、三、四集团军的声势超过第一集团军，此增加了四个集团军之间的矛盾，引起了北伐以后的连年动乱。

---

① 在1931年"九一八"事变以后，蒋对日本所抱持的"不抵抗主义"，起源于北伐时期在山东与日本冲突之际。这个名词似乎是冯玉祥与蒋介石商量对日办法时，由冯玉祥提出的。

　　其二，鉴于北伐军的军事行动在山东地区引起日本的军事干涉，使蒋介石想到国人应团结对外，欲以和平方式将奉系部队纳入国民革命军阵营。因此即派吴忠信等设法与奉方秘密接触，此期间北京外交团亦对京津地区的战局表示关切，因此奉方接受了蒋的意见，奉军退往关外保卫中国东北，京津地区则由国民革命军和平接收。附带一提的，在和平接收的安排上，由于奉方选择阎锡山的部队，而不是冯玉祥的部队，使冯部一度因不满而南撤，陷阎锡山于危境。在蒋介石的安抚下，始暂时消除了冯与蒋、阎之间的矛盾。

傅斯年的政治理念

一、前言

傅斯年是一位研究中国古代史的学者，对从政并无兴趣，但因生在内忧外患的时代，对国是极为关心。他对政治理论没有深入的研究，从政的经验也少，他的政治理念只能从他所写的时论以及他对一些事务的处理上来观察。有些政治理念来自他求真实、不敷衍的治学训练，有些政治理念则是他的感性反应，虽然谈不上有系统，但所表达出来的都是他所要表达的个人理念，该维护的维护、该批评的批评，不计利害，也不计别人的毁誉。

二、关怀政治的缘起

（一）处在忧患时代

傅斯年于 1896 年生于山东聊城。1905 年 10 岁时入东昌府立小学堂，1909 年 14 岁时考入天津府立中学堂。1912 年清朝灭亡，民国建立。1913 年 18 岁时考入北京大学预科，1916 年 21 岁时考入北京大学本科国文门，1919 年毕业后考取山东省官费赴英留学，入伦敦大学研究实验心理及生理兼治数学，1923 年 28 岁时，转入德国柏林大学研究物理学及比较语言学，1927 年 32 岁时回国，在南京国民政府统治下的广州任中山大学文学院长及国文、历史两学系主任，并开设"尚书""古代文学史""陶渊明诗""心理学"等课程。当时北京政府尚为民国法统所在。1928 年 6 月 4 日南京国民政府完成北伐，北京政府结束，国家大体统一。北京改为北平。是年 6 月 9 日中研院在南京成立，傅斯年在广州成立中研院历史语言研究所，任所长。1929 年历史语言研究所迁北平，傅斯年仍任所长，并兼北京大学教授。嗣以日本占领东北、进窥华北，历史语言研究所于 1933 年迁上海，于 1934 年迁南京，傅斯年仍在北京大学兼课，至 1936 年始自北平移家南京。1937 年 7 月日本开始全面侵略中国，历史语言研究所于 1938 年迁昆明，1940 年迁四川南溪李庄。1945 年 8 月日本战败投降，历史语言研究所于 1946 年迁南京。嗣以中共势力在东北、华北发展迅速，历史语言研究所于 1948 年迁台湾桃园杨梅镇。其间，傅斯年于 1946 年一度代理北京大学校长，于 1948 年一度就任立法委员，1949 年接任"国立"台湾大学校长，迄 1950 年 55 岁时在台北病逝。[①]

傅斯年一生 55 年的岁月，在 16 岁时经历了清朝灭亡、民国建立，24 岁时考取北京政府山东省官费留英，32 岁自欧回国后，在国民政府的中山大学任教，并终生做了国民政府的中研院历史语言研究所所长。其间在 33 岁时国民政府推翻北京政府，成为中国的合法政府；在 36 岁时发生沈阳事变，日本侵占中国东北，接着侵略内蒙、华北，在 42 岁时发生卢沟桥事变，日本全面侵略中国，接着日本发动太平洋战争，向英国、美国宣战。在中日战争期间，国共抗日民族统一战线分裂，国共斗争日剧。抗日战争胜利后，国共合作行宪不成，军事斗争全面展开。最后国民党丧失大陆的统治权，傅斯年随国民党播迁台湾。知识分子处在此一时代，如何能不关心国是？傅斯年在北京大学读书时，对北京政府的作为不满；留学归来以后，投在国民政府麾下。中日战争全面爆发前后，由于傅斯年全力拥护国民政府，受到蒋介石的重用。在这种情形下，傅斯年不仅对国是关心，而且也为国民政府尽心尽力。由于他长年撰写时论，也由于他长年参加国民政府的咨议机构，使他有表达政治理念的机会。

（二）书生喜欢论政

傅斯年从 1919 年在北京大学与同学罗家伦等创办《新潮》杂志以后，即喜欢写时论，初时的兴趣集中在文学改良、社会改良和思想解放上，到 1932 年与北京学界丁文江、胡适、蒋廷黻等人创办《独立评论》以后，才把评论的重点放在政治

---

① 韩复智，《傅斯年先生年谱》，《台大历史学报》，第 20 期，1996 年 11 月。

上，特别是在抗日问题方面。[①] 傅斯年发表时论的报刊多为全国知名的报刊，并不限于《新潮》和《独立评论》。大概说来，在 1910 年代另有《新青年》，在 1920 年代另有《晨报》，在 1930 年代另有《大公报》《国闻周报》《今日评论》，在 1940 年代有《今日评论》、《大公报》、《观察》杂志、《世纪评论》和《自由中国》等。

为了解傅斯年在什么时代发表什么文章，以下就傅斯年著述年表[②] 加以统计，列表于下：

年代＼篇数＼类别	语文	史学	哲学	科学	一般学术思想	一般政治	抗日	反共	教育	社会	国际问题	其他	总计
1918	4	1	1	0	1	0	0	0	0	0	0	0	7
1919	9	1	4	2	1	2	0	0	0	3	1	28	51
1920	0	0	0	0	0	0	0	0	0	0	0	7	7
1923	1	0	0	0	0	0	0	0	0	0	0	0	1
1927	0	3	0	0	0	0	0	0	0	0	0	0	3
1928	3	3	0	0	1	0	0	0	0	0	0	1	8
1930	0	9	0	0	0	0	0	0	0	0	0	0	9
1932	0	2	0	0	0	3	3	0	5	1	2	1	17
1933	0	1	0	0	0	0	1	0	0	0	0	1	3
1934	0	2	0	0	0	0	4	0	1	1	1	5	14
1935	0	0	0	0	0	1	3	0	1	0	2	3	11
1936	0	5	0	0	0	1	3	0	0	0	2	2	13
1937	0	0	0	0	0	1	0	0	0	0	0	0	1
1938	0	0	0	0	0	0	1	0	0	0	1	0	2
1939	0	0	0	0	0	1	2	0	0	0	1	0	4
1940	1	0	1	0	0	0	1	0	0	0	0	1	4
1941	0	1	0	0	0	0	0	0	0	0	0	0	1
1942	0	3	0	0	0	0	0	0	0	0	0	0	3
1943	1	1	0	0	2	0	0	0	0	0	1	3	8
1944	0	0	0	0	0	1	3	0	0	0	0	1	5
1945	0	1	0	0	0	0	0	0	0	0	2	2	5
1946	0	0	0	1	0	0	0	1	1	1	1	0	5

---

① 傅乐成，《傅孟真先生年谱》（台北：文星书店，1964 年），页 12、33。

② 《著述年表》，王泛森、杜正胜编《傅斯年文物资料选辑》（台北：傅斯年百龄纪念筹备会，1995 年），页 240—250。

续表

1947	0	0	0	0	0	3	0	0	0	0	0	1	4
1948	0	2	0	0	0	0	0	0	0	0	1	0	3
1949	0	0	0	0	0	0	0	8	0	0	1	1	10
1950	0	0	0	0	0	0	0	2	9	0	0	2	13
总计	19	36	6	3	5	15	21	3	25	6	14	59	212

由上表可知，傅斯年于 1918—1950 年的 32 年间，共发表文章 212 篇，除"其他"59 篇不计外，153 篇文章可分为两大类：一类有关学术，共 69 篇，计史学 36 篇，语文 19 篇，哲学 6 篇，科学 3 篇，一般学术思想 5 篇；一类有关时事，共 84 篇，计教育 25 篇，抗日 21 篇，一般政治 15 篇，国际问题 14 篇，社会 6 篇，反共 3 篇。依时代先后分，在五四时期，特别在 1918—1919 年间，发表的文章以文学、哲学方面较多；在国民革命军北伐迄于沈阳事变以前，即 1927—1930 年，发表的文章以史学论文为多；沈阳事变后迄于抗日战争胜利，即 1931—1945 年，发表的文章除史学论文外，以一般政治、抗日及国际问题为多；抗日战争胜利至国民党在反共战争中失败，即 1946—1950 年，发表的文章以教育、国际问题和反共问题为多。傅斯年一生所发表的 36 篇史学论文，并其他学术论文，代表他"书生"的一面，而在不同时代所发表的许多时论，则显示了他对政治的深切关怀。抗战胜利后，蒋介石拟任命傅斯年为北京大学校长，傅斯年回函辞谢，函中有云："三十年来读书述作之志，迄不可移，徒以国家艰难，未敢自逸，故时作谬论。"[1] 可以看出傅斯年的一生著述，有治学与论政两方面。

（三）坚持个人理念

傅斯年认为治学要认真、论政要有主义。他在 1919 年创办《新潮》之始，就发表一篇文章表达这种理念。[2] 他在文章中，首先对士流中的一般现象作了批评：

一般的人只讲究外表的涂饰，只讲究似是而非的伎俩。论到做事，最关切的是应酬；论到求学，最崇尚的是目录的学问、没有道理的议论、油滑的文调。

他认为这样的人"心气薄弱"，没有主义，东倒西倒；他认为"没有主义的人

---

① 函见王泛森、杜正胜编，《傅斯年文物资料选辑》，页 128—129。

② 《心气薄弱之中国人》，《新潮》，1 卷 1 号，民国 8 年 1 月 1 日。

不能做事"。他说：

> 做一桩事，总要定个目的，有个达到这目的的路径。没有主义的人已是随风倒、任水飘，如何定这个目的？如何找这路径？既然没有独立的身格，自然没有独立的事业了。

又说：

> 没有主义的人不配发议论，议论是非，判断取舍，总要照个标准。主义就是他的标准，去掉主义，什么做他的标准？既然没有独立的心思，自然没有独立的见解了。

从该文的文义看来，傅斯年所谓"主义"是广义的，包括政党所信仰的主义，社团所订立的宗旨，也包括个人言行的原则和定见。

三、忠爱国家民族

（一）发舒爱国主义

傅斯年的爱国主义，主要表现在狂热地反抗帝国主义对中国的侵略上。在傅斯年的时代，先后有两个国家对中国进行侵略：1931—1945 年间为日本，1945—1950 年间为苏俄；傅斯年对日、俄侵略中国，均表愤怒，并毫不妥协地加以指斥。

傅斯年的反日思想，表现于外的，始见于 1919 年他读北京大学的时候。当年以学生为先锋的全国群众，为了反抗巴黎和会将德国在山东的利权转让给日本，发动游行示威运动。当时傅斯年是北京学生运动中的健将。但他真正持续反日，是 1931—1945 年日本对中国进行军事侵略的年代。1931 年"九一八"事件发生，日本侵占东北；1932 年"一·二八"事变发生，日本企图侵占上海。傅斯年至感忧愤，1932 年 5 月与丁文江、胡适、蒋廷黻等在北平创刊《独立评论》，其后迄于 1937 年 7 月《独立评论》停刊前（共出 244 期），傅斯年在《独立评论》所发表的有关抗日的文章有《日寇与河北天津》《"九一八"一年了》等十余篇。此期间他不仅写时论反日，且于 1932 年 10 月出版《东北史纲》，证明东北是中国的领土。此书并由李济之译为英文，送交国联调查团参考。[1] 在实际行动方面，1933 年 5 月，国民政府与日本签订"塘沽停战协定"，傅斯年不赞同，胡适在《独立评论》发表

---

[1] 王泛森、杜正胜，《傅斯年文物资料选辑》，页 90—91。

《保全华北的重要》一文，认为政府暂时无力收复失地，赞成华北停战，傅斯年闻后大怒，一度要求退出《独立评论》。1935 年日本派特务土肥原到北平推动华北自治运动，河北省主席宋哲元的幕僚萧振瀛出面邀请北京学界传达意见，傅斯年在座谈会中对萧大加申斥。① 是年 9 月，傅斯年把出生的孩子取名"仁轨"，而不用"乐"字排行，借怀念唐代在朝鲜对日本打奸灭战的大将刘仁轨，来表达他的抗日心志。②

　　1937 年日本全面侵略中国，迄于 1945 年日本投降前，傅斯年在《大公报》《今日评论》等报刊发表的反日文章有《抗战两年之回顾》《汪贼与倭寇》等近十篇。1938—1939 年间曾计划写一本书，可能的书名是《中国民族革命史》，但因事忙，完稿的仅第一章《界说与断限》，第四章《金元之祸及中国人之抵抗》还未成定稿，两章共约二万字，书稿中充分说明中华民族的整体性及其抵御外侮、百折不挠的民族精神。③ 抗日战争期间，傅斯年所写的时论不多，除个人的研究工作和历史语言研究所的行政工作繁忙之外，花了许多时间在国民参政会中。对傅斯年来说，他并不想实地参政，只是大敌当前，不得不尽心尽力。关于此点，他于抗战胜利后，于 1946 年 7 月 15 日写信给国民政府主席蒋介石辞国府委员之任时，曾经有所表白："参政员之事，亦缘国家抗战，义等于征兵，故未敢不来。今战争结束，当随以结束。此后惟有整理旧学，亦偶凭心之所安，发抒所见于报纸，书生报国，如此而已！"④

　　在日本投降以后，又有苏俄侵占东北利权之事。1946 年 3 月 11 日雅尔达密约正式公布，英、美两国于 1945 年 2 月私自与苏俄所订的条约，为怂恿苏俄对日作战，答应于抗日战争胜利后将中国东北利权让给苏俄。傅斯年、王云五等二十人曾联合在各报发表宣言，抗议这个秘密协定。在此之前，由于苏俄于日本宣布投降前夕对日宣战，派兵进入中国东北，受降之后掠夺中国东北工业设备，且拒不自中国撤兵，重庆学生于 1946 年 2 月 22 日发动游行示威，要求俄国立即撤兵东北。2 月

<hr>

① 傅乐成，《傅孟真先生的民族思想》，韩复智主编《傅斯年董作宾先生百岁纪念专刊》（台北：中国上古秦汉学会，1995 年），页 111—112。
② 俞大彩，《忆孟真》，同上，页 127。
③ 傅乐成，《傅孟真先生的民族思想》，页 115—118；王泛森、杜正胜，《傅斯年文物资料选辑》，页 104。
④ 《上主席书》，《传记文学》，二卷六期，1964 年 6 月 1 日。

25 日傅斯年在《大公报》发表《中国要和东北共亡存》一文，坚决反对苏俄分割中国东北，鼓励中国"不惜为东北死几千万人"，"不惜为东北赌国家之兴废、赌民族之存亡"。①

（二）维护民族统一

傅斯年对民族统一的维护，主要表现在 1930 年代：一次在 1932 年，一次在 1939 年。1932 年傅斯年写《东北史纲》，系针对日人矢野仁一的著述指"满蒙在历史上非支那领土"而发。《东北史纲》引语云："依民族自治主义，必其地之人民多数不与其所属之国同族，然后始可成为抗争之论。今吾国人在东北三省者二千万，日本人不满二十万，其中大多数在租借地及南满铁道区，其在中国统治之若干万方里中仅数千人；如许东北人民自决者，当直将作祸之日本人逐出境外而已。"又云："即就历史而论，渤海三面皆是中国文化发祥地，辽东一带，永为中国之郡县，白山黑水为中国之藩封，永乐奠定东北，直括今俄领东海滨阿穆尔省，满洲本大明之臣仆，原在职贡之域，亦即属国之人。就此二三千年之历史看，东北之为中国，与江苏或福建之为中国又无二致也。"② 傅斯年引历史资料，谓清朝官书以肃慎转音珠申，改称满珠，讹为满洲，系部族名而非地名；而其他资料显示：唐、元、明时中国东北之建州，该地之部落于清入关前建为金国，不称满洲；至努尔哈赤以后始有满洲之名，可能为建州之转音（满、建二字在北方古音中均是迭韵），至乾隆时已不知"满洲"一词之由来，日本造为"南满""北满""东蒙"等名词，实皆有割裂中国之企图，傅斯年为正本清源，以"东北"称之，③ 即"中国东北"也。

傅斯年不仅要维护中华民族不被外国割裂，而且坚持中华民族是一个民族，其中不必再分什么族。1939 年傅斯年住在昆明，顾颉刚为昆明《益世报》主编边疆附刊，傅斯年本着"中华民族是一个"的原则，写信给顾颉刚，劝他对民族问题的讨论，必须谨慎。信中说：

犹忆五六年前敝所刊行凌纯声先生之赫哲族研究时，弟力主不用"赫哲族民族"一名词。……夫云南人既自曰"只有一个中国民族"，……吾辈羁旅在此，又

---

① 傅乐成，《傅孟真先生的民族思想》，页 123—124。
② 《东北史纲引语》，《傅斯年选集》（台北：文星书店，1967 年），第五册，页 804。
③ 《论本书用"东北"一名词不用满洲一名词之义》，同上，页 807—811。

何必巧立各种民族名目乎？……但当严禁汉人侵夺蕃夷，并使之加速汉化，并制止一切非汉字之文字推行，务于短期中贯彻其汉族之意识，斯为正图。

顾颉刚接受傅斯年的劝告，著论对"中华民族是一个"的理论加以阐发，引起民族学会主持人吴文藻的不满，吴命他的学生费孝通加以反驳，说中华民族不是一个，苗、瑶、猓猡皆是民族。傅斯年读之甚为气愤，认为他们"专刺激国族分化之意识"。因为吴文藻是中英庚款董事会派到云南大学去的，傅斯年乃致函该会董事长朱家骅、总干事杭立武，希望将吴他调，以免在云南制造事端。① 傅斯年对民族的看法也许在学术上有争议性，他动用关系想把吴文藻调走，也许是出于气愤，但可以看出，傅斯年对维护中国民族的统一与团结，是不遗余力的。

（三）忠于国民政府

傅斯年从 1927 年留学归国以后，即在国民政府的教育学术机构任教、任职，对国民政府尽心尽力，非常忠诚。他这种"忠"的思想，可能来自儒家教育，也可能出自他诚实的本性。他对历史人物的评价，主要以节操为标准。对具有气节的人，尤其对抵御外侮、为国捐躯的烈士，常致无上的景仰；对于汉奸贰臣，则诛伐不遗余力。对历史人物，他对率师勤王、身死燕市的南宋名臣文天祥以及明末大儒、于清主中国不出仕的顾炎武等人都极推崇；对于抗日人物，他对死守聊城的山东省第六区行政督察专员范筑先以及战死襄阳的三十三集团军总司令张自忠等人都极钦仰。另一方面，他批评黄宗羲所写的《明夷待访录》有逢迎满洲人之意，他于战后代理北京大学校长时，拒绝聘用日治时期北京大学之教员，更协助政府搜集资料，不使在日治时期曾做汉奸者逍遥法外。②

傅斯年既然把忠奸作为人品的最大标准，他对自己所属的政府非常效忠，对于自己所任的职务尽心尽力。他第一篇支持国民政府的重要言论，发表在 1932 年 6 月 19 日，时在上海"一·二八"事变结束后不久。缘在"一·二八"上海战役期间，国民政府在洛阳召开国难会议，有些人在国难会议中发难，要改组国民政府，傅斯年在所发表的文章中，除声言"此时中国政治若离了国民党便没有了政府"之外，并力挺时任行政院长的汪兆铭，认为汪在应付外交、内政问

---

① 傅乐成，《傅孟真先生的民族思想》，页 113—115。
② 同上，页 119—121。

题上，比前此的三位院长——谭延闿、蒋介石、孙科都好。① 其后到 1936 年 12 月 12 日，张学良为"逼蒋抗日"，在西安将蒋介石扣留，傅斯年时在南京，连续发表文章声讨张学良，在第一篇文章中声言蒋"在此时中国是无可比拟的重要，他的安危关系中国国运比任何事都切紧"，除痛骂"张贼学良"外，并主尽速派兵包围西安。② 及国民政府派军讨伐，有人认为会影响蒋的安危，傅斯年再发表一篇文章，认为愈是军力压境，张学良愈不敢加害蒋，并认为张投降后，只有蒋能救他一条性命。③

抗日战争期间，傅斯年以"服役"的心情参与国民参政会，致力于弊政的纠举和国共纷争的协调，并为文宣传抗日，鼓舞士气。战后，中共势力日盛，傅斯年支持蒋介石对中共用兵。其间，傅以血压过高，于 1947 年 6 月下旬赴美医疗，到 1948 年 8 月准备返回南京之际，接到南京友人一信，谓"大厦将倾，先生欲于此时遄归，非计之得"。傅斯年览书叹曰："此君乃不知吾心。余绝不托庇异国，亦不作共党顺民。将来万一不幸，首都为共党所乘，余已无可如何，则亦不辞更适他省，又不得已则退居穷乡，最后穷乡亦不保，则蹈海而死已！"④ 傅斯年回到南京后，以时局紧急，血压上升，而岳母已因心脏病住院，夫人俞大彩欲与大姊大纲奉母飞广州转香港就医，傅斯年的弟弟责备她，谓傅斯年身怀大量安眠药，随时准备自尽，不该离开傅斯年，俞大彩为此放弃了广州之行。适在那时，蒋介石派傅斯年为台湾大学校长，傅斯年心意一转，想借此机会接出一批困在北平的学人，协助整顿台湾大学，乃决定就台湾大学校长之职。⑤ 1949 年初，蒋介石引退，代总统李宗仁同中共谋和，傅斯年致书李宗仁表示反对。傅斯年的意见是："大江以南之局势，如不投降，尚有团结之望（至少不是公开之纷争），如走张邵路线，只有全部解体而已。只要合法之政权不断气，无论天涯海角，支撑到一年以上，将来未必绝无希望也。"⑥ 当国府议和首席代表张治中即将前往北平时，傅斯年写《海上被围》诗相赠，并以《左传》中秦穆公孟明先败于崤后来雪耻的故

① 《中国现在要有政府》，《独立评论》，第五号，1932 年 6 月 19 日。
② 《论张贼叛变》，《中央日报》，1936 年 12 月 16 日。
③ 《讨贼中之大路》，《中央日报》，1936 年 12 月 21 日。
④ 傅乐成，《傅孟真先生年谱》，页 67。
⑤ 俞大彩，《忆孟真》，页 130—131。
⑥ 傅斯年，《傅斯年选集》，第九册，页 1485—1486。

事勉励张治中。①

　　傅斯年于 1949 年 1 月 20 日就任台湾大学校长，1950 年 12 月 20 日病逝，任职不到两年。在此不到两年的任期中，他将北平学人钱思亮、毛子水、英千里等接出，并聘至台湾大学任教。② 其间，他于 1950 年 3 月 1 日电贺蒋介石复"总统"职，以"中枢有主，三军有帅"为庆。③ 他于 1950 年 2 月 16 日发表《我们为什么要抗俄反共》，于 1950 年 4 月 16 日发表《共产党的吸引力》，批评共产主义；④ 他在台大校长任内，书写"归骨于田横之岛"条幅赠送给台湾大学教授黄得时，⑤ 表明他的心志。凡此都可看出他对国府的忠诚度。

四、落实政治改革

（一）参与咨议机构

　　1937 年七七事变爆发后，蒋介石在庐山召集各党各派领袖及文化教育界名流讨论国是，名"庐山谈话会"。庐山谈话会结束后，接着上海八一三战事爆发，国民政府成立国防参议会，次年国防参议会扩大为国民参政会。庐山谈话会、国防参议会和国民参政会，傅斯年都是参加的。⑥

　　国民参政会于 1938 年 7 月成立于汉口，后迁重庆，是抗战期间国民政府所成立的咨议机构。参政员的来源有二：（1）由国民党中央党部遴选；（2）由各省临时参议会选出。其职权有三：（1）政府之重要施政方针于实施前应提交国民参政会；（2）国民参政会得提出建议案于政府；（3）听取施政报告及向政府提出询问案。兹将历届国民参政会召开的地点、时间及傅斯年参加的情形表列如下：⑦

---

① 王泛森、杜正胜，《傅斯年文物资料选辑》页 156。
② 岳玉玺、李泉、马亮宽，《傅斯年：大气磅礴的一代学人》（天津：天津人民出版社，1994 年），页 292。
③ 《中央日报》，1950 年 3 月 1 日。
④ 《傅斯年选集》，第十册，页 1615—1621，1633—1642。
⑤ 前引王泛森、杜正胜书，页 172。
⑥ 傅乐成，《傅孟真先生年谱》，页 42—43。
⑦ 张玉法，《中国现代政治史论》增订版（台北：东华书局，2002 年），页 185—186；同上，页 43—62。

届别	会议次别	地点	开幕日期	傅斯年出席情形
第一届	第一次会议 第二次会议 第三次会议 第四次会议 第五次会议	汉口 重庆 重庆 重庆 重庆	1938 年 7 月 6 日 1938 年 10 月 8 日 1939 年 2 月 12 日 1939 年 9 月 9 日 1940 年 4 月 1 日	出席（自昆明） 出席（自昆明） 出席（自昆明） 出席（自昆明） 出席（自昆明）
第二届	第一次会议 第二次会议	重庆 重庆	1941 年 3 月 1 日 1941 年 11 月 17 日	出席（自重庆） 出席（自四川南溪）
第三届	第一次会议 第二次会议 第三次会议	重庆 重庆 重庆	1942 年 10 月 22 日 1943 年 9 月 18 日 1944 年 9 月 5 日	出席（自四川南溪） 出席（自四川南溪） 出席（自四川南溪）
第四届	第一次会议 第二次会议 第三次会议	重庆 重庆 南京	1945 年 7 月 7 日 1946 年 3 月 20 日 1947 年 5 月 20 日	出席（自四川南溪） 出席（自四川南溪） 不详（居南京，六月赴美）

国民参政会的名额，第一、二届 200 名，第三、四届 240 名，第四届第三次会议增为 362 人。每次会议的时间在 10 日左右。[1] 从国民参政会于 1938 年 7 月成立，到 1947 年 5 月国民参政会召开最后一次会议，除最后一次会议是否出席不详外，傅斯年对每次会议都是出席的，第四届第二、三次会议之间他还参加了制宪国民大会，1948 年又当选立法委员，并曾出席首届立法院院会。[2] 可以看出国民党对傅斯年的重视，也可以看出傅斯年忠于他的职守。

傅斯年参加国民政府的咨议机构，作过不少提案与建言，主要的表现有三点：(1) 支持国民政府抗日反共，(2) 协助国民政府整饬政风，(3) 促进国家的统一与和平。关于第一点，前已有所论述，下文第五部分将继续讨论。第二点指揭发贪污和反对特权，第三点指维护统一和促进和平，下文第（二）、（三）部分即将讨论。

（二）揭发贪污和反对特权

傅斯年揭发贪污、反对特权，以打击孔祥熙和宋子文最为有名。1938 年 1 月 1 日，国民政府改组，孔祥熙任行政院长。7 月 6 日第一届国民参政会开幕，傅斯年自昆明前往汉口参加国民参政会。时负军国大任的中国国民党总裁、军事委员会委员长蒋介石以国家用人行政咨询傅斯年，傅斯年乃于 7 月 12 日致蒋介石一函，

---

① 张玉法，《中国现代政治史论》增订版，页 186—187。
② 傅乐成，《傅孟真先生年谱》，页 60—68。

从才能、信望、滥用私人等方面，说明"孔院长之身兼各职，皆不适任"，希望蒋介石能立刻将孔撤换，① 事无结果。

其后，到 1943 年 4 月 8 日，行政院长由蒋介石兼，孔祥熙任副院长，仍任中央银行总裁及四行联合办事处副主席。傅斯年持续搜集孔祥熙贪赃的材料，先后揭发孔祥熙的贪赃案件六起，其中最有名的为美金公债案。缘太平洋战争爆发后，美国政府为了稳定中国政局，同意借给国民政府五亿美元，1942 年春正式签约。孔祥熙决定从其中拿出一亿美元作为发行美金储蓄准备金，规定中国法币 20 元可购 1 美元储蓄券，至抗战胜利后兑换一美元。此券推出之后，购卖的情形不理想，到 1943 年秋，售出不到一半。后因通货膨胀，官价已达 40 元法币兑 1 美元，黑市更高至 110 元法币兑 1 美元，孔祥熙下令停止出售美元储蓄券，剩余部分由中央银行业务局购进。嗣中央银行国库局长吕咸以剩余储蓄券数额太大，呈请特准所属职员按官价购进，以吸收游资。孔祥熙时兼中央银行总裁，对吕咸的呈请予以批准。吕咸按照 20 元的官价，为孔祥熙购进 3,504,260 美元储蓄券，为中央银行各职员购进 7,995,740 美元储蓄券。事情传开之后，傅斯年原欲在国民参政会提案纠举，时任大会主席团成员的外交部长王世杰怕事情闹大，被引为攻击国民政府的口实，影响抗战大局，出面协调，侍从室二室主任陈布雷亦出面协调，最后傅斯年将纠举改为质询案，但质询稿旋即为侍从室索去。② 时在 1945 年 7、8 月间，孔祥熙的行政院副院长虽未因此下台，却被免去中央银行总裁和四行联合办事处副主席之职。傅斯年曾于 8 月 1 日写信给夫人俞大彩说：

国库局案，我只嚷嚷题目，不说内容，不意地方法院竟向中央银行函询，最高法院总检察署又给公函给我，要内容"以凭参考"（最近的事）。闭会后孔祥熙连着免了两职：一、中央银行总裁，二、四行联合办事处副主席。老孔可谓连根拔去（根是中央银行），据说事前并未告他。老孔这次弄得真狼狈，闹老孔闹了八年，不大生效，这次算被我击中了，国家已至如此了，可叹可叹！③

1945 年 5 月 31 日行政长易为宋子文，副院长易为翁文灏。傅斯年对宋子文

———

① 见《胡适来往书信选》，下册，页 604—610，引见岳玉玺、李泉、马亮宽编《傅斯年选集》（天津：天津人民出版社，1996 年），页 324—328。

② 岳玉玺、李泉、马亮宽，《傅斯年》，页 273—280；傅所起草的有关文件，见王泛森、杜正胜编《傅斯年文物资料选辑》，页 118—119，页 122—125。

③ 上注王泛森、杜正胜书，页 120。

初表支持，但到抗日战争胜利后，由于接收工作混乱，伪币兑换法币政策尤使接收地区的人民财产大为缩水，傅斯年对宋子文颇感失望。1945 年 10 月，傅斯年在给胡适的信中说：

> 子文去年还好，今年得志，故态复萌，遂为众矢之的。尤其是伪币比例一事，简直专与国民党的支持者开玩笑。熬过了孔祥熙，又来了一个这样的。①

在宋子文主持下，1946 年 3 月颁布了"管理外汇暂行办法""黄金买卖细则"等，实行开放外汇市场、黄金自由买卖。迄于是年 11 月前，中央银行共抛售外汇超过 3 亿 8,115 万美元，其中宋氏家族控制的孚中公司套购 1 亿 5,337 万美元，孔氏家族控制的扬子公司套购 1 亿 8,069 万美元，造成社会不满、民怨沸腾。1947 年 2 月 6 日胡适在给傅斯年的信中说：行政院长必须换人，不然政府将得不到国内外的同情支持，向美国借款也借不成。2 月 15 日、22 日傅斯年先后在《世纪评论》发表《这个样子的宋子文非走开不可》《宋子文的失败》两文，对宋子文痛加抨击。结果，宋子文辞去行政院长，3 月 1 日起，行政院长一职由蒋介石（时任国民政府主席）兼。在 3 月 1 日的《观察》杂志上，傅斯年又发表《论豪门资本之必须铲除》，进一步抨击了孔、宋家族所操控的官僚资本。②

（三）维护统一和追求和平

傅斯年是国民政府的忠实拥护者，他既反对日本和俄国侵略中国，也不希望国内出现分裂的势力。日本于 1935 年推行的"华北自治运动"，到 1936 年 5 月积极进行，谋在华北制造另一个"满洲国"。广东、广西方面，因国民政府要求取消国民党西南执行部和国民政府西南政务委员会（此两会设于 1931 年广东取消独立之后），分别发兵进攻江西、湖南。华北的河北省主席宋哲元、山东省主席韩复榘等于 6 月 21 日致电中央，呼吁和平。天津《益世报》对宋、韩在 6 月 21 日所发的马电感到疑虑，在 6 月 25 日的新闻中说："万一马电之呼吁无效、内战终不能免时，为应付内外双方起见，将由宋、韩两氏首倡，并联合华北各省区共同组织一华北保安机关，实行严守中立，保境安民。"傅斯年读之深为不安，为此于 7 月 5 日出版

---

① 《胡适来往书信选》，下册，页 49，引见岳玉玺、李泉、马亮宽《傅斯年》，页 282。
② 上注岳玉玺、李泉、马亮宽书，页 280—284；傅斯年为批宋所发表的三篇文章，见王泛森、杜正胜，《傅斯年文物资料选辑》，页 144—147。

的《独立评论》发表《北局危言》一文，提出警告。文中一则谓："所谓西南两机关，完全是不法组织，全是私人把持地盘的借口，……一之为甚，岂可以再？"再则谓："若此时渤海诸省有不奉中央委令之新组织发生，实为一个空前的浩劫，势将一发不可收拾。"接着傅斯年对华北诸省提出劝告："就此时渤海诸省执政者的利害言，此时只有依赖中央才可以自存，若形成一种近似独立的形态，必在不久的将来中全盘的棋子输到敌人手里去。"[①] 在傅斯年发表此文前后，两广的离心势力已为国民政府瓦解；日本华北驻军在河北省虽续向宋哲元施压，但宋百般应付，终不屈服，至 1937 年七七事变后，宋即正式以军事行动抗日。[②]

傅斯年另一次谋求和平与统一的努力，是在 1944—1945 年间任国民参政员时。1941 年 1 月发生皖南事件，中共以国共间的抗日联合战线破裂，拒绝参加国民参政会。国民参政会中的民主党派和无党无派人士力图调解国共之间的纠纷。1944 年 9 月 15 日，国民参政会三届三次大会主席团提议，"请大会决议组织延安视察团，赴延安视察，并于返渝后，向政府提出关于加强全国统一团结之建议"；同时推荐参政员冷遹、胡霖、王云五、傅斯年、陶孟和为该视察团团员。此案当经大会通过。但由于种种原因，五参政员会后没有立即成行。到 1945 年 5 月，国民参政会参政员以抗日战争胜利有望，对国共关系如何发展、战后中国何去何从，深为忧虑。傅斯年、冷遹等又联络黄炎培等人再度商谈访问延安，为国共和谈、团结抗日进行斡旋。嗣取得一致的意见。6 月 2 日，傅斯年、褚辅成、冷遹、黄炎培等人致电毛泽东、周恩来，正式提出访问延安、促成国共和谈，以便团结抗日的主张。时中共正以反对国民党主导召开国民大会、促使国民党放弃一党专政、推动组织联合政府，于 6 月 18 日回电表示欢迎。傅斯年等于收到回电后，即商定出三条建议：（1）由政府迅速召集政治会议，（2）国民大会交政治会议解决，（3）政治会议举行前政府先实行若干改善政治之措施。之后经蒋介石同意，傅斯年（无党籍）、黄炎培（民盟）、褚辅成（国民党）、章伯钧（民盟）、冷遹（无党籍）、左舜生（青年党）等六人组织的代表团于 1945 年 7 月 1 日在中共代表王若飞的陪同下飞抵延安。在此后的三天中，代表团与中共领导人毛泽东等会谈，达成两点共识：（1）停止国民大会的进行，（2）从速召开政治会议。7 月 5 日代表团返回重庆。7 月 7 日，

---

① 引见《傅斯年选集》，第七册，页 1151—1155。
② 张玉法，《中华民国史稿》修订版（台北：联经出版公司，2001 年），页 275—276，293—294。

第四届第一次国民参政会开幕，傅斯年等于当天下午谒见了蒋介石，告知在延安会谈的结果。[①] 这对抗日战争胜利后蒋介石邀请毛泽东去重庆谈判以及国民政府邀集各方代表召开政治协商会议，都有促成作用。

五、向往民主自由

傅斯年生在一个没有民主自由的乱世，一生以国事为重，对民主自由也有向往。从他的言论和行事中，他不能算是民主自由的斗士，却在这方面做了他所要做的、所能做的。

（一）维持教育独立

教育独立是北京大学校长蔡元培提出来的教育理念，傅斯年为北京大学的毕业生，曾留学欧洲，从事教育行政工作的时间很长，自亦有教育独立的理念。傅斯年的教育独立思想，主要表现在对两次学潮的处理上：一次为 1945 年 12 月的昆明学潮，一次为 1949 年的台北学潮。

1945 年 11 月 25 日，昆明西南联大、云南大学、中法大学和英语专校四所学校的学生邀请钱端升、费孝通等人在西南联大举行讲演会，主题为制止内战、成立联合政府、和平建国，受到军警及特务的破坏。12 月 1 日昆明各校学生总罢课，当地军警与西南联大、云南大学学生发生冲突，造成数十人的死伤。事件发生后，蒋介石派时任北京大学代校长傅斯年前往处理。傅斯年于 12 月 4 日至昆明后，对罢课学生深表同情，对军警以武力弹压学生极为气愤，一方面要求政府对云南省代理主席李宗黄、第五军长邱清泉等严加惩处；一方面安排西南联大常委梅贻琦举行记者招待会，报告军警镇压学生的真相，由《中央日报》照登，以纠正《中央日报》原来对军警之偏袒；再则对学生动之以情，劝学生尽速复课，以免造成更大的流血事件。在这种情形下，学生于 12 月 20 日复课。[②] 傅斯年虽代表国民政府，利用各种方法，使昆明学潮平息，但对学生受政党操纵、随政党起舞，深不以为

---

① 岳玉玺、李泉、马亮宽，《傅斯年》，页 236—240 ；有关傅斯年访问延安的资料，另参考王泛森、杜正胜，《傅斯年文物资料选辑》，页 112—117。

② 马亮宽，《傅斯年教育思想研究》（沈阳：辽宁教育出版社，1997 年），页 226—234。

然。关于此点，他于 1946 年 8 月 4 日在北平《经世日报》上所发表的《漫谈学潮》一文中，说得最清楚，他说：

> 五四与今天的学潮大不同。五四全是自动的，……现在可就不然了。某处广播一下，说要求美军撤退，过了几天，学生便要求美军撤退，……我们不当禁止青年作政治运动，但学校应该是个学校，应该有书可读，若是成了政治斗争的工具，岂不失了学校存在的意义？①

1949 年 1 月傅斯年接任台湾大学校长后，台湾大学学生受内战及全国各地学潮影响，于是年四月间发生学潮。时任台湾警备总司令的彭孟缉负责处理学潮，傅斯年曾向他提出三个条件：（1）对学潮速办速决；（2）军警不得开枪，避免流血事件；（3）被捕的台大学生，先送法院，受冤者尽快释放。② 当时台湾治安机关风声鹤唳，有人批评台大校园中有不少左派教师及学生，傅斯年不管这些，他说："我不兼办警察局。"在学潮中被捕的学生，他都尽量保释。③

在对学生运动的态度上，傅斯年既不希望学生做政治的工具，更反对政府以武力弹压学生。这是他追求教育独立的一个表现。关于追求教育独立，一般性的原则于 1949 年 11 月 17 日在台湾大学校庆的讲演中说得最明白，他说：

> 日本时代这个大学的办法，有他的特殊目的，就是和他的殖民政策配合的，又是他南进政策的工具。我们接收以后，是纯粹的办大学，是纯粹的为办大学而办大学，没有他的那个政策，也不许把大学作为任何学术外的目的的工具。如果说办大学为什么？我要说：办大学为的是学术、为的是青年、为的是中国和世界的文化，这中间不包括工具主义，所以大学才有他的自尊性。④

傅斯年此时办台湾大学所表现的"教育独立"思想，与五四时期蔡元培办北京大学时所表现的"教育独立"思想可以说是一致的。惟在傅斯年办台湾大学时，国民党对教育的控制，远较五四时期的北京政府对教育的控制为严，傅斯年所真正获得的"教育独立"，仍是有其限度的。

---

① 引见傅乐成，《傅孟真先生年谱》，页 62—63。
② 俞大彩，《忆孟真》，页 131。
③ 同上；王泛森、杜正胜，《傅斯年文物资料选辑》，页 166。
④ 引见《傅斯年选集》，第九册，页 1573—1574。

（二）批判马克思主义

傅斯年是忠于国民党政权的学者，对国民党来说，1931 年"九一八"事变以后，日本为中国最大的敌人；1945 年日本投降以后，俄国为中国最大的敌人。傅斯年的感受也是一样。日本投降以后，苏俄据有中国东北，并协助中共发展势力，傅斯年遂揭起反苏的大旗，并借由反苏而反共，由反苏反共而批判马克思主义。傅斯年在这方面的大动作，除 1946 年 2 月 11 日因雅尔达密约正式公布联合王云五等二十人在各报发表宣言痛斥苏俄的帝国主义野心以及同月 25 日在《大公报》发表《中国要和东北共存亡》表示要"誓与俄寇周旋"以外，① 主要的有关"反共抗俄"和批判马克思主义的文章都发表在 1949—1950 年任台湾大学校长的时候，可能的原因是当时台湾局势危急、"反共抗俄"的气氛浓厚。

1949 年 12 月 5 日，傅斯年在基隆市扩大纪念周讲演《苏俄究竟是一个什么国家》，首先说明帝俄侵略中国的历史和苏俄发展的历史，由于傅斯年认为中共与苏俄"有绝对不可分离的关系"，而苏俄的思想来源"自称出于马克思"，所以傅斯年就把批判的重点放在马克思主义上，他说：

我们从历史上看，阶级斗争自然是永久存在的。不过，阶级斗争到最后你死我活的结果，必是两败俱伤。古代史上罗马靠内部妥协而进展，近代史上英国靠内部妥协而进展，美国一百五十年的强大康乐也是如此。如阶级斗争而无妥协之道，每引出外来征服，希腊、罗马帝国晚年，大唐、大明都是如此。这样会引起文明的退化。这种现象在历史上是屡见不鲜的。马克思主义所挑起的这一次祸乱，是人类历史上空前未有的一次，规模最大；情况也最惨。列宁、史太林就拿这种学说制造世界的混乱，以达到他们无限制扩张的阴谋。②

1950 年 2 月 16 日，傅斯年在《自由中国》上发表《我们为什么要抗俄反共》，③ 4 月 16 日又在《自由中国》发表《共产党的吸引力》，④ 现在看来均属反共宣传文章。

---

① 傅乐成，《傅孟真先生年谱》，页 60—61。
② 《傅斯年选集》，第九册，页 1585—1593。
③ 同上，第十册，页 1615—1621。
④ 同上，页 1633—1642。

（三）对自由主义的讨论

从自由主义的观点来看，傅斯年尊重个人，主张发挥个人人格，主张打倒任何方式的集权独裁，有人把他视为"急进的自由主义者"（Radical liberal），而将胡适视为"保守的自由主义者"（Conservative liberal）。[1] 事实上，傅斯年的许多言行，只是作为一个知识分子的自然表现，对一般人所谈的资本主义式的自由主义，并不笃信。

在傅斯年的著作中，对自由主义的讨论不多。1945 年 4 月 19 日，他在《大公报》发表《罗斯福与新自由主义》一文，对罗斯福最大的肯定是罗斯福"给自由主义一个新动向、新生命"。什么是傅斯年眼中的"罗斯福的新自由主义"？在傅斯年看来，法国革命的传统，原是人道的自由主义，但后来资本主义藉自由主义获得"财产自由"后，造成经济不平等，又兴起马克思的阶级斗争哲学，距人道的自由主义愈来愈远。罗斯福四任美国总统，初重社会立法，注重社会福利，看来剥夺了资本家的"财产自由"，实使社会大众得到更多的自由。及二次世界大战发生，人类受到战争的威势和经济的消耗，罗斯福除了强调原有的言论出版自由、宗教信仰自由以外，特别提出免于匮乏的自由和免于恐惧的自由。傅斯年对罗斯福所提出的"四大自由"非常推崇，另一方面，他对资本主义的自由则提出批评，他说："从十九世纪之初，纯正的自由，尤其是偏于人道主义者，几乎全部被赶入好事者的沙龙、作家的论撰、学校的课堂去了，在一般的社会上，力量实在不大，白瞪着眼看着资本主义挟走的自由主义在社会上大发达，一切为着'财产自由'。可惜的是，法兰西的人道主义色彩，完全遮盖了。不过，沙龙、课堂与著作，也还不是不生产的田园，于是纯正的自由主义也还在理论上有发达的趋势。不特激进的自由主义者演化出各种不同的社会主义，即正纯的自由主义者，如边沁、穆勒父子等，也认明机会均等在自由主义中更重要，所以忽略经济方面之自由主义者，我们可以说，不是真有见解的自由主义者，不是人道传统的自由主义者。"[2]

可能感于马克思主义对世界的威胁，傅斯年强调经济平等的重要。另一方面，他对马克思主义只讲平等、不讲自由，也提出批评。为此，他于 1949 年 11 月

---

[1] 程沧波，《记傅孟真》，《新闻天地》，第 156 期，引见《傅故校长哀挽录》，页 47。

[2] 《傅斯年选集》，第八册，页 1379—1386。

20 日在《自由中国》发表《自由与平等》一文。此文一开始，傅斯年即对十九世纪以降"自由"与"平等"二字的真真假假，提出质疑，譬如他说，自十九世纪中叶以来，各派社会主义者皆倡"自由"，而马克思主义独倡"平等"，事实上皆无自由、平等可言。资本主义国家财产集中固无自由、平等可言，社会主义国家政权集中，也绝无自由、平等可言。他的结论是："没有经济平等，固然不能达到真正的自由，但没有政治自由，也决不能达到社会平等。……在自由与平等不能理想的达到之前，与其要求绝对的平等而受了骗，毋宁保持着相当大量的自由，而暂时放弃一部分经济自由。"[①]

六、结论

综上所述，傅斯年的政治理念约有五点：（1）爱护中华民族，（2）忠于国民政府，（3）反对特权，（4）疾视贪污腐化，（5）尊重个人的自主性。他从不同的管道勇敢地表达这些理念，或写时论，或在民意机构提出质询，或显示在对事情的处理上。他喜欢谈政治，但不玩政治；他只要知道有损害中华民族的事，有破坏国民政府的事，有享受特权的事，有贪污腐化的事，他都会奋不顾身地一击，不有结果不罢休。他的勇气来自他耿直的个性，来自他不忮不求的志节，有时候也来自蒋介石对他的支持与信任。傅斯年是历史学者，不是一个政治思想家，在国民政府内忧外患相乘之际，他时作狮子吼，打击敌人，提振士气；在国民政府中特权当道、官员贪吏当道之际，他指陈无隐、除恶务尽。论者谓傅斯年"大气磅礴"，窥其一生言行，当之无愧。

---

① 《傅斯年选集》，第九册，页 1579—1584。